本书受到 **国家社会科学基金重大招标项目**（项目批准号：10zd&020） 的资助
江苏高校优势学科建设工程

CHANXUEYAN XIETONG CHUAGNXIN YANJIU

产学研协同创新研究

洪银兴 安同良◎等著

人民出版社

目　　录

第一章　总　论

十八大提出实施创新驱动发展战略,十八届三中全会又明确要求建立产学研协同创新机制。可见对此问题的研究有重大的理论和实践价值。

创新驱动的增长方式不只是解决效率问题,更为重要的是依靠科学技术成果在生产和商业上的应用和扩散创造新的增长要素。以科学发现为源头的科技进步模式,体现知识创新和技术创新的衔接和融合,是技术进步路径的革命性变化。由于科技创新的源头主要在科学发现和知识创新,同时又需要市场导向,因此创新需要大学和企业的协同,科学家和企业家的协同。协同创新的组织者是科技企业家。无论是以科学新发现为导向还是以市场为导向,实际上都需要科技企业家对企业的技术创新与大学的知识创新进行集成,对多个主体参与的新技术孵化活动进行组织协调。

国家创新体系包括知识创新和技术创新两个系统。这两个系统的有机与有效衔接成为国家创新体系建设的关键,产学研协同创新也就在这个关键点上。产学研协同是指产业发展、人才培养和科学研究三方功能的协同。协同创新过程离不开政府的积极引导。本书从政产学研协同创新的平台和机制的角度研究自主创新能力提升的路径和机制,总结出的产学研协同创新提升自主创新能力的机制为:政府引导,大学与企业协同研发,以培育具有自主知识产权的新技术为重点,以产业创新为落脚点。这是创新驱动型经济的基本驱动力。

（一）经济增长方式:创新驱动

最早使用创新概念的是熊彼特(Schumpeter),最早把创新驱动作为一个发展阶段提出来的是迈克尔·波特(Michael Porter),他把经济发展划分为四个阶段:第一阶段是要素驱动阶段,第二阶段是投资驱动阶段,第三阶段是创新驱动阶段,第四阶段是财富驱动阶段。所谓创新驱动指的是创新成为推动经济增长的主动力。与其他阶段的区别,不是说创新驱动不需要要素和投资,而是说要素和投资由创新来带动。

我国长期依靠物质要素投入推动的经济增长方式,属于由投资带动的要素驱动。这种增长方式不可避免而且正在遇到资源和环境不可持续供给的极限。转向创新驱动就是利用知识、技术、企业组织制度和商业模式等创新要素对现有的资本、劳动力、物质资源等有形要素进行新组合,以创新的知识和技术改造物质资本、提高劳动者素质和科学管理。各种物质要素经过新知识和新发明的介入和组合提高了创新能力,就形成内生性增长。显然,创新驱动可以在相对减少物质资源投入的基础上实现经济增长。

这样,可以准确理解由物质资源投入推动转向创新驱动的内生增长的内涵:经济增长更多依靠科技进步、劳动者素质提高和管理创新驱动。现在流行的转变经济增长方式的提法是由粗放型增长方式转向集约型增长方式。集约型增长方式的基本内涵是指集约使用物质要素,提高要素使用的效率。尽管集约型增长方式包含了技术进步的作用,但没有摆脱物质要素推动经济增长的架构。创新驱动的增长方式不只是解决效率问题,更为重要的是依靠知识资本、人力资本和激励创新制度等无形要素实现要素的新组合,是科学技术成果在生产和商业上的应用和扩散,是创造新的增长要素。因此,创新驱动的经济增长是比集约型增长方式更高层次更高水平的增长方式。

创新一词目前的使用频率最高,而且外延也很广,如文化创新、制度创新、管理创新、市场创新、技术创新、科技创新等等。这些创新对当前的经济发展都是必不可少的。但是作为经济增长方式的创新驱动的创新应该主要指的是科技创新,其他方面的创新则是围绕这个核心形成创新驱动系统。而且作为经济增长方式的科技创新也应该明确界定为与经济发展紧密结合的科技创新。就如最早在经济上使用创新概念的熊彼特明确认为,创新即生产要素的新组合,创新领域可简单地概括为:产品创新、技术创新、市场创新和组织制度创新。后来弗里曼在解释创新概念时,把熊彼特的创新的内涵概括为新发明、新产品、新工艺、新方法或新制度第一次运用到经济中去的尝试。这意味着创新突出的是原始创新,突出的是创新成果的应用。

过去常用的概念是技术创新,现在突出科技创新。这反映创新成果主要指的是依靠科学发现产生的原始创新的成果,反映创新源头的改变。过去常用的技术创新相当多的是源于生产中经验的积累、技术的改进、企业内的新技术研发。即使是由科学发现所推动的技术进步,也会间隔很长的时间,需要几十年甚至上百年才会应用到生产上。现在的技术进步的源泉更多的来源于科学的发明。在 20 世纪后期产生新经济以来,科学上的重大发现到生产上的使用,转化为现实生产力的时间越来越缩短,缩短到十几年,甚至几年。现在一个科学发现到生产上应用(尤其是产业创新)几乎是同时进行的。这意味着利用当代最新的科学发现的成果迅速转化为新技术可以实现大的技术跨越。例如,新材料的发现、信息技术和生物技术的突破都迅速转化为相应的新技术。这种建立在科技创新基础上以科学发现为源头的科技进步模式,体现知识创新(科学发现)和技术创新的密切衔接和融合,这是技术进步路径的革命性变化。也正是在这一意义上,我国的"十二五"规划明确将科技进步和创新作为加快转变经济发展方式的重要支撑。

以科学发现为源头的科技创新的路线图包括三个环节：上游环节即科学发现和知识创新环节；中游环节，即科学发现和创新的知识孵化为新技术的环节；下游环节，即采用新技术的环节。在这三个创新环节构成的科技创新路线图中，不只是企业一个主体，包括多个创新主体，由此就提出了科技创新体系建设问题。科技创新体系涉及产学研用各个环节中的主体相互间的合作和互动。自主创新是包括知识创新—孵化高新技术—采用高新技术的链条。在这个创新链中，大学和科学院是知识创新的主体，提供原始创新的成果；各种类型的孵化器（科技园）是将知识创新的成果孵化为高新技术的基地；企业作为技术创新的主体将高新技术转化为现实的产品、现实的生产力。

明确科技创新对创新驱动的核心地位，具有特征意义的机制有两个方面：一是对创新机制的关注点由关注技术的采用转向关注技术进步的源泉（知识创造领域），关注科技成果的转化。二是高新技术孵化环节成为大学和企业的交汇处，并且成为大学和企业合作创新的平台。这个合作创新平台成为政府的创新投入的重点，科技金融的着力点。

研发投入（R&D）的结构反映对科技创新各个阶段的重视程度。美国的基础研究、应用研究、试验开发的比例大约是 20%、20%、60%。不仅如此，美国的众多企业不仅从事下游的试验开发，还从事上游的基础研究，如美国著名的贝尔实验室（Bell Laboratory）。与此相比较，中国基础研究和应用研究的 R&D 经费比重都较低，80%以上的 R&D 经费集中在试验开发环节。这种研发经费投入结构会导致上游创新源的匮乏。显然，在转向科技创新后，研发投入的重点移向创新的前期阶段是特别重要的。

现阶段无论新兴产业还是传统产业，以企业为技术创新中心的格局尚未形成，企业技术创新既面临激烈的市场竞争导致的利润挤压，又面临着自有知识和技术积累不足、研发设备投资和研发人员不足的困境。这些困境是企业自身投资所解决不了的。因此，在现有的产业国际分工和市场竞争下，利用产学研合作机制，充分吸收高校、科研机构的知识、技术、设备、人员，将是新兴产业和传统产业共同的可行的选择。其中的政策含义是确立企业和大学"技术创新双中心"的思路。

（二）评价标准：实现向创新驱动发展方式的转变

经济发展的每个阶段都需要寻求驱动力。改革开放以来在我国经济发达地区先是发展乡镇经济，农村工业化和城市化是经济发展的驱动力；紧接着发展开放型经济，引进和利用外资成为新的驱动力。现在经济发展进入了新的阶段，科技创新正在成为新的驱动力。与此相应，发展创新型经济就成为当前经济发展的一个阶段性特征，同时成为新的发展机遇。所谓创新型经济，它体现资源节约和环境友好的要求，是以知识和人才为依托,以创新为主要驱动力,以发展拥有自主知识产权的新技术和新产品为着力点,以创新产业为标志的经济。发展创新型经济有三个基本要求:一是创新的产业以知识密集产业和绿色技术产业为特征;二是科技创新和产业创新互动结合;三是知识创新主体(大学和科研机构)和技术创新主体(企业)的紧密合作协同。

转向以创新驱动的发展方式,不仅意味着由主要靠物质(有形要素)投入推动增长转向创新要素驱动增长,同时会带动以下三个方面的转型:一是产业结构的转型,不仅是要求创新产业,还要求新兴产业成为主导产业;二是企业结构的转型,科技企业成为主体;三是技术进步模式的转型,最早是加工代工型技术进步,后来是技术模仿型,现在就要转向自主创新型技术进步。

转向创新驱动的经济发展方式有个评价标准问题。就如十八大所要求的,完善科技创新评价标准、激励机制、转化机制。一般说来,评价标准可从以下几个方面确定:

一是科技进步对经济增长的贡献率。当年诺贝尔经济学奖获得者索罗(Solow)就判断发达国家的科技进步贡献率一般已经达到70%—80%,现在这个比例在某些国家可能更高。我国目前的差距很大。按此标准,提高科技进步贡献率应该成为着力点。

二是研发投入标准。目前创新型国家的研发费用一般要占其GDP的2%以上,而科技创新企业一般要达到销售收入的6%以上。需要进一步说明的是,经济增长由物质资源投入转向创新驱动,可以相对节省物质资源、环境资源之类的物质投入,但不能节省资金投入。创新驱动本身需要足够的投入来驱动创新。科技创新最为缺乏资金最需要资金投入的阶段是科学发现成果孵化为新技术阶段,在这里,投资风险最大,潜在收益也最大,需要科技和金融深度结合,需要引导足够的金融资本投入这个阶段。过去一般以企业研发投入占GDP比重指标来衡量一个地区或企业的创新能力,这与企业为源头的技术创新模式相适应。现在突出的是以科学发现为源头的科技创新模式,因此,在孵化新技术阶段集聚的金融资本数量将越来越成为判断一个地区是否进入创新驱动型经济阶段的指标。

以上两个标准实际上是从投入和产出两个方面的评价,更多的是针对全国来讲的,是成为创新型国家的基本要求。除此以外,尤其是就某个区域或企业来说,转向创新驱动,还有三个定性的评价标准。

一是创新要素的高度集聚。经济活动的空间集聚可以产生经济的集聚效应。发展创新型经济同样需要这种集聚效应,这就是建设和发展科技创新园区。从世界范围的科技创新园区看,大学与创新园区密切相关,斯坦福大学旁边有硅谷,哈佛和麻省理工旁边有128号公路科技园。当然,远离大学的地区也可能建立大学科技园区。

其决定因素是对大学和创新要素的吸引力。创新要素涉及：高端创新创业人才、科研和研发机构、风险和创业投资、科技企业家等。创新要素在哪里集聚，哪里就有较强的创新能力。我国发展创新型经济起步较早的地区所采取的举措是把引进外资的开发区转型为发展创新型经济的引领区，实现由世界工厂向世界研发和孵化基地转型，成为高科技产业园；由外资企业集聚区转变为创新机构（大学、科学院和外资研发中心）集聚地，成为大学科技园。

二是人力资本投资成为创新投资的重点。实施创新驱动战略以人才为依托，不仅需要提高劳动者素质，更需要高端创新创业人才。因此，转向创新驱动，人力资本比物质资本更重要。在这里需要改变对低成本发展战略的认识。低成本战略理论强调发展中国家以低的劳动力和土地成本作为比较优势。这种低成本比较优势在贸易领域可能是有效的，但在创新型经济中就不适用了。低价位的薪酬只能吸引低素质劳动力，只有高价位的薪酬才能吸引到高端人才，才能创新高科技和新产业，从而创造自己的竞争优势。

三是孵化和研发新技术成为创新投资的重点环节。以科学新发现为源头的创新路线图涉及：由大学的知识创新，到孵化高新技术，再到企业将高新技术转化为现实生产力的创新阶段。反映创新驱动要求的创新投资应该更多的投向孵化和研发环节。孵化高新技术即科技创新的中游环节，从产学研合作角度分析是关键性环节，它是连接知识创新和技术创新的桥梁和纽带。自从 20 世纪后期产生新经济以来，科技创新出现的新趋势，就是技术创新的先导环节和知识创新的后续环节均延伸到了科学知识转化为生产力的领域。高新技术孵化阶段就成为技术创新和知识创新的交汇点。也正是这种创新的交汇产生了知识经济。其效应是越来越多的新技术、新产品和新企业在这个阶段产生，从而成为创新驱动经济发展的重要表现。

在全球化、信息化、网络化的条件下，我国有条件与其他发达国家站在同一创新起跑线上。其基础性条件是大学和科研机构掌握的高科技的国际差距相对来说，要比高科技产业的国际差距小，科学研究没有国界。只要能够着力推进科学发现向新技术的转化，最先应用新发明，就可以产生具有自主知识产权的创新成果，尤其是在重点领域占领世界科技和产业的制高点。

（三）科技创新的终端一：创新战略性新兴产业

就如迈克尔·波特所说，竞争力是以产业作为度量单位的。产业创新的重要性，不只是新产业本身具有更高的效益和发展前景，更为重要的是，产业竞争力是一个国家一个地区竞争优势所在。国家和地区的竞争力在于其产业创新与升级的能力。由于创新的新兴产业能够带动整个产业结构的优化升级，一个国家和地区在某一时期的竞争力和竞争优势，就看其有没有发展这个时代处于领先地位的新兴产业，形成具有自主创新能力的现代产业体系。这是一个国家和地区的竞争力处于领先地位的标志。根据十八大精神，我国调整产业结构，形成新的经济发展方式的一个重要方面就是经济发展更多地依靠战略性新兴产业带动。

现阶段科技创新的突出表现是，新的科学发现随之带来的是新产业革命。正在兴起的新科技催生出生物技术产业、新材料产业、新能源产业、环保产业等新兴产业，这就是通常说的高科技产业化。以科技创新为先导的产业转型升级，反映现代世界科技和产业发展的趋势。建立在新科技革命基础上的产业创新意味着采用最新科技成果，其技术含量更高，附加值更高，也更为绿色。显然，创新产业是现代科技创新的落脚点。

我国的科技和产业创新与发达国家站在同一创新起跑线，指的是产业创新的共同主攻方向。库兹涅茨把现代经济增长看作是以划时代的创造发明为基础的一个过程：科技和产业的"时代划分是以许多国家所共有的创造发明为依据的。这是现代经济增长的一条特殊真理"。① 在现时代具有划时代意义的创造发明是清洁能源、新材料、生物技术、节能环保技术等。

根据目前的技术水平，我国发展的战略性新兴产业，其技术在很大程度上滞后于发达国家。无论新兴产业成长还是传统产业升级，都将依赖于外部知识和技术要素的供给。当所依赖的外部知识和技术要素使得国内企业的产品研发和技术水平上升到与国外发达国家企业相等的时候，国内企业在产品和技术开发上都会遇到国外企业的挤压。因此，产学研合作创新战略性新兴产业将成为国内企业的必然选择。

针对产业创新的产学研合作，需要在合作方式和合作对象等方面采取差异化策略。产学研协同有内部协同和外部协同两个层面。外部协同指的是企业和大学、企业和研发机构之间的协同，内部协同指的是企业内部组建研究院，大学和研究机构的研究人员进入企业研究院与企业技术人员的协同。实证研究的结果表明，生物技术、制药行业和环保产业，更依赖于学术知识和基础科学研究，企业和大学的合作更有利于产业创新；这类行业中的部分企业虽然没有与大学的紧密联合，但更加注重大学和科研机构公开发表的知识。新能源产业、电子及通信设备制造业，企业和研发机构的合作更有助于产业创新。当前电子及通信设备领域的技术轨道已进入成熟期——突破性创新较少，更多是渐进性创新。因此，企业与大学和研发机构直接的合作创新活动减少，企业更多依赖上下游合作等形式创新和企业内自身的研究院所从事的"干中学"等创新模式。当然，这类企业为创新下一代新技术和新产品，也会寻求同大学的合作，争取在基础研究领域新的突破性创新，创新新一代新兴产业。

不同的经济发展阶段会影响大学创新知识的转移。处于经济发达阶段的国家和

---

① 库兹涅茨：《现代经济增长》，北京经济学院出版社1989年版，第250、251页。

地区会侧重于创造新的产业,强调前沿科学和工程研究、激进的技术许可政策、促进或协助企业创业。处于经济起步阶段的国家和地区,发展战略主要是通过接受产业转移来发展经济。处于经济发展阶段的国家和地区,发展战略是从当前的优势产业进入新技术产业,这时大学主要是作为连接不同创新主体桥梁的作用以及填补创新网络漏洞和创造新产业的作用。

在企业特征上,技术密集型、涉及精密加工制造的企业在新兴产业中比例显著高于传统产业。拥有自有品牌的企业在新兴产业中比例高于传统产业。在国家级高新开发区、国家级经济技术开发区落户的企业在新兴产业中的比例明显高于传统产业。在企业的上下游产业链上,新兴产业的企业更加主动地要求上游企业按照本企业要求进行产品设计和质量改进,对上游企业提出产品设计和质量改进要求、希望上游企业参与本企业产品设计和研发活动的比例,以及参与上游企业的研发活动的愿望,都显著地高于传统产业。在主营的新产品来源上,来自于自己的技术专利的企业在新兴产业中的比例高于传统产业。

在产学研合作对象的选择上,与高校、科研机构有合作研究项目的企业在新兴产业中的比例显著高于传统产业,更为主动地利用产学研合作这一机制来弥补自身研发力量的不足,尤其是弥补自身缺乏的知识和技术及降低研发成本,在传统产业中则更多地体现在借助高校的研发条件,节约相关的研发投资,弥补自身研发人员的不足。

处于不同产业的企业对大学创新知识有不同的需求。以科学技术为支撑的企业对创新知识有更强烈的需要,例如医药、玻璃、钢铁和航空航天产业企业就对大学的创新知识有强烈的需求。而且不同学科的创新知识也会影响企业吸收来自大学的创新知识,生物技术学科的知识一般都是突破性技术创新。

虽然新兴产业有很好的市场前景,但在其产生初期普遍遇到的问题是成本太高。这里面既有研发成本的补偿,也有生产所用的资源(材料)成本,特别是还有沉没成本,因此其价格大都处于高位。市场一时难以接受,由此直接影响新产业的发展。为了支持战略性新兴产业发展,有两点非常重要:一是解决好其市场问题,首先是国内市场需求问题,新兴产业的市场不可能依赖于国际市场。二是降低新兴产业成本。其途径主要有三个方面:一方面需要创新方进一步推进科技创新,发现并应用降低成本的新技术和新材料。另一方面产业方要克服重复建设重复投资,降低竞争成本,形成规模经济。再一方面需要政府介入。由于新产业所采用的新技术本身就具有外溢性,全社会都能得到其收益,因此政府应该对新产业技术研发给予必要的补偿和投入,从而降低新产业对研发成本的补偿。同时,为推广新产业产品,政府也需采取一些鼓励和补偿政策,来降低沉没成本。例如,对一些原来使用化石能源而现在转向使用清洁能源的企业所进行的技术的改造提供必要的补偿。

（四） 科技创新的终端二：传统产业的转型升级

产业创新必然形成对传统产业的挑战。新产业往往不是在从事传统产业的企业中产生的。创新的新产业会替代并毁灭旧产业。面对这种挑战，产业创新不仅涉及发展战略性新兴产业，也涉及传统产业的创新。实际上每个阶段的产业结构中都是传统产业占较大比重。传统产业只有依靠创新才能得以生存并发展，如服装和鞋帽产业，不断推出"时装"就是其生存之道。在现阶段，传统产业的创新驱动，突出表现在三个方面：一是采用最新科技，与信息化深度融合，二是向节能环保的绿色产业转型，三是进入新兴产业的产业链。

传统产业创新在国民经济中占据主要地位。强调传统产业对于国民经济发展的重要性，并不意味着改变对于高新技术产业的重视，而是为了尽力避免对传统产业所做贡献的忽视。同时，在科技政策制定过程中，要深入地了解不同产业技术层次的特点，进一步发挥高新技术与传统产业相结合的优势，为国民经济未来的发展与繁荣奠定更加坚实的基础。在经济全球化背景下，由于传统产业与高新技术产业处于两条有较大区别的创新轨道，深入探究中国传统产业特有的创新模式，并据此在自主创新政策的制定上给予足够的重视，对我国建设创新型国家具有十分重要的战略意义。

在过去较长时期内，我国大部分传统产业的技术来源主要依靠引进和模仿。而且，传统产业习惯在原有技术水平下不断地通过外延的方式扩大再生产，忽略自主创新，其结果是产业集中度低，生产装备技术落后，产品科技含量低，自主开发能力薄弱，导致中国传统产业一直处于全球价值链的低端。因此，在传统产业的发展过程中，不能完全依赖于传统的合资模式，在引进外国先进生产技术的同时，更要进行自主研发，促进民族产业独立发展，这也是自主创新的要义所在。

与高新技术产业相比，传统产业创新的主体大部分是中小企业，其创新源泉是基于企业内部的高度相关的隐性知识和外部的显性知识。传统产业内公司所达到的生产率水平不仅依赖于它在研发方面所作出的努力，而且还依赖于可获得的一般知识的共享程度。

渐进式创新是中国传统产业自主创新的主要方式。中国传统产业自主创新大多是通过优化工艺以降低成本和提高质量、改进设计、提高灵活性和客户满足度等，主要是通过将各种可用资源进行独创性的再组合或改造而产生的创新，是一种渐进式的过程创新。

合作创新是中国传统产业自主创新的主流模式。高新技术产业凭借自身的技术基础以及大规模研发资金投入，可以建立正式的创新信息网络而实现重大创新，但传统产业创新大多依赖于外界信息资源以弥补企业内部创新资源不足的问题。因此，与高新技术产业相比，通过合作创新等形式从外界信息网络获取创新知识源泉的模式是目前中国传统产业创新的主流模式。

"两化"融合是中国传统产业自主创新的必要手段。推进信息化与工业化的融合,采用先进技术装备,有效扭转了我国传统产业技术装备水平低的局面,促进经济增长由主要依靠增加物质资源消耗向主要依靠科技进步、劳动者素质提高、管理创新转变。"两化"融合所带来的竞争优势,不仅是企业不断提高获利能力、实现创新发展的重要源泉,更是加快传统产业转型升级、建立现代产业体系的根本途径,有利于走科技含量高、经济效益好、资源消耗低、环境污染少的中国特色新型工业化道路。

(五) 科技创新的机制:产学研协同

由于当今科技创新的源头主要在科学发现和知识创新,因此科技创新不能只是靠企业,需要大学和企业的协同,科学家和企业家的协同。这实际上反映国家创新体系中知识创新体系和技术创新体系之间的协同。

既然科技创新的路线涉及由大学的知识创新→孵化高新技术→企业采用高新技术的过程,相应的科技创新涉及两大体系:一是知识创新体系,包括基础研究、前沿技术研究、社会公益性技术研究,这些领域研究属于知识创新的范围,在这个体系中,研究型大学是创新主体;二是技术创新体系,即以企业为主体、市场为导向、产学研相结合的技术创新体系。长期以来这两大创新体系是"两张皮",缺少衔接和协同。产学研的协同创新提供了知识创新和技术创新有机衔接的机制和路径。

科技创新的一个趋势是,大学和科学院是创造知识的源头,企业的技术创新越来越需要依托知识和信息聚集的大学和科学院。就像美国的硅谷紧靠斯坦福大学一样,关键是建立知识的创造和知识向生产力转化的上下游联系。一方面解决好大学和科学院研究课题的商业化价值问题,另一方面解决好企业敢于对高科技的研究进行风险投资的问题。产学研协同创新及其协调平台就成为以科技成果转化为生产力为主要任务的创新机制。

到目前为止对产学研使用"合作"的概念,其意义是指企业、科研院所和高等学校之间的合作,其内容通常指以企业为技术需求方,与以科研院所或高等学校为技术供给方之间的合作,这样产学研的合作就归结为技术转移之间的合作。

现在所使用的产学研"协同"创新的概念,与合作创新相比有明显区别:

首先,产学研协同创新不只是大学和科研院所作为技术供给方,企业作为技术需求方之间的关系,而是在科学新发现为导向的技术创新中产学研各方都要共同参与研发新技术,尤其是产学研各方共同建立研发新技术的平台和机制。在研发新技术过程中,既有企业家提供的市场导向,又有科学家提供的科学导向。两个方面的主体在同一平台上协同作用,正是产学研协同创新的真谛。

其次,产学研不完全是企业、大学和科研院所三方机构问题,而是指产业发展、人才培养和科学研究三方的功能问题。具体地说,一方面作为"学"的大学中包含了科学研究机构,承担着科学研究的功能;另一方面"产"也不只是企业,是指产业发展,或者说产业创新,与此相关除了作为主体的企业外,还有各种类型的研发机构及风险投资家。因此,产学研协同从总体上说是大学与产业界的合作,涉及科学研究、人才培养与产业界的协同创新。即使是科研院所所单独推进的与产业界的合作也不能没有人才培养这个环节,原因是新技术的孵化和采用都需要有掌握相应的科学知识的人才。

其实,在没有提出产学研协同创新以前,大学的科研人员就有与企业家在技术创新上的合作,如开发的新技术转让给企业,科研人员进入企业帮助解决技术难题。但这种合作只是项目合作,项目完成,如果没有新的项目,合作就结束。而且,这种合作只是科研人员与企业的私人行为。现在提出的产学研协同创新与之有明显的区别:第一,是大学与企业有组织的合作,进入协同创新平台的科研人员不是孤立的个人,而是依托了其所在大学的人才和科研成果。第二,协同不限于项目合作,具有特征性意义的是大学与企业共同构建协同创新的组织(平台)。与过去的项目合作相比,这种有组织的合作创新可能产生源源不断的创新成果。第三,企业和大学不仅建立了研发共同体,也建立了互利共赢的利益共同体。

产学研协同创新意味着大学的知识创新延伸到了孵化阶段,企业的技术创新也延伸到了孵化创新阶段。在孵化阶段知识创新主体和技术创新主体交汇,就形成企业家和科学家的互动合作。这两者的互动表现为两者的相互导向,由此解决了学术价值和商业价值的结合,从而使创新成果既有高的科技含量,又有好的市场前景。

现实中产学研合作存在不对称状况,主要表现是:企业和大学之间的收益分配不对等,大学研究人员没有足够的激励去公开其发明,以及这些技术进入企业后进一步许可创新问题都会困扰产学研合作的实施。即使通过合理的激励机制促使研发人员公开创新成果,也不是创新成果都能转让给企业使用,可能会出现"搁置"发明的现象。这又涉及产学研合作中的另一个问题:信息获取的不对等。产学研合作中合作目的的不对等也是合作主体之间遇到的问题,企业合作的目的是技术创新的商业化,而研究人员更加注重的是创新知识的传播。这些问题可以总结为三个不对等:信息获取的不对等、收益分配的不对等以及合作目的的不对等。

在目前中国科技创新体系中,企业 R&D 活动 97% 以上集中于下游的试验开发,极少从事上游的基础研究和中游的应用研究,导致上中游创新源匮乏;大学 R&D 主要从事基础研究(占 30%)和应用研究(60%),侧重于知识创新;在基础研究、应用研究和试验开发三个环节的配置比重分别为 12%、32%、56%,且与大学 R&D 在技术领域上有一定差异,因而产学研合作在我国既有必要性又有可行性。

政府在解决产学研合作中不对称问题上有自己独特的优势,可以通过完善知识产权和金融体系制度、改善政策环境、成立技术转移组织等模式,形成良好的外部激励机制,改善合作条件。建立大学科技园是一种好的选择。在大学科技园的制度支撑下,产学研各方采取多种模式进行合作,通过协同实现资源互补,促进技术创新。政府借助自己的信息资源优势,降低各方合作中的信息不对称,进而减小创新成本;大学和科研机构凭借自己拥有的大量高科技人才进行知识创新,并通过与企业合作形成通过大学科技园的管理机制和合作机制构成的协同机制,消除各创新主体在利益和合作目的上的矛盾冲突,使各方随着资源环境的变化不断协调、动态发展,实现协同创新效应最大化。

产学研协同是一个系统工程,产学研协同创新有了平台还必须要有机制。大学和企业各方参与协同创新要有动力,而且要有长期维系的机制。在协同系统中,产学研各方的功能和作用都是双向的。任何强调其中一方而忽视另一方的做法,都会使系统受到破坏,其协同的整体效应将大大削弱。因此,产学研各方建立利益共享、风险分担机制很重要。这就是构筑并完善一个透明的利益共享机制,使产学研各方在透明的制度框架下建立互利互惠的利益机制。这是产学研协同创新得以成功的必要条件。

（六）产学研协同创新的模式

在知识创新与技术创新相互隔离时,从大学到企业的技术扩散之间存在一个"死亡之谷",大学创新的技术很难得到商业化和产业化。而在产学研合作进行协同创新时,就可避免出现从大学的创新成果向企业产业化过渡的"死亡之谷",顺利走向"达尔文之海"。

产学研合作的方式多种多样,有松散型的,也有紧密型的。松散型的包括大学联盟形式的人才培养型产学研合作、委托研究课题形式的研究开发型产学研合作等。这种松散型合作较为广泛,但对我们研究的产学研协同创新模式来说不具有典型性。现阶段具有典型性的是紧密型产学研合作方式。其基本特征是,大学与企业共建研发平台,而且共建的创新平台处于科技创新价值链的中间环节,即大学创新的知识或科学新发现孵化为新技术新产品的环节。

产学研协同创新载体是由产学研各创新主体综合利用各种创新资源及其联系所构成的一组组结构和制度安排,是产学研三方在利益一致、目标一致、信息渠道通畅条件下形成的紧密合作关系,是基础研究、开发研究、产业运行的有机结合体。

产学研各方的多样化合作是科技创新主体依靠其自身和外部力量联合进行的一种科技创新活动。已有的产学研协同创新平台大致有以下两种形式:一种是产学研协同创新平台建立在企业中。大企业拥有先进的科研设备和雄厚的研发资金,吸引大学的科研人员进入。另一种是产学研协同创新平台建立在大学中。主要形式是企业投资在大学共建研究中心、研究所和实验室,进行联合科技攻关与人才培养。在这个平台中,企业在大学和科学家那里发现有商业价值的新思想就可以提前介入,为该项目研发提供风险投资和市场信息,支持其将新思想在实验室进行实验,并进行新技术孵化。产学研合作平台是建立在企业还是在大学,同研发主体所在的产业性质相关。一般说来,产业的技术来源依赖于基础研究成果的,如生物医药企业,更多地把合作研发平台放在大学;而产业的技术进步不是突破性的,主要是改良性的,如电子信息企业,其合作研发平台就放在企业。当然,在这些企业要前瞻性的研发下一代新技术时,其合作研发平台也可能放到大学去。

产学研协同创新平台按主导者区分有两种模式,一种是企业主导的合作平台,另一种是政府主导的合作平台。

企业主导的合作创新模式最典型的是深圳。深圳缺乏禀赋的科技资源,其创新模式的特点是依靠企业作为创新主体,把创新资源向企业集中,形成"四个百分之90%"以上:90%以上的研发机构设立在企业,90%以上的研究开发人员集中在企业,90%以上的研发资金来源于企业,90%以上的职务发明专利出自于企业。

政府主导的合作创新模式最典型的是苏南。该地区科技创新的禀赋资源较为丰富。一是南京加上毗邻的上海,拥有全国数量最多的大学和大学生;二是苏南人力资本较为丰富;三是企业的创新主体地位突出,拥有一批敢于创新的企业家;三是地方财政资源较为丰富,地方政府的调控能力较强。因此,苏南的合作创新模式有两个特点,一是政府主导,二是充分依托禀赋的科教资源。产学研合作创新模式涉及创新要素的供给状况。不同地区科教资源禀赋不同,也会产生不同的产学研协同模式,苏南地区就有以下几种类型:

一是南京模式,其特点是禀赋的科教资源丰富,其产学研合作平台主要建在以大学为主体的国家大学科技园内。南京一个城市就有南大、东大、南理工和南工大四个国家大学科技园。同时,还有大学校办科技企业直接转制而成的民营企业。这类企业与其母体大学有着紧密的合作关系。近年来南京又出台各种科技政策为聚集在大学中的创新人才进入其创新科技园从事科技创业提供各种鼓励和优惠。

二是苏锡常模式,较南京,这里当地禀赋的科教资源相对缺乏,但地方政府的财力和作用强大,有条件以地方政府为主体吸引外地的科教资源。例如,常州市政府建设科教城、无锡建科教园、苏州建独墅湖大学园区,在这里吸引大学和科学院进入建立与当地合作的研究院。依托这些产学研协同创新平台,在大学科技园及其周边发展起了一批高科技企业。

三是昆山模式,这里同样是禀赋科教资源相对缺乏,但经济开放度较高。外资和台资数量多,而且进入的外商投资企业的技术层次高。因此这里的创新模式,除了吸引国内大学进入外,特别重视并鼓励外资和台资企业在昆山建研发中心,使其在中国本土创新。如仁宝集团、捷安特、日本 NSK 等企业都先后在昆山建研发中心,同时研发产业创新项目,如高世代平面显示项目、液晶模组项目等。

在科技创新的实践发展中,产学研协同创新载体的政府主导和企业主导又有相互融合的趋势。例如,在深圳地方政府通过建立虚拟大学科技园的方式,由政府出面吸引全国的著名大学进入举办产学研合作载体。最为典型的是中关村,北京市政府依托所在地高校和科学院高度集中的优势鼓励科技人员进行科技创业。中关村在政府的组织和支持下以大学群落为依托,通过集成各类创新要素和资源,采用政府资金、企业资金、金融资本与风险资本等多元化的资本运作方式,支持科技创业,以实现大学科研成果向企业和社会有效转化,实现"技术+资本+市场"的有机结合。

(七) 科技创新的源头:知识创新

科技创新的源头是知识创新。与其他资源不同,知识不仅可以共享,而且通过应用得以"生长"。与一般所讲的技术创新概念不同,科技创新是知识创新与技术创新的结合。知识是能被交流和共享的经验和信息。[①] 知识与信息的区别在于,人们获取信息是"知其然",获取的知识是"知其所以然"。因此,真正的知识不仅是信息,还包括对信息的理解和解释。根据维娜·艾莉的分析,知识有三种类型:一是知道"是什么型"信息(Know What),二是知道"怎么做型"知识(Know How),三是知道"为什么型"知识(Know Why)。知识创新体现为这三种类型知识的创新。

对知识创新同技术创新的关系,可以从理解科学的功能开始。众所周知,科学有两个层次的功能。第一层次是科学发现,创造出知识;第二层次是科学发明,创造出技术,这是对创造出的知识的开发。因此,科学发现所创造的知识可以成为技术创新的基础和源泉。

产学研合作创新载体各个主体的分工将导致成员之间的知识互惠性,不同性质的主体在创新载体的知识创新活动中所起的主要作用是不同的:大学等主体在创新载体中的知识活动主要是知识获取、生产与扩散;而企业的主要知识活动是知识选择、知识内在化、知识外在化等;政府则提供各种资源、条件和服务。在产学研创新载体知识创新模式下,各参与主体之间互动关系具有一定的多样性,可以具体划分为点对点、点对链和合作网络三种模式。

在过去相当长的时期中,知识创新远离经济,只是技术创新紧靠经济。而在现代,明显的趋势是科学创造的知识直接与经济结合,直接成为生产和经济增长的要素,从而经济增长的决定性因素由技术转向知识。例如新材料研究领域、信息研究领域、计算机研究领域、清洁能源研究领域、生物工程研究领域等高科技研究领域的成

---

① 维娜·艾莉:《知识的进化》,珠海出版社 1998 年版,第 60 页。

果和新的发现迅速创造新的产业从而直接转化为生产力。在这场无声的革命中,经济发展直接依赖于知识的创新、传播和应用,知识密集型产品的比例大大增加,知识型产业取代传统产业占据主导地位,生产知识并把知识转化为技术和产品的效率即知识生产率,取代劳动生产率成为衡量经济增长能力的主要指标。因此,现在大学和科研机构所从事的科学研究(包括基础研究)不再是远离经济的。

在过去的创新体系中,知识创新和技术创新在时间和空间上是分开的。知识创新限于大学和科学院所从事的科学研究。而现在知识创新进入了产学研协同创新载体,与技术创新交互进行。产学研协同创新载体在本质上就是一个由众多知识处理单位构成,专业化从事知识吸收、知识开发、知识共享、知识转移、知识应用的集合体。该集合体不断吸纳现存的知识储备,利用内部有效的知识创新机制,衔接市场需求与研发供给,孵化和研发出适应并且引导市场的新技术、新产品甚至新企业。

在知识经济背景下,在产学研协同创新的系统中,知识的创造、科学的发现越来越多地成为技术创新的源头。因此,科技创新的关键除了提高科学研究成果的转化能力外,特别需要提高知识创新能力。我们可以从诺贝尔自然科学家高度集中于几个创新型国家的原因分析中,明确提高国家知识创新能力的基本要求:一是以追求原始性科技创新为国家发展的基本战略取向,二是具有独特且富有活力的国家创新体系,三是拥有培养、造就科学精英的世界一流大学,四是有着强大的科研经费投入。[1]针对我国现状,特别强调提高两个方面的能力:

一是提高学习和认知能力。这是吸收并创造知识的前提。学习是指取得新信息,增强理解力。学习过程有三个阶段:获得知识、共享和传播已学到的知识、应用知识。[2] 其主要路径有:加强创新型人才培养,尤其是突出提高高等教育的质量,也包括各类人才的继续教育,使之不断获取最新的相关领域的最新知识;通过计算机和通信网络对新知识新技术数字化并进行传播,从而形成"信息化社会";通过促进公众接受多种知识和技能的训练掌握学习的能力,从而形成"学习型社会"。

二是提高知识创造能力。这与科学研究水平相关。技术创新所要求的知识创新目标,既要培育能占领未来市场的知识型产品,又要能够抢占世界科技和产业发展的制高点。为此,提高知识创造能力关键在两个方面。一方面,加大知识创新的投入。创造的知识有明显的外溢性和公共性,理应以政府投资为主,同时要创造有效的机制吸引企业和民间投资。另一方面,加大知识创新的开放性。知识的流动不像技术的流动那样受到的限制那么多。人才的国际流动,信息通过互联网的流动,使新知识无阻碍地流动。因此,知识被定义为"能够被交流和共享的经验和信息"。[3] 从一定意

---

① 陈其荣:《诺贝尔自然科学奖与创新型国家》,《上海大学学报》2011 年第 6 期。
② 维娜·艾莉:《知识的进化》,珠海出版社 1998 年版,第 150 页。
③ 维娜·艾莉:《知识的进化》,珠海出版社 1998 年版,第 60 页。

义上说,我国科学技术的跨越并且占领世界制高点首先靠的是知识创造和共享,以创新的知识带动技术的跨越。因此,建立最为先进的信息传输通道和国际信息共享制度和机制,使科技人员获取当代最为前沿的相关领域信息,是提升知识创新能力的重要途径。

与单纯在大学进行的知识创新相比,在产学研创新载体中的知识创新的作用可以被大大放大。就是说,产学研创新载体比企业从事单项的、分散的知识创新更经济、更有效率,可以使知识创新的总体绩效大于单个知识技术创新活动经济绩效之和。其原因不只是在创新载体上投入了大量的创新资源,更因为在载体上存在有效的知识整合机制。产学研创新载体具有加速知识整合、促进创新效率提升的特征,因而在实现知识创新的机制建设方面更加健全、更有效率。

产学研创新载体通过市场机制不断吸纳现存的知识储备,利用内部有效的知识创新机制,衔接市场需求与研发供给,在培育企业创新能力的同时,精心打造产业链价值增值环节,从而塑造与知识创新步伐相适应的企业动态竞争力。特别是知识吸收机制、知识开发机制、知识转移机制和知识共享机制四个机制的形成与完善,对创新载体知识创新功能的发挥起到重要的支撑作用,推动着知识由量变向质变的升华,从而使知识创新的作用进一步放大。企业与科研机构的合作与交流,不仅降低了各方获取知识的成本,打通了实践知识与理论知识的障碍,还拓展了知识源的获取渠道,激活了各方原有储备的知识,促进了内部知识的融合与外溢。产学研各方通过知识转移和知识学习来加快知识在创新载体中的扩散,从而实现知识增值与创新的过程。

为了抢占科技创新的制高点,各国都将提升大学系统的创新能力和构建大学—企业间的创新协同机制作为增进国家创新能力的重要政策内容。近期我国大学知识创新能力迅速提升,然而受限于较弱的企业吸收转化能力,企业和大学的协同创新仍停留在较低层次上。较低的协同创新层次既是大学科技成果转化的障碍,又是企业提升自主创新能力的桎梏。要将这种大学与企业之间知识势差所提出的挑战转变为发展机遇,必须改变我国企业内部研发不足的现状,通过强化创新竞争机制以及政府积极干预,激励企业充分利用大学扩张所创造的"科技人才红利",基于"研中学"逐步提升参与协同创新的能力。

（八）科技创新的组织者:科技企业家

企业是创新主体,不等于说各个企业都能成为创新主体,关键是企业中要有创新的组织者。熊彼特当年提出的创新理论明确认为,创新是在企业实现的,而承担创新职能的是企业家。在现实中有些科教资源丰富的地区科技创新能力却不如科技资源相对缺乏的地区,其原因可归结为该地区的企业没有成为创新主体,更准确地说,缺乏承担创新职能的科技企业家。

科技创新,无论是以科学新发现为导向还是以市场为导向,实际上都需要科技企业家的行为导向。科技企业家的导向实际上是主动连接市场和科技创新的过程,既引导科学新发现孵化为新技术,又引导市场推进技术创新。单纯的市场导向中,从市场提出需求到研发适应市场需求的新技术需要经过多个阶段,市场的导向到技术创新需要一系列的"试错",从而产生较大的创新风险和成本。而在科技企业家导向中,科技创新和市场导向直接互动,不存在传统的市场导向的创新模式中所要经历的阶段和"试错"成本,因而可以加快创新的过程,减少创新的风险。当然这种创新行为一般的企业家是难以做到的,只有科技企业家才能做到。成功的科技企业家既能对孵化的新技术导向,又能对消费者导向。由此开发的技术和产品既有高的科技含量又有良好的市场前景。

科技企业家的职能不一定是自己进行科技创新活动,而是推动和组织创新活动,对企业的技术创新与大学的知识创新进行集成,对多个主体进入的新技术孵化活动进行组织协调。在这里,企业家主要不是彰显个性而是突出协同创新。一方面,通过组织和协调推动产学研各个创新主体之间互动并交互作用,从而使进入其创新链的各个主体不只是竞争,更是合作;另一方面,着力推进商业模式创新。创新成果最终要通过最适合的商业模式推向市场并足够地实现价值。不同类型的创新成果需要不同的商业模式相匹配。在这里企业家的商业模式创新的职能就凸显了出来。

企业家知识化并成为科技企业家,是推进产学研合作创新的主观条件,企业家没有相应的知识层次,就不知科技创新的方向,不知怎样去开发知识产品,也不知如何与科学家合作。如果微软公司的总裁不是比尔·盖茨、北大方正没有王选,这两家知识型公司很难有今天的成就。企业家知识化有两条途径:一是现有的企业家通过与科学家的合作交流由经验型转向知识型,二是科研人员进行科技创业进入企业家队伍。由此就提出了创新创业人才的培养和引进问题。实施创新驱动发展战略,特别需要既有深厚的学科知识又有敏锐的商业化眼光的经营人才。

科技企业家对技术创新行为的引导不是随意的、盲目的,其本身又要受企业家对创新的价值取向的支配。科技企业家创新价值取向突出表现在两个方面:第一,企业家创新的价值目标是依靠创新实现企业整体价值的提升。第二,科技企业家的创新目标必须与其社会责任相一致,创新出造福于民的新技术,例如节能环保的绿色化技术就是科技企业家社会责任之所在。此外,企业家创新行为需要国家目标导向。科技创新的国家目标即解决国家急需的重大科技问题。

(九) 创新价值的实现:商业模式创新

商业模式创新应与科技创新互动,"成功的创新不仅要靠领先的技术,而且还要有出色的商业模式相辅"。① 商业模式就其最基本的意义而言,就是做生意的方法,是一个公司赖以生存的模式,一种能够为企业带来收益的模式。商业模式规定了一个公司在其价值链中的相对位置,并指导其如何赚钱。而对科技创新来说,一方面,技术创新是有成本的,或者说会增加成本,为技术创新而增加的成本可以因商业模式的创新而得到消化;另一方面,发现一个新市场需要以相应的商业模式去开拓和扩大,这样,创新产品因商业模式的创新而为市场所接受并能扩大创新产品的市场。这意味着创新一种新技术需要同时创新商业模式。

创新被看作是通过开发商业模式和技术来创造新价值的能力。创新成功的企业一般都能平衡好创新中的技术改造和商业模式的改造这两方面的工作。与技术创新相关,商业模式创新可以界定为:企业利用科技创新成果,为适应市场环境所作的市场关系、市场行为和相应的经营组织架构的调整,目标是使创新成果的市场价值最大化。

商业模式的创新一般涉及三个方面:一是改变产品和服务价值的主张,即开发新的产品和服务或者延伸现有产品价值的主张。二是供应链的创新,这涉及供应链各个环节的整合,及与供应商关系的创新。三是目标顾客的创新即发现新的市场。这样,商业模式创新体现出技术创新、产品创新、市场创新的互动。业绩良好的企业都是既改进技术又开发新的商业模式。

就影响科技创新行为的商业模式创新来说,创新一种新技术需要同时创新商业模式,原因是存在信息不对称。技术创新并不能自动保证该创新在商业上或者经济上是有利的。企业创新的价值主张既涉及所要创新的新技术的市场价值预期,又要寻求让客户了解其创新产品和服务所拥有的特定价值的方式。商业模式的设计和实施以及细致的策略是技术创新获得商业成功的必要条件。因此,成功商业模式的创新的价值也体现在创新技术的商业化运营上。商业模式创新将科技创新的成果推广,将科技创新的价值注入商品价值,占据市场份额,实现商品内在价值。现实中存在一些厂商,其产品本身具有创新性和新颖性,可能明显领先于竞争对手,但是由于缺乏好的商业模式或者不注重选择合适的商业模式而在激烈的竞争中落败。从价值链的视角来看,商业模式创新就是对整个价值链实施延长、分拆、外包、出售和整合,优化企业整个价值链的各种价值活动,创造新的价值活动,并提高价值创造效率。实现从科技创新中获取最大价值是商业模式设计的关键。每一种新产品的开发都应该与一种商业模式结合起来,这种商业模式决定了产品进入市场和获取价值的具体方式。

不同的商业模式具有不同内部组织成本和市场交易成本。企业追求商业模式的

---

① 张意源:《乔布斯谈创新》,海天出版社 2011 年版,第 154 页。

创新,本质上是在权衡了不同的交易成本后所选择的最有利于自身的组织规模和组织形式。相对于之前的商业模式,它是在市场交易条件或者产品生命周期发生改变的情况下,企业重新审视自身的产品(或服务)设计、研发、生产、销售以及增值服务流程,对比因受到条件改变而影响到的有关架构的内部组织成本和外部交易成本后,重新选择组织模块、重新设计组织形式和流程的一个综合过程。

概括起来,创新企业依据其价值主张所要实施的商业模式创新主要包括以下几个方面:一是通过技术和资产捆绑实现创新价值,二是通过延长价值链实现创新价值,三是通过分割重组价值链实现创新价值,四是通过强化价值链的增值环节实现创新价值。现实中,科技创新价值实现的途径是纷繁复杂的,可以是以上两种、三种甚至更多种形式的混合。企业为了响应科技创新不断加快的脚步,在快速变幻的市场中保持竞争优势并把握商机,就必须随时依据形势的变化,对价值链实施延长、分割、重组,或者强化某个环节的价值活动,保持对客户需求的敏捷反应,发挥相对于竞争对手的比较优势。

(十) 创新投入机制:科技金融

科技创新需要足够的资金投入,需要科技与金融深度结合,发展科技金融。科技金融是与科技创新行为实现深度结合的金融形式,一国科技金融的发展水平是反映该国创新能力的重要指标,其实质是要求包括商业性银行在内的各类金融机构都能成为科技金融的主体,这是当前金融创新的一个重要方面。

科技金融包含两个方面,一是直接的科技金融,基本上由风险投资家提供,涉及股权融资,以及相应的股权交易市场;二是间接的科技金融,涉及银行提供的信用。在现实的经济运行中,两者不是截然分开的。即使是直接的科技金融,那些风险投资家采取股权融资方式参与的创新投入也在很大程度上需要银行提供的间接科技金融。

在科技创新的不同阶段科技金融有不同的进入方式:处于孵化期阶段,在政府搭建的孵化器平台基础上,天使投资发挥主要的金融功能;在采用创新成果进行科技创业阶段,创业投资应成为提供金融资源的主角;而到了高新技术产业化阶段,包括银行在内的各类金融力量将更深入和直接地参与进来。

科技创新最为缺乏资金最需要资金投入的阶段是孵化新技术阶段。在这个阶段除了政府的孵化器投入外,风险性创业投资最为活跃,进入的方式主要是股权融资。应该说,这些风险性的股权融资也属于科技金融,但是科技金融不只是这些。在这里,无论是谁提供风险投资,都不可能用自有资金运作,都需要银行为之提供信贷。即使是政府建孵化器投资的来源大都也来自银行信贷。这意味着银行性金融资本也要介入这个孵化新技术阶段。银行信贷进入了孵化新技术和科技创业阶段也属于科技金融。银行信贷直接进入孵化新技术的创新项目,则孵化新技术的创新活动将更为活跃。

风险投资者参与创新和创业项目的股权投资,固然有高风险高收益的引诱,但其基本条件是得到科技金融的支持。一方面是能够得到银行足够的信用支持,另一方面是具备及时转移风险或者转移股权的通道,并且引导足够的金融资本投入的阶段向创新的前期阶段前移,尤其是孵化新技术阶段。由此提出以下制度安排:首先是为风险投资提供顺畅的退出机制,使投入科技创新项目的资金在孵化出高新技术和企业后能及时退出来进入新的项目,以保证风险投资的可持续。其次是为风险投资提供有效的银行信贷服务。最后是建立各类创新创业风险投资基金。这就需要针对现有的金融机构和金融资本的特性,以必要的制度安排进行引导、激励和培育,尤其是发展创新创业风险投资基金。

研究科技金融的具体实现形式,不仅要关注各类私募股权投资对募集创新资金的积极功能,还要研究商业银行如何以更为积极和合理的方式参与到科技金融中来。在我国的科技金融体系中,商业银行完全可以通过更灵活的方式全面参与到对创新企业的金融支持中,其前提是必须通过制度创新使商业银行的收益来源多元化,从而实现风险和收益的平衡。这既是我国商业银行未来自身发展的需要,也是其更全面参与科技金融的重要保证。

美国的硅谷银行对我国商业银行发展科技金融有重要的参考价值。在科技创新最为活跃的美国硅谷地区,硅谷银行的发展具有代表性。其创立之初的目标就是为硅谷的科技型中小企业提供金融服务,像 Facebook、Twitter 等明星企业都受到过它的帮助。高回报率和低损失率成为硅谷银行快速发展的条件。硅谷银行经营战略有以下四个特点:第一,为不同阶段的科技型中小企业提供不同类型的金融支持。具体来说,处于研发阶段的种子期和初创期企业,资金投入得不到短期收益,同时其对金额的需求相对较小,硅谷银行主要为其提供中长期创业贷款,支持其完成产品研发和实现对外销售;对于产品已进入市场、初步形成产业化的"后端"企业,硅谷银行主要为其提供流动资金贷款,维持其正常运转,并在其进一步成长为大型公司后,为其提供全方位的金融服务。第二,将股权融资和债权融资相结合。特别是在为初创型企业发放贷款时,硅谷银行通常会附加获得股权或认股权证的条件,这样,硅谷银行既可在企业取得成功时获得退出收益,其股东身份还便于其加强对公司的监管并为客户提供更多的服务。第三,和创业投资基金展开深度合作。硅谷银行不仅为创业投资提供基本的金融服务,还可为其提供贷款,甚至以有限合伙人的身份直接将资金投入到创业投资中。第四,建立严格的风险控制体系。硅谷银行通常选择已经获得创业投资支持的企业,并通过技术专利抵押等方式降低风险。同时,硅谷银行还将其创业投资业务与一般银行的信贷业务严格分离,以控制风险。

从国内商业银行与硅谷银行在经营中的区别就可发现发展科技金融的路径。硅谷银行的收益不仅来自贷款利息,还有股权收益。而国内商业银行在参与创新创业投资中,利率不得随意上浮,同时分业经营的要求也禁止其直接持有企业的股权。这使得商业银行无法通过正当途径合理分享创新企业成功的巨大收益。因此,要让银行的金融资源更多进入创新领域,必须有制度和政策层面的突破。

(十一) 创新驱动的保障:知识产权保护

创新是有成本的,具有不确定性,其中有不少是沉没成本。创新成果是可以模仿和复制的。因此,对创新成果授予法定的排他性权利,是最有效的激励机制。如果没有这种激励机制,理性的生产者将会选择模仿而非创新。

知识产权包括专利权、商标权、版权等等,是权利人对其所创造的智力劳动成果享有的排他性权利。不同的经济发展阶段适用于不同的知识产权保护强度。在经济发展的初期以模仿创新为主,较弱的知识产权保护制度有利于以模仿为主的技术进步。实证结论表明,我国已经跨过了知识产权保护临界点,到了必须实施严格知识产权保护战略的阶段。如果仍维持弱知识产权保护力度,将导致本国企业创新动力持续不足。随着我国相对技术水平不断提高,自主创新对技术进步的作用正逐渐凸显,强知识产权保护将更有利于创新的发生。

当一个国家的技术进步处在模仿阶段的时候,恶意模仿使得"劣币驱逐良币",那些创新企业还没来得及建立起自己的品牌声誉,就因创新成本无法回收而退出市场。留在市场中的却是不注重创新、不注重品牌的模仿型企业。他们没有能力和动力去提高产品质量。通过对版权、商标类知识产权的保护,提高企业维护自身声誉的意识和动力,在"声誉激励"机制作用下可形成企业追求产品质量的氛围,而不断提高质量的目标又需要通过创新来实现。于是,形成了"知识产权保护—声誉激励—追求产品质量—创新"的传导机制。

知识产权制度本身很重要,促进知识产权创造和应用能力提升的配套制度也很重要。毕竟,取得知识产权不是目的,目的是激励创新行为,提高创新能力。当前的问题是重申请,轻应用。很多知识产权获得授权却躺在那里睡大觉,创新成果不能产业化,更别谈上升为行业标准了。

由专利等知识产权形成的垄断价格不同于通过控制供给量或者合谋而形成的垄断价格。后者是人为的"哄抬物价",前者是对信息成本和所冒风险的补偿。由知识产权形成的垄断利润可激励更多创新,无论是增加产品多样性还是降低产品成本,都会带来消费者福利增加,更重要的是为经济长期增长提供内生动力。因此,现代知识产权制度鼓励合作。

在开放的背景下,知识和技术创新者、技术需求者通过协同的方式共享知识、信息、研发平台,提高了创新的质量和数量。协同创新的效率明显高于独立创新和模仿。原因是,模仿的成本低、产出快,但市场狭小、无自主权,且受专利限制。独立创新的固定成本和沉没成本高,规模不经济和不确定性,使企业资金利用效率和产出效率不高。协同创新通过合作获得外部创新资源,提高创新成功概率,分担创新风险,缩短创新时间,提高了经济效益。在产学研协同创新中,最核心的内容就是知识产权,因为这涉及创新收益的分配。没有清晰的知识产权界定,产学研的协同创新不具有可操作性,因为随之而来的纠纷将使产学研同盟很快瓦解。知识产权的作用没有因合作创新的增加而弱化,相反,清晰界定知识产权是协同创新的基本前提条件。

实证研究有两个重要结论:第一,知识产权保护水平和研发资本投入对于技术创新具有积极的影响。在促进创新方面,知识产权保护水平与研发资本投入具有互补性。因此,即使在创新型经济中,投资还是必要的。只不过投资的方向应该是集中在研发资本方面。第二,知识产权保护水平与人力资本投入具有替代性。这说明,只注重研发人力的投入对技术创新的经济意义不大,研发人才的质量才是关键。知识产权保护可集聚创新人才,那些真正看重知识产权保护环境而回来的创新人才往往是高质量的创新人才,才会真正对提高创新水平具有积极意义。

(十二)区域创新体系和创新型区域

在幅员辽阔的大国,不仅有国家创新体系,还有区域创新体系。国家创新体系和区域创新体系,内涵是相同的,都是指企业、大学、研究机构、金融机构和公共部门间在知识和技术创新中形成的互动的创新系统。两者的区别在于范围的不同。区域创新体系只是在国家的一定区域范围。由于创新的基础条件不同,一国范围内的各个区域不可能同时成为创新型区域,即使成为创新型国家也不可能做到所有区域都成为创新型区域。一国成为创新型国家实际上是由首先成为创新型区域的地区带动的。这样,研究区域创新体系的意义就在于寻求并鼓励部分区域首先成为创新型区域,并在此基础上推动更多的区域成为创新型区域。

目前世界著名的创新型区域有美国加州的硅谷和波士顿的128号公路、印度的班加罗尔、韩国的大田、瑞典的斯德哥尔摩等。它们共同的特点是在各自的区域内存在完备的区域创新体系。创新要素与创新机构的空间高度集聚,由此形成的区域创新系统的空间结构是围绕核心知识生产机构或跨区域信息中枢机构形成的圈层结构。其空间形态包括:

区域创新系统的核心区。核心区往往是由基础科学和应用技术研发集群、商务中心构成,在核心地带集聚了基础科学研发链、应用技术研发链、研发与产业化服务平台所涉及的各类科研机构和商业机构,以集约化方式确保研发主体在区内便捷地获得合作伙伴。

周边新兴产业带。在核心区的周边集聚着大量相关技术领域的科技型企业、大学科技园、科技企业孵化器等新兴产业集群。新兴产业集群围绕核心区呈环形分布，直接承接核心区的技术扩散、成果转化以及科技企业家的直接创业，从而形成一系列具有特色的、错位发展的新兴技术产业集群。硅谷的成功得益于其成功的高科技产业集群，由于集群具有地域化聚集、专业化分工、社会化协作的特点，增强了其产业竞争力。

风险投资是科技创新和产业化的前提。硅谷拥有世界上最完备的风险投资机制，有上千家风险投资公司和2000多家中介服务机构，风险资金来源于富有的个人资本、机构投资者资金、私募证券基金和共同基金等多种渠道，其组织形式为小企业投资公司、合作制的风险投资公司、股份制的风险投资公司以及大集团内部的风险投资公司或大公司内部的风险投资部。

大学创新知识的扩散面临着不同地区对自主创新需求与地区科教资源禀赋之间的不平衡：一部分地区自主创新所需的科教资源相对丰富，但是经济发展阶段还处于制造业投资扩张阶段，对原始创新和新兴产品、新技术的需求相对不足；另一部分地区自主创新所需的科教资源相对缺乏，但是经济发展阶段已经进入了依赖于技术进步、新产业发展、转移落后产业的阶段，对自主创新的科研成果转化产生了需求，并且具有了一定产业配套能力，包括一定规模的技能劳动力，在这里科教资源禀赋满足不了当地的需求。由此，我国的自主创新面临着阶段性矛盾：有的进入自主创新驱动阶段，有的没有进入自主创新驱动阶段，有的地区产业发展进入需要原始创新、集成创新支持的阶段，有的地区产业发展还主要依赖于技术模仿和技术扩散的支持。因此，自主创新在地区间转移和扩散，就是要通过恰当的制度安排，缩小自主创新地区间不平衡，扩大对自主创新的有效需求，同时也扩大自主创新的潜在供给。

地理位置上的邻近是以地域为基础的区域创新体系存在的必要前提，而不是充分前提。仅仅地理上的邻近能够产生企业集聚的存在基础，但未必会产生创新体系的存在基础。区域创新体系存在的必要条件是存在各个主体协同创新的机制。就像硅谷地区以高校及创新企业为主体，各创新要素的参与、协作，使得硅谷成为一个创新整体，克服单独个体智力与资金的限制，整合多种知识技术资源和技能，产业链和创新配套条件得到优化，降低技术和市场风险与不确定性，增大创新投入意愿、增大创新成功的努力和探索，使硅谷保持了创新的活力。根据硅谷的经验，建立区域创新体系的内在机制突出需要解决以下问题：

第一，高度集聚创新机构并实现大学、研究开发机构、企业、中介机构、政府等创新要素的网络化。其主要标志是建立多种类型的产学研协同创新的平台。

第二，建设区域技术创新链。在多数情况下，技术创新来自于一个创新的思想、发明或科技突破，其中大学、科研院所的知识创造活动是重要创新来源。但是，仅仅有创新源还是不够的,有很强的知识创造活动,并不等于该地区就有较强的创新能力。关键问题是一个地区能否有效地利用各种知识为本地区的创新服务,因此,必须在技术创新链上解决知识流动或技术转移的顺畅机制。

第三,区域内企业必须成为技术创新的主体。一个地区的技术创新能力高低关键是看企业有没有强有力的创新动力和创新能力。

第四,创新环境建设。首先是市场和法制环境。在硅谷,由于市场体系的完善,法律法规的健全,市场上资金充裕,专业化服务随手可得,使得硅谷的创新动力长盛不衰。其次是工作环境。公司之间的联系开放而紧密,公司间劳动力流动频繁,区域内信息和经验的交换自由、开放,雇员被科技吸引而不是被某个公司吸引。很显然这种工作环境有利于创新和创造。最后是政府的公共管理和服务环境。例如小企业投资法、小企业研究计划、知识产权保护等政策,给予科技创业极大支持;实施一系列鼓励对科技型小企业的长期风险投资的优惠政策,直接刺激了社会风险投资供给规模;设立股票市场为创业公司创造了上市融资的有利条件,也为风险投资提供了退出渠道。

根据上述创新型区域的成功经验,可以把我国所要建设的创新型区域描述为:区域创新体系高效运行,创新要素高度集聚,产学研协同创新平台广泛分布,创新活动极为活跃,创新成果源源不断,战略性新兴产业形成集群。具有这些特征的区域的基础条件主要有以下三个方面:一是区域内各地真正转向了创新驱动发展方式并实施创新驱动战略,建立起了系统完备的激励创新制度。二是区域内创新源丰富,或者是拥有丰富的禀赋科教资源,或者是在缺乏禀赋科教资源的地区有有效的机制和平台吸引到了丰富的科教资源。三是区域内企业绝大多数成为技术创新的主体。相比其他地区,成为创新型区域有三个成功率最高:一是创新型区域进行的科技创新成功的几率最高,产出一批进入国际前沿的基础研究和应用性研究成果。二是到创新型区域进行科技创业,成功的几率最高。二是科技创新的成果到创新型区域转化为现实的生产力,成功的几率最高。

区域创新能力涉及区域创新创业的生态环境,包括人才环境、创新成果供给环境、创新文化环境和制度环境。突出表现在如下几个方面:

一是拥有若干个在区域内分布较为均匀的创新型城市。区域经济中,城市是发展极,是发展的中心,也是区域科技创新的策源地。创新资源(包括人才和创新机构)一般都是集聚在城市。创新型城市指主要依靠科技、知识、人才、文化、体制等创新要素驱动发展、对周边科技创新具有较强辐射和引领作用的城市。这里需要明确,创新型城市需要充分的科教资源,但科教资源丰富的城市不一定是创新型城市,禀赋科教资源不丰富的城市也可能成为创新型城市。

二是创新资源高度集聚。拥有很多具备科研能力的大学和研究机构,它们源源不断地提供实验结果、创新成果和科学突破。拥有一批科技企业家从而拥有一批创新型企业。拥有一批科技服务机构,包括:金融服务、软件服务、文化创意、科技服务、科技中介,尤其是专事创业投资的风险投资机构高度集聚。

三是具备激励创新和创业的软硬件环境。科技创新平台和载体高度集聚,包括大学科技园、产学研协同创新平台、孵化器,以及公共性、公益性科技服务平台。拥有智慧化的城市基础设施,拥有吸引高端创新创业人才的宜居宜研环境,以及拥有开放并激励创新的文化和制度。

(十三) 创新驱动的政府推动

转向创新驱动,前提是制度创新。制度创新的发动者首先是政府。建设高效并有集成创新能力的创新型政府是实施创新驱动发展战略的基础。政府推动创新所需要的制度创新涉及面很广,除了协同创新平台建设外,还需要一系列的制度安排,主要包括建立集聚创新创业人才的制度,建立并实施有效的知识产权保护制度,建立激励创新的体制机制,等等。

标准的市场经济理论排斥政府作用。而一旦引入创新,就需要政府的积极介入。其必要性在于创新成果具有溢出效应,具有公共产品的属性。这就决定了政府作为社会代表来介入创新驱动的必要性。人们一般认为,政府介入经济活动应该保持"中性"。而对创新来说就不能这样,不但要主动介入,还要积极引导。原因是,一般的资源配置(特别是有形要素)追求效率,此时市场最为有效,政府对此保持"中性"是必要的。而创新是创造新的要素,是调动和激励无形要素。政府在这里的作用,较市场更为有效。[①] 特别是转向创新驱动涉及经济发展方式的转变,没有政府的强有力推动,发展方式不会自动转变。

政府介入和推动创新,关键是国家目标导向问题。与此相关的是围绕国家目标的科学规划进程。就规划来说,特别强调体现国际前沿科技水平的国家科技重大科学计划,以及涉及国民经济发展方向的科技创新。如美国所实施的阿波罗计划、星球计划之类的重大科学发展项目就溢出了一大批处于国际前沿的军用和民用的科学技术。我国正在实施的国家科技重大专项必然也会产生同样的效应。就创新集成来说,在现代经济中,国家竞争力主要由国家创新力来衡量。国家创新力不是个体创新力的相加,而是对科技创新的国家集成能力。集成创新即创新系统中各个环节之间围绕某个创新目标的集合、协调和衔接。

人们一般认为政府的作用主要在于投资,其实更为重要的是对创新的引导和集

---

① "当存在创新时,市场过程不能自动地确保激励竞争或快速研究开发的发生。"斯蒂格利茨:《社会主义向何处去》,吉林人民出版社1998年版,第169页。

成,即便是投资也是起引导和集成作用,绝不可能代替企业的创新投资。

产学研协同是不同部门、不同行业的组合,它们各自的运行机制、目标、价值取向等各不相同,要将三方资源及其力量整合起来,政府的作用至关重要。无论在宏观层面还是在微观层面,政府所发挥的职能直接影响着产学研协同创新的整个过程。在我国,政府主导的产学研协同创新形式多种多样,可以归纳为科技园、高校—地方共建研究院、科技成果转化专项资金项目、科技计划资金项目、政府—企业挂牌研究基地等形式。政府主导的产学研协同,强调在遵守市场经济规律的前提下,政府充分利用其掌握的公共资源,发挥宏观管理和调控职能,采用经济手段、法律手段,引导和促进产学研协同。

现实中,无论是科学家还是企业家,分别进行的知识创新和技术创新,都有自主性,都有自己的兴趣爱好。政府介入新技术孵化阶段,不只是将他们粘合在一起,还要引导他们的协同创新与国家目标衔接,从而实现国家目标导向的协同创新和集成创新。正是在这一意义上,在产学研前可以加一个"政"字,即政产学研合作创新。政府对产学研协同创新系统进行整体协调和集成的主要方式是搭建产学研合作创新平台。具体路径有两个:

一是建立大学科技园之类的创新园区。当年发展乡镇经济时的农村工业区,发展开放型经济时的开发区,都是由各级地方政府建立的。现在发展创新型经济同样需要由政府来建立大学科技园,吸引各种类型的研发机构和依托大学研究成果和力量的高科技企业进入。过去开发区的吸引力在于"几通一平"的软硬环境建设,现在的创新园区同样需要类似的吸引创新要素(包括创新成果和创新创业人才)的环境建设:激励创新的制度环境(主要涉及产学研各方互利共赢的创新收益分配体制,创新收益和知识产权保护环境)、高效便捷的公共服务环境、政府对创新的支持政策(包括创新人才和项目的引导资金)、网络信息通道等基础设施环境、创新创业人才的宜居宜研环境、活跃的风险投资环境等。对科技创新园区的评价不同于过去的工业区和开发区,不能以引进多少外资、产出多少 GDP 作为评价指标,而要以创新能力评价创新园区。其中包括:创新机构(研发中心和创投公司)的集聚度、创新要素(人才、风投、科技服务)的集聚度、战略性新兴产业集聚度、孵化器的集聚度、有自主知识产权的新技术新产品的产出水平。

二是支持科技孵化器建设。科技孵化器的功能是孵化新技术、新产品、新企业。具体地说是为高新技术成果转化和科技企业创新提供优化的孵化环境和条件,包括提供研发、中试、科技和市场信息,通讯、网络与办公等方面的共享设施和场所,系统的培训和咨询,政策、融资、法律和市场推广等方面的服务和支持等等。孵化器的投入是风险投资,有成功的,也有失败的。吸引风险投资者进入固然重要,但是,孵化新技术具有共享性和公益性的特征,决定了政府投入责无旁贷。地方政府一般会在创新园区规划建设孵化器,吸引风险投资进入,不仅为科技创业者提供培育资金,也为之提供科技和信息服务。

科技创新中介机构对知识流动和技术转移发挥着关键性的促进作用。在知识经济时代,国家之间的经济竞争越来越多地表现为科技实力特别是技术开发能力、科技成果转化能力之间的竞争,科技中介服务机构显得越来越重要。在推进国家创新体系建设过程中,科技创新中介已经成为创新网络的重要节点。加快科技创新中介机构发展,充分发挥科技中介在各类创新主体和创新活动中的催化剂功效,不仅需要政府制定相应的扶持政策,还需要科技创新中介机构自身的努力与突破。

高校或科研机构和企业进行合作创新时会有不同的目标和价值取向,对企业来说成本和收益目标是非常显然的,但是高校或科研机构不是企业,它们参与合作创新尽管也会有成本和收益的考虑,但还包括实现科学发现的价值和争取更多的研究投入等其他目标和价值取向。同时,也需要在与企业合作创新所取得的成果中获取与其贡献相对应的报酬。因此,针对企业的公共政策和针对高校或科研机构的公共政策要有所区别,因为企业进入合作创新的动力和调节机制是市场压力和自我调节,而高校或科研机构进入合作创新的动力和调节机制则跟企业有很大的不同,它需要的是政府的引导和企业的吸引。

政府激励创新的政策涉及公共政策。促进产学研合作的公共政策需要着眼于创新体系的大背景,不能仅仅孤立地、片面地看待促进产学研合作的公共政策,更需要认识清楚促进产学研合作的公共政策的出发点。政府在设计促进产学研合作的公共政策时需要从行为主体的视角出发、着眼于促进行为主体之间的合作。所以,公共政策的设计原则重点放在如何促成合作上。基于此,公共政策的设计原则是:找准制约产学研合作的关键因素,对这些关键因素进行"诊断";针对关键制约因素制定相应公共政策;在制定公共政策的过程中,需要注意着力点是企业还是高校或科研机构;在弄清楚着力点的情况下,需要注意着力点的作用方向是降低合作成本导向的还是提高合作收益的;在弄清楚到底是降低合作成本导向还是提高合作收益导向的前提下,需要注意公共政策是针对企业的单边主体,还是针对高校或科研机构的单边主体,抑或是针对企业和高校或科研机构的双边主体。

促进产学研合作的公共政策的基本功能是降低合作成本和提高合作收益。降低合作成本的公共政策也可以称为成本导向型公共政策,提高合作收益的公共政策也可以称为收益导向型公共政策。成本导向型公共政策又分为单边成本导向型公共政策(即主要降低企业成本的公共政策和主要降低高校或科研机构成本的公共政策)和双边成本导向型公共政策(即同时降低企业和高校或科研机构成本的公共政策)。收益导向型公共政策又分为单边收益导向型公共政策(即主要提高企业收益的公共政策和主要提高高校或科研机构收益的公共政策)和双边收益导向型公共政策(即同时提高企业和高校或科研机构收益的公共政策）。其中包括促进产学研合作的财政政策,促进产学研合作的金融政策,促进产学研合作的产业政策,促进产学研合作的科教政策,以及促进产学研合作的法规。

（执笔:洪银兴）

第二章 创新型经济的文献研究

创新概念最早由熊彼特(Schumpeter)在20世纪20—30年代提出。但创新思想可追溯到亚当·斯密(Adam Smith)的《国富论》与马克思的《资本论》。后来弗里曼(Freeman)在解释熊彼特创新理论时把创新概念扩大到包括发明、创新和创新扩散三重概念,并于1982年首次使用"国家创新体系"的概念。新增长理论以罗默(Romer)为代表,将知识作为一个独立的要素引入增长模型,并认为知识的积累是现代经济增长的重要原因。迈克尔·波特尤其关注国家竞争优势,他认为"国家的竞争力在于其产业创新与升级的能力"。斯蒂格利茨(Stiglit)特别提出熊彼特创新理论的贡献及其创新理论的局限性,从创新机制的角度指出标准的市场经济理论不包含创新的理论缺陷,并依据其信息不完全理论,提出了只是在竞争条件下不能解决创新动力不足的问题,由此出发他提出了激励创新的体制和机制安排问题。

在新经济增长理论的影响下,国际经合组织(OECD)1996年最早给出了知识经济的定义(福雷和伦德瓦尔,Foray 和 Lundvall,1996):建立在知识的生产、分配和使用(消费)之上的经济。知识经济,强调以知识为基础,与农业经济、工业经济是相对应的一个概念。随后,英国政府1998年首次对"创新驱动型经济"进行了定义(CITF,1998):那些从个人的创造力、技能和天分中获取发展动力的企业,以及那些通过对知识产权的开发可创造潜在财富和就业机会的活动。弗洛里达和泰内格力(Florida 和 Tinagli,2004)从一国经济增长的主要动力出发,把世界的经济社会发展分为农业经济时代、工业经济时代、服务经济时代与创新驱动型经济时代。

一、创新型国家

哈佛大学国际发展中心(CID)2001年的《全球竞争力报告》指出了全球竞争力结构正在发生变化,许多国家都正面临着由资源驱动型经济向创新驱动型经济转型的问题。自20世纪70年代以来,所有发达的工业国增长放慢,日本作为一个主要经济和技术大国崛起,美国相对衰落,欧洲落后于美日两国,从而引起了大量涉及本国企业技术创新能力方面的研究。随着韩国、中国台湾地区和其他新兴工业化国家技术水平不断提升,在有些领域参与企业竞争的国家增多了,其他一些目前制造业并不强大的国家也在考虑如何效仿这些成功的新兴工业化国家。一种称之为"技术国家主义"的新理念正在传播,其认为一国企业的技术能力是其竞争力的关键性源泉,技术能力是国家意义上的,并且能够通过国家行为加以构建,从而促进了国家创新理论研究的发展,研究各国创新体系的异同,以及在何种程度上以什么方式来解释各国的经济绩效。而现代政府的注意力也转向创新型国家的建设,建设国家创新系统已经成为现代国家创新发展的基本模式。

(一) 创新型国家的概念、内涵及特征

半个世纪以来,世界上众多国家都在各自不同的起点上努力寻求实现工业化和现代化的道路。从国家发展战略来看,国家可以分为三类:一是资源型国家,主要依靠自身丰富的自然资源增加国民财富,如中东产油国家;二是依附型国家,主要依附于发达国家的资本、市场和技术,如一些拉美国家;三是创新型国家,把科技创新作为基本战略,大幅度提高自主创新能力,形成日益强大的竞争优势。国际学术界把第三类国家称之为创新型国家。创新型国家的核心是自主创新能力。当前,公认的创新型国家主要有美国、芬兰、丹麦、日本、德国、英国、瑞典、瑞士、加拿大、荷兰、新加坡、法国、奥地利、以色列、比利时、澳大利亚、冰岛、挪威、爱尔兰、意大利 20 个国家。上述这些创新型国家都是创新能力强的发达国家,也都是创新绩效较高的国家。

创新型国家的内涵外延与创新能力强国是不同的,与创新能力强国概念相比,创新型国家概念的内涵更丰富,外延更宽。宋河发等(2010)认为,创新型国家是指自主创新能力强,并以创新驱动经济和社会发展的国家,创新型国家不仅要求创新能力强,创新效率高,而且要求具有支持创新的良好经济社会环境和完善的国家创新体系,创新能够支撑经济社会发展的需要。

国内许多学者研究了创新型国家的特征。李正风、张文霞指出,"创新型国家主要表现为:整个社会对创新活动的投入较高,重要产业的国际技术竞争力较强,投入产出的绩效较高,科技进步和技术创新在产业发展和国家的财富增长中起着重要作用。"罗吉、王代敬将创新型国家分为三类:"一类是以美国为代表,通过在建立强大而坚实的基础研究基础上构建完善且和谐的国家创新系统,以支撑持续的技术创新与经济发展的创新型国家;一类是以欧盟国家为代表的通过成员国之间的科技合作、联合创新,从而跨入创新型国家行列的国家; 类是以日本为代表的强调引进、吸收、消化再创新,奉行'技术引进—技术改进—技术普及'路径的创新型国家"。贾根良、王晓蓉认为,创新型国家获得成功的共同经验包括创造经济发展的新路径,保护新知识,组织创新和国家发挥重要作用。根据文献的总结得出创新型国家主要有六个基本特征:

第一,研发投入能力强。国家在研究开发活动中投入的经费和人力规模较大,强

度较高,并且在科学研究及高技术产业领域的产出均处于世界领先水平。R&D 资金投入占 GDP 的比重都在 2% 以上。以 2007 年为例,日本和美国的 R&D 投入分别占其 GDP 的 3.44% 和 2.68%,瑞典和芬兰也都超过了 3%。根据世界银行统计,在全球 R&D 投入中,美国、欧盟、日本等发达国家占 86%。

第二,创新产出能力强。创新产出能力主要表现在科技论文、发明专利和高技术产业产出三个方面,三大检索机构收录的本国科技论文数居世界前列,本国科技论文影响因子较高,人均居民发明专利申请量较多,高技术产业创新能力较强。世界公认的 20 个创新型国家拥有的发明专利总数占全世界的 99%,而仅占全球 15% 的人口的富国却拥有世界上几乎所有的技术创新成果,科学成果在世界级科技出版物中所占的比例高达 87% 左右。

第三,科技进步贡献率高。科技创新作为促进国家发展的主导战略,其对经济社会发展支撑力强,技术自给率较高,对外部技术的依赖性较小,科技进步对经济发展的贡献率较大,一般在 70% 左右。

第四,自主创新能力强。自主创新能力代表了一国的创新能力。国家创新能力一般用来衡量一个国家长期促进新技术产业能力的高低。国家创新能力不仅对一个国家产业竞争力,尤其是高技术产品的国际市场份额产生直接影响,而且还决定着一个国家未来的经济发展潜力(Furman 等,2002)。研究表明,目前的创新型国家,对引进技术的依存度均在 30% 以下。

第五,具有支持创新的基础设施和社会文化。教育比较发达,教育投入占 GDP 比例较高,互联网渗透率代表的信息技术发展水平较高,知识产权保护比较充分,社会文化支持创新,企业在与政府官员和其他企业打交道时存在不符合法律规定的行为较少,企业较容易能够得到风险资本投资。

第六,国家创新体系完善。国家创新体系比较完善,能把各种资源有效整合起来,具有支持创新的科技管理体制,政府财政科技汲取能力较强,大学和科研院所的原始创新能力较强,企业是技术创新的主体,企业研究开发经费在全部研究开发投入中的比例较高。

(二) 创新型国家的理论研究

熊彼特首次提出了创新概念,之后对创新概念加以全面、具体地运用和发挥,形成了完善的创新理论体系。之后的学者将其理论发展成为当代西方经济学的另外两个分支:以技术变革和技术推广为对象的技术创新经济学;以制度形成和制度变迁为对象的制度创新经济学,称为"新熊彼特主义"。

技术创新经济学将熊彼特的创新理论和研究方法,同新古典学派的经济理论即微观经济理论结合起来,用于技术创新的研究。以英国的弗里曼等为代表的技术创新经济学者,提出了政府的科学技术政策对技术创新起重要作用的理论。弗里曼在将技术创新看作是经济增长的主要动力的同时,更强调技术创新对劳工就业的影响,强调科学技术政策对技术创新的刺激作用,为政府提出了相关科学技术政策,用以刺激技术创新、扩大劳工就业。弗里曼的技术创新政策体系,为国家创新理论的提出奠定了理论基础。美国经济学家兰斯·戴维斯和道格拉斯·诺斯继承了熊彼特关于制度创新对经济发展的作用的观点和方法,运用"制度创新"来解释美国等国的经济增长。他们认为,所谓"制度创新"是指经济的组织形式或经营管理方式的革新。例如股份公司、工会制度、社会保险制度、国营企业建立等,都属于"制度创新"。这从另一方面为国家创新理论的产生奠定了基础。

以罗默、卢卡斯等为代表的内生增长理论,将知识作为一个独立的要素引入增长模型,并认为知识的积累是一国经济增长的重要因素。[①] 技术创新和技术进步作为一国经济增长的内在动力和源泉取决于 R&D 活动的投入及知识存量的有效利用。而开发和应用新技术的能力取决于一个国家人力资本的平均水平(Lucas,1988)。内生增长理论表现在以知识创新、技术进步、人力资本等高附加值要素为核心的创新要素为后续创新型国家的研究奠定了基础。迈克尔·波特(1990)认为国家的竞争力在于其产业创新与升级的能力,从而将技术进步和创新意义拓展到国家宏观层面。波特理论强调国家产业集群创新的环境基础(包括需求与供应、支撑体系和地区竞争强度等),并建立了钻石理论模型(Diamonds Theory Model)(见图 2.1)。[②]

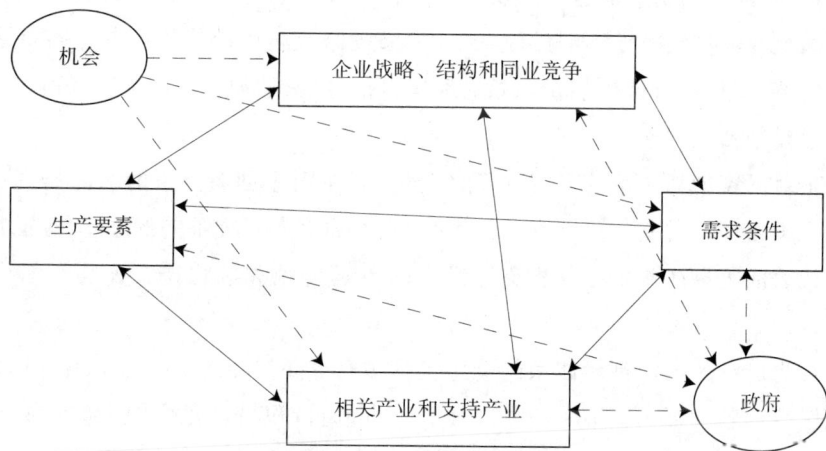

图 2.1　完整的钻石体系

"国家创新系统"概念的提出,首见于弗里曼(1987)关于日本经济起飞的经验

---

① OECD:《以知识为基础的经济》,机械工业出版社 1997 年版,第 106 页。
② 迈克尔·波特:《国家竞争优势》,华夏出版社 2006 年版,第 142 页。

研究中。它由企业、科研机构和高等院校组成,基本含义是由与知识创新和技术创新相关的机构和组织构成,包括公共和私有部门构成的组织和制度网络系统,其活动是为了创造、扩散和使用新的知识和技术,终极目的是推动企业的技术创新。他特别强调该系统的四个因素:政府政策的作用、企业及其研究开发努力的作用、教育和培训的作用以及产业结构的作用。继弗里曼提出国家创新系统理论后,伦德瓦尔认为国家创新系统是一个在新知识价值创造的过程中,随着知识的生产、扩散和使用而根植于一国领域内的、相互作用的一系列要素和关系构成的集合体。伦德瓦尔将国家创新体系的研究置于国家生产体系的框架下,他认为"生产结构"和"制度"是界定创新系统的两个最重要维度;伦德瓦尔的方法论侧重于从微观创新活动的角度来分析国家创新体系,"互动学习"、"用户—生产商互动"和"创新"是其研究的主要内容,其研究考察了国家行为对"用户—生产商互动"的影响以及这种影响会如何左右一国的经济绩效,并由此发展出一种不同于新古典经济学的研究范式。

1993年,美国经济学家纳尔逊在研究美国和日本等国家与地区的资助技术创新的国家制度体系,特别是初现端倪的知识经济之后,进一步完善了国家创新体系的概念。他将企业、研究型大学和政府实验室等促进知识创造与扩散的组织视为创新的主要来源,并将企业、大学与国家科技政策之间的互动作为国家创新体系的核心,其研究的重点是知识的创造对国家创新体系的影响。在纳尔逊看来,每个国家都有其国家创新系统的结构;与此相适应,国家创新体系中不同主体所发挥的作用、所要解决的问题、资助国内企业的程度以及资助来源的属性也各不相同。这在一定程度上解释了国家间经济绩效差别的成因,另一方面则暗示各国政府需要努力寻找各自创新体系的特点与不足,优化创新资源的配置,协调国家的创新活动互动来改善一国的经济和建设创新型国家。

由于对国家创新体系的理解并不完全相同,在国家创新体系的实际研究中形成了创新型国家理论研究的三种不同学术视角,因而有着三种不同的学术传统,即以尼尔森为代表的美国传统、以弗里曼为代表的英国传统和以伦德瓦尔为代表的北欧传统。

一个更广泛的国家创新体系的概念包括所有重要的经济、社会、政治、组织、制度和其他影响创新发展、传播和应用的因素(Edquist,1997)。各个国家的创新过程不仅受体系构成要素的影响,而且受这些要素之间关系的影响,所表现出的非线性特征,被视为创新系统方法最重要的特征,从而为创新型国家的研究提供了一个新的视角。

(三) 国家创新体系的分析

国家创新系统中重要的组织有企业、大学、合资经营企业和负责创新政策、竞争政策或药品规则的公共代理。制度是管制个人、团体和组织之间的联系及相互作用的普通习惯、标准、程序、确定的惯例、规则或法律的集合（Edquist 和 Johnson,1997）。费舍尔、迪茨和斯奈卡斯（Fischer、Diez 和 Snickars,2001）的研究更加具象化,将国家创新体系总结归纳为四个组成部门:生产部门、科学研究部门、生产者服务供应商和公共机构部门,并研究了它们之间的交互关系（见图 2.2）。其中生产部门包括生产

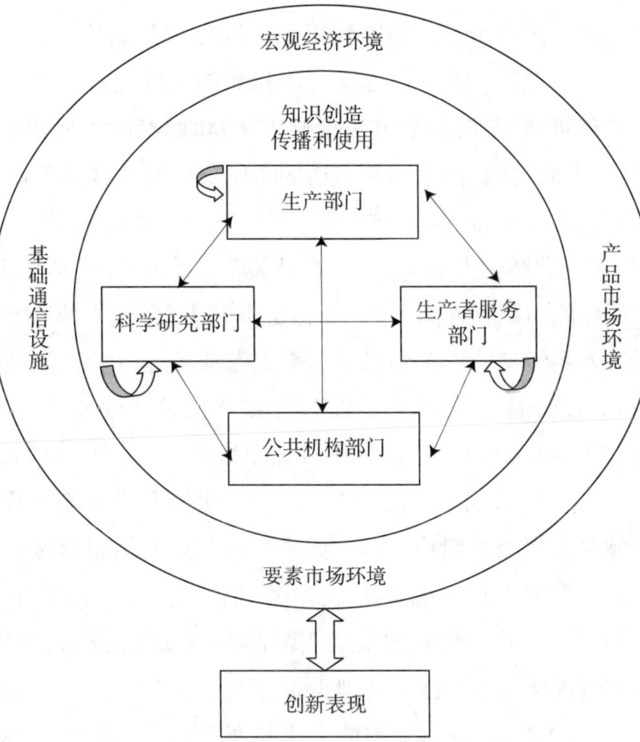

图 2.2 创新系统的主要构成

企业和研发实验室,是国家创新体系的核心参与者。科学研究部门包括教育和培训组织、大学及其他研究组织。生产者服务供应商（创新支持单位）为行业内的企业提供帮助或支持,如经济援助、技术建议或专家顾问、实体支持（装备、软件、计算机设备）,以及与新技术或新工艺有关的营销或培训等。公共机构部门协调系统参与者之间的关系,提高它们的创新能力,处理冲突与合作。图 2.2 中显示除了这些组成部分之间的内部关系,系统之间差异的来源可以归结为宏观经济环境、信息和通信基础设施的质量、要素市场环境和产品市场环境存在差异。国家层面的创新特别取决于依赖制度的公司个体以及其他组织的特征和能力,但是它更核心的是受到公司个体以及组织之间的不同关系（即它们之间以及制度之间的交互方式）的影响。部门内部和部门之间的关联可以用知识和信息流动、投资资金流动、权威人士流动以及劳动流动（科学家、技师、工程师和其他熟练工人）的方式来说明,这是隐形形式知识转移

的重要机制。费舍尔、迪茨和斯奈卡斯（2001）主张对于特定的案例运用网络分析确认四个构成部分的中心参与者，以及确认信息的类型和交流知识。

费舍尔、迪茨和斯奈卡斯认为公共部门的结构变化是一个难题，经济的交互模式是由不同类型的标准、惯例和既定的准则组成的，其对公司和其他组织内部，以及它们之间的知识创造和学习有着非常重要的影响。对于组织间的协调有很多方式，每种方式都涉及不同种类的行为。一般可以分为市场协调和非市场协调，市场协调取决于市场制度的种类，而非市场协调则利用了范围更广的制度安排。奎斯特和约翰逊（Edquist 和 Johnson，1997）区分了制度安排和非制度安排。制度安排包括雇员协会、法律和规章的框架；非制度安排包括准则、惯例和标准的主要规定，这些准则、惯例和标准规定了行为的角色，形成预期。这些制度安排都要根据具体的实证而定。

国家的创新活动即为影响一国创新的开发、扩散和使用的因素。奎斯特（Edquist）在早期学者分析的基础上，结合自己关于国家创新过程及其决定因素的知识，以一国创新过程的知识输入为开始，接着是需求方要素、国家创新系统要素的提供，以对国内创新企业的支持服务为结束，将国家创新活动总结为：（1）研究与开发（R&D）的提供，创造新知识，主要在工程、医药和自然科学领域。（2）建立在创新和R&D活动中使用的劳动力的竞争力（提供教育和培训，人力资本创造，生产和再生产的技能，个人学习）。（3）形成新产品的市场。（4）明确需求方新产品对于质量的需求。（5）在创新领域开发新的组织。（6）通过市场和其他机制网络，促进涉及（潜在的）创新过程的不同组织之间相互学习。（7）建立创新制度。例如环境和安全规则、R&D投资程序等等，通过提供创新的激励或障碍影响创新组织和创新过程。（8）孵化活动，例如为新创新努力提供接入基础设施、管理支持等等。（9）为创新过程和其他创新活动提供财政支持，以支持知识的采用和商业化。（10）为创新过程提供相关的咨询服务。例如，技术转移、商业化信息和合法的建议。以上活动并非一成不变，将随着我们关于一国内部创新过程决定因素的知识增加而被修改。此外，创新活动集合可能在大多数国家创新体系中是重要的，但是不可避免地存在某些活动在一些国家创新体系中是很重要的，而在其他国家体系中重要性略低些。

尽管一般都认为企业及公共部门为创新体系的主要组成部分，但不同的创新系统间存在较大的差异，尤其是考虑到产出的专业化、R&D来源等问题。国家创新系统研究主要是以发达国家和地区为背景和原型，与发展中国家的现实差距较大。于是，奎斯特（Edquist，2001）在国家创新系统（SI）的基础上，提出了"发展型创新系统"（System of Innovation for Development，SID），即专门适用于发展中国家现状和问题特点的国家创新系统，并总结了"发展型创新系统"与国家创新系统的四个关键性区别：对于产品结构的影响，产品创新比工艺创新更重要；渐进性创新比根本性创新更容易获得成果；对扩散技术的吸收比进行原始性创新更重要；在中低技术领域的创新比高技术领域的创新更易取得突破。发展型创新系统更加强调公共创新政策在发展中国家中的作用。发展中国家市场不完全,市场失灵现象较发达国家更加严重;知识水平低,教育与培训对于知识经济发展的作用也更大;经济水平低,缺乏自我更新升级的物质基础及动力。因此,政府应该制定合理的政策解决现存的经济与社会问题,为产出结构升级提供机会和动力,为创新发展提供条件。发展型创新系统更加适用于发展中国家的国情,对于发展中国家政策制定具有重要的理论价值。

(四) 创新型国家评价指标

1. 欧盟创新记分牌和全球创新记分牌

欧洲创新记分牌(European Innovation Scorebord,EIS)由欧盟创新政策研究中心制定,从 2001 年开始对欧盟各国的国家创新能力进行全面评价,到目前为止已经修订了 6 次。EIS 被认为是当前最全面最成熟的国家创新能力评价体系。在《欧洲创新记分牌》的基础上,欧盟于 2006 年推出全球创新记分牌(The Globle Innovation Scoreboard,GIS),对全球主要国家的创新能力进行了评估。除欧盟国家外,还评价了美国、日本等发达国家,以及包含中国在内的"金砖四国"等新兴经济体。《2006 全球创新记分牌》从创新驱动力、知识创造、扩散、应用和知识产权五个方面,对国家创新能力进行评估。全球创新记分牌的选择样本超出了欧洲的范围,跨国数据收集比较困难,因此仅用了 EIS 24 个指标中的 12 个二级指标进行评价。《2008 全球创新记分牌》进行了进一步修订,将 5 个支柱因素合并为 3 个,即公司活力和产出、人力资源以及基础设施和吸收能力。EIS 和 GIS 一直延续了创新能力评价的投入产出框架,突出科技人员数目、高等教育水平、R&D 强度、信息基础设施和知识产权等要素。

《2008 全球创新记分牌》对全球 48 个典型国家在 1995 年和 2005 年的创新绩效进行了统计分析,按照 2005 年创新指数和这些年中创新指数的增长率两个维度,将这些国家分为四个群组:第一类是创新领导型,包括瑞典、瑞士、芬兰、以色列、日本和美国;第二类是创新跟随型,包括丹麦、韩国、加拿大、德国、荷兰、新加坡、法国、奥地利、挪威、英国、比利时、澳大利亚、卢森堡;第三类是中等创新型,包括新西兰、爱尔兰、西班牙、斯洛文尼亚、意大利、捷克共和国、爱沙尼亚和俄罗斯联邦、葡萄牙、希腊、立陶宛和匈牙利;第四类是创新追赶型,包括中国、塞浦路斯、斯洛伐克共和国、保加利亚、土耳其、波兰、巴西、墨西哥、阿根廷、印度、拉脱维亚和罗马尼亚。2005 年我国还属于创新追赶型的国家,在全球创新能力排名中处于第 34 位,与第一组群的创新领导型国家存在很大差距。但是,在 1995—2005 年间,我国是创新指数上升最快的国家,上升了 8 位。另外几个上升较快的国家分别是:葡萄牙、新加坡、西班牙、塞浦路斯、土耳其和巴西。

2. 全球创新指数

最新的创新国家评价指标即全球创新指数,由欧洲工商管理学院(INSEAD)和印度工业联合会(The Confederationof Indian Industry,CII)共同研制,旨在评估各国和地区针对创新挑战作出的反应,为企业领袖与政府决策者了解国家竞争力可能存在的缺失与改进方向提供参考。全球创新指数体系由投入和产出两大部分构成(见图2.3)。在投入部分中有五个支柱性指标,分别是机构及政策变量、人力资源能力、信息通讯及其他基础设施、市场成熟度和商业成熟度。投入指标衡量一个国家创造新思想,以及将新思想转化为新产品和服务的能力。在产出部分中有三个支柱性指标,分别是知识、竞争和财富,产出指标隐含了运用知识激发全球竞争、促进经济繁荣的

图 2.3 全球创新指数体系

假设。《全球创新指数报告》共有 93 个定性和定量指标,定量指标的数据来源于世界经济论坛、经合组织、世界银行和国际电讯联盟,定性数据来源于各国的创新调查,这些数据最后统一换算成 1—7 之间的分值,将所有分指标的值求和,就得到该国的总创新指数。

GII 超越了过去以研究开发经费和专利数目等作为衡量创新能力的传统方法,尤其强调各经济体为创新提供的支持因素,包括政策、人力资源、科技与信息基础设施、市场与商业管理先进程度等。同时,GII 也衡量创新所产生的经济效果,包括知识的创造、竞争力以及财富的创造等方面。GII 除了为企业家、政策制定者和普通公众提供可进行跨国比较的、全面的创新统计分析外,另外一个目的就是与世界上著名的科技和创新指数,如欧盟创新记分牌和世界经济合作与发展组织(OECD)的科学技术工业记分牌建立联盟。GII(2013)显示,在全球 130 个国家和地区排行榜上,创新能力排名前 10 位的国家和地区依次为瑞士、瑞典、英国、荷兰、美国、芬兰、香港、新加坡、丹麦、爱尔兰(Cornell University、INSEAD 和 WIPO,2013)。中国大陆排名第 35 位,在八大支柱因素中,我国最弱的支柱因素是制度,排在第 113 位。

3. 科技部创新型国家评价指标体系

科技部(2009)制定的《创新型国家评价指标体系》,由创新资源、知识创造、企业创新、创新绩效和政策环境五个方面构成,包括 5 个一级指标和 31 个二级指标。前 4 个一级指标对应 20 个二级指标(定量统计硬指标);第 5 个一级指标"创新环境"由 11 个调查指标(定性评分软指标)组成,全部采用《全球竞争力报告》中的调查数据(11 个软指标)。20 个定量硬指标中,总量指标 4 个,相对指标 16 个。科技部创新指数显示,从综合评价指数得分看,我国在世界主要国家中处于中游水平,2006 年(指主要采用 2006 年数据)在 40 个国家中排在第 26 位。在前 4 个定量一级指标综合得分上,我国排在第 24 位。其中,"创新绩效"得分,居第 16 位;"企业创新"其次,居第 17 位;"创新资源"和"知识创造"均处于下游水平,在 40 个国家中均位居第 37 位,仅仅高于墨西哥、巴西和印度。在第 5 项定性指标"创新环境"上,中国排在第 23 位。

4. 中国创新指数(CII)研究

为落实党的十八大报告提出的"实施创新驱动发展战略"精神,客观反映建设创新型国家进程中我国创新能力的发展情况,国家统计局社科文司"中国创新指数(CII)研究"课题组研究设计了评价我国创新能力的指标体系和指数编制方法,并对 2005—2011 年中国创新指数(China Innovation Index,CII)及四个分指数(创新环境指数、创新投入指数、创新产出指数、创新成效指数)进行了初步测算。测算结果表明,2005 年以来我国创新能力稳步提升,在创新环境、创新投入、创新产出、创新成效四个领域均取得了积极进展。

创新指数包含创新资源、攻关能力、技术实现、价值实现、人才实现、辐射能力、持续创新和网络能力八个创新要素方面,下设 39 个具体指标,他们又可以用自主创新综合产出能力和创新网络组织活动能力两个因子来解释,共同构成综合指数、创新因子、要素指数和创新指标等多个层面的创新研究公共信息平台。

中国创新指标体系分成三个层次:第一个层次用以反映我国创新总体发展情况,通过计算创新总指数实现;第二个层次用以反映我国在创新环境、创新投入、创新产出和创新成效四个领域的发展情况,通过计算分领域指数实现;第三个层次用以反映构成创新能力各方面的具体发展情况,通过上述四个领域所选取的 21 个评价指标实现。

二、创新型区域和创新型城市

(一) 创新型区域的定义和特征

区域创新体系(Regional Innovation Systems,RIS)的概念最早出现于 20 世纪 90 年代。库克(Cooke,1994)最早对区域创新体系的概念进行了详细阐述,认为区域创新体系主要是由在地理上相互分工与关联的生产企业、研究机构和高等教育机构等构成的区域性组织体系,而这种体系支持并产生创新。库克(1994)认为,区域创新体系这一概念来自于演化经济学,它强调了企业经理在面临经济问题的社会互动中不断学习和改革而进行的选择,从而形成了企业的发展轨迹。这种互动超越了企业自身,它涉及大学、研究所、教育部门和金融部门等,当在一个区域内形成了这些机构部门的频繁互动时,就可以认为存在了一个区域创新体系。区域创新体系研究的一个重要思想来源是产业聚集,区域聚集效应的再发展推动了区域创新体系的研究。洪银兴(2011)认为,经济活动的空间集聚可以产生经济的集聚效应。现在发展创新型经济同样需要这种集聚区效应,这就是建设和发展科技创新园区。

区域(即亚国家的)规模作为创新体系的研究模式,其重要性日益增长。支持该观点的主要论据是,区域集聚为基于创新的学习型经济以及知识创造、传播和学习提供了最佳环境(Hudson,1999)。知识创造的特定形式——特别是隐性形式——以及技术学习的特定形式都是本土化、区域化的。掌握那些并未完全编码的知识的公司被联结到不同种类的网络中,与其他的公司和组织通过本地化的输入—输出关系、知识外溢与其相连(Storper,1997)。在一些情况下,市场交换、知识外溢和非交易性关系交织于垂直或水平的生产关系范围内部的不同活动之间,但是这些关系经常是分离的。

区域创新体系(RIS)背后的中心思想是,区域经济的创新性能不只是取决于公司和研究机构的个体创新性能,而且还涉及这些组织相互作用的方式以及这些组织与产生和分配知识的公共区域的相互作用方式。在一种分享的、公共的情形下,创新稳定了其功能。从这种意义上说,它们取决于并有助于联合的知识基础结构的产生。这种基础结构被看作一种系统,它创造和分配知识,并应用知识来获得创新,由此产生经济价值(Gregersen 和 Johnson,1997)。

国内学者的主要观点有:胡志坚、苏靖(1999)认为,区域创新体系是主要由参与技术发展和扩散的企业、大学和研究机构组成,并有市场中介服务组织广泛介入和政府适当参与的一个为创造、储备和转让知识、技能和新产品的相互作用的创新网络系统。蒋玉涛、招富刚(2009)认为,创新型区域是指那些主要依靠创新驱动经济社会发展的省份和城市。李碧花、董瀛飞(2011)认为,创新型区域是指能在经济发展、演变过程中起到支撑作用的创新系统所处的地理区域。

一个较大的区域空间可能包含着多种差异,但如果没有足够的相似性来维持相互间的交流,创新便不可能发生(Gregersenand 和 Johnson,1997)。霍尔(Hall,2001)认为,纵观整个历史,技术创新都发生在具有相似特征的那些地区。这些地区的特点是没有丰富的固定资源,但是却具有一套发达的社会文化结构,支持理性的进步。可见,创新型区域具有其特征。如萨克森宁(Saxenian,1994)总结的硅谷的特征是:公司之间的联系开放而紧密,公司间劳动力流动频繁,区域内信息和经验的交换自由、开放,雇员被科技吸引而不是被某个公司吸引。基拉特和伦格(Kirat 和 Lung,1999)认为,地理位置上的邻近是以地域为基础的创新体系存在的必要前提,而不是充分前提。仅仅地理上的邻近能够产生企业集聚的存在基础,但未必会产生创新体系的存在基础。创新体系的潜力主要取决于两点要素:地理位置上的邻近和技术上的接近。地理位置上的邻近是指参与者在既定的空间框架内的定位,而技术上的接近是指与纵向或横向互赖的企业在生产关系范围内部的联系。把这两种类型的邻近转换成以地域为基础的创新体系要求它们在制度上组织和构建起来。大卫·史密斯(David Smith,2008)认为"创新集群"、"高科技集群"或者"创新环境"具有如下特征:地理位置集中、高度专业化、公司数量众多(其中大部分为中小型公司)、进入与退出方便、高创新率,并且,网络化、专业化、进出容易、资源流动性等集群特征对创新有着特别的引导作用。与集聚有关的制度因素有:与公司实践相关的支持性社会文化特性,在集聚地支持这些公司的政府及私营机构网络,各公司建立在非市场交换以及市场交换基础上的紧密的后向、前向以及横向联系。

谢米纳德和万恩(Chaminade 和 Vang,2008)从发展历程的角度研究了印度班加罗尔区域创新体系的演化过程,认为 RIS 系统各组成部分的互动对区域创新体系的形成起重要作用。他们指出,在发展中国家,RIS 的形成要经历初期和成熟两个阶段。在 RIS 创建初期,市场主导 RIS 各组成部分(企业、大学及其他知识提供者和使用者)之间的合作与互动是极其重要的;而在成熟阶段,RIS各组成部分之间的合作互动是通过市场及非市场机制(如信息联络、交互作用和其他正式或非正式网络等)进行的。

(二) 创新型城市

早在20世纪90年代,美国可持续社区联合中心就已发表题为《创新型市县伙伴关系》的报告,总结许多城市已完成的创新性项目的经验;英国政府2002年委托约翰·莫尔斯大学开展了题为《欧洲非首都城市的城市复兴特征》的专项研究,目的在于促进英国核心城市的发展;芬兰首都赫尔辛基市政府与赫尔辛基技术大学于2001年共同设立了创新型城市计划,希望通过伙伴之间的合作,激发创造力和创新精神。正是这一系列的举措极大地促进了世界范围内创新型城市的建设,部分城市已取得卓越成效,如新加坡、东京等。

从目前文献研究来看,创新型城市(或创新城市)的英文表述有两种:"Creative City"和"Innovative City"。"Creative City"的说法主要来自欧洲(英国、荷兰等)的一些研究文献,是指对城市面临的问题提出具有创造性的解决办法,并由此带来城市的复兴,这些问题包括:交通管理、产业发展、城市生态、种族融合等等。相对于"Creative City","Innovative City"的提法包含了目前关于创新型城市研究的主流含义,主要研究"创新(Innovative)"作为驱动力的一种城市经济增长和发展模式,并不断融合社会发展的理念和思想。

目前,我国学者将创新型城市定义为:在新经济条件下,以创新为核心驱动力,主要依靠科技、知识、人力、文化、体制等创新要素驱动发展的一种城市发展模式;一般由区域科技中心城市发展演变形成,对其他区域具有高端辐射与引领作用,是知识经济和城市经济融合的一种城市演变形态。

从网络系统角度看,创新型城市是一个复杂的城市创新网络,各种创新主体(个人、企业、高校、科研院所、联合组织、网络平台等)涌现,在创新资源、创新制度、创新文化的支撑下,形成城市内部创新系统。进而以城市内部创新要素为支撑,在集聚和配置创新资源、不断形成自我平衡调整和发展功能的基础上,形成城市持续创新能力,推动建立创新驱动的集约型城市经济增长,推进城市建立基于经济增长和经济增长方式转变基础之上的城市可持续发展。完善的城市创新系统是创新型城市的主要特征(见图2.4)。

2013年5月11日,丁学良教授在深圳"创新型城市:战略与路径"高峰论坛上,总结了创新型城市的核心特征:人口构成与思想观念的多元化;良好的教育体系;有以高科技或者创新为特色的企业、产业;非常好的艺术生活;非常好的金融机构;良好的法律机构。

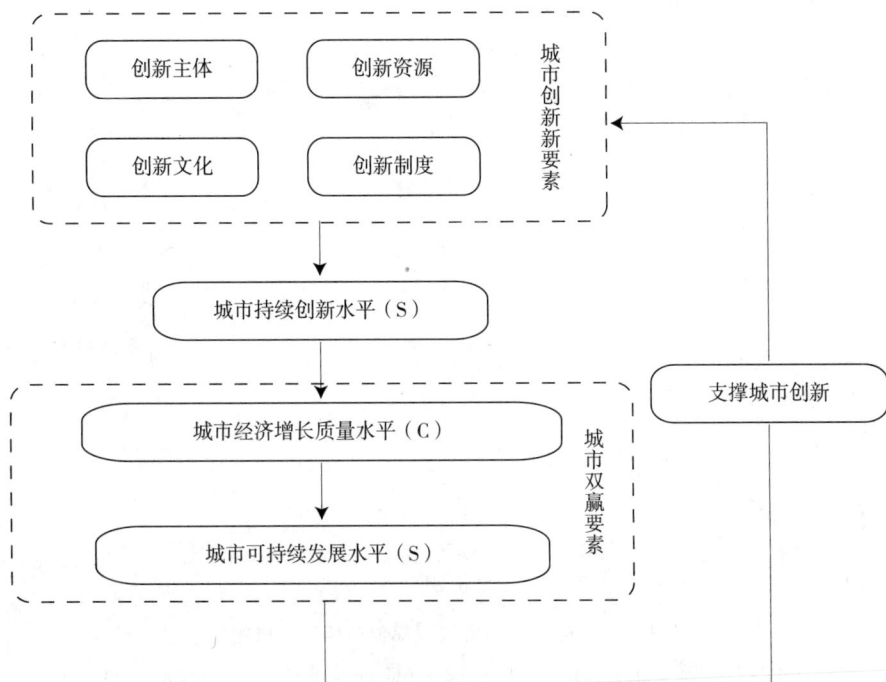

图 2.4 创新型城市概念模型图

资料来源:杨冬梅等:《创新型城市:概念模型与发展模式》,《科学学与科学技术管理》2006年第8期。

创新型城市的构建要有必需的要素支撑和条件支撑,国内外许多学者从创新型城市建设的硬件条件、政策支持、文化氛围、创新意识等方面进行了总结。C.兰德里(C.Landry,2000)提出了创新型城市建设的七要素:富有创意的人、意志与领导力、人的多样性与智慧获取、开放的组织文化、对本地身份强烈的正面认同感、城市空间与设施和网络机会。J.西米(J.Simmie,2001)认为城市创新环境的产生有四个来源:经济积聚和企业国际化规模、同类型公司的空间集结与定位、城市经济规模与创新进程、创新源泉与国际出口市场的关联。此外,创新型城市还需具有高质量的知识劳动者和便利的基础设施及通讯。

创新型城市具有四个内部创新基本要素:创新主体、创新资源、创新制度和创新文化(见图2.5)。创新主体——创新活动的行为主体,包括城市人才,企业、大学、研究机构、中介机构、政府等机构创新主体,以及以产业集群、产学研联盟等形式存在的创新群主体。创新资源——创新活动的基础,包括基础设施、信息网络、技术、知识、资金等。(3)创新制度——创新体系有效运转的保障,是影响生产力发展的首要因素。制度创新不仅包括明确政府在创新体系中的地位,明确定位自身角色,还包括激励、竞争、评价和监督等创新机制,以及政策、法律法规等创新政策。创新文化——维系和促进创新的基本环境,包括城市文化观念、创新氛围等软环境,以及参与国际竞争与合作的开放的外部环境。

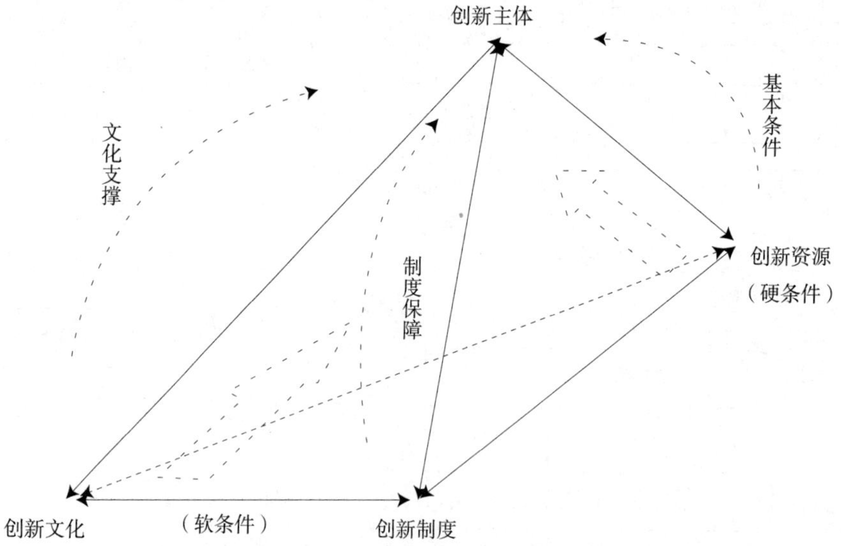

图 2.5　创新型城市的内部创新要素构成图

资料来源:杨冬梅等:《创新型城市:概念模型与发展模式》,《科学学与科学技术管理》2006 年第 8 期。

三、创新型企业

在一般人眼中,"创新"与"发明"是两个很相近的概念。然而,在创新经济学的视域中,它们却有着完全不同的含义。"发明"是指首次提出一种新产品或新工艺的想法;"创新"则是指首次尝试将这个想法付诸实施(詹·法格博格,Jan Fagerberg,2009)。毫无疑问,"提出想法"和"实施想法"之间存在巨大的鸿沟。因此,发明可以诞生在许多场合——大学、公共研究机构,乃至私人家中,但一般来说,创新总是发生在企业里。基于此,对创新型企业的研究,就是创新经济学的一项重要课题。

(一) 创新型企业的内涵与理论演变

奥地利经济学家熊彼特认为,企业内部对各种资源的分配与整合,很大程度上依赖于企业家的个人能力。他将企业家分配与整合资源的活动称为"企业家职能"。熊彼特认为,在创新实践中,"企业家职能"具有核心重要性。熊彼特(1934)甚至把创新定义为企业家"意志的体现"。由于过度重视企业家个人的作用,在早期,企业创新理论一度重点关注了"富不过三代"这个问题(马歇尔,Marshall,1961),也就是说,在家族遗传型的企业中,企业的创新能力将随着第一代企业家的离去而逐渐消退,最终导致企业的衰落。当然,之后的经济史表明,职业经理人制度成功地解决了这个问题。职业经理人制度被钱德勒等人称为"管理革命",其核心就是企业所有权与经营权的分离(Chandler 等)。

总体来说,早期的经济学者对企业创新的研究,其焦点大多汇聚于企业家本人,具有很强的"个人英雄主义色彩"。然而,在近期的企业创新研究中,学者们拓展了研究视野,他们把视线从企业家个人转向企业甚至转向企业群体。学者们开始关注:什么使一个企业具有创新力? 企业作为一个整体是怎样支持创新过程的(Jan Fagerberg,2009)? 就此,创新经济学家提出了"创新型企业"这一概念。在传统经济学家的眼中,企业都是所谓"最优化型企业",它们在现有的技术能力和市场条件的制约下,寻求利润最大化。与之不同,"创新型企业"并非仅仅被动适应现有的技术能力和市场条件,而是设法重塑各种现有资源,以期利用新的市场机会。当然,这不仅对企业家(高管)而且对企业员工都提出了更高的要求。在《企业成长理论》一书中,作者认为:在一个成功的企业中,雇员绝不仅仅是提供劳务,而是必须致力于学习怎样才能最佳利用企业资源(Edith Penrose,1959)。

顺着这一思路,20 世纪 80 年代以来,许多学者从资源的视角研究创新,他们认为,创新型企业拥有某些特定的珍贵资源(比如某些特定人才等等),这是其他竞争者难以获得或仿制的。然而,这些理论无法回答:为什么只有特定的企业才能拥有这些资源? 这些企业又是怎样获得这些资源的? 为此,纳尔逊和温特提出了以组织能力为基础的新理论。该理论认为:创新型企业的持续发展是以组织的能力为基础,以隐性知识为特征,并且根植于组织的日常活动中。"企业之间持久且不易效仿的区别并非来源于各自所掌握的特殊技术的差别,而是来源于组织上的差异"(Nelson 和 Winter,1982)。基于组织的视角,一些学者把企业创新的能力以及从创新中获利的能力,界定为"企业整合建立以及重塑内外部竞争力以适应不断迅速变化的环境的能力"(Jan Fagerberg,2009)。国内学者认为,创新型企业是指拥有自主知识产权的核心技术、知名品牌,具有良好的创新管理和文化,整体技术水平在同行业居于先进地位,在市场竞争中具有优势和持续发展能力的企业(百度百科,2013)。

现阶段,组织创新方面的研究大致有三种流派——组织设计理论、组织认知与学习理论、组织的变革与适应性理论。组织设计理论重点关注组织的结构与组织创新倾向之间的关系。目前,这一流派的理论热点是所谓"权变理论"(Contingency Theory),该理论是针对古典组织设计理论而提出的,古典组织设计理论认为存在"最好的组织形式",而权变理论否认这一点。权变理论认为好的组织形式就是能够适应一个给定的"权变要素"的结构。优秀的组织能够设计其结构从而与环境相一致。基于组织设计的视角,有学者区分了两种不同倾向的组织结构:机械性组织与有机性组织。这两种倾向并无高下之分,只是分别适应不同的情况:前者适应稳定或渐变的环境,后者则更加适应快速变动的环境。一些学者认为:这两种结构可以共存于一个整体中,即所谓"双元组织",从而使该组织能够同时应对激进型与渐进型的技术变革(Tushmanand O'reilly,1996)。另有学者从多元化的角度考察组织结构,依据"企业组织边界、内部正式结构、内部非正式结构(企业文化)、外部联系"四个因素,把企业治理结构分为四种类型,它们分别与不同的创新形态相匹配(Teece,1998)。

基于组织认知与学习理论,创新型企业可被视为一个智力型的、创造型的、具有高效学习能力的、能够创造新知识的组织。一些学者把组织中的创新行为视为"将解决问题的新理念引入实际应用的过程"(Kanter,1983;Amabile,1988),亦有学者认为组织创新行为是一种"非常规的、不连续的、重大的组织变革行为,这体现了与该组织目前的业务概念不一致的新观念"(Mezias 和 Glynn,1993)。

大多数组织学习理论强调集体知识的重要性,并将其视为组织能力的源泉。组织不断积累集体知识,并将其以各种"规章、制度、惯例"的形式保存下来。正是这些条条框框指导着(同时也制约着)组织成员们如何相互交流,如何解决问题。当然,知识未必是显性的、可编码的,在许多情况下,组织所学习的知识都是暗默的或隐性的。有学者甚至认为:隐性知识构成了人类所有知识的源泉,组织的创造过程就是要调动起个体所存在的隐性知识(Nonaka,1994;Nonaka 和 Takeuchi,1995)。一个组织形成了一个"场",提供了一个共享的、进行信息解读交流和建立关系的社会和心理空间,从而形成了知识创造的基础。另有学者提出了"实践共同体"的理念,在实践共同体中,组织成员形成和发展了共同的观点和认知知识库,从而有利于知识的共享与传递。无论从"实践共同体"还是从"场"的视角考察问题,许多研究者都把企业视为集体学习与知识创造的关键性环境(Lava 和 Wenger,1991;Brown 和 Duguid,1998)。此外,亦有学者敏锐地指出:企业学习和知识创造是一个累积性的过程,并且具有相当的路径依赖性(Kogut 和 Zander,1992)。换句话说,企业知识的累积,将沿着特定的轨道演进。然而,这种路径依赖性的累积过程反而可能会制约知识的学习与创造(Dosi,1988;Pavitt,1991)。

在近些年里,一些学者对学习与创新型组织进行了分类,并提出了两种基本模式,它们分别是"J 型"(Aoki,1988)与"团队式结构"(Mintzberg,1979)。前一种类型的企业长于累积性学习,其创新能力主要来自对组织特定的集体能力和解决问题规程的不断开发。这类企业的典型大多是日本式企业。后一种类型的企业则依赖于团体中的项目团队,这些团队是以市场为基础灵活设置的,能够对知识与技能的变化作出灵活反应。项目团队因项目而设置,其成员往往来自企业中的不同部门。在"团队式结构"的企业组织中,员工的职业生涯通常由一系列不连续的项目连接起来。"团队式结构"的代表企业是硅谷中的高科技企业。

面对重大的跨越式的技术变革或环境变化,企业组织能否产生变革并适应之?在这方面,其实并未形成理论上一致的观点。有些学者认为:组织惯性有巨大的力量,因此对环境的变迁只能做出缓慢的、渐进性的反映,这一般体现在组织生态学和企业进化理论中(Hannanand 和 Freeman,1977、1984)。另有学者认为:当环境变化时,组织是有能力进行结构性变革的,这种观点为"间断均衡"理论所持有。该理论认为:组织的演进过程是一个长期渐进性的演变过程,但不时地被革命性的变革所打断。从本质上说,组织演进过程是与技术变迁的周期性模式紧密相连的(Anderson 和 Tushman,1990)。另有一种战略适应性与变革理论,它将组织的演进看成行为者决策和学习的产物。组织的变化并非完全由外部环境所决定,组织中的代理人有一定的"自治权",通过他们的行为和他们所制定的规则,能够重新界定与修改组织结构,为未来的行为创造可能性(Child,1997;Burgleman,1991)。

(二) 创新型企业的基因

在现实世界中,创新型企业往往拥有一套行之有效的体系及企业特质,以此鼓励员工的创新行为。弗里曼(1982)列举了创新型企业的十大特征:(1)企业内部研究与开发能力相当强;(2)从事基础研究或相近的研究;(3)利用专利保护自己,与竞争对手讨价还价;(4)企业规模足够大,能长期高额资助 R&D(研究与开发);(5)研制周期比竞争对手短;(6)愿意冒风险;(7)较早且富于想象地确定一个潜在市场;(8)关注潜在市场,努力培养、帮助用户;(9)有着高效的协调研究与开发、生产和销售的企业家精神;(10)与客户和科学界保持密切联系。为建设以企业为主体、市场为导向、产学研相结合的技术创新体系,培育大批创新型企业是关键。

除此之外,戴尔等(2013)从创新型企业体系中提炼出一套基本宗旨:(1)创新是每个人的职责,而非研发部门的职责;(2)破坏性创新是公司创新业务的一部分;(3)调遣许多组织得当的创新项目小分队;(4)巧妙冒险。

当然,对企业组织的关注,并不意味着研究者不再关注企业家个人。近期的创新经济学理论把企业家(及其他高管)视为企业中的"战略控制者"。他们必须能够识别企业现有技能基础的竞争优劣势。并且,当面临竞争者的挑战时,他们能够了解怎样改进原有的技能基础。此外,战略控制者还必须能够动用相应的资金来维持对技能基础的投资。技能总是与特定的人才结合在一起,面对企业内部的科层制分工,负责战略控制的人还必须确定:雇员如何在不同的科层之间流动(Jan Fagerberg,2009)。

创新型企业的高管,作为一个群体,他们是否具有某些共同点?近期,有学者重点关注了这个问题,并成功提炼出一些共同特质,这被称为"创新者的基因"(Dale,2013)。以下是"创新者基因"模型的一个扼要图示,见图2.6。同时,戴尔等(2013)通过访问与观察揭示了,创新型公司将创新的密码编入了组织的人才、程序和指导宗旨之中(组成创新型组织基因的3P框架),如图2.7所示。

创新的基因   整合新的认知技能

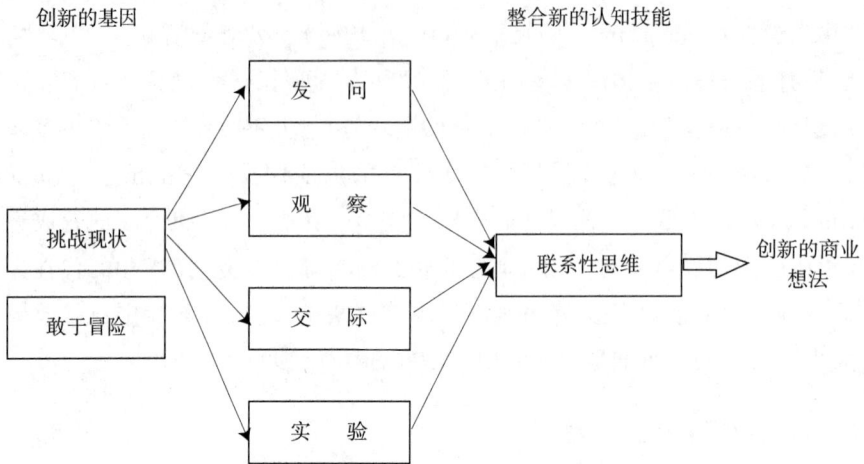

图 2.6　形成创新想法的创新者基因模型

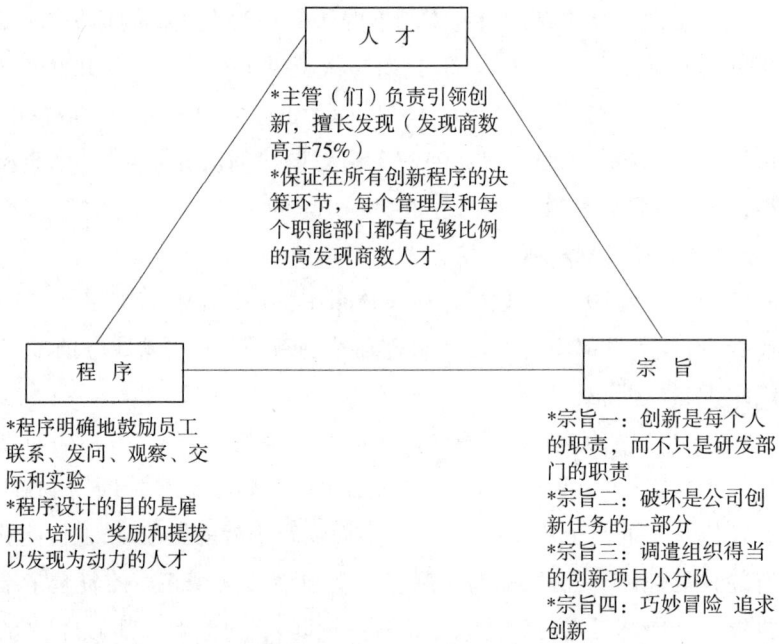

人才

*主管（们）负责引领创
新，擅长发现（发现商数
高于75%）
*保证在所有创新程序的决
策环节，每个管理层和每
个职能部门都有足够比例
的高发现商数人才

程序

*程序明确地鼓励员工
联系、发问、观察、交
际和实验
*程序设计的目的是雇
用、培训、奖励和提拔
以发现为动力的人才

宗旨

*宗旨一：创新是每个人
的职责，而不只是研发部
门的职责
*宗旨二：破坏是公司创
新任务的一部分
*宗旨三：调遣组织得当
的创新项目小分队
*宗旨四：巧妙冒险 追求
创新

图 2.7　全球最创新公司的人才、程序和宗旨

创新型企业的另一条研究线索与经济史密切相关。一些学者研究了创新企业的发展史。在 19 世纪末，英国成为世界工业中心，涌现出大批创新型企业。研究表明，在当时，熟练的蓝领技术工人是创新的主要来源，在企业内部，技术工人做了无数决策以改进产品和工艺。此外，"英国工业区"的出现极大地推动了创新型企业的发展。在工业区内，企业分布的集中促成了垂直专业化分工，这反过来又推动了企业往专业化方向发展。这导致了激烈的横向竞争,促进了企业对其产品或工艺进行改进。一些学者认为,从某种意义上说,在19世纪末,创新主体是整体的工业区,而非其中的单个企业(Jan Fagerberg,2009)。

到了20世纪上半叶,美国成为世界工业领袖,职业经理人制度的建立,所有权与经营权的分离,解决了创新型企业的继承问题。之后,在20世纪七八十年代,日本企业迅猛发展,一度对美国的经理制企业构成严重挑战。然而很快,20世纪90年代,以硅谷为代表的新经济兴起,美国重拾世界经济牛耳。有研究者指出:"激烈的,而且常常是非正式的、超出企业边界的学习网络造就了硅谷的成功"(Annalee Saxenian,1994)。此外,硅谷的成功尤其得益于风险投资的蓬勃发展。风险资本不仅为许多初创企业提供融资支持,而且帮助他们招募职业经理人。对于由风险投资支撑的企业来说,面对企业规模的迅速成长,十分关键的就在于对不断壮大的技术与管理人才队伍进行组织整合。硅谷的新经济企业,普遍采取了优先认股权的形式,以此取代现金,吸引并留住人才。

从实际创新的流程上看,有学者把创新分为三个互有交叉的阶段,分别是:科学与技术知识的生产、将知识转化为用品、回应并影响市场需求。在创新的不同阶段,企业承担并扮演着不同的角色(Jan Fagerberg,2009)。

就第一阶段而言,大企业中的R&D实验室,以及大量的从事专业化产品生产的中小企业,与大学等公共研究机构一道,构成了知识生产的源泉。目前的趋势是:私有知识由企业发展和应用,公共知识由大学等研究机构生产并加以扩散。

大企业中的R&D实验室,是20世纪最主要的创新源泉之一。R&D实验室一方面产生了大量实用性的技术知识,另一方面,这类机构是相关领域的"前沿监视器",帮助企业从外部学习与获取知识。一般的理论认为,R&D活动及其成果,具有高度的资产专用性,必须整合入大企业内部,而不能以合同的形式外包出去(Jan Fagerberg,2009)。然而近期的一些实践表明,合作研发、开放式创新已成为企业创新的主流范式(Henry Chesbrough,2006)。

对许多中小企业来说,无须专门的R&D中心,生产过程本身推动着工艺创新。这主要表现在生产过程中的"技术融合与垂直分离"。

就第二阶段而言,对创新型企业来说,一个主要的难点在于——复杂产品的创新往往涉及大量(而非单一)的新技术,企业在设计这类产品时,要把握所有相关技术领域内的进步是十分困难的。为了应对这种困境,目前的应对策略是采取"模块化生产方式",将零部件和界面进行标准化,从而分离了相关部件之间的相互依存性,从而可以在满足产品总体架构的情况下,将零部件或子系统的设计与生产外包出去。此外,在模块化生产方式下,凭借标准化的界面,各类模块之间,可以快速插合或分离并重组,从而为快速搭建新产品提供了便利。

至于第三阶段,这在很大程度上是一个匹配的问题(Mowery 和 Rosenberg,1979)。这不仅包括创新产品必须匹配市场需求,而且包括企业组织、售后服务与市场需求的匹配。这要求创新型企业:与潜在顾客保持联系,与知识或技能的外部来源保持联系,同时企业组织的集权程度要与技术与市场试验的成本协调一致。在这一阶段,由于涉及技术、市场、内部管理等不同的领域,那些能够跨越组织障碍、学科障碍和职业障碍进行沟通的人是无价之宝。

从技术史的角度观察,在大多数情况下,技术以一种连续的、渐进的方式发展。然而,每隔一段时间,某些技术领域会出现"根本性的变革"。一些企业能够抓住这种根本性的变革,成长起来。但对另一些企业来说,特别是对一些原先就存在的大型企业来说,如何把"根本性变革"与企业原有的技术能力和组织实践活动相结合,则是一项巨大的挑战。对于这个问题,现有的创新经济学研究主要聚焦以下几个方面:企业对技术路径的准确判断力,企业进行自我变革的能力,在试错中学习的能力以及在不确定性中学习的能力,等等。

在全球化的背景下,创新行为也呈现出全球化的趋势。创新全球化主要包括:国内创新的国际拓展(如出口创新产品、跨国转让专利许可等)、跨国界创新(如跨国公司在东道国设立 R&D 实验室等)、全球科技合作(如大学间的联合科技项目等)。在创新全球化的浪潮中,跨国企业发挥着无可替代的作用。跨国企业通过 FDI 等机制,促进跨国知识流动,并影响跨国界创新的发展与扩散。在这方面,一些研究者重点关注了企业进行跨国界创新的动机,主要有两方面:一是改善企业现有使用资产的方式,二是战略资产扩大活动。前者指的是跨国公司充分利用东道国的本地化条件,拓展其技术资产的用途。比如,基于东道国当地的资源条件、市场需求等因素,对产品或生产工艺进行改进。此时,基础性的 R&D 活动等战略决策依然保持在母国。后者主要是指跨国公司直接在东道国建立全新的技术资产(比如设立 R&D 实验室等)(Kuemmerle,1996)。

跨国企业是否愿意把 R&D 活动扩散到东道国,受到许多因素的制约。近期的研究主要关注以下四个指标:(1)本地背景下整合 R&D 活动的成本;(2)当地的技术机会与约束;(3)企业规模与市场结构;(4)组织问题。

创新型企业未必仅仅集中于高技术产业。在广大中低技术产业中,同样可能涌现出创新型企业。与高技术企业相比,中低技术企业的创新行为有着不同的驱动力。主要有以下几个方面:(1)需求差异,包括迎合消费者的新趣味,改进产品质量等等;(2)利用新技术改进老产品,这是指某些新技术可能溢出它所在的原始行业,并为其他老行业所利用。

四、发展创新型经济的政策

创新成果具有公共产品特征,容易导致市场失灵,需要国家政策调节。科学政策、技术政策和创新政策的内容和侧重点是不同的,这就需要政府在实施创新政策之前对经济运行有充分的调研。而现在技术领先国家实施的多为创新政策(Lundvall等,2009),具体见图2.8。

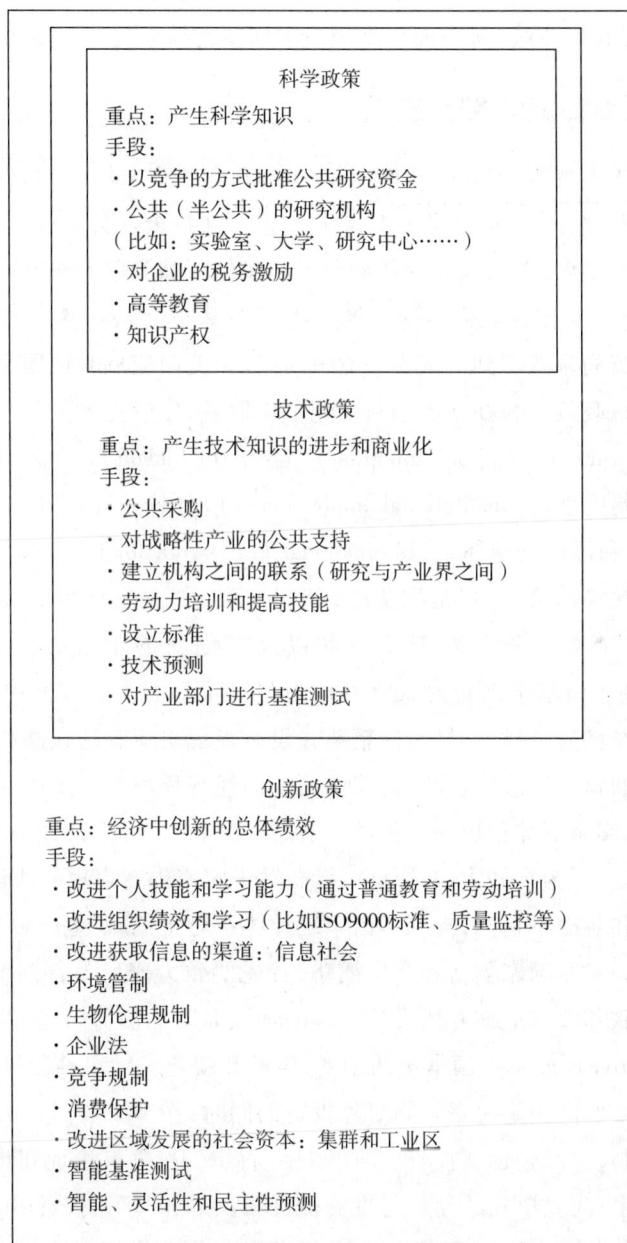

```
┌─────────────────────────────────────────────────────┐
│  ┌─────────────────────────────────────────────┐    │
│  │              科学政策                          │    │
│  │  重点:产生科学知识                             │    │
│  │  手段:                                        │    │
│  │  ·以竞争的方式批准公共研究资金                   │    │
│  │  ·公共(半公共)的研究机构                       │    │
│  │  (比如:实验室、大学、研究中心……)              │    │
│  │  ·对企业的税务激励                             │    │
│  │  ·高等教育                                     │    │
│  │  ·知识产权                                     │    │
│  └─────────────────────────────────────────────┘    │
│  ┌─────────────────────────────────────────────┐    │
│  │              技术政策                          │    │
│  │  重点:产生技术知识的进步和商业化                 │    │
│  │  手段:                                        │    │
│  │  ·公共采购                                     │    │
│  │  ·对战略性产业的公共支持                        │    │
│  │  ·建立机构之间的联系(研究与产业界之间)          │    │
│  │  ·劳动力培训和提高技能                          │    │
│  │  ·设立标准                                     │    │
│  │  ·技术预测                                     │    │
│  │  ·对产业部门进行基准测试                         │    │
│  └─────────────────────────────────────────────┘    │
│                 创新政策                              │
│  重点:经济中创新的总体绩效                            │
│  手段:                                               │
│  ·改进个人技能和学习能力(通过普通教育和劳动培训)        │
│  ·改进组织绩效和学习(比如ISO9000标准、质量监控等)       │
│  ·改进获取信息的渠道:信息社会                          │
│  ·环境管制                                            │
│  ·生物伦理规制                                        │
│  ·企业法                                             │
│  ·竞争规制                                            │
│  ·消费保护                                            │
│  ·改进区域发展的社会资本:集群和工业区                   │
│  ·智能基准测试                                        │
│  ·智能、灵活性和民主性预测                             │
└─────────────────────────────────────────────────────┘
```

图2.8　科学、技术、创新政策之间的关系

资料来源:伦德瓦尔(Lundvall):《国家创新系统》,伦敦出版社1992年版。

具体而言,当经济体有了一定的基础时,要将科学和研究训练的发展放在特别优先的位置(金麟洙和尼尔森,2011)。在技术政策方面,政府可通过公共采购、对战略性产业的公共支持、建立机构间的联系(研究与产业之间)、设立标准、技术预测和对产业部门进行基准测试等手段实现对产业技术知识的进步和商业化的支持。此外,政府还应从改进获取信息的渠道、进行环境管制、设立竞争规制以及改进区域发展的社会资本(集群和工业区)等方面提高经济中创新的绩效(Jan Fagerberg 等,2009)。

(一) 创新经济的 8"I"模式

罗伯特·D.阿特金森(Robert D. Atkinson)和史蒂芬·J.伊泽尔(Stephen J. Ezell,2012)在《创新经济学》中提出了 8"I"创新政策。阿特金森为美国信息技术与创新基金会的创始人及主席,奥巴马政府任命他为国家创新和竞争力战略咨询委员会顾问。在《创新经济学》中,作者认为美国已经失去了在基于创新竞赛中的领导地位,而众多美国政治精英尚未认识到美国面临竞争与问题,美国应从其他国家吸取教训,实行严格的产业振兴政策。为在基于创新的竞争中取胜,作者提出了 8 个"I"开头的创新政策:抱负(Inspiration)、目标(Intention)、自知力(Insight)、激励(Incentive)、投资(Investment)、制度创新(Institutional Innovation)、信息技术化(Information Technology Transformation)和国际创新体系(International Framework for Innovation)。

8"I"创新政策的第一"I"是抱负(Inspiration)。树立宏伟目标,通过设定创新目标克服美国政府现有的短视、党派不和以及对创新的矛盾心理。第二"I"目标(Intention)强调了将基于创新的竞争力作为国家重心。作者在文中指出,面对来自创新和竞争的经济安全挑战时,美国精英并没有表现出应有的强硬和团结,长期沉醉于华盛顿共识的错误观念中。然而,美国面临的经济环境发生了巨变,应建立新的华盛顿共识,包括实施更加积极的财税政策、保护美国在国际上的经济利益以及进行创新激励等。第三"I"为自知力(Insight):提高对于国家创新表现的认识。作者指出美国对自身能力和挑战不自知,批判了国家统计体系对于创新、生产力和竞争力的不透明与局限性。为建立国家创新和竞争战略,首先要致力于贸易部门竞争性核心因素的分析,其次,联邦政府应该开始实施更多的增强高附加值部门竞争性的战略。第四"I"激励(Incentive):鼓励美国本土的创新、生产和就业。针对美国投资外流现象,作者指出奥巴马政府高法定税率限制对外投资的同时,伤害了美国公司国际竞争力,税制自由受到挟制,为激励创新投资,美国需要:将 R&D、员工培训和设备投资减免税扩大并固定下来;成立单独的创新与投资税机构。第五"I"为投资(Investment):增加创新与生产的公共基金,它强调美国需要提供更多对于研发、商品化、技术、教育和培训的支持,要将基金更多地用于以支持工业创新为目标的项目,同时帮助同一产业中的企业实现联合研发以帮助整个产业的发展,建立国家—联邦创新体系,以及国家创新基金。此外,应给予能源创新重点关注,用增加清洁能源 R&D 的方式激发能源创新革命。第六"I"为制度创新(Institutional Innovation):做新事情用新方法。适应性效率是增长和竞争力的关键,组织创新与技术创新同等重要。为促进组织创新,可使用一些普遍适用的政策手段:为激发创新的组织提供现金奖励,建立更具有竞争性的市场环境,要求厂商提供公开信息,政府直接建立新机构,增加创新专项基金,建立专门的创新保护部门,将基金与绩效而非过程挂钩。第七"I"为信息技术化(Information Technology Transformation)。经济的成功取决于数字传输加快以及信息技术在经济各部门的应用,国家需要建立"数字化平台"。作者列举了宽带、4G无线网络、卫生信息技术、智能交通系统、智能电网和非接触手机支付系统六个关键数字化平台,认为联邦政府应该承担起建立平台的义务。这些平台的构建离不开政府的支持,事实上,一些国家走在世界前列,正是由于政府与私人部门的巧妙合作,美国也应如此。第八"I"强调了国际创新体系(International Framework for Innovation)。他们再次呼吁美国政府在国际贸易中采取强硬政策,坚定地与创新重商主义,特别但不仅仅是与中国作斗争,维护贸易规则。具体来讲,美国应该实行美元贬值,对以扩大出口尤其是高附加值、基于创新的部门为目的的国家和组织施加压力,抑制美国经济利益被国际化。面对世界的威胁,美国应该向出口商提供更多的出口财政补贴,吸引高技术人才移民美国。

8"I"创新政策围绕美国自身的利益要求,涵盖了创新目标、思想认识到具体的财税政策等创新政策,既有对于现状的分析认识,也提出了具体可行的创新策略,这种防微杜渐的危机意识以及全面科学的政策思考,对于理论研究和创新战略的制定,都极具重要借鉴意义。

(二) 构建创新型区域的政策

在一个区域创新体系中,成员之间频繁而富有成果的相互作用可能受到许多因素的牵制(Guinet,1997):(1)合作伙伴(例如高校和产业界)之间激励机制结构(文化)的相互冲突;(2)有些市场失灵(例如高交易成本)可能会妨碍企业,尤其是小企业,迈向信息、技术和专有技术的步伐,或者打消企业进行技术投资的积极性,或者削弱企业对技术的消化能力;(3)创新的各个参与者之间协调失败,由此导致它们无法充分认识到彼此之间的互补作用;(4)由于缺乏管理能力,导致对技术和创新在竞争阶段的作用理解不够,对知识的获取和传递的合作战略所带来的利益估计不足;(5)金融市场无法对企业在交互式学习中的投资给予足够的支持,举例来说,就是专门化的风险资本发展不完全;(6)最后但同样重要的一点,缺乏足够的人力资源,因此无法形成吸收外部知识的良好能力。

针对上述市场和系统性失灵,古奈特(Guinet,1997)认为应该作出如下几类政策应对:(1)完善有利于创新产生的法律监管体系。具体包括:稳定的宏观经济,这有利于进行战略投资决策;灵活的劳动力市场政策,以方便科学技术人才流动;适当的竞争政策,它能够提高创新倾向,使创新过程中构建和使用知识库的合作行为得以顺利发生。(2)实行基础设施政策,填补知识库的缺口和不足。例如,加大对基础研究或基础设施技术发展的支持,以普遍提高公共基础设施部门尤其是科研部门应对市场需求变化的能力。(3)采取措施鼓励企业的相互合作和知识的更新换代,尤其是促进关键性技术的发展。(4)采取措施改善高科技创业所需的环境,并推动创新企业普遍创业发展。(5)推行技术扩散政策,纠正知识交换过程中由于供需因素导致的市场失灵。

乔万纳(Giovanna,2007)通过分析意大利伦巴第 RIS 的特点及其政策,认为区域创新政策的制定不仅要与国家政府合作,而且还要与当地具有自主权的省以及公共机构(如商会、财团和大学)合作,尤其是促进和加强企业与知识提供方(大学和研究机构)之间相互合作。库克(2008)推出了"绿色创新"时代构建 RIS 的政策路线:首先是认识公共采购的力量;其次是区域产业政策应聚焦创业精神和创新,包括大型公司企业创新和寻求绿色技术下区域供应链的整合;最后各地区可以支持"知识实验室"在中小型城镇的示范和生态工业或循环经济在试点城镇的推广项目。拉索和罗西(Russo 和 Rossi,2009)分析意大利托斯卡纳地区时,对创新政策的设计提出了建议:(1)必须注重网络建设和管理的过程;(2)保证创新参与者有足够的时间和机会进行合作;(3)尽量提前确定那些能够更好地对创新提供支持的创新网络的参与者;(4)需要行政程序、评价标准和监测工具的互补程序来保证创新政策的执行。库克(2009)认为支持区域创新体系发展最重要的政策是减少政治冲突,通过营造一种包容、开放和透明的创新文化使区域内所有创新参与者和组织在创新活动中能相互作用。而且区域创新政策的重要任务是利用 RIS 的构建来创造一个综合和扩散的创新平台。尤拉(Uyarra,2010)对不同区域范围的区域创新政策进行了广泛的研究,认为在制定政策时不仅需要以区域的知识和体制作为出发点,还应该考虑到现有的政策组合和过去相关政策制定的过程,因为它们会支持或限制新的政策目标。

由于不同地区产业结构和知识基础等具体情况和环境的差异,不存在通用创新政策的理想模式。对特定地区区域创新体系的构建而言,只有适合的、没有最佳的通用模式可搬。

（执笔：安同良等①）

---

① 参与文章讨论与写作的有：李心丹教授、皮建才教授等。

第三章 科技创新与创新驱动型经济

创新是近年来无论是国外还是国内使用频率最高的概念。尤其是在我国明确提出建设创新型国家以后,东部沿海多个地区(如江苏、上海和浙江等地)均提出发展创新型经济的要求,并且这些地区发展创新型经济都取得了明显的效果。经济发展实践提出的新的课题是对创新型经济进行理论概括,从而在更大范围更深层次上推动创新型经济的发展。

一、创新内涵的演化:从技术创新到科技创新

最早的创新思想可追溯到马克思在《资本论》中所提出的自然科学在技术进步中的作用。[①] 根据马克思的概括,社会生产力的发展来源于三个方面:"来源于发挥着作用的劳动的社会性质,来源于社会内部的分工,来源于智力劳动特别是自然科学的发展。"[②]

最早在经济上使用创新概念的是熊彼特。他在20世纪20—30年代发表的论著中多次提出创新概念。在他那里,创新即生产要素的新组合,包括五个方面创新:(1)采用一种新的产品;(2)采用一种新的生产方法;(3)开辟一个新的市场;(4)掠取或控制原材料或半制成品的一种新的供应来源;(5)实现任何一种工业的新的组织。在此以后创新理论随着科技进步和经济发展而逐渐演化。后来弗里曼在解释创新概念时,把熊彼特的创新的内涵概括为新发明、新产品、新工艺、新方法或新制度第一次运用到经济中去的尝试。

索罗在20世纪50年代提出的增长模型包含了技术进步的作用。根据他对增长原因测度的结果,促进人均收入增长的主要因素是资本投资和技术进步。在这两者之间技术进步的影响更为显著。根据他的统计分析,美国经济增长大约有80%源于技术创新,仅20%源于资本积累。这意味着带来更多产出的原因是技术的进步以及

---

① 弗里曼(C.Freeman):"马克思(1848年)恐怕领先于其他任何一位经济学家把技术创新看作为经济发展与竞争的推动力。"——《新帕尔格雷夫经济学大辞典》第2册,经济科学出版社1996年版,第925页。

② 马克思:《资本论》第三卷,人民出版社2004年版,第97页。

工人技能的提高。

在过去相当长的时期中，技术创新相当多的是源于生产中经验的积累、技术的改进。即使是由科学发现所推动的技术进步，也会间隔很长的时间，需要几十年甚至上百年。微软公司不过几年就一跃超过具有百年发展历史的福特和通用等制造业公司而成为世界首富，这种依靠最新科技实现"一夜暴富"的现象颠覆了过去的技术创新路径。科技创新的源泉更多地来源于科学的发明。特别是在20世纪后期产生新经济以来，科学上的重大发现到生产上的使用，转化为现实生产力的时间越来越缩短，缩短到十几年、几年，现在一个科学发现到生产上应用（尤其是产业创新）几乎是同时进行的。主要原因是，从20世纪中后期起，在世界范围内出现的新技术革命使科学成为生产力的作用和过程发生了质的变化，使科学技术上升为第一生产力。经济增长速度主要由科学转化为现实生产力的速度决定。这意味着利用当代最新的科学发现的知识可以实现大的技术跨越。建立在知识创新基础上的科技创新可以导致技术进步路径的革命性变化。

反映上述经济增长新现象的新增长理论从内生性技术进步出发解释了技术进步的源泉以及由此产生的经济增长效应，特别是将知识作为一个独立的要素引入增长模型，并认为知识的积累是促进现代经济增长的决定性要素。其中罗默提出"知识外溢长期增长模式"，突出知识资本的作用；卢卡斯提出"人力资本完整性增长模式"，突出人力资本的作用，强调人力资本是经济增长的发动机。这两个模式，一个注重知识的创造和积累，一个注重知识的传播。这样就将创新的注意力转到了知识创新和传播的领域。与此相应，决定经济增长的物质因素已经弱化，支撑科学发现并转化的知识资本和人力资本等创新要素的作用明显强化。

将创新驱动作为一个发展阶段提出来的是波特，他把经济发展划分为四个阶段：第一阶段是要素驱动阶段，第二阶段是投资驱动阶段，第三阶段是创新驱动阶段，第四阶段是财富驱动阶段。其中企业具有消化吸收和创新改造外国先进技术的能力是一国产业达到创新驱动阶段的关键，也是创新驱动与投资驱动的根本区别。

我国"十二五"规划明确将科技进步和创新作为加快转变经济发展方式的重要支撑。这也反映经济发展进入新阶段后的阶段性特征，反映经济增长方式向创新驱动转变。我国长期依靠物质要素投入推动的经济增长方式，不可避免而且正在遇到资源和环境不可持续供给的极限。转向创新驱动就是利用知识、技术、企业组织制度和商业模式等创新要素对现有的资本、劳动力、物质资源等有形要素进行新组合，以创新的知识和技术改造物质资本、提高劳动者素质和科学管理。各种物质要素经过新知识和新发明的介入和组合提高了创新能力，就形成内生性增长。显然，创新驱动可以在减少物质资源投入的基础上实现经济增长。

基于以上分析，可以准确理解转变经济增长方式，即由物质资源投入推动转向创新驱动内生增长的内涵。现在流行的提法是由粗放型增长方式转向集约型增长方式。集约型增长方式的基本内涵是指集约使用物质要素,提高要素使用的效率。尽管集约型增长方式包含了技术进步的作用,但没有摆脱物质要素推动经济增长的架构。创新驱动的增长方式不只是解决效率问题,更为重要的是依靠知识资本、人力资本和激励创新制度等无形要素实现要素的新组合,是科学技术成果在生产和商业上的应用和扩散,是创造新的增长要素。因此,创新驱动的经济增长是比集约型增长方式更高层次更高水平的增长方式。

为适应转变经济发展方式的要求,江苏等地提出了发展创新型经济,并且把它看作是继发展乡镇经济和开放型经济之后第三个发展机遇(发展阶段)。所谓创新型经济也就是以创新为经济运行和经济发展导向和着力点的经济。根据不断演化的创新理论,创新型经济体现资源节约和环境友好的要求,是以知识和人才为依托,以创新为主要驱动力,以发展拥有自主知识产权的新技术和新产品为着力点,以创新产业为标志的经济。

二、自主创新路线图和科技创新体系

在熊彼特那个时代以及后来相当长的时期中,创新的概念只是指新发明第一次引入到商业中去,创新范围也局限于企业中,这就是熊彼特所说的,"把新组合的实现称为'企业';把职能是实现新组合的人们称为'企业家'"①。长期以来的技术进步模式基本上是以企业为源头,企业以市场为导向或者在企业内部进行研发,或者购买或模仿新技术。

现在随着科学技术的发展,创新的范围和层次发生了重大变化,与此相应,弗里曼解释的创新概念不只是指新发明第一次引入到商业中去意义上的创新,还将创新概念的外延扩大到发明和创新的扩散两个过程。② 这个界定表明,创新过程不再限于企业内部,是科学的新发现迅速转化为新技术并直接推动技术进步。例如,新材料的发现、信息技术和生物技术的突破都迅速转化为相应的新技术。这种建立在科技创新基础上以科学发现为源头的科技进步模式,体现知识创新(科学发现)和技术创新的密切衔接和融合,包括三个环节:上游环节,即科学发现和知识创新环节;中游环节,即科学发现和创新的知识孵化为新技术的环节;下游环节,即采用新技术的环节。所有这三个创新环节相互联系就构成科技进步和创新的路线图。这种创新路线图与

---

① 熊彼特:《经济发展理论》,商务印书馆 1990 年版,第 83 页。
② 弗里曼:"发明是指为新的或改进的产品、工艺或制度而建立的新思想,图纸或模型,通常表达一种前所未有的构思。创新的扩散是指创新的成果经过全体潜在采纳者之手扩散来提高全社会生产率。"——《新帕尔格雷夫经济学大辞典》第 2 册,经济科学出版社 1996 年版,第 925 页。

以企业创新为源头的技术进步模式相比有以下三方面特点：

首先，科技创新延长了创新的路线，但缩短了科技成果转化为现实生产力的时间。原有的以企业创新为源头的技术进步模式，创新路线比较短。而科技创新路线涉及科学发现、研发、采用等环节，由此就延长了创新的路线。在原有的技术进步模式中，企业创新与科学发现没有直接的连接，因而，从科学发现到生产上采用间隔的时间很长。而在以科学发现为源头的科技进步模式中，科学发现与企业技术创新结合并且互动，可大大缩短科学技术转化为现实生产力的时间。

其次，产业创新成为科技创新的终端和目标。过去讲的企业创新，一般都是突出产品和技术创新，解决企业的技术和工艺问题。而在现阶段，科技创新不是单纯的工艺创新，更为明显的成果是产业创新。建立在新科技革命基础上的产业创新意味着采用最新科技成果，其技术含量更高，附加值更高。就如迈克尔·波特所说，竞争力是以产业作为度量单位的，产业创新的重要性，不只是新产业本身具有更高的效益和发展前景，更为重要的是，产业竞争力是一个国家一个地区竞争优势所在。"国家的竞争力在于其产业创新与升级的能力。"①正在兴起的新科技和产业革命呈现出来的特征就是，科学发现和科学技术的重大突破直接推动产业创新。正在进行的新科技革命催生生物技术产业、新材料产业、新能源产业、环保产业等新兴产业，这就是通常说的高科技产业化。将高科技创新与高科技产业化紧密衔接是发展创新型经济的着力点，也是形成具有自主创新能力的现代产业体系的基本路径。其中包括传统产业依靠科技创新进入现代产业体系。

最后，在科技创新体系中不只是企业一个主体。科技创新包括不同的创新阶段和不同的创新主体，由此就提出了科技创新体系建设问题。OECD(1997)以知识经济为题提出了知识经济时代创新的特征：创新的思维有多种来源，创新能以多种形态出现。② 创新不只是企业的创新行为，"创新需要使不同行为者(包括企业、实验室、科学机构与消费者)之间进行交流，并且在科学研究、工程实施、产品开发、生产制造和市场销售之间进行反馈"。这意味着科技创新体系涉及产学研用各个环节中的主体相互间的合作和互动。对科技创新来说，具有特征意义的是，对创新机制的关注点由技术的采用转向技术进步的源泉(知识的创造领域)、科技成果的转化。

大学和企业的合作创新，也就是科学家和企业家的合作创新。这种合作创新机制的形成能够有效地克服知识创新与技术创新之间的脱节问题。根据斯蒂格里茨的分析，"知识市场是市场的一种极端情况，在这种市场中买卖双方具有不对称的信息"③。在这个市场上，卖方(知识创新者)作为新技术的供给者对其创新成果具有

① 迈克尔·波特：《国家竞争优势》，华夏出版社 2006 年版，第 160 页。
② OECD：《以知识为基础的经济》，机械工业出版社 1997 年版，第 11 页。
③ 斯蒂格利茨：《社会主义向何处走》，吉林人民出版社 1998 年版，第 171 页。

较为完全的信息，但不知道市场信息；而买方作为新技术的需求者，知晓市场需求信息，但不了解卖方的技术信息。这就难以实现创新成果的交易：一方面提供的新技术往往是市场不需要的技术，另一方面市场需要的新技术难以获得。对创新者来说，或者是其创新成果找不到买者，或者是低价卖出，创新成果的价值不能得到实现。进一步说，大学即知识创新者与企业家合作创新有自身的价值实现需求。原因是科学发明的价值在于应用。许多重大的科学发现在其应用之前是不知道有多大价值的。只有在科学发明者与企业的合作创新中，科学发明的价值才能得到较为充分的实现。因此，在大学和企业合作创新的体系中，大学不仅要确立自身的知识创新主体地位，切实发挥其知识创新主体的作用，出重大的达到国际一流和先进水平的原创性创新成果，还要面向产业界向前走一步，创新具有产业化价值的高科技成果，并积极参与将创新的高科技成果产业化的过程，以实现科学发现的价值。

实际上企业自身也有与大学合作创新的要求。现阶段的企业虽然是技术创新的主体，但受制于自身的自主创新能力并不强，难以发挥出主体作用，只有在与大学的合作创新中才能提高其创新能力。企业应主动进入高新技术研发和孵化领域，主动参与并引导高校、科研机构的新技术研发。依靠这种合作，企业能得到源源不断的创新成果，其主体作用也能充分发挥。现在，国内许多发达地区的企业对科学家的渴望胜过当年发展乡镇企业时对工程师的渴望，吸引大学及其研发中心和实验室的劲头胜过当年吸引外资的劲头。这正反映创新型经济的发展趋势。

在创新型经济中，创新成果的供给者和需求者进入合作创新体系，创新的三方面工作（科学发现和发明，发明成果的转化，采用新技术）在大学和企业的合作中实现了新组合。尤其是高新技术孵化环节成为大学和企业的交汇处，并且成为大学和企业合作创新的平台。在这个合作创新平台上，知识信息和市场信息进行无障碍交流，产生边干边学的效应，就能有效地克服知识市场上信息不对称问题。

科技创新体系还涉及创新成果全社会扩散机制。转变经济发展方式是针对全社会而言的。只有当全社会都能采用自主创新成果时才能谈得上经济发展方式的转变。因此创新型经济不只是要求新发明在某个企业那里转化为新技术，更为重要的是创新成果及时地在全社会推广和扩散。与创新成果扩散相关的是知识产权制度。其意义不只是保护知识产权，保障创新者获得创新收益，同时也提供一种机制，即通过使用者向创新者支付报酬的途径扩散创新成果。由于新知识新技术具有外溢性，知识和技术等创新要素不同于物质要素，其使用具有规模报酬递增的特点，因而创新不排斥新知识新技术的广泛采用。

为了使创新成果的外溢性得到充分发挥，科技创新体系包含两个方面的建设：一是通过计算机和通信网络对新知识新技术数字化并进行传播，从而形成"信息化社会"。二是通过促进公众接受多种知识和技能的训练掌握学习的能力，从而形成"学习型社会"。

三、自主创新的主攻方向和
对国际创新资源的利用

由于过去每一场新科技革命首先在西方发达国家产生,因而新科技革命成果不可能最先在发展中国家应用。正因为如此,发展经济学一直强调发展中国家跟随在发达国家之后通过学习和引进发展新技术和新产业。跟随创新的重要路径是引进创新,从国外引进新技术,引进新产业。这种跟随型创新对发展中国家的一定发展阶段是必然的过程。原因如库兹涅茨所说的,新发明和新技术"大部分是发达国家的产物,任何国家的经济增长都依赖于这些发明的利用"①。

新增长理论发现了发展中国家获取发达国家创新知识的"后发优势":企业之间、国家之间在知识创新投入上的差异,最终表现为经济增长速度上和经济增长质量上的差异。这种差异可以通过国际贸易得到改善,因为国际贸易可以促进知识在国际间的传播,减少后进国家的研究开发费用,从而间接达到增加发展中国家资本积累的目的。这种利用知识传播中创造的"后发优势",基本依据还是发展中国家的科技不发达,科技创新能力不强。

跟随发达国家之后学习和引进创新虽然能提升自己的技术和产业水平,但不能改变后进地位,尤其是受制于人。这种路径创新的源头在国外,高科技在发达国家已经是成熟技术,发展中国家引入的新产业也是国际市场上开始产能过剩的产业。如果说过去几场产业革命只是发生在西方发达国家的话,现在情况就不同了。当今世界尤其是在席卷全球的2008年爆发的世界金融危机过后正在孕育着一场新科技和产业革命。世界是平的,经济全球化和科技全球化互动,使正在发生的新科技和产业革命的机会无论是对发达国家还是发展中国家都是均等的。我国不能再错过这场新科技和产业革命机会,其有利条件是,2010年中国GDP总量一跃超过日本成为世界第二大经济体。虽然我们对此不用太在意,更不能盲目乐观,但这毕竟表明我国的经济发展水平上了新的台阶。在全球化、信息化、网络化的条件下,我国有条件与其他发达国家进入同一创新的起跑线。其基础性条件是大学和科研机构掌握的高科技的国际差距相对来说,要比高科技产业的国际差距小,科学研究没有国界。只要能够着力推进科学发现向新技术的转化,最先应用新发明,就可以产生具有自主知识产权的创新成果,尤其是在重点领域和重点地区可能使最新科学发现和发明在我国得到最先采用,从而占领世界科技和产业的制高点。

---

① 库兹涅茨:《现代经济增长》,北京经济学院出版社1989年版,第250页。

由跟随创新转向与发达国家进入同一创新起跑线,反映我国经济和自主创新能力的提升。所谓进入同一创新起跑线,首先是指创新的共同主攻方向。库兹涅茨把现代经济增长看作是以划时代的创造发明为基础的一个过程:不管创新资源的来源如何,"任何单个国家的经济增长都有其国外的基础"。基本原因是,科技和产业的"时代划分是以许多国家所共有的创造发明为依据的。这是现代经济增长的一条特殊真理。"[①]具体地说,在前一时期具有划时代意义的创造发明是电子信息和网络技术,由此推动了新经济的产生。而在现时代具有划时代意义的创造发明是清洁能源、新材料、生物技术、节能环保技术等,这些新科技成为我国科技创新的主攻方向,表明我国与发达国家进入同一创新起跑线。

自主创新不等于封闭创新。各个国家主攻相同方向的科技和产业,所产生的新知识、新科技可以在世界范围内传播。我国的自主创新不但不拒绝接受其传播,还要积极吸收和引进。也就是在主攻同一创新方向过程中吸收和引进新发明、新技术。这种学习和引进不只是避免重复研究并节省研发费用,更为重要的是保持自己在具有划时代意义的创新领域的领先地位。这种学习和引进已经不是过去意义上的跟随创新,而是占领科技和产业创新世界制高点的必要途径。就如我国近年来发展起来的高铁技术,其中的许多技术可能是引进的,引进的技术与自主创新的技术集成就使我国的高铁技术进入世界前列。

要与其他发达国家进入同一创新起跑线,需要调整我国原有的开放战略。长期以来,我国的对外开放突出自身的比较优势,以廉价劳动力和廉价的自然资源(土地和环境)作为参与全球化经济的优势。除了实施以出口劳动密集型和资源(环境)密集型产品为基础的出口导向战略外,以廉价劳动力和自然资源为代价吸引外国投资,并以此来引进国外高新技术。这种比较优势,虽然能够获取一定的贸易利益,但不能改变自身对发达国家的经济技术和市场的依附地位,不能缩小与发达国家的经济技术差距。现在我国的劳动力和资源供给在国际竞争中的比较优势已经明显衰减,同时我国的经济和科技实力明显增强,与此相应,我国的开放战略需要由比较优势转向竞争优势,目标是培育可与世界级竞争对手较劲的产业竞争优势。[②] 这样,科技进步和产业创新就成为培育国际竞争优势的重要支撑。与此相关的是引进和利用外资战略的调整。鼓励外资在中国本土创新研发新技术成为吸引外资的重要导向。一方面要求其高新技术研发环节的进入,以提高中国本土制造的附加价值;另一方面要求进入的产业是国际先进的新兴产业。

创新型经济依托的是人才、科技之类的创新要素。创新要素不可能都从国内取

---

① 库兹涅茨:《现代经济增长》,北京经济学院出版社1989年版,第250、251页。
② 波特:《国家竞争优势》,华夏出版社2006年版,第30、37页。

得,也需要从国外获得,因此现阶段开放的重点需要转向引进创新要素。由于当今国际经济进入了要素的国际流动更多的取代产品的国际流动阶段,许多高新技术产品可以依靠要素的国际流动在本国制造。这样,进口战略将逐步转向进口要素(尤其是创新要素)替代进口产品的阶段,目标是利用国际创新资源来提升我们的创新能力。这就涉及引进要素战略的特征。过去发展的重点在增长,基本上是资本推动的,其他如技术和管理等发展要素基本上是跟着资本走的,因此通过引进外资来利用其他国际资源(国外先进的技术和管理)。现在发展的重点转向创新,各种创新要素是跟着人才走的,因此发展创新型经济需要通过引进高端创新人才来利用其他国际创新要素。

四、创新投入和创新激励

我国各地发展创新型经济的实践证明,经济增长由物质资源投入转向创新驱动,节省的是物质资源、环境资源之类的物质投入,但不能节省资金投入。创新驱动本身需要足够的投入来驱动创新。就如马克思当年所指出的:"正像人呼吸需要肺一样,人要在生产上消费自然力,就需要一种人的手的创造物。要利用水的动力,就要有水车,要利用蒸汽的压力,就要有蒸汽机。利用自然力是如此,利用科学也是如此。电流作用范围内的磁针偏离规律,或电流绕铁通过而使铁磁化的规律一经发现,就不费分文了。但要在电报等方面利用这些规律,就需要有极昂贵的和复杂的设备。"①

需要改变对低成本发展战略的认识。低成本战略理论强调发展中国家以低劳动力和土地成本作为比较优势。这种低成本比较优势在贸易领域可能是有效的,但在创新型经济中就不适用了。推进科技创新需要足够的投入。这意味着转变增长方式要调整的是投入方向,由原来为增加物质资源投入,转为对创新环节和要素投入,尤其是人力资本。人力资本是创新的重要因素。增加人力资本供给有助于驱动创新。低价位的薪酬只能吸引低素质劳动力,只有高价位的薪酬才能吸引到高端人才,才能创新高科技和新产业,才能创造竞争优势。企业之间、国家之间在知识创新投入上的差异,最终表现为经济增长质量上的差异。既然创新投入对创新型经济意义重大,对创新投入的激励机制建设就尤为重要。

科技创新最为缺乏资金并最需要资金投入的阶段是科学发现成果孵化为新技术的阶段,在这里,投资风险最大,潜在收益也最大,需要科技和金融深度结合,需要引导足够的金融资本投入这个阶段。由此就提出创新型经济的评价标准问题。过去一般以企业研发投入占 GDP 比重指标来衡量一个地区或企业的创新能力,这与企业为

---

① 马克思:《资本论》第一卷,人民出版社 2004 年版,第 444 页。

源头的技术创新模式相适应。现在突出的是以科学发现为源头的科技创新模式,因此,在孵化新技术阶段集聚的金融资本数量将越来越成为判断一个地区是否进入创新驱动型经济阶段的指标。

创新型经济的激励机制的形成与市场经济体制关系密切。斯蒂格里茨在研究一些原先的计划经济国家向市场经济国家转型时,特别指出标准的市场经济模型"忽视了创新的作用",其之所以不关注创新是因为市场经济面对的是已有资源(尤其是有形要素)的配置问题,目标是实现资源的有效配置。在这里,市场尤其是竞争机制调节资源配置最为有效。而现在所要研究的创新型经济面对的是创新要素,即知识资本、人力资本等无形要素,目标是创造新要素(新技术、新产品和新产业)。在这里,激励创新制度最为有效。对创新型经济来说,需要引入被市场经济排斥的垄断之类的制度安排。

熊彼特是在市场竞争的背景下提出创新理论的。在他看来,创新就像一个创造性的破坏过程,一个技术创新会使前一个创新变得过时。竞争的压力会迫使厂商不断地进行研发。斯蒂格利茨则不然,他依据信息不完全理论明确认为只是在竞争条件下不能解决创新动力不足的问题。就如他说的:"当存在创新时,市场过程不能自动地确保激励竞争或快速研究开发的发生。"[1]这就是说,在激励创新方面市场是失灵的,需要市场以外的制度建设。

首先是以创新成果的垄断收益权激发创新动力。标准的市场经济理论反对垄断,以为垄断会阻碍技术进步。但在创新的知识和技术市场上信息不完全,创新的知识和技术具有公共产品的特性,"其他人分享创新收益的边际成本为零"。[2] 具体地说,创新成果的成本有创新成本(信息成本)和复制成本(扩散成本)之分。创新成本明显大于复制成本。创新成果的复制几乎是没有成本的。其他厂商不付成本地从创新者那里获取创新成果并得到收益,其结果是创新者的创新成本得不到补偿,研究开发的投入得不到及时的回报,必然严重挫伤创新者的创新积极性。因此,创新的动力在于创新成本得到补偿并得到创新收益。由此提出垄断对激发创新动力的价值。激励创新的制度安排不仅需要强化竞争环境,更需要为创新者提供必要的垄断条件,使其垄断和独占创新收益,从而产生创新的动力。

保障创新者的创新收益的制度安排就是明确并保障创新技术的厂商拥有垄断收益权(专利之类的知识产权)。新技术的推广只能通过购买发明专利之类的知识产权途径进行[3]。如果有人复制和采用其创新成果,就要从复制和采用者那里获取收益,从而补偿其创新成本。这种创新企业对其创新收益的独占垄断不是指某个企业

---

[1] 斯蒂格利茨:《社会主义向何处去》,吉林人民出版社 1998 年版,第 169 页。
[2] 斯蒂格利茨:《社会主义向何处去》,吉林人民出版社 1998 年版,第 173 页。
[3] 斯蒂格利茨:《社会主义向何处去》,吉林人民出版社 1998 年版,第 164 页。

对特定行业和部门的垄断,而是指发明专利之类的知识产权的垄断。这种垄断和独占不但不会阻碍创新,还会成为创新的动力。

其次是寻求连续创新的动力机制。按照市场经济理论,竞争会产生连续创新的动力,原因是创新者面对潜在的竞争者,创新不会停顿。但在现实中,创新企业在某一项研发成果取得领先地位后,考虑到研发投入的回收,往往会寻求一种策略使研发的速度放慢,只要能维持其创新收益就行,这本身就是机会主义行为。这时如果潜在的竞争者参与到研发中来,创新企业的研发活动就不会停下来。问题是潜在的竞争者要能达到超过创新者的水平,需要比创新者更多的创新投入,由此产生的机会主义行为是满足于采用创新者的成果,不愿意追赶创新者。这些潜在创新者不能成为现实的竞争者,因此"潜在的竞争对激励研究只具有有限的作用"。[①] 这种状况表明,只是解决创新者对创新收益的垄断是不够的,还需要创造竞争,鼓励创新者的潜在竞争者在研究开发上积极参与现实的竞争,形成不断打破技术垄断的竞争压力。这种既要维持垄断又要推动连续创新的路径是什么? 斯蒂格利茨只是提出问题,并没有给出可行的回答。根据我国江苏等地发展创新型经济的实践,连续创新的动力可以从以下两个方面的制度安排来解决。

一是创投公司不断进行创业投资能够推动连续创新。就如奈特所指出的:"在现代经济中新企业的创建和建成后企业的经营之间的分离的趋势很明显。一部分投资者创建企业的目的是从企业的正常经营中得到收益。更多的人则期望从建成后的企业的出售中获得利润,然后再用这些资本进行新的风险投资活动。"风险投资家具有不停顿地推动研发的本能。"相当多的且数目日益增加的个人和公司将其主要精力放在新企业的创建上。"[②]这可以说是现代经济充满创新活力的原因所在。

二是大学介入的产学研合作创新平台积极推动连续创新。大学的学术导向对创造新知识有内在的动力,是新思想的策源地。产学研结合在一起就形成学术导向与市场导向的协同,形成不断创造新思想新发现的平台。因此产生的源源不断的创新成果,可以推动不断采用新技术的竞争,从而克服垄断对创新的阻碍。

五、国家创新力和科技创新的国家目标导向

标准的市场经济理论排斥政府作用,至多是在市场失效以后才需要政府干预。这是在不考虑创新的条件下提出的。而一旦引入创新,就需要政府的积极介入。就如波特所指出的:"当竞争的基础转为创造和知识积累时,国家的作用就变得日益重

[①] 斯蒂格利茨:《社会主义向何处去》,吉林人民出版社 1998 年版,第 167 页。
[②] 奈特:《风险、不确定性和利润》,中国人民大学出版社 2005 年版,第 187 页。

要,创造与保持竞争优势也变成本土化的过程。"①政府主动介入创新的必要性主要在两个方面,一是创新成果具有溢出效应。创新的知识和技术,不仅创新者受益,社会也会受益。这种外溢性同时也表明,创新不仅要支付私人成本,也要支付社会成本。这种社会成本就需要由政府作为社会代表来支付。二是创新的知识和技术具有公共产品的属性,这种公共性特征不只是靠政府规制来克服仿冒、剽窃等免费搭车行为,更为重要的是制定重大科技创新的国家计划,并通过公共财政对此类创新进行直接的或引导性投入。

我国目前的提法是技术创新体系以市场为导向。这是针对以企业为创新源头的技术创新而言的,而对以科技进步为源头的科技创新来说,还应明确国家目标为导向。

研究科技创新的国家目标导向,需要提出国家创新力概念。不可否认,较计划经济,市场经济中的创新力是强的。特别是市场经济赋予了个体强大的创新力。但是,在现代经济中,国家竞争力主要由国家创新力来衡量。国家创新力不是个体创新力的相加,而是对科技创新的国家集成能力。即使是在发达的市场经济国家,最为成功的重大的科技创新计划也是由政府规划并组织实施的,例如美国的农业研究计划、空间研究的阿波罗计划、研究核弹的曼哈顿计划等等。其中最重要的科技进展都是在政府实验室以及政府资助的实验室中取得的。我国实施的科技重大专项(例如过去的"两弹一星",现在的航天和奔月计划)也是这样。由国家直接实施的重大专项科技计划所取得的重大科学技术突破会带动全社会的科技进步。由于国家竞争力体现在产业创新的能力上,尤其是每个时期需要发展的战略性新兴产业都是由国家规划和确定的,重大的科技和产业创新不仅需要足够大的资金支持,而且这种投资具有长期性和风险性,需要国家为此提供资金和政策性引导。

无论是科学家还是企业家,分别进行的知识创新和技术创新,都有自主性,都有自己的兴趣爱好。国家目标的导向作用就在于对各个主体的自主创新进行引导,使之与国家目标衔接。现代经济增长是以知识为基础的增长,技术创新依托知识创新,技术和产业创新以科学新发现引领。因此,实现科技创新的关键是知识创新目标的国家导向。科学家科学研究的选题从单纯的研究者的兴趣爱好向国家目标导向的转型有个过程。最初以美国阿波罗计划为代表,科研主要是军事目的。随着冷战时代的结束,世界范围的竞争就逐步由军事装备竞争转向经济竞争。与此相应,重大科学研究重点就由军事目的转向经济目的。现在在世界范围内科学研究的国家的经济目标导向已经成为趋势,即使是兴趣爱好的研究也要服从于国家目标。

对企业创新的国家目标导向主要是产业政策导向。产业创新是个系统,不是单

---

① 波特:《国家竞争优势》,华夏出版社 2003 年版,第 160 页。

个企业的行为,不是单纯的技术创新,是产学研多个主体介入的合作创新活动。产业创新依托科技创新,需要企业的技术创新与大学的知识创新两大创新系统的集成。集成创新即创新系统中各个环节之间围绕某个创新目标的集合、协调和衔接。政府对包括产学研在内的创新系统进行整体协调和集成的主要方式是建立大学科技园,搭建产学研合作创新平台。正是在这一意义上,江苏等地在产学研前加了一个"政"字,即政产学研合作创新。

基于创新成果的高新技术产业化阶段,既需要国家目标导向,又需要扶持和培育。创新成果产业化并扩大其市场规模的主要阻力是缺乏消费者,就如现在的新能源、新能源汽车、生物医药产品等,尽管其科技含量很高,如果没有消费者,市场不承认,其价值就得不到实现。财政和金融通过扶持消费者的途径推动产业化至关重要。

在市场经济条件下,企业对技术有自主的选择,市场也会通过资源配置来推动创新,但不排斥政府积极介入其自主的研发过程。自主创新的各个阶段与市场的距离大致可确定政府和市场结合作用的界限。离市场越近的阶段,市场机制的调节作用越大;离市场越远的阶段,政府的作用越大。这意味着在创造新知识和新思想的阶段,更多地需要政府介入,包括政府提供引导性投资和支持引进高端创新人才。根据江苏等地发展创新型经济的实践,政府介入创新不是代替企业的主体地位,更不是挤出企业的创新投资,而是做更为公共的事情。由于政府的创新性投入属于公共性投入,特别是溢出新知识和新技术的创新者本身没有所有制之分,因此这种投入与其他政府投资不同,不应该分所有制性质,即不分国有制还是非国有制,特别是一批创新积极性高的民营中小企业,应该得到政府的支持。

关于创新型经济与市场经济的关系分析表明,发展创新型经济不能只是靠市场经济的机制,需要市场经济体制的进一步创新,尤其是需要市场以外的制度安排,需要政府在其中积极发挥作用。这也指出了适应发展创新型经济完善社会主义市场经济体制的要求。

(执笔:洪银兴)

第四章　创新驱动经济发展战略

十八大报告明确提出实施创新驱动发展战略。经济发展转向创新驱动,是要把它作为经济发展的新动力,使经济发展更多依靠科技进步、劳动者素质提高和管理创新驱动。驱动经济发展的创新是多方面的,包括科技创新、制度创新和商业模式的创新,其中科技创新是关系发展全局的核心。转向创新驱动,涉及经济发展方式的重大转变,涉及科技创新的评价标准、激励机制、转化机制。

一、创新驱动和经济发展方式转变

转变经济发展方式已经提出多年,但转变的进程却非常缓慢。实践证明,加快发展方式转变关键是找到切入点,也就是明确从何处入手。着力推进自主创新可以成为我国转变经济发展方式的抓手和切入口。

人们往往把转变发展方式与降低 GDP 的速度联系起来,以为转变发展方式就是降低 GDP 速度,因此在实际工作中对转变发展方式存在着抵触。实际上,转变经济发展方式不是简单的压低速度,而是要转变 GDP 增长的方式和基础。关键是要寻找更为有效的发展方式来替代原有的发展方式,这就是哲学上的有破有立。理论和实践都将证明,创新特别是科技创新可以成为转变经济发展方式的抓手,创新驱动也就成为新的经济发展方式。这可以从以下四个方面对创新驱动的需求来说明:

第一,现有的资源容量(尤其是能源和土地)难以支撑经济的持续增长,必须要寻求经济增长新的驱动力。根据熊彼特最初给创新下的定义,创新是要素的新组合。也就是利用知识、技术、企业组织制度和商业模式等无形要素对现有的资本、劳动力、物质资源等有形要素进行新组合,以创新的知识和技术改造物质资本、创新管理,就可以提高物质资源的生产率,从而形成对物质资源的节省和替代。显然,创新驱动可以在减少物质资源投入的基础上实现经济增长。当然,创新驱动不是不要投入物质资源,但它可以使投入的物质资源有更高的产出。

第二,我国正在推进的工业化伴有严重的环境污染和生态平衡的破坏,再加上世界范围高的碳排放造成全球气候异常。所有这些危及人类的健康和安全,必须要提高可持续发展能力。控制环境污染,减少炭排放,以及修复被破坏的生态,不是一般的控制和放慢工业化进程,而是要依靠科技创新发展绿色技术,开发低碳技术、能源清洁化技术,发展循环经济,发展环保产业。显然,这些创新的绿色技术得到广泛采用,就可以实现绿色低碳生产。

第三,虽然我国已成为世界第二大经济体,但产业结构还处于低水准,转型升级的能力弱,缺乏国际竞争力。根据波特的竞争理论,国家的竞争力在于其产业创新与升级的能力。产业结构优化升级需要有创新的新兴产业来带动。国际金融危机催生新的科技革命和产业革命,我国成为世界第二大经济体后,没有理由再错过新科技和产业革命的机会,需要依靠科技和产业创新,发展处于世界前沿的新兴产业,占领世界经济科技的制高点,从而提高产业的国际竞争力。

第四,我国经济体大而不富,原因是许多中国制造的产品处于价值链的低端,核心技术关键技术不在我们这里,品牌也不在我们这里,由此产生高产值低收益问题。要改变这种状况只能是转变发展方式,依靠创新驱动由中国制造转为中国创造,依靠原创性自主创新技术增加中国产品和服务的附加值,提高中国产品的品牌价值。

以上第三和第四两个方面可以归结为依靠科技创新由比较优势转向竞争优势。我国沿海地区从发展外向型经济到发展开放型经济,基本上是依靠劳动、土地、环境等物质资源的比较优势,现在这种比较优势的地位已经明显衰减,再加上这种建立在比较优势基础上的开放型经济无力提升自身的国际竞争力,因此要提高对外开放的质量和效益,就有必要由比较优势转向竞争优势。其基本途径是依靠创新来形成以技术、品牌、质量、服务为核心的出口竞争新优势。利用国际资源也要服务于创新驱动战略的实施,通过引技、引智引进国际创新资源,提升科技创新能力。

显然,形成创新驱动的发展方式目标是要提高经济增长的质量和效益,培育技术、质量、品牌的竞争优势。驱动经济发展的创新是多方面的,包括科技创新、制度创新和商业模式的创新,其中科技创新是关系发展全局的核心。

这样,可以准确理解由物质资源投入推动转向创新驱动内生增长的内涵。创新驱动的增长方式不只是解决效率问题,更为重要的是依靠知识资本、人力资本和激励创新制度等无形要素实现要素的新组合,是科学技术成果在生产和商业上的应用和扩散,是创造新的增长要素。因此,创新驱动的经济增长是比集约型增长方式更高层次更高水平的增长方式。

二、创新驱动和内生增长

从形成新的发展方式考虑,创新驱动作为发展战略本身也有个从外生向内生转变的问题。这就是转变技术进步的模式。

我国已有的驱动经济增长的科技创新很大程度上是外生的。主要表现是:创新的先进技术大都是引进和模仿的,创新的先进产业大都是加工代工型的。这种模式的技术创新基本上属于国外创新技术对我国的扩散,创新的源头在国外。采用的创新的技术,是国外已经成熟的技术,核心技术关键技术不在我们这里,因此这种技术创新的意义在于缩短技术的国际差距,不能进入国际前沿。转变创新驱动方式的基本要求是由驱动经济增长的科技创新由外生转为内生。这就是立足于自主创新,形成具有自主知识产权的关键技术和核心技术。①

创新驱动成为内生增长的动力,牵涉到对传统的经济增长模型的创新。传统的经济增长模式说明,经济增长是劳动、资本和土地等物质要素投入的函数,技术进步只是作为这些要素之外的"余值"发挥作用。在这里技术要素的作用是外生的。自从新经济和相应的新增长理论之产生后,人们对技术进步的作用有了新的认识,由知识资本和人力资本推动的科技创新越来越多地内在于物质资本和人力资本之中。由此推动的技术进步就具有内生性。这种认识用于解释创新驱动方式就是:以创新的知识和技术改造物质资本、提高劳动者素质和进行管理创新,就可能产生比物质投入对经济增长更为强大的推动力。用创新是要素的新组合的原理来说明内生性增长就是:以知识、技术、企业组织制度和商业模式等无形要素对现有的资本、劳动力、物质资源等有形要素进行新组合,各种物质要素经过新知识和技术的投入提高了创新能力,就形成内生性增长。这种由创新驱动的内生增长就是十八大所指出的"更多依靠科技进步、劳动者素质提高、管理创新驱动"。

科技创新的内生作用不仅物化在机器设备上,反映在其所推动的各种物质要素和人力要素生产力的提高上,在现阶段还特别反映在新产业的成长上。现在科技创新与产业创新几乎是同时进行的。国家竞争力越来越多的表现为产业竞争力。与此相应,创新作为内生增长的驱动力就要以产业创新为导向提升国家竞争力。产业结构优化升级不是简单的下哪个产业,上哪个产业的问题,而是要有创新的新兴产业来带动。长期以来我们按照比较优势来安排产业结构,先进产业不在我国,因此产业结构的国际竞争力弱。创新驱动意味着同发达国家站在同一创新起跑线,以创新产业来谋求竞争优势。这就是发展能与发达国家较量的高新技术产业,由此形成内生的产业竞争力,依靠科技和产业创新,占领世界经济科技的制高点。

基于上述创新驱动与内生增长关系的分析,可以发现,科技创新的内生性关键在于明确科技创新的源头,这个源头首先是科学新发现所产生的原创性创新成果,其次是再创新的引进的先进技术。引进的国外技术要具有内生性,就需要在消化吸收的基础上进行再创新。其标志是形成拥有自主知识产权的核心技术和关键技术。

创新驱动经济发展是针对全社会而言的,因此创新驱动不只是要求新发明在某

---

① 根据弗里曼对创新概念的解释,创新是指新发明第一次引入到商业中去的全过程。

个企业那里转化为新技术,更为重要的是自主创新成果及时地在全社会推广和扩散。知识和技术等创新要素不同于物质要素,其使用具有规模报酬递增的特点,因而创新不排斥新知识新技术的广泛采用。只有当全社会都能采用自主创新成果时才能谈得上驱动经济发展。根据熊彼特关于创新即创造性的毁灭过程,强化市场竞争机制,可以迫使各个企业竞相采用先进新技术;实施严格的知识产权保护制度,不只是保护创新者的权益,同时也能以这种机制推动技术创新成果(新技术)的扩散。除此以外,创新成果的全社会扩散机制还需要两个方面的建设:一是通过计算机和通信网络将新知识新技术数字化进行传播,从而形成"信息社会";二是通过促进公众接受多种知识和技能的训练掌握学习的能力,从而形成"学习型社会"。

三、知识创新和技术创新的协同

创新驱动需要注重协同创新。科技创新是个包含知识创新(科学研究)和技术创新的系统,因此所谓协同创新最为重要的是知识创新和技术创新的协同。这涉及科技创新成果转化能力的提升。

马克思在《资本论》中就发现当时"科学日益被自觉地应用于技术方面"的趋势①。现代科技进步的特点和趋势是,科学新发现越来越成为科技创新的源头,而且原始创新的成果一般都是源自科学新发现转化的技术。因此,企业的技术创新对大学提供创新成果的需求越来越强烈。其原因不只是企业创新需要从大学获取新知识,而且也需要通过大学获取国际最新的科学知识。从科学知识和新技术的国际流动性分析,新技术的流动遇到知识产权的障碍,甚至遇到政府的保护堡垒。科学新发现和新知识在大学之间的流动则不会遇到这种障碍。因此,科学和知识的国际流动性比技术的流动性强,流动的障碍也小。依托大学利用国际最新科学发现进行技术创新,技术创新就可能在许多领域得到当今世界最新科学成果的推动。

知识创新即以大学为主体的创新,其创新成果即科学新发现,技术创新则是企业为主体创新。知识创新和技术创新的协同,就是科学家和企业家的协同。科学家的知识创新瞄准前沿技术,企业家的技术创新瞄准市场需求。两者协同则既有能力抢占科技发展的制高点,又可以使研发的新技术有商业化和产业化价值。这样,知识创新体系和技术创新体系就构成国家创新体系。国家创新体系的核心问题就是解决好知识创新体系和技术创新体系的协同和集成。这样,衡量一个地区和企业的科技创新能力就不能只是看有多少研发投入,更要看有多少科学家和企业家共同参与的孵化器之类的创新平台。

---

① 马克思:《资本论》第一卷,人民出版社 2004 年版,第 874 页。

　　OECD 在总结知识经济时代特征时提出了国家创新体系的概念:创新需要使不同行为者(包括企业、实验室、科学机构与消费者)之间进行交流,并且在科学研究、工程实施、产品开发、生产制造和市场销售之间进行反馈。因此,创新是不同参与者和结构共同体大量互动作用的结果,把这些看成一个整体就称作国家创新体系①。服从于提高国家自主创新能力和着眼于原始创新产生具有自主知识产权的创新成果考虑,国家创新体系固然需要企业作为创新主体,自主的进行技术创新和产品创新,但不能仅限于此,必须跳出企业范围,关注科学发现和科学发现成果向产品和技术的转化过程。与此相应,除了建立企业为主体的技术创新体系外,还需要有以下两个方面的建设:

　　首先是知识创新体系建设,涉及基础研究、前沿技术研究和社会公益技术研究。由于原创性技术一般都是来源于科学的新发现即知识创新成果,知识创新也就有顶天立地的要求,一方面要瞄准处于国际前沿的科学问题,另一方面瞄准国民经济发展的现实课题,为技术创新提供科学思想。这些就是大学的功能。

　　其次是知识创新与技术创新衔接机制建设。创新所要求的要素的新组合不仅仅是企业对已有要素的组合,而是要对创新的三方面工作(科学发现工作,对发明成果进行转化工作,采用新技术)进行新组合。这就是对知识创新和技术创新的新组合,形成大学和企业的合作创新,加快科技成果向现实生产力的转化。大学和企业共建的产学研创新平台和机制可以有效推进协同创新。

　　长期以来,知识创新和技术创新是脱节的,科学家的研究停留在知识创新阶段,企业的技术创新主要限于企业内的自我研发,科学家和企业家之间的联系是中间梗塞的。实施创新驱动发展战略需要解决这两个创新体系的协同,就要求实现两个方面的转型:

　　首先是以大学为主体的科学研究的转型,也就是大学的知识创新延伸到孵化阶段,意味着大学的创新不限于创造知识(包括基础研究项目结项、发表学术论文、申请到国家专利等),还往前走了一步,将科学研究成果推向应用,参与孵化新技术。其中包括科学家加入孵化新技术的创新平台,科技人员带着其科技成果进行科技创业。

　　其次是以企业为主体的技术创新的转型。在现代,由于科学发现的成果越来越多的直接成为技术创新的源泉。企业的技术创新不能限于自身的研发力量,需要得到大学和科研机构开发的新技术。企业获取新技术的途径固然可以通过技术交易,但购买技术还有成本效益的考虑,而且企业获取新技术还有自身的特殊要求。因此,相当部分企业将技术创新环节延伸到了大学提供的科研成果的孵化创新阶段。这样

① OECD:《以知识为基础的经济》,机械工业出版社 1997 年版,第 17 页。

在孵化阶段知识创新主体和技术创新主体交汇，就形成企业家和科学家的互动合作。

基于以上两个方面的转型，形成了产学研的合作创新。在没有合作之前，科学家的科学研究追求的是学术价值，企业家追求的是商业价值和市场前景。但当两者共同进入高新技术孵化领域，两者追求的目标和角色就发生了转换。科学家带着知识创新的成果进入高新技术孵化阶段需要以市场为导向，解决创新成果的商业价值，企业家带着市场需求进入高新技术孵化阶段需要以技术的先进性为导向。由此产生两者的相互导向，实现了学术价值和商业价值的结合，从而使创新成果既有高的科技含量，又有好的市场前景。当然，在市场经济条件下，产学研的协同得以成功的关键是建立产学研各方互利共赢的创新收益分配体制，彼此间形成创新的利益共同体。

在产学研协同创新的平台中，知识创新和技术创新两个主体的合作不是一般的项目合作，而是以产业创新为导向的长期合作，因此可能实现大的技术跨越，甚至导致产业结构的革命性变化。而且，科学家和企业家共建的产学研协同创新平台是开放的，并不只是以进入平台的大学和科学家的科研成果作为孵化新技术的来源，进入平台的科学家还会根据企业家的需求利用国内外的创新成果为之提供科学思想，从而在平台上产生源源不断的新技术。科学新发现的价值就在于经过科学家和企业家的协同研发创新多种新技术。

四、转向创新驱动发展方式的标准和路径

科技创新成为经济发展的主要动力是中国成为创新型国家的重要标志。笔者曾经依据长三角地区科技创新的实践提出创新型经济的概念，即主要依靠科技创新成果、主要依靠知识和科技人才推动经济发展的经济。其判断标准，一是科技进步对经济增长的贡献率，发达国家一般已经达到 70%—80%，甚至更高；二是创新要素（包括高端创新创业人才、科研和研发机构、风险和创业投资、科技企业家等）的集聚程度，从而有较强的创新能力。这也可以成为是否转向创新驱动发展方式的衡量标准。目前我国这方面的差距还很大，说明我国转向创新驱动发展方式还有个过程，但必须以此为目标推动发展方式的转变。

首先是加大创新投入。国际上判定高新技术产业的主要指标有两个：一是研究与开发费用在销售收入中所占比重，二是研发人员占总员工的比重。这两个指标同样可以成为判断是否进入创新驱动发展方式的衡量指标。被称为创新型国家（OECD 国家）的研发费用一般要占其 GDP 的 2% 以上，而对科技创新企业来说一般要达销售总收入的 5% 以上。我国目前这方面的差距很大。这也表明由主要依靠物质资源投入转向创新驱动，只是指创新驱动可以替代和节省紧缺的能源土地环境之类的物质资源，但不能替代资金投入，恰恰是要加大对科技创新的投入，使资源向创

新领域流动和集聚。新增长理论的一个重要思想是,投资投在科技创新上比直接投在生产上更有效益。同样,资源被用于创新后,资源的效益更高。

创新投入还有投资结构的要求。在创新驱动中最为重要的是两个方面:一是人力资本比物质资本更重要,因此人力资本成为投资的重点,其中包括提高劳动者素质,但更为重要的是集聚高端创新创业人才。这里需要纠正长期占主导的低成本战略理论所强调的以低劳动力成本作为比较优势的观点。创新的基本要素是人才。低价位的工资只能吸引低素质劳动力,只有高价位的工资才能吸引到高端人才,才能创新高科技和新产业,从而创造自己的竞争优势。二是孵化和研发新技术成为创新驱动的重点环节,创新投资更多的投向孵化和研发环节,才能获得源源不断的新技术。这两个方面的投资有保证,就可能转向创新驱动的发展方式。

其次是制度创新,就如十八大所指出的,经济体制改革的核心问题是处理好政府和市场的关系。创新制度的建设也是这样,既要尊重市场规律,又要更好地发挥政府作用。就创新投入制度的创新来说,既要有市场创新,又要有政府创新。市场创新主要是发展科技金融。从创新驱动型经济对金融的需求以及金融自身的创新要求分析,商业性银行和金融机构应该也可能成为科技金融的主体。因此,金融创新的一个重要方面是发展科技金融,推动科技创新与金融创新的深度结合,促进金融资本开展以科技创新成果孵化为新技术、创新科技企业为内容的金融活动。政府创新主要是政府提供创新投入。在一般的情况下,市场对资源配置起基础性调节作用。但对科技创新需要政府投资的介入,原因是创新成果具有外溢性和公共性的特征。政府必须提供自主创新的引导性和公益性投资,同时为创新成果的采用提供必要的鼓励和强制措施,包括政府优先采购自主创新的产品和服务等。当然政府的创新投入不能替代企业的投资主体地位,更不能挤出企业的创新投入。

政府介入创新最为重要的是对企业的技术创新与大学的知识创新两大创新系统的集成。集成创新即创新系统中各个环节之间围绕某个创新目标的集合、协调和衔接,从而形成协同创新。政府对包括产学研在内的创新系统进行整体协调和集成的主要方式是建立大学科技园,搭建产学研合作创新平台。正是在这一意义上,我国的产学研协同创新前需要加一个“政”字,即政产学研合作创新。这说明,为提高自主创新的能力和动力,已经建立的市场经济体制需要继续完善和发展,政府的推动和集成作用需要进一步加强。

最后是创新环境建设。转向创新驱动,环境建设非常重要。当年沿海发展开放型经济时,着力打造“几通一平”的引进外资的环境。现在发展创新型经济,转向创新驱动,需要引进和集聚创新资源,创新要素涉及创新人才、创新机构、创新投资、创新成果等。其中最为重要的是创新人才,尤其是高端的创新创业人才。因此,创新环境和开发环境不完全相同,突出的是为高端创新创业人才提供宜居、宜研、宜产业化的环境。这里涉及包括网络信息通道在内的基础设施建设、产学研合作创新平台的硬件建设、创新创业人才的宜居环境建设、活跃的风险和创新投资、创新文化建设等。

就激励创新的公共环境来说,强化市场竞争是必要的,可以增强企业进行技术创新的压力。建设激励创新的公共服务环境更为重要。其中除了政府批准项目的效率和政府对创新的支持政策外,最为重要的是提供法制特别是知识产权保护环境。单纯的竞争机制只是解决创新外在压力,不能解决创新的内在动力,更不能解决连续创新的动力。而且,市场经济体制能够较好地解决效率问题,但不能完全解决创新问题,特别是不能在制度上解决创新的动力机制问题。由此提出在保障必要的竞争机制的基础上确认一定程度垄断的作用的问题。创新企业在一段时间内垄断和独占创新收益,可以使创新者的创新成本得到充分的补偿。以专利等知识产权保护制度的垄断不仅可以克服对创新成果免费搭车的行为,还可增强创新动力。

总而言之,实施创新驱动的发展战略是个系统工程,既涉及知识创新,又涉及技术创新,既涉及经济发展方式的根本性转变,也涉及相应的经济体制的重大改革。既要发挥市场的调节作用,又要政府的积极介入。需要各个系统形成合力,促进创新资源高效配置和转化集成,把全社会的智慧和力量凝聚到创新发展上来。

（执笔:洪银兴）

第五章　产学研协同创新

十八大明确提出创新驱动的发展战略。十八届三中全会关于全面深化改革的决定又明确提出建立产学研协同创新的机制。在创新实践中,这种机制与过去所讲的产学研合作有明显的区别,其创新效果十分明显。为了在更大范围推进产学研协同创新,需要对这种创新机制的必要性及其运行方式和机制在理论上作出说明。

一、产学研协同创新的理论假设

产学研结合是技术创新体系的重要组成部分。对其结合方式,过去在经济界和理论界一直提产学研合作创新,现在提产学研协同创新。两者的区别不应该只是词语表述的区别,应该从理论和实践意义上明确其内涵的变化。

日本政府是产学官合作的创始者,早在 20 世纪 60 年代初就开始通过相关法律和政策,鼓励和引导大学、研究机构和产业界进行合作,推进产学官协作的发展,进入 90 年代后,日本政府积极推进产学研一体化进程,把高校、科研单位和企业的科研力量,通过多种方式,有机结合,进行实用技术攻关。

纽约州立大学的亨利·埃兹科维茨(Henry Etzkowitz)教授和阿姆斯特丹科技发展学院的劳德斯特夫(Leydesdorff)教授在 1995 年提出了"大学、产业、政府"三重螺旋创新模型。该模型利用生物学中有关三螺旋的原理解释政府、大学和企业之间的相互依存的互动关系,指出在以知识为基础的社会中,大学—产业—政府三者之间的相互作用是改善创新条件的关键。大学、产业、政府在相互结合和作用中,各自保持价值和作用,同时又在一定程度上承担着其他机构的部分功能,从而形成知识领域、行政领域和制造领域的三力合一。该理论还强调大学、政府和企业的交互是创新系统的核心环节,三方螺旋共生合作共同推动创新螺旋的上升,促进创新价值的最终实现。

以上理论所界定的产学研合作的内涵可以概括为两个方面:一是指企业、科研院所和高等学校之间的合作,二是指合作创新的路径,通常指以企业为技术需求方,与以大学和科研院所为技术供给方之间的合作,从而促进技术创新所需各种生产要素的有效组合。①

美国硅谷的实践则创造了产学研协同创新的模式。依托斯坦福大学强大的的科研实力和校方对产学研合作的鼎力撑持，硅谷建立了大学、科研机构与产业界的紧密的协同创新关系，成就了硅谷的创新奇迹。从理论上概括硅谷的创新模式，可以发现，与产学研合作创新相比，产学研协同创新主要有以下三个方面的创造和理论假设：

首先，产学研协同创新不只是大学和科研院所作为技术供给方，企业作为技术需求方之间的技术转移的关系，而是在科学新发现为导向的技术创新中大学和企业各方都要共同参与研发新技术，尤其是大学和企业各方共同建立研发新技术的平台和机制，在研发新技术过程中，企业家和科学家交互作用。这正是产学研协同创新的真谛。这也可以说是产学研由"合作"变为"协同"的重要区别。②

其次，产学研协同创新的环节主要在科学发现或创新的知识孵化为新技术的环节。科技进步的全过程包括三个环节：上游环节即知识创新环节，这是技术创新的源；中游环节，即创新的知识孵化为新技术的环节；下游环节，即采用新技术的环节。显然，中游环节，即孵化新技术环节是技术创新和知识创新相互交汇的环节。过去，技术创新的最终环节是将新技术应用于生产过程。在现代，一方面，技术创新的先导环节进一步延伸到科学向技术的转化过程，相应地，企业家的职能也引申到这里；另一方面科研机构和大学不只是停留在知识创造和传播环节，其知识创新活动也延伸到了科学知识转化为新技术的领域。③ 这样高科技的孵化领域成为知识创新和技术创新互动并协同的环节。

最后，产学研不完全是企业、大学和科研院所三方机构问题，而是指产业发展、人才培养和科学研究三方功能的协同与集成化。具体地说，一方面作为"学"的大学中包含了科学研究机构，同时承担着人才培养的功能；另一方面"产"也不只是企业，是指产业发展，或者说产业创新，与此相关除了作为主体的企业外，还有各种类型的研发机构、风险投资家。因此，产学研合作从总体上说是大学与产业界的合作，涉及科学研究、人才培养的职能与产业界的合作创新。即使是科研院所所单独推进的与产业界的合作也不能没有人才培养这个环节。

突出产学研协同创新系统中的人才培养即教育的功能是基于在现代经济增长中

---

① 见百度百科"产学研合作"。

② 根据系统论原理，所谓协同，是指系统中各子系统的相互协调和合作或同步的联合作用及集体行为，创造出 1+1>2 的效应。

③ 知识经济中科学系统的主要功能是：知识的生产——发展和提供新的知识；知识的传播——教育和开发人力资源；知识的转让——传播知识和提供解决问题的措施。参见 OECD:《以知识为基础的经济》，机械工业出版社 1997 年版，第 17 页。

人力资本作用的凸显。原因是新技术的孵化和采用都需要有掌握相应的科学知识的人才。人力资本积累即人的知识和技能的积累,会产生提高全社会生产率的收益递增的外部正效应。专业化的知识技能积累可以产生递增的收益并使其他投入收益及总规模收益递增。因此,人力资本是现代经济增长的决定因素和永久动力,不同地区不同企业的生产率差别根本上是人力资本方面的差异以及各自的人力资本比较优势所致。在此背景下,产学研协同创新的能力就依赖于体现人力资本积累水平的企业家的创新素质和参与科技创新的科技人员的知识积累。

二、技术创新的双重导向及其协同

对我国现阶段的技术创新体系一般表述为:企业为主体,产学研结合,市场为导向。如果考虑到新科技革命条件下技术创新的源泉,就不能把技术创新的导向只是限于市场导向,还应该关注并重视科学发现导向。只有明确了技术创新受科学发现和市场的双重导向,才有大学和企业、科学家和企业家协同创新的要求。

众所周知,科学有两个层次的功能:第一层次是科学发现,创造出知识;第二层次是科学发明,创造出技术,科学发现所创造的知识成为技术创新的基础。过去科学发现(知识创造)同技术创新是截然分开的两个阶段。企业的技术创新主要是依靠自身的技术和研发力量。熊彼特当年所定义的创新也主要是指企业家主导的企业内要素的组合。技术创新相当多的是源于生产中经验的积累、技术的改进,而与科学发现的联系不紧密。与此相应,大学及其科学家没有直接介入到技术创新体系中。在现代,特别是在 20 世纪后期新经济产生以来,技术创新的源泉更多的来源于科学的发明,也就是说,科学发现的成果越来越多的直接成为技术创新的源泉。利用当代最新的科学发现的知识可以实现大的技术跨越,建立在知识创新基础上的新产业的产生可以导致产业结构的革命性变化。

纵观当代科学发现和技术创新,可以发现,两者之间的融合和协同的趋势越来越明显。其表现是,科学发现成果到生产上应用的时间显著缩短。按照科学—技术—生产的一般的逻辑,一个重大科学发现到生产上应用,过去需要经过相当长的时间(上百年、几十年)。原因是从新的科学思想出现后先要经过以它为基础所做出的技术发明,然后在成批生产中得到应用,中间间隔的时间较长,以至于科学对技术进步的影响很难觉察。据统计,在 1900—1930 年的 75 种重大发现从研究到生产的平均周期是 36 年。到 20 世纪 50 年代中期从科学发现到实际应用的时间减少到 5—10 年,相当于建设一个大型现代企业的时间。到 20 世纪末,科学上的重大发现到生产上的使用,转化为现实生产力的时间进一步缩短,一个科学发现到生产上应用几乎是同时进行的,甚至出现新科技革命和新产业革命同时产生的趋势。对此趋势的主要说明在以下两个方面：

首先,过去发达国家发展高科技主要用于军事目的。冷战结束以后,发展高科技则主要转向经济目标。国际经济竞争便集中表现为科学技术的竞争,科技创新的重点转向提高产业竞争力,抢占世界高科技产品市场,在这种竞争格局中,科学研究的核心问题已不完全是或者说已不仅仅是追求学术上的先进性。科研成果产业化、商业化的速度和质量同样成了科技创新所追求的目标。一种新的科学发现产生以后,接下来的问题是迅速地实现向生产力的转化,于是科技攻关有了直接的经济目的。现代经济增长将主要由科学技术的进步来说明。科学技术成为生产力要素体系中的主导因素。经济增长速度主要由科学转化为现实生产力的速度决定。科技转化为生产力的速度成为竞争力的重要指标。我国已成为世界第二大经济体,人均 GDP 进入中等收入国家水平后,利用最新科学发现成果进行技术创新更为迫切。

其次,从 20 世纪后期产生新科技革命以来,技术进步的新趋势是科学与技术密切结合。在现代技术进步诸因素中,知识的扩展是核心因素。现代知识扩展不同于近代以前那种依靠简单的经验积累所获得的知识扩展,它是一种科学知识和技术知识的有机结合。这种以科学发现为源头的技术创新意味着技术创新上升为科技创新,体现科学发现(知识)与技术创新的结合。大学和科研机构的知识创新成果成为其技术创新的主要源泉,因此,科学向技术的转化过程成为技术创新的先导环节。科学发现—技术创新—生产就成为相互融合的过程。在此背景下,作为技术创新主体的企业和作为知识创新主体的大学都有协同创新的动力。企业成为技术创新主体后,不只是在采用新技术上成为主体,还进入新技术孵化阶段,直接参与技术创新。现在,国内许多发达地区的企业对科学家的渴望胜过当年发展乡镇企业时对工程师的渴望,吸引大学及其研发中心和实验室的劲头胜过当年吸引外资,这反映出科技创新的新趋势。

实践证明,技术创新由市场导向,实际上,只是指创新的技术要有市场价值,要得到市场的认可。而创新的技术要具有先进性,则需要科学发现或知识创新导向。相当长的时期中,企业的技术创新主要是依靠自身的技术和研发力量,在企业内进行技术创新,即使是要采用新科技成果,一方面是模仿新技术,另一方面是采用已经孵化出来的新技术。这里没有大学及其科学家的参与。这样,企业苦于自身创新能力的不足,创新的技术不可能处于前沿,在市场上也不可能有竞争力。

在现代经济增长中,技术创新的源头在科学发现,技术创新最为明显的是科学发现导向。现代的技术创新与过去的技术创新的重大区别是,过去的技术创新处于工程师时代,而现在的技术创新则进入科学家时代。就是说,以科学发现为源头的技术创新,既需要企业家作为创新主体,解决技术创新的市场价值,也需要科学家进入,以其科学发现解决技术创新的先进性。因此,协同创新从一定意义上说是对技术创新起导向作用的两个方面的协同。单纯的科学发现导向的技术创新不一定为市场所接受,单纯的市场导向的技术创新不一定具有先进性。这样技术创新过程就是科学发现同市场之间的耦合和互动过程。这就是协同创新。

根据信息不对称理论,在新技术交易和转移场合,大学及其科学家创新的成果能否为企业家所接受,实际上存在信息不对称。企业并不完全知道创新成果的先进性程度,科学家创新技术也不完全知道其技术是否为市场所接受。因此,既可能存在创新风险,也可能存在市场风险。科学家和企业家进入同一个创新平台进行协同创新,就可能在互动中克服因信息不对称所产生的风险。这在很大程度上也解决了科学家的科学研究的导向问题。原来科学家的研究方向大都是凭自己的兴趣爱好,对其科学研究究竟有多大的应用价值往往是不清楚的。现在与企业家协同创新也就接上了"地气",既能得到国家目标导向,又能得到市场导向,同时在协同创新中与企业家互动,创新成果的价值可能最大化。

三、孵化新技术是协同创新的基本功能

长期以来,企业对技术进步的关注集中在两个方面:一是新技术转移,并且将技术转移机制作为技术创新的重点;二是引进国外新技术,包括模仿。现在研究产学研协同创新意味着对技术进步路径需要有新的关注。

如前所述,协同创新的提出是基于科学发现和市场的双重导向。现时代科技进步的实践证明,研发新技术就是科学发现与技术创新内在融合的体现。因此,科技创新的着重点就不只是技术的转移,更为重要的是利用科学发现成果进行新技术研发,在此基础上才会提出技术转移问题。

现在对科学技术的第一生产力作用已形成共识。但是科学毕竟不是技术,在未与生产结合之前,它是以知识形态存在的一般生产力;科学只有转化为技术并应用于生产,才物化为直接的生产力。[①]　显然,科学技术成为第一生产力的核心问题在"转化",也就是科学新发现孵化为新技术、新产品,从而科学技术转化为现实生产力。科学技术转化为现实生产力的速度直接决定经济增长速度。科学发现的成果之所以越来越多的直接成为技术创新的源泉,科学之所以获得了在很短的时间内成为现实生产力的能力,根本原因是,"转化"(即孵化为高新技术)越来越成为科技创新的重点,这也是产学研协同创新的内容。

科学新发现的价值在于经过开发所产生的新技术实现产业化和商业化。而且一

---

① 马克思:"社会生产力已经在多大的程度上被生产出来,不但在知识形态上,而且作为社会实践的直接器官,作为社会实际生活过程的直接器官被生产出来。"参见《政治经济学批判大纲》第 3 分册,人民出版社 1962 年版,第 358 页。

种新科学发现可能开发为许多项新技术,甚至可能持续地开发出新技术。对科学新发现进行技术研发不只是企业的事情,需要科研机构和科学家的介入,这就提出了加强大学、科研机构与产业部门协同创新的要求。也就在这种背景下,大学介入了技术创新体系。①

科技创新实际上包含知识创新和技术创新两个方面,即科学和技术的创新。中国的科技创新涉及两大体系。一是国家创新体系,包括基础研究、前沿技术研究、社会公益性技术研究。所有这些研究属于知识创新的范围,在这个体系中,研究型大学是创新主体。二是技术创新体系,即以企业为主体、市场为导向、产学研相结合的技术创新体系。长期以来这两大创新体系是"两张皮",缺少衔接和协同。产学研协同创新的含义就在于把这两个方面的创新结合起来。

我国目前的科学研究水平并不低,在许多领域已进入世界先进行列,每年推出的高水平的科研成果成千上万,但大部分成果只是停留在纸上,停留在礼品、展品和样品上。这种科研成果的浪费,症结就在于科学研究只是停留在知识创新阶段,科学家们没有带着创新的科研成果再向前走一步,进入孵化新技术阶段。科研成果没有进入现实的生产过程,不能带来物质财富的增加,就不能成为现实的生产力。

在技术创新的源泉更多的来源于科学的发明的现阶段,知识创新和技术创新、科学家和企业家不能直接交汇和协同,就不能产生基于原始创新的技术创新成果。因此,当前我国解放生产力,首要的就是解放科学技术这个第一生产力,加快科技成果转化为现实生产力的速度。其路径就是大学同企业、科学家和企业家都进入孵化新技术阶段进行协同创新。

过去一讲采用高新技术就讲引进。引进固然需要,但是在现阶段的中国,高科技知识的国际差距小于高科技产业的国际差距,这意味着费用较低的创新捷径是:推进产学研结合,使高校和科研机构发现的高科技成果迅速产业化、商业化。就像美国的硅谷紧靠斯坦福大学一样。这里的关键是建立知识的创造和知识向生产力转化的协同关系。一方面解决好大学和科学院研究课题的商业化价值问题,另一方面解决好企业敢于对高科技的研发进行风险投资问题。

现在,许多发达国家工业区位的一大变化是,企业的位置逐渐接近研究型大学,以便就近接受其高科技(包括成果和人才)辐射,这是大学和企业协同创新的区位安排。企业主动接受高校、科研机构的辐射是高科技产业化的一条捷径。与此相应,我国一些创新驱动的先行地区有一系列的创造:例如在南京禀赋的科教资源丰富,在大学周边建立起大学科技园。再如在禀赋科教资源缺乏的苏南地区,吸引大学进入其

---

① 从本质上看,创新体系是由存在于企业、政府和学术界的关于科技发展方面的相互关系与交流所构成的。参见 OECD:《以知识为基础的经济》,机械工业出版社 1997 年版,第 11 页。

科教城建立各种类型的创新研究院。还有不少地区的大学周边涌现出各种类型的孵化器。大学的科学家、教授和大学生产生出新的思想，可以就近进入孵化器，将新思想进行研发。实践证明，这种在大学周边建立的孵化器尽管不可能将新思想都孵化出新技术，甚至失败的居多，但只要孵化成功，一般都具有原创性，并且有良好的市场前景。即使孵化失败，失败成本也低。原因是在孵化器中随时调整技术方向，可以降低孵化失败的沉没成本。

根据协同论原理，所谓协同是指进入系统的各方围绕同一个目标，能力互补，需求匹配，相互耦合，共同作用。因此，产学研协同创新，关键是解决好大学与企业分别作为知识创新主体和技术创新主体在进入孵化新技术领域中的协同关系。

就大学来说，服从于建设创新型国家的目标，既要顶天又要立地。"顶天"即参与国家创新体系的构建，在基础研究、前沿技术研究和社会公益性技术研究中发挥主力军作用。"立地"即解决国民经济重大的发展问题，特别是在进入孵化新技术阶段后参与以企业为主体的技术创新体系，成为技术创新的生力军。大学进入孵化新技术领域从一定意义上说是将"顶天"的成果"立地"：一方面提供科技创新成果和孵化新技术的思想；另一方面搢供研发人才，以所拥有的实验室和多学科力量作为孵化新技术的后台支撑。

就企业来说，作为技术创新的主体进入孵化新技术领域，不仅仅是在采用新技术方面成为主体，更是在孵化新技术方面成为主体。其必要性在于：一方面技术创新的主体工作及主要过程都是通过企业实现的；另一方面，也是更为重要的，孵化出的新技术必须要具有商业价值和产业化价值，能够确定其商业价值的只能是企业；再一方面，孵化新技术可能是有回报的，尽管也有不确定的风险，因此企业投资可以成为其资金来源。这意味着产学研合作创新平台的建设、孵化器的建设的主要投资都必须由企业承担。

知识创新和技术创新的协同实际上是科学家与企业家的协同。本来，科学家的科学研究追求的是学术价值，追求学术领先地位和重大科学发现。企业家追求的是商业价值和市场前景。但当两者进入高新技术孵化领域，两者追求的目标和角色就发生了转换。科学家带着知识创新的成果进入高新技术孵化阶段需要以市场为导向，解决创新成果的商业价值，企业家带着市场需求进入高新技术孵化阶段是以技术的先进性为导向。由此产牛两者的相互导向，实现了学术价值和商业价值的结合，从而使创新成果既有高的科技含量，又有好的市场前景。

科技创新的趋势和产学研协同创新的上述定义把大学推到了科技创新的中心地位，就是说，大学在知识创新领域的主体地位是已经明确的，而在孵化新技术的领域的创新中心定位，则要进一步明确。作为创新中心，大学不是孤立地进行人才培养和科学研究，而是将人才培养和科学研究的职能延伸到新技术孵化领域，与作为技术创新主体的企业协同作用。科学研究职能延伸到新技术孵化领域,意味着参与研发新技术也成为大学的本职。由于其科研人员对科学新发现具有更多的知识,因而会主导新技术研发,其中包括科技人员带着科技成果进入孵化高新技术环节创业。大学的人才培养职能延伸到孵化新技术领域,意味着大学要为孵化新技术提供相应的人才,并且要为孵化出的新技术的采用进行人才培训。

四、产学研协同创新的平台和机制

尽管明确了协同创新的必要性,但在现实中,产学研协同创新过程不是自然而然的过程,存在各种阻力。这意味着大学和企业各方参与协同创新要有动力,而且要有长期维系的机制。

其实,在没有提出产学研协同创新以前,大学的科研人员就有与企业家在技术创新上的合作,如其开发的新技术转让给企业,科研人员进入企业帮助解决技术难题。但这种合作只是项目合作,项目完成,如果没有新的项目,合作就结束了。而且,这种合作只是科研人员与企业的私人行为。现在提出产学研协同创新与之有明显的区别:第一,是大学与企业有组织的合作。进入合作创新平台的科研人员不是孤立的个人,而是依托了其所在大学的人才和科研成果。第二,不限于项目合作,具有特征性意义的是大学与企业共同构建协同创新的组织(平台)。与过去的项目合作相比,这种有组织的合作创新可能产生源源不断的创新成果。第三,企业和大学不仅建立了研发共同体,也建立了互利共赢的利益共同体。

产学研由合作转向协同可以用交易成本理论来说明。在大学(科学家)与企业(企业家)分别进行研发技术和采用技术的场合,对企业来说,在新技术的转让和交易存在交易成本的情况下,新技术的研发者和参与者进入同一个创新平台可节省交易成本。已有的产学研协同创新平台大致有以下两种形式:

一种形式是产学研协同创新平台建立在企业中。一批国际知名的大企业拥有先进的科研设备和雄厚的研发资金,吸引大学的科研人员进入。在不少发达国家,企业拥有的科技人员约占全国科技人员总数的 60%—85%。企业自身对科技开发的投入也在不断上升,以日本为例,企业投入的科技费用已占全国科研投入 82% 以上。在我国的深圳也是这种模式,90% 以上的科研人员、科研项目、科研成果在企业中。[1]

另一种形式是产学研协同创新平台建立在大学中。主要形式是企业投资在大学共建研究中心、研究所和实验室,进行联合科技攻关与人才培养;企业在大学和科学家那里发现有商业价值的新思想就提前介入,为该项目研发提供风险投资和市场信

---

① 洪银兴:《论创新驱动经济发展战略》,《经济学家》2013 年第 1 期。

息,支持其将新思想往前走到实验室,并进行新技术孵化,期间会有企业不间断的投入和不间断的新的科技创新成果的进入,从而不间断地产生可以进入市场的新技术、新产品。

在现实中,产学研各方进入同一创新平台进行协同创新并不是那么顺畅的。在孵化新技术领域,企业和大学属于不同的系统,即使是创新也有不同的目标和追求。尤其是大学及其科学家,长期以来基本上停留在知识创新阶段,要它们往前跨一步进入孵化和研发新技术领域,既需要压力也需要动力。在这方面政府的推动和激励不可或缺。也正因为如此,上述三螺旋理论及日本的产学研结合模式都被概括为产学官。政府参与并推动产学研协同创新的主要因素在于以下三个方面:

首先,不仅是科学新发现具有外溢性,以科学新发现孵化的新技术也有外溢性。创新投入的资本的边际生产率具有递增效应,有助于提高全社会的生产率。这是知识生产的外部正效应,其社会效益明显高于私人效益。而且,孵化新技术是风险投资,并不都能成功,私人投资往往望而却步。这就提出了政府参与知识创新及其与技术创新协同过程的要求。既然知识和新技术有外溢性,政府作为社会利益的代表有责任参与投资。政府为了推动科技创新,向孵化新技术环节投资就十分必要。当然政府对建设孵化器之类的孵化新技术的投资是引导性的,不可能代替企业的投资。

其次,科技创新不仅要以市场为导向,还要以国家目标为导向,尤其是产业创新之类的涉及国民经济发展方向的科技创新。现实中,无论是科学家还是企业家,分别进行的知识创新和技术创新,都有自主性,都有自己的兴趣爱好。政府介入新技术孵化阶段,就不只是将他们黏合在一起,还要引导他们的协同创新与国家目标衔接,从而实现与国家目标的协同。在这里政府实际上对产学研进行的创新起着集成和导向作用。

显然,我国现阶段的产学研协同创新离不开政府的引导和集成,准确地说是政产学研协同创新。政府的引导和集成毫无疑问是靠投入和政策支持,其载体主要有两个方面:

一是政府规划并建立大学科技园区,吸引大学和企业进入,推动大学与地方政府,与科技企业全方位合作,推动大学科技园成为大学教学、科研与产业相结合的重要基地,成为高新技术企业孵化的基地、创新创业人才培育的基地和高新技术产业辐射催化的基地。

二是建立科技孵化器。所谓孵化器是为科技人员孵化新技术和科技创业提供一个集中研发的场地和种子资金,配有通讯、网络与办公等方面的共享设施。孵化器具有共享性和公益性的特征。孵化器举办者会对进入者提供系统的培训和政策、融资、法律的咨询,并且提供市场推广等方面的服务,旨在对高新技术成果、科技创业企业进行孵化,使创业者将发明和成果尽快形成可以进入市场的技术和产品,各类风险投资者也进入这里选择投资项目,从而降低创业企业的风险和成本,提高企业成活率和成功率。在孵化出新技术的同时也孵化出新企业和企业家。孵化出的新企业达到一定规模就会飞出孵化器进入产业园。

产学研协同是一个系统工程,其功能和作用都是双向的。任何强调其中一方而忽视另一方的做法,都会使系统受到破坏,其协同的整体效应将大大削弱。因此,产学研协同创新有了平台还必须要有机制。需要构筑并完善一个透明的使产学研各方互利互惠、利益共享、风险分担的机制,这是产学研协同创新成功的必要条件。

产学研协同创新可以说是各方优质资本的投入。将科研成果"孵化"出新技术、新产品的"孵化器"和中试基地的投入不仅数额大,而且风险高。为孵化新技术投入的资本是不同类型的资本的组合。大学和科学家主要是知识资本和人力资本的投入,企业则要更多的提供物质资本。具体地说,在协同创新共同体中产学研各方都提供资本。"产"提供物质(货币)资本,"学"培育人力资本,"研"提供知识资本。产学研协同创新是三方资本的集合,缺一不可。进一步说,产学研协同创新平台作为一个产权组织,不只是物质财产的产权组织,而是包含物质产权和知识产权在内的产权组织。

协同创新还有个风险分担和利益共享的要求。虽然产学研各方进入的协同创新是由物质(货币)资本黏合的,但不能单纯以物质资本的回报来确定利益分享。知识资本和人力资本在产学研协同创新的共同体的资本结构中占主导地位,知识产权在共同体的产权结构中占主导地位。因此,协同创新的利益分享的基本要求是保障知识和技术创新者的私人收益,使其发现新技术的成本得到补偿并能得到更高的收益。只有这样,才能鼓励大学参与产学研协同创新,调动科技人员研究和开发高新技术的积极性。为了使知识资本的价值得到充分的评价,主要的制度安排在两个方面:一是技术资本化。企业的股权结构中在充分估价技术投入价值的基础上安排技术股,收入分配中充分实现投入的技术的价值。二是技术商品化。在技术转让时科技成果得到科学的评估,以充分实现其价值。当然孵化新技术不成功的风险也应该由参与各方共同分担。

突出知识资本和人力资本在协同创新中的创新贡献及其收益,是因为人力资本和知识资本的积累是现代经济增长的重要因素。知识可分解为一般知识和专业化知识,各自在促进经济增长中起不同作用。一般知识的作用增加规模经济效益,专业化知识的作用可以增加生产要素的递增收益。这两种作用结合在一起便可使资本和劳动力等其他投入要素的收益递增。这种递增收益体现知识产权的收益(垄断利润)。递增的收益又可重新用于技术创新,形成如下良性循环:创新投资促进知识创新,知识创新促进规模收益的提高,从而使经济持续增长。知识不仅形成自身的递增效应,而且能够渗透于资本和劳动力等生产要素,使资本和劳动力等生产要素也产生递增收益,从而使整个经济的规模收益递增。

　　总的来说,产学研协同创新是在科学新发现成为技术创新的源头背景下提出的。这种协同创新体现知识创新和技术创新的协同,是大学作为创新中心同企业作为创新主体的合作。这种协同创新不是简单的项目合作,而是共建创新平台的合作,是利益共同体。政府在其中起着引导和集成作用,因此是政府引导的企业为主体大学主动参与的产学研协同创新。

（执笔:洪银兴）

第六章 产学研协同创新的
载体、平台与中介

随着围绕市场、科技、资源、能源的竞争日趋激烈,产学研协同创新能力已成为一个国家和地区实现崛起的核心竞争力。产学研协同创新载体、平台与中介是区域持续的创新能力和竞争优势的根本条件。产学研协同并非是各部门之间松散的经济交往,而是需要有共同的载体、平台与中介将各种经济联系组织起来,通过载体内部制度化、市场化、网络化的联系,整合内外部创新资源,从而充分发挥产学研协同的竞争优势,为区域的经济增长提供创新合力。

一、产学研协同创新的载体

产学研协同创新载体是由产学研各创新主体综合利用各种创新资源及其联系所构成的一组组结构和制度安排,是产学研三方在利益一致、目标一致、信息渠道通畅条件下形成的紧密合作关系,是基础研究、开发研究、产业运行的有机结合体。产学研协同创新载体从不同层面增强了产学研合作的紧密程度,有效地支撑了创新型产业集群的发展,促进了产业发展创新环境的改善。

(一) 产学研协同创新载体的演化

随着产学研协同的深化,创新载体不仅成为服务于企业的公共服务平台、增强集群中创新活动和创新行为的触媒,而且正逐步发展成为集聚创新资源、汇聚创新资本、吸纳创新人才的有效组织形式和多维空间形态。

创新载体通过空间的积聚与整合,可以将产学研协同产生的创新竞争力发挥到最佳状态。科技创新园区成为创新合作载体的具体形式。尤其是在开放型经济的转型阶段,科技创新园区的构建对于整合创新要素、提升科技创新能力、发展创新型经济具有关键性的作用,是实现创新驱动的重要载体。作为具体表现形式的产学研协同创新载体,科技创新园区并非传统意义上的产业集群,而是以创新型产业为主导、以产学研协同创新为核心动力的产业集群。

表 6.1　产学研协同载体运作方式比较

方式	特点	主要问题与升级路径
人才培养型	充分利用教育环境和教育资源培养创新型人才;整合创新人才、科研设施及先进成果,高效率地开展研发应用、成果转化和技术服务	主要问题: 人才培养的稳定性与持续性问题; 人才储备不足导致的科技成果转化效率过低的问题; 企业与科研机构协同中科技资源与人力资源管理方面的问题
		完善路径: 深化产学研协同,创建校企联合人才培养的长效机制; 加快学科群与产业群的对接; 统筹考虑宏观布局,发展学科特色优势; 加大政府在产学研协同人才培养领域的政策支持力度
研究开发型	内部研究开发与外部技术源的结合	主要问题: 研发过程中各方价值取向的不一致问题; 企业过分重视技术研发产生的短期经济效益,对创新失败的容忍度低; 研发过程中信息的不确定性影响研发成果的成功率; 研发产生的外部性导致的"搭便车"现象; 合约的不完全性和履约情况的不可观察性、不可证实性会导致产学研各方具有违约的动机
		完善路径: 签订长期合作协议,确保研发合作的可持续性; 开展广泛合作,分散研发风险; 完善科技专利转化平台建设,提高研发成果转化实施效率; 完善研发组织强化机制,确保产学研研发合作的稳定性和合作各方价值取向的一致性
生产经营型	围绕科技含量高、附加值大的新产品进行研发、生产和经营;发挥专利权在研发、生产和经营中的作用	主要问题: 产学研各方对产品的市场定位不一致; 山寨产业对生产经营型产学研协同的冲击; 新产品的出现与市场认可之间的矛盾容易造成供求脱节,影响后续产学研协同; 较低的专利产业化水平导致企业缺乏有效的专利利用战略; 专利入股过程中存在的制度与法律障碍会造成合作各方的权益冲突
		完善路径: 以市场为导向选择高技术含量、高附加值、高市场容量的项目,为产学研合作奠定创新基础; 促进新产品研发合作形式的多样化,争取市场的主动权; 建立专利保险制度与专利资产证券化制度,推动专利的产业化发展

　　从本质上说,科技创新园区是以创新型产业为依托的知识型空间组织,是科技创新成果快速转化为现实生产力的重要载体。科技创新园区的建设以加快研究与开发、促进科研机构与新兴产业相结合、促进科技成果转化、孵化科技型中小企业、培育区域自主创新能力等为目标,使具有研究、开发、转让功能的知识型组织和具有相应技术需求的企业在某一区域集聚,以企业孵化器为核心,以科技企业和研究机构为依

托,共同构成一个创新气氛活跃、商业气息浓厚的创新型产业高地,逐步形成与当地经济发展相适应的发展模式。

以江苏省为例,创新载体直接推动了江苏新兴产业的发展。自 2010 年 8 月开始,江苏省为了促进新兴产业发展,力争在知识技术、产业资本、人力资本等方面形成密集区,高起点规划建设了一批高水平创新载体。目前,江苏是全国科技创新园区最多的省份,也是创新要素最密集的区域。一共有包括 7 个国家级、9 个省级科技创新园区(高新园区)在内的 54 家科技创新园区(高新园区)。这 16 个国家和省级科技创新园区(高新园区),以占全省 0.5% 的土地面积,创造了全省近 40% 的高新技术产业产值、60% 的新兴产业产值。这种以较少资源投入、创造几何级数产出的模式,不仅展示了创新载体在新兴产业发展方面的强大推动,而且体现出产学研协同创新载体是适应创新驱动型经济增长模式的必然结果。

现阶段创新载体实质上就是一个独特的区域性产学研协同创新网络系统。与过去的创新载体不同,现阶段创新载体中创新主体的创新行为是建立在一个产学研协同动态价值链或知识技术生产网络上的。所以,简单的产学研合作机构集聚并不必然的形成协同创新载体,只有建立在创新网络系统基础上的产学研合作,才具备真正的协同创新载体功能。此外,基于创新网络系统的产学研分工合作体系也是创新载体的一大特征。创新载体内的创新主体必然要求有紧密的分工合作。这些分工合作主要是围绕某一类科技知识产品或服务而展开的,再加上创新主体成员间的激烈竞争,共同促进了协同创新载体的知识库成长,从而提升了协同创新载体的自主创新能力和国际竞争力。

我国的产学研合作在经历了由低层次向高层次、由点到线到面、由小规模到大规模发展的阶段之后,日渐成熟,现已成为产业部门与科技、教育部门之间开展横向协作的重要平台。随着产学研协同内涵和外延的拓展、延伸,产学研协同在国家技术创新体系中的作用日益凸显,并已成为国家技术创新的主要形式。

在产学研协同的培育期,产学研协同方式主要以技术服务、技术转让、技术咨询、委托开发、短期协作技术攻关为主,以临时组合、突击研发或购买成果居多,普遍存在合作短期化倾向。由于创新成果产业化保障机制的缺失,这种短期协作型合作形式无法满足产业技术创新持续性的要求。因此,长期联合型产学研创新方式应运而生,成为企业与高校、科研机构进行合作的主要形式。这种合作形式以整合各方优势资源为主要目标,顺应技术的不断交叉及产业加速融合的发展趋势,具有高度的战略性和持续性。长期联合型合作形式不仅有助于企业实现更为长远的战略目标,突出合作各方的协同性,而且还有利于建立科技成果产业化保障机制,加快产学研创新载体整体创新能力的提升。

经过十多年的发展,产学研协同的合作范围已不再是单一的技术开发,而是向人才培养、集成技术、成果产业化等方向发展。协同类型已从原先的技术转让、委托开发、项目合作等方式，逐步向共建长期利益联合体转变，并以此完善以知识产权和资本为纽带、各方共担风险的产学研协同机制。产学研协同路径已由高校为主逐步向科研院所、行业协会、国家基金、同行及产业链等层面横向延伸。协同区域已不在拘泥于区域内或国内，而是积极吸引国外优质创新机构或企业加盟，最大限度整合国内外创新资源，实现创新协同的全球拓展。以江苏为例，科技创新园区近十年研发支出以年均35%的速度增长，2009年研发支出占GDP的比重达到5.7%；园区企业已拥有的发明专利数为3000件，占全省企业发明授权专利的45%（方建中，2011）。

产学研协同运作方式不仅关系到合作各方的利益和所在区域的经济发展，而且也是国家创新体系实现的主要形式。从实际情况看，"大而全"式的创新载体不仅建设成本高昂，而且未必能与区域的经济发展优势相适应，无法充分发挥本地的竞争优势。同时，由于产学研协同创新载体的运作方式具有多样性，不同方式的侧重点各有不同。因此，如何紧密结合本地资源禀赋的实际状况，建设有利于突出本地创新优势的运作方式、发展"专而精"式的特色创新载体，是需要重点考虑的问题。

高效率的产学研协同创新载体运作方式，不仅能够顺利完成科学创新、技术创新和成果转化的重要任务，而且能够提高自主创新能力和实现创新型国家建设的最终目标。根据产学研协同的发展趋势和合作内容，可以将产学研协同的运作方式划分为人才培养型、研究开发型、生产经营型和政府主导综合型三种模式。

（二）人才培养型产学研协同

人才培养型产学研协同是指以培养学生或产业工人优良素质、综合能力和竞争能力为重点，利用学校与企业、科研单位等多种教育环境和教育资源，充分发挥各自在人才培养方面的优势，将传统的学校课堂教育同以积累实际经验、培养实践能力为主的生产、科研紧密结合的新型合作模式。实践证明，人才培养型产学研协同不仅可以改革现有的教育模式、拓展教育体系、发挥产学研联合教育功能；而且也是培养创新型人才、促进产学研协同各方整体创新能力的提升、实现科技创新可持续发展的有效途径。

人才培养型产学研协同方式是深化我国创新型教育体制改革的必然趋势。人才培养型产学研协同创新载体的具体形式是大学创新联盟。大学创新联盟是指以"经科教联动、产学研结合、校所企共赢"为指导原则，以政府为主导、产业为导向、企业为主体，以营造环境为重点，以技术和制度创新为保证，以转化科技成果、孵化高新技术企业、培育复合型创新人才为主要任务的区域创新体系。大学创新联盟是从科技园转化而来的，更突出"产学研结合"，汇集高校和科研院所的力量，运用市场运作方式，引入风险投资机制，制定各类优惠政策，营造创新创业氛围，吸引国内外高新技术项目和人才,最终成为高新技术企业的孵化基地、高新技术项目的开发基地、高新技术的创新基地、高科技信息的集散基地、高科技创业人才的储备和培育基地。

在大学创新联盟中,高校通过结成联盟实现师资、知识生产、知识传递等方面优质资源的共享,改变优质资源分散分布的现状,对于各校的科研、教学水平的提高,对于科技成果的迅速转化具有重要意义。优质资源共享可以降低各校的重复建设,使有限的资金得到更高效的使用,从而使高校更加专注于核心竞争能力的开发。通过整合与共享优质资源,联盟将起到倍增器的作用,各个成员学校的办学成本大大降低、办学领域大大拓展、办学实力大大增强,这些优势和效果都是高校通过单枪匹马式、封闭式的办学方式所无法达到的。科教城的建立也有利于高校和企业降低协同伙伴的寻找成本。当一块有限空间中聚集了本区域大多数高校的时候,企业将会很容易发现合作项目和伙伴。高校联盟与企业的地方属性也将是校企间信任的一个重要因素。这一切均有利于形成以大学为知识创新中心、企业为知识应用中心的知识联盟,使校企间的产学研协同具有可持续性。

上述人才培养型产学研协同在实际操作中也存在不少问题。第一,人才培养缺乏稳定性与持续性,制约了载体研发能力的持续提升;第二,人才储备不足导致的科技成果转化率过低,科技成果转化的经济效益不高;第三,企业与科研机构协同中投资与风险的不对称,导致转化成本大大增加,将风险过多地转移给科研方,造成经济效益受损。因此,提升人才培养型产学研协同创新载体的关键在于深化产学研协同。首先,建立人才交流和培养的机制。共同确立用人需求,制定人才培养方案,共建培训基地,努力实现产学研联合人才培养的长效化发展。其次,加快学科群与产业群的对接。人才培养型产学研协同需要围绕重大项目,整合创新资源,推进学科的交叉融合,使得科学研究在生产实践中实现集成,集中对接市场支柱行业的产业群,形成具有核心竞争优势的技术群,推动产业群的发展与提升。再次,加大政府在产学研协同人才培养领域的政策支持力度。地方政府应制定产学研协同创新载体人才培养专项政策,引导科技创新园区内部相关企业加强与科研院所高端人才之间的合作。发挥校企双方优质资源优势,引领行业技术创新。

(三) 研究开发型产学研协同

研究开发型产学研协同是指产学研各方为了加强产业的科技研发能力而开展的多样化合作,是科技创新主体依靠其自身和外部力量联合进行的一种科技创新活动。随着科技创新与科技全球化进程的加快,单靠企业自身研发很难跟上科技进步的节奏。因此,创新型企业为了在激烈的市场竞争中赢得竞争优势,必然通过多种途径将内部研究开发与外部技术创新源有效结合起来,以增强其市场竞争能力。

在研究开发型产学研协同过程中,企业主要通过与科研院所、高等院校、行业基金会和政府等组织机构的联合研发形式,应对研发过程中的高额投入和不确定性,尽可能地规避风险、缩短产品的研发周期,从而节约交易成本,提高创新效能。研究开发型产学研协同创新载体的具体形式包括:

第一种形式:契约式产学研协同。契约式协同,即企业与大学签订协同契约,共同进行研究和开发,但并不是成立新的法人实体,如委托研发协议、协同研发协议、研发联合体、研究联盟等。契约式产学研协同的最大特点就是以项目为纽带将产学研各方结合到一起。项目的提供者既可以是企业,也可以是高校或研究所机构。如果项目所生产的效益分别与产学研各方的利益一致,就可在相关方面之间形成局部的共同利益,进而形成以项目为纽带的契约结合。在契约式产学研协同模式中,企业通过合作掌握了特殊的技术、专利、生产等稀缺性资源,重构了自身的资源和能力,通过创新成果获得较高收益,并带动企业其他资源的收益递增;大学则由于提供了企业需要的资源而获得收益。在这里,收益并不仅仅指项目经费等狭隘的经济利益,还包括专利、成果归属权以及奖励、声望、名誉等非物质利益。协同的最终结果是资源的所有者获得经济租金,协同双方实现双赢。

第二种形式:联合承担科研课题。企业的研发机构与大学的研究机构就具体课题进行联合研究开发,充分利用各自的资源优势,实现优势互补。对高校而言,这种形式具有比较大的自主性。大学科研优势与企业的资金优势相互补,一旦课题得到认可便可以得到资金和设备条件的支持,从而是科技创新链条的延伸。也是社会服务平台的延伸。对企业而言,这种形式可以根据企业的战略发展要求来核定所要支持的项目,激活企业的研发能力,提升企业的科技竞争力,从而保证企业的长远发展目标的实现。例如,IBM为了建立和增强与我国一流知名高等院校及其知名学者或研究人员的联系和合作,寻求和推动双方共同感兴趣的联合研究项目,每年都会成立由高级主管和资深技术人员组成的专门的执行委员会,从著名高校中挑选和确定出具有研究意义的科研项目,与高校共同进行研究。

第三种形式:联合实验中心。建设这种实验室的关键在于,根据各种类型院校自身的办学特点,深入研究相关企业的特点和需求,努力找出双方的交集,联合建设市场导向型实验中心。联合实验中心可以实现高校与企业的优势互补。一方面,高校可以利用在科技研究上的优势,积极引入企业的资源加入到高校专业实验室的建设中,从而扩大专业实验室建设急需的资金来源;另一方面,企业以联合实验中心为纽带,依托高校的教学、科研和人才的综合优势,培训提高职工的科学技术和文化素质,推动企业的技术革新。校企共建联合实验中心,不仅能够有效解决长期以来教学与生产相脱节这一高等学校人才培养的老大难问题,而且可以针对新技术进行持续开发工作,使企业在技术上保持同行业中的竞争优势,并源源不断地为企业开发出换代产品。

第四种形式:高校—企业合办研究院。高校—企业合办研究院(简称"高校—企业研究院")是指企业在高校建立的研究所、实验室、相关学院与培训中心等研究与发展机构。目前,这种协同方式已经成为股权式产学研合作的主要方式,冠以某企业名称的实验室、研究院,是大学进行科学研究的重要创新平台。企业通过共建研发中心,把企业的真实的研发项目搬到学校里来,安排企业技术人员与大学教师组成研发团队,共同研究新技术、开发新产品,充分利用高校优质资源和技术支持,既可以提升企业品牌,又吸引更多的优秀科研人员参与企业的发展,为企业培养相关科学与技术后备人才。高校—企业研究院是实现产学研协同的高层次目标的重要载体。通过遵循利益共享、风险共担的产学研协同利益分配机制的基本原则,合作各方均能从中获取较大的利益,能够将企业产学研协同的短期目标和长期目标有机结合起来,逐步实现培养人才、提升技术、创新能力与市场竞争能力的长期目标。

从实际情况看,上面分析的各种研究开发型产学研协同方式在具体运作过程中存在着一些问题。首先,研发过程中各方目标取向不一致。学校或科研机构通常会比较注重追求学术成果和技术领先地位,对产品市场价格信息和企业的经济效益考虑较少。而企业关心的是商业回报和市场竞争优势形成,过分重视技术研发产生的短期经济效益,缺乏长期的创新战略考量,对研究开发的长期性投入认识不足,容易用短期的经济效益来评价一项技术的可行性。其次,研发过程中信息的不确定性影响技术成果的成功率。产学研协同创新中的不确定性主要与创新项目选择的不确定性、研究开发过程的不确定性、市场需求的不确定性和商业景气循环中的不确定性等因素有关。上述不确定性是技术研发过程中固有的风险所导致的契约当事人共同面对的难以预期的变化,是产学研协同创新的难度所在。再次,研发产生的外部性会导致"搭便车"现象。产学研协同创新的目的不外乎取得作为无形资产的技术或更高层次的新产品。而技术的这种公共物品属性决定了研发技术的产权所有者无法防范技术效果的外溢,更不能限制技术的外部经济性,从而对研究开发型产学研协同具有消极作用。最后,产学研各方存在违约的动机。技术创新和应用存在的不确定性、技术本身的专业性以及技术合约当事人之间存在着信息的不对称性,必然导致合约条款不可能无所不包。所以,当履约所能获得的预期收益不足以对合约当事人产生应有的激励,且履约又存在固有不确定性时,合约当事人的某一方就有可能出现机会主义行为,不愿完全履约或推脱违约责任。

为了推动研究开发型产学研协同方式中各方采取合作型博弈,使得研究开发型产学研协同取得成功,必须努力在消除双方之间的信息障碍的基础上,达成一个对双方均具有约束力的协议。必须强调研发过程中的信息沟通、理性安排和契约保证,必须把制度创新和技术创新结合起来,以制度创新推动技术创新,采取有效措施切实解决产学研协同中存在的问题。因此,为了推进研究开发型产学研协同创新载体的合理发展,必须发挥企业的主导作用,协调好技术、商业和生产战略之间的关系,以市场为导向,使技术能成功地转化为生产力,并创造出经济效益,避免无效的技术创新。为了保证产学研各方协同的稳定性,需要从企业、政府、产业三个层面进行制度安排和组织强化。建立规范化的研发协同进退机制,减少产学研各方利益冲突。尤其是当不同企业与科研机构存在价值目标冲突时,需要有规范的进入退出机制确保冲突对创新载体的负向冲击最小。

(四)　生产经营型产学研协同

生产经营型产学研协同是指产学研各方围绕科技含量高、附加值大的新产品(或技术专利)进行研发、生产和经营的一种运作模式。在协同过程中,除了要考虑企业自身现实的生产条件、适应能力等重要因素以外,新产品研制开发的方案还将市场选择、消费对象等纳入其中,从而全方位挖掘新产品的开发价值与社会价值,即企业经济效益与社会效益。随着消费水平的提高与消费观念的更新,传统的以低价取胜的无差异产品竞争策略正逐渐被市场所淘汰,取而代之的则是产品差异化竞争,也就是产品创新的竞争。由于产品创新是生产经营型产学研协同的重要组成部分,是产学研协同创新载体持续发展的引擎,所以要维持和巩固企业生存与发展的基础,就必须围绕科技含量高、附加值大的新产品进行研发、生产和经营。生产经营型产学研协同创新载体的具体形式包括:

第一种形式:专利权投资入股。专利权投资入股是专利直接体现为资本的一种形式,也是专利资本化的重要形式之一。对于产学研协同的研发机构来说,在研发过程中形成的技术(或产品)专利权作为一种重要的知识产权,可以成为投资入股的客体。专利权人没有获得即时兑现,而是以股东或合伙人的身份获得所投资企业的一部分股权,未全部或部分丧失专利所有权。专利入股是很多拥有技术但无资金的创新者实现专利转化、体现价值、获得回报、持续创新的捷径,也是商业合作谈判的重要筹码。以专利形式入股的产学研协同创新具有重要的社会经济价值。一是可以促进科技成果迅速转化为生产力。发达国家的科技成果转化率已达50%左右,而这些年我国始终在10%以下,一个重要的原因就是知识与资本的结合途径少而且不畅。二是专利入股可以激发科研人员的创新动力。专利入股让只有技术而没有资金的创新者成为企业的合伙人,也由此让他们担负了企业的经营风险。三是通过专利入股方式,企业可以降低新技术引进成本,增强企业竞争力。通过这种方式,企业不仅得到了新技术,还得到了相关的创新人才,成为企业培养持续创新能力和竞争优势的原动力。

第二种形式:博士后工作站。中国博士后制度是中国借鉴国外培养优秀人才的经验,结合中国国情创立的一项吸引、培养和使用年轻高级人才的制度。通过博士后进站工作的方式,与企业共同攻克技术难关,提高产品和产业的国际竞争力。企业博士后科研工作站被誉为企业技术创新基地、高等院校和科研院所科技成果转化的中介、高级科技和管理复合型人才成长的摇篮。产学研联合共同培养博士后,可以做到优势互补,缩短博士后科研课题和实际应用的差距,加速科研成果的产业化。博士后工作站的研究项目来源于企业的生产实践,是企业本身迫切需要研究的技术问题。一经研究出成果,就可以直接投入中试和大批生产,从而实现科研成果直接转化为生产力。

生产经营型产学研协同常常受到我国企业自身"造血"功能不强的影响。传统的模仿式创新,形成了独特的企业生存方式,结果对产学研协同创新植根的土壤产生不利影响。同时,较低的专利产业化水平导致企业缺乏有效的专利利用战略。现阶段,中国企业在同一层面上的技术资源浪费严重。不少拥有专利技术的产学研各方习惯于"孤军奋战",对专利的利用缺乏有效的沟通。很多企业不愿意对已有的产品进行再次技术创新,使原本属于自己的市场被他人利用先进技术和产品分割等方式抢占。而且,产学研协同没有建立相应的配套措施保证专利技术的实施、转化,放弃专利的现象比较严重,企业也没有相应的技术储备。因此,必须以市场为导向选择高技术含量、高附加值、高市场份额的项目,为产学研协同奠定创新基础。以企业为主体,积极探索生产经营型产学研协同的有效形式。建立专利保险制度与专利资产证券化制度,推动专利的产业化发展,发挥专利资产融资杠杆的作用。

二、科技企业孵化器建设

科技企业孵化器是科技创新最重要的形式。其基本功能是将科学新发现或知识创新成果孵化出新技术和新企业。科技企业孵化器通过选择孵化项目或企业(有潜力的新建或处于初始阶段的),提供场所和公用设施,帮助训练、开发与协助新生企业的小规模管理队伍,提供诸如法律和金融方面的专业服务,实施指导性管理,提供综合性服务和创业投资,为科技型中小企业的起步和发展提供局部优化的环境。科技企业孵化器作为连接知识创新源头和高新技术产业的桥梁,作为培育自主创新企业的平台,已成为提高科技自主创新能力的关键环节、创新成果产业化的重要载体和国家科技创新体系的重要组成部分。

(一) 科技企业孵化器运行机制

科技企业孵化器是一个复杂的系统。它的运行机制不仅要求孵化器与在孵企业之间内部诸要素的有序、协调与互动,还要求孵化器内部与外部之间能量与信息的有效循环与流动。要充分发挥孵化器的创新功能,就需要进行机制设计与完善相应的制度安排。根据在孵化企业的发展周期,可以将孵化器的运行分为三个阶段:入孵期、孵化期、毕业期。由于每个阶段孵化器将面临不同的问题,因此需要建立有针对性的运行机制。

1. 入孵期的运行机制

孵化器与创新企业之间存在着选择与匹配问题。孵化器不仅要了解创新企业的发展现状,掌握创新企业对孵化器相应功能与服务的需求,并结合自身的孵化能力,评估未来双方合作的前景与孵化的成功率;而且要根据国家产业政策,选择与自身利益一致的创新企业,实现未来利益与风险的按比例分享与分摊。因此,为了实现孵化器与创新企业的有效互动与长期协同,两者之间必须建立相应的信息披露机制与双方互选机制(见图6.1)。

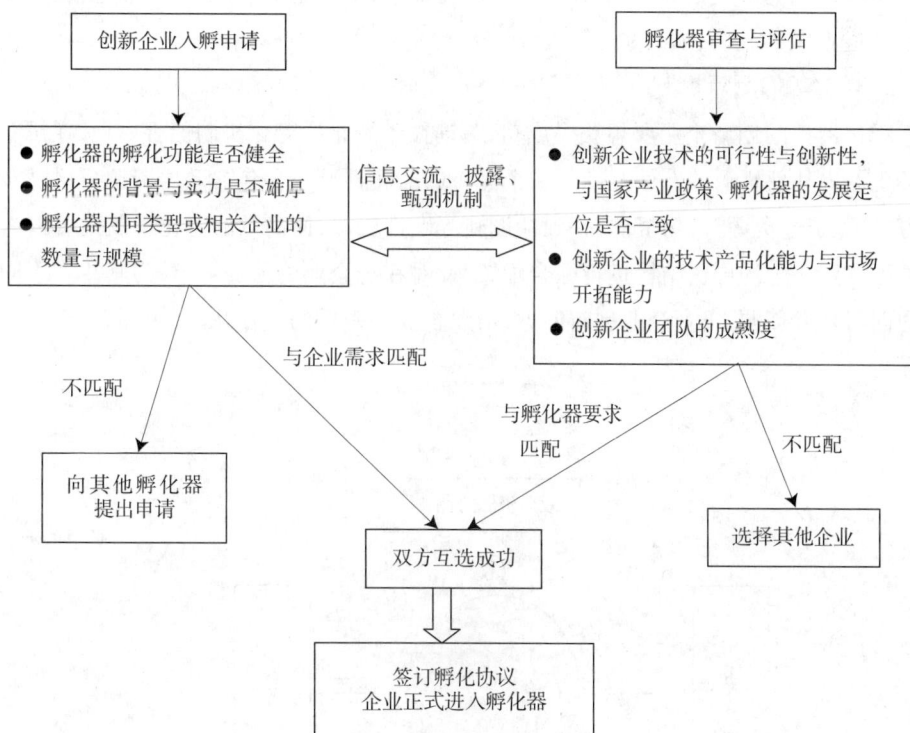

图6.1 入孵期的运行机制

对于孵化器而言,是否接受创新企业的入孵申请需要经过一系列严格的甄别程序。任何处于初创期的创新企业不可避免的蕴含着高度的风险。一旦入孵,则意味着孵化器将承担相应的风险。为了降低孵化风险,孵化器不仅要根据企业提供的材料进行风险评估,还要结合类似企业与行业的发展情况进行综合评估。上述风险评估主要围绕三个方面:一是创新企业技术的可行性与创新性,与国家产业政策、孵化器的发展定位是否一致。二是创新企业的技术产品化能力与市场开拓能力,创新企业未来的市场盈利能力直接关系到孵化器孵化效率的高低。三是创新企业团队的成熟度。企业创新的核心团队不仅需要有优秀的研发人员,还要具有企业家才能的经营管理人员。前者可以将孵化器提供的技术信息转化为生产力,后者则为孵化器提供资金、市场信息等服务转化为企业创新的持久性动力。

对于创新企业来讲,筛选机制有利于企业创新功能的完善。一般来说,大部分要进入孵化器的企业几乎都是创新功能不健全的企业,缺乏技术转化为产品的经验、资金、市场等相关硬件与软件。而不同类型的孵化器由于自身发展的定位不同,在提供的孵化服务上各有侧重。这就需要入孵企业在选择孵化器方面慎重考虑。企业对孵化器的选择主要有三个方面:一是孵化器的孵化功能是否健全。这关系到孵化器与企业的创新功能是否匹配。二是孵化器的背景与实力是否雄厚。入孵企业需要根据自身发展阶段选择适合的孵化器。三是孵化器内同类型或上下游相关企业的数量与规模。这涉及孵化器内部的竞争与合作。

2. 孵化期的运行机制

孵化器内的创新企业要想获得成功,关键在于孵化器孵化机制能否实现,在孵企业与孵化器内外部资源的有效互动。一个完善的孵化器至少要包含政府资源、科技资源、人力资源、资金资源、市场资源、基础性设施等硬件资源,而高效的孵化机制则可以将这些资源按照一定的层次结构进行综合配置,针对在孵企业的薄弱环节,为其注入不同程度的创新要素资源,培育企业创新能力,增加企业出孵后的生存几率(见图6.2)。

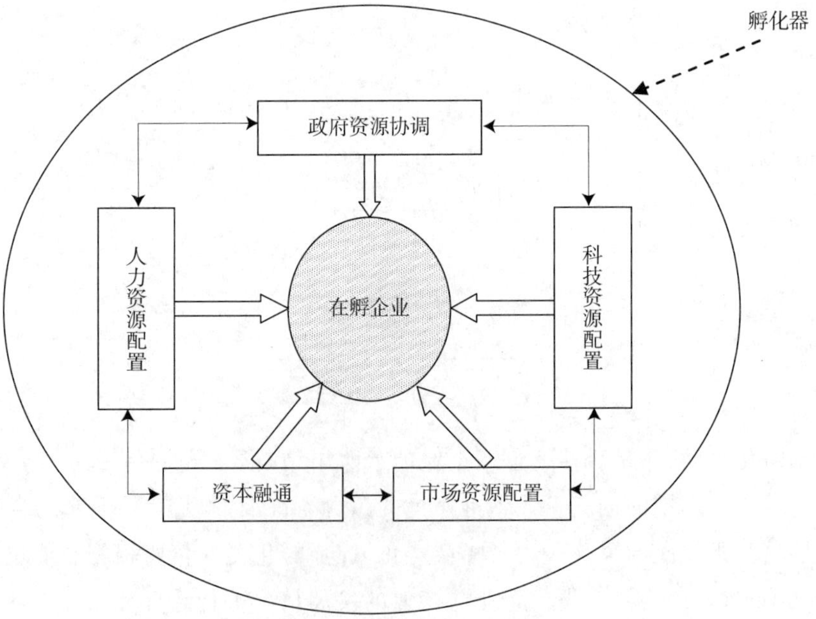

图 6.2　孵化期的运行机制

具体而言,孵化期的运行机制涉及以下五个方面:一是政府资源的协调机制。孵化器通过引导企业发展目标与政府产业发展目标,甚至是科技创新体系目标保持一致,从而最大程度的获得政府资源的支持,二是科技资源的配置机制。通过与高校、科研院所的联合,采用各种合作方式,进行技术的共同开发,节约研发成本,为在孵企业提供技术升级途径。三是人力资源的配置机制。孵化器根据当地产业创新的战略目标,打通人才在高校与在孵企业之间流动的障碍,盘活产学研各方人力资本存量,实现人力资本在流动过程中的保值增值。四是资本融通机制。孵化器通过对在孵企业的估值判断,结合其未来的发展前景,按照资金与技术的比例,用自有资金进行入股,将孵化器与在孵企业的利益绑定,实现收益共享与风险共担。五是市场资源的协调机制。一方面,孵化器需要结合市场的规则,为企业提供管理、法律、财务等各类服务,帮助企业熟悉市场竞争,减少进入市场的风险;另一方面,通过加强在孵企业与成功企业的交流、学习,利用孵化器已有的营销渠道与市场联系,为孵化器未来的发展创造新的市场网络。

3.出孵期的运行机制

孵化器的主要任务就是通过创新资源的注入,帮助创新能力弱小的在孵企业成为市场上具有核心技术、有充分竞争实力的独立经济实体。一旦在孵企业具备了这种实力,能够独立地进行技术创新与生产经营,成熟应对市场风险,那么孵化器就可以顺利让其出孵,将有限的创新资源用于其他需要孵化的企业,从而提高孵化器整体孵化效率。

一般而言,孵化器会根据在孵企业的发展状况制定两种出孵要求:一是不合格企业的淘汰机制;二是成熟企业的出孵机制。在孵企业是淘汰还是出孵,需要经过严格的审核程序。主要包括以下几个方面:一是企业的自主研发能力。一旦离开孵化器的帮助,在孵企业能否保持现有的创新速度并进行独立自主的研发,将成为在孵企业独立发展的关键。二是企业核心技术商品化水平。合格的在孵企业应该能够有效控制技术商品化的周期,合理掌控成果转化过程中各种资源的投入与消耗程度。三是企业管理团队的水平。合格的毕业企业必须具备完整的公司治理结构与高效的企业管理团队。这不仅是企业独立进入市场的必然要求,也是企业建立竞争力的基本条件。四是企业的市场开拓能力。合格的企业不仅有研发能力,而且具备市场盈利能力,实现产品研发投入与市场收益的平衡。五是企业创新资源的整合能力。出孵企业根据孵化期的经验与资源网络,在维持原有合作关系的基础上,与政府、金融机构、科研院所、营销机构等创新资源提供方建立新的合作关系,形成不依赖于孵化器的独立的创新资源循环系统。六是孵化器创新资源投入与在孵企业绩效的综合水平。在孵化前期,投入与绩效的比率可能会很高,但随着在孵企业的成长,这种比率会逐渐降低。当低于某一水平时,就意味着企业已经成长为具有较高业绩不再过度依赖孵化器创新投入的合格企业。

当在孵企业能够符合考核的各项标准时,孵化器就可以将其纳入出孵的流程。一方面,孵化器为其退出孵化做好准备,让企业能够顺利、平稳的离开孵化器,帮助其度过独立创业期;另一方面,为毕业企业做好后续跟踪服务,保持与毕业企业之间的交流网络。而对于考核不达标的在孵企业,孵化器要帮助企业查找问题的原因,加强辅导,如果在规定期限内仍无法改进,或是因为其他原因使在孵企业失去发展动力,那么孵化器就应终止孵化程序,或是等在孵企业能够达到基本要求的时候,让其重新申请入孵(见图6.3)。

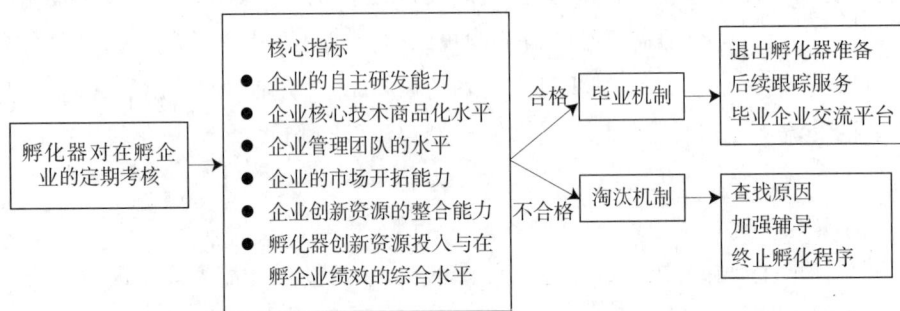

图 6.3 毕业期的运行机制

(二)科技企业孵化器的发展环境

科技企业孵化器有效运行和发展的关键是科技孵化环境建设,涉及科技企业进化成长所需的生态系统的重构,在特定空间内有效配置企业成长所需的各种关键资源推进科技企业的发育成长。为了推动孵化器的发展,提升科技企业孵化器的运行绩效,促进自主创新,需要政府部门、中介组织和孵化器自身共同做出努力,理顺运行机制,优化资源配置,提升服务水平。

第一,孵化器的发展水平和服务创业企业的能力,直接取决于各级政府的政策环境。各级政府应当分阶段制定相关鼓励政策,强调孵化器自身的能力建设,切实落实好激励政策。在政策环境方面,从法律法规限制、行政指导和优惠政策三方面入手,促进政府与企业的互动和交流,打破政府和企业信息不对称的现状,将各种政策落到实处。在管理规范方面,在科技企业孵化器的建设初期,政府应该在加快科技创新体系建设的大背景下,营造发展高新技术产业的社会氛围,加快科技企业孵化器在土地、物业、设施等方面的规划,积极引进高新技术项目。在孵化器建设的中后期,政府应该逐步在具体事务中退出,让科技企业孵化器的管理机构独立担当起管理和运作的责任。在税收政策方面,对列入规划的科技园区,实行"税收优惠"政策。在人才培养方面,政府应当加强企业孵化器管理者的培养,为他们提供理论学习和技能更新的机会。同时,还必须注意政策之间的协同,这是因为政府扶持创业活动的力度、区域产业发展的方向以及风险投资的活跃水平等因素,很大程度上还受到大学和科研机构运行体制和科技评价体系的影响,如何完善大学和科研机构机制及评价体系,制定协同配套的政策体系,引导更多的大学、研究机构参与建立和发展企业孵化器,推进产学研紧密合作,已经成为我国企业孵化器发展的重要方向。

第二,孵化器功能的有效发挥,需要有成熟的中介机构的支持。主要涉及:风险投资服务机构、科技中介机构(包括技术评估、技术咨询、技术服务、技术转移、专利代理、科技信息等)、人才中介机构、财务顾问公司、贷款担保公司、专利事务所、律师事务所和会计师事务所等。需要培育一批在能力建设、制度规范和网络化协作等方面能够支持企业孵化器发展的中介机构,并依托行业协会建立行业自律机制、中介机构资质评价体系。积极引导社会中介组织与企业孵化器建立伙伴协作关系,集成社会资源,强化企业孵化器的服务能力、聚集能力和资源整合能力,提高孵化质量,努力实现高科技项目的高收益回报。

第三,孵化器内积聚了丰富的创新资源,需要充分发挥学习效应。学习是技术创新的重要源泉,孵化器内积聚了大量的高科技企业,蕴藏着众多的创新资源。孵化器依靠交互式、点对点的虚拟孵化环境以及其背后高素质的专家队伍,可以有效地促进企业家队伍的成长。建立共享性的企业家网络资源,帮助入孵企业提高可信度、缩短学习曲线、加速解决问题。通过学习,推动综合性孵化器逐渐向一系列专业性孵化器发展,使得孵化服务更加专业化,学习更具有针对性。通过创新学习机制的培育,形成风险共担、利益共赢、高度协同的孵化器文化环境。努力结合当地的资源禀赋,尽早形成自身的专业特色、服务特色,进而形成竞争优势,在特色服务中提高收益。积极发展与大学及科研院所、银行和投资公司的联盟关系,整合外部资源,形成广泛的社会学习环境,提升孵化器的孵化创新能力。

三、科技创新中介机制的建设

科技创新中介机构,是为科技创新主体提供社会化、专业化服务以支撑和促进创新活动的机构。这类机构对政府、各类创新主体与市场之间的知识流动和技术转移发挥着关键性的促进作用。在知识经济时代,国家之间的经济竞争越来越多地表现为科技实力特别是技术开发能力、科技成果转化能力之间的竞争,科技中介服务机构显得越来越重要。在推进国家创新体系建设过程中,科技创新中介已经成为创新网络的重要节点。

(一) 科技创新中介在科技成果转化中的作用

科技创新中介机构属于知识密集型服务业,是国家创新体系的重要组成部分。

市场经济条件下,科技中介服务机构是知识和技术流动、扩散与转移的桥梁,是科技与应用、生产及消费不可缺少的服务纽带,是高科技成果转化为现实生产力、体现技术创新水平的一个明显标志。科技创新中介机构是国家创新体系中不可或缺的组成部分,为科技创新主体提供社会化、专业化服务。科技中介机构对政府、各类创新主体与市场之间的知识流动和技术转移发挥着关键性的促进作用,是促进科技成果商业化和技术创新的重要工具。科技中介机构能够有力促进科技成果转化、创新性中小企业和高新技术企业的成长,对提高本国企业在全球经济中的竞争力有着重要的影响。

首先,科技创新中介是有效配置科技资源的中介。科技创新资源分布于科学界、产业界和政府各部门中。科技创新中介处于居中的位置,推动人才、资金、技术等资源在区域创新系统的各个主体间自由流动。科技创新中介机构既是政府与企业、高校、科研机构的中介,也是各类科技资源之间的市场中介。科技创新中介机构的市场化运作可以使它按照市场机制实现科技要素资源的优化配置。技术创新所需要的创新资源往往不能自发获得,现有的创新资源也往往不能自发实现优化配置,而是要通过科技中介服务,借助市场的力量来实现。通过科技创新中介帮助企业与高校、科研机构开展技术委托、技术合作、成果转让等技术创新合作,使企业更加有效地利用外部的技术、信息、资金和人才,解决技术创新合作系统内由于各类角色之间相互联系不紧密、缺乏合作、各种创新资源匹配失调而产生的"系统失效"问题。

其次,科技创新中介是科技成果转化的中介。科技创新中介在获得技术信息方面具有其他途径和方式所不具备的优势,不仅可以准确地传递新技术信息,而且可以根据用户的需要提供技术创新更为专业化的服务。科技创新中介既能够帮助科研方转让成果,又可以为企业寻找创新资源,解决技术难题,起到促进科技创新成果商品化的催化剂作用。科技创新中介机构将高校及科研机构的科研成果转移给合适的企业,同时把社会、产业界的需求信息反馈到高校及科研机构,由此推动高校与企业的协同创新。科技创新中介的转化功能还表现在,从隐性技术知识到显性技术知识转化,由此实现产业化,创造经济效益,使创新理念最终实体化、商业化,使静态技术知识存量变成动态的活技术,最终变成现实的生产力。科技创新中介机构在成果转化的过程中,能够在企业和高校之间牵线搭桥,以转让、拍卖等方式,进行新科技、新产品等的推广,促进科技成果的转移及转化;还可以帮助企业遴选具有市场前景的科技成果,为企业提供具有产业化前景的科技成果;协助企业和技术发明人寻找风险投资;组织"产学研"协同,帮助企业技术导入和成果转化。因此,科技创新中介可以使在上游积累的大量科研成果进入下游,改善下游企业的运行质量和竞争力,并实现上游本身的经济和社会价值;同时下游的有效需求信息又能及时通过科技创新中介反馈到上游,实现上游与下游间的有效沟通与合作甄选并形成互动发展的局面,提高区域创新的能力和创新的水平,提高区域的科技创新能力与市场创新主体的可持续竞争力。

再次,科技创新中介推动中小企业创新能力的提升。中小企业在技术创新方面具有机制灵活、自主创新动力足、模仿能力强、创新创业效率高、推向市场速度快等特点。目前,我国中小企业拥有全国66%的专利,完成74%的技术创新,高新技术企业中绝大部分是中小企业,显示出了强大的生命力。不过,中小企业不像大企业那样拥有资金雄厚、技术密集、人才汇聚和装备先进的优势,其技术创新活动存在重重障碍,如缺乏人才、缺乏资金、缺乏信息和创新技术源等,这些中小企业自身无法解决的问题直接关系到其技术创新能力的提高。因此,中小企业要进行技术创新,必须借助于整个社会的科技资源和社会化的科技创新中介服务体系。科技中介服务机构可以直接参与到服务对象的创新全过程,在技术孵化、技术导入等方面为中小企业提供全程、综合服务。生产力促进中心是不以营利为目的的,从硬技术与软科学的结合上为中小企业技术创新提供综合性服务的公益性中介机构。它是政府扶持中小企业的助手,为中小企业技术创新提供信息、技术、咨询诊断、人才培训、市场开拓等多方面、全过程的综合性服务,有效地促进了中小企业自主创新能力的提高。

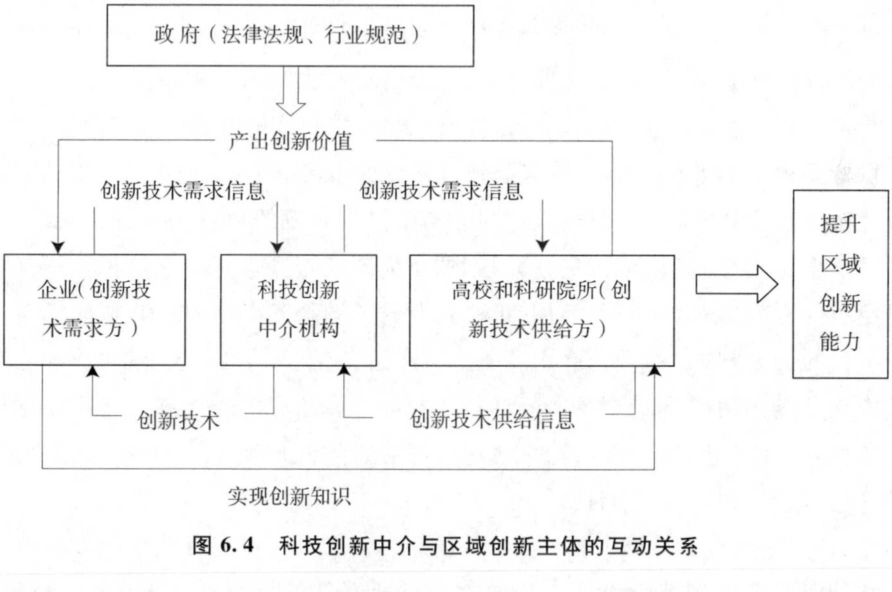

图 6.4　科技创新中介与区域创新主体的互动关系

最后,科技创新中介促进区域创新能力的提升。科技创新中介与区域创新主体的协同关系包括以下三个方面(见图6.4):一是科技创新中介机构是一个传递政府扶持政策、宏观信息的载体。科技创新中介机构不仅将政府对科技企业在财政、税收等多方面的优惠政策传递给技术交易的双方,而且还把企业的技术需求、技术市场信息等传递给政府部门,以便纠正以往支持策略的不足,研究新的支持政策。二是科技创新中介机构为企业提供技术供给和需求的信息流,并利用信息的流动形成信息流循环,加速创新知识转移和转化。由于大多数企业难以凭借自身力量解决在技术创新中遇到的问题,只能通过外部渠道获取相关技术。而科技创新中介机构凭借其强大的网络渠道,接受企业技术需求信息,以聚集的专业化人才网络为企业提供专业化服务,有助于降低企业独自寻找技术来源、技术顾问的交易成本。三是科技创新中介机构与大学和科研院所的互动过程是实现创新价值的过程。大学和科研院所作为区域创新系统中的技术供给方,自身不具备对外输出技术的能力。科技创新中介机构将大学和科研院所的创新资源信息汇集到一起,由其构建的网络将信息扩散到技术需求者中,使技术供给双方能够快速完成技术对接,使技术生产与技术消化迅速完成,加速技术成果向市场的转化。

(二)科技创新中介的具体形式

成果转化与技术交易中介服务机构包括技术市场、技术商场、技术交易中心、技术产权交易所、专业协会、院所技术转移中心等。这些机构通过诸如技术成果交易会、高新技术博览会、经济技术协作洽谈会、技术难题招标会、网上技术商店、技术商场、技术市场等形式,推动成果转化。尤其要关注以下几种中介形式:

第一种形式:行业协会。行业协会既不同于企业追逐自身利益的最大化,也不同于政府履行行政管理的职能。行业协会在职权范围内的活动,主要是为会员提供服务。行业协会作为行业利益的代表者,能够准确收集和分析市场信息,为政府制定政策提供专业建议,把宏观的指导政策运用到微观的市场活动中,以减少政策的运行成本。行业协会在中小企业与投资人之间充当信息发布者的角色,邀请风险投资人对相关中小企业的产品研发方案进行评估,便于风险投资者进行科学决策。行业协会通过组织各类专业技术人员的培训,推广行业的关键技术、共性技术,从而提高中小企业员工的技术水平。行业协会组织各类新产品、新技术的推广会,加强企业之间的交流合作,优化中小企业的产品研发计划。行业协会还可以通过制定或修改章程的相关条款来约束企业的不正当行为,对违反规则的企业进行处罚,以建立规范的人才流动秩序,保护中小企业的利益。

第二种形式:科技资源共享平台。科技资源共享平台可充分利用地方特色资源的需求和资源优势,将高等院校、科研院所和企业的优势资源整合起来,适当引进本地急需的科技资源,使产学研的资源优先对接,形成资源共享的产业链条,使企业可以有效利用本地优势的数据资源、大型仪器、工程技术中心、重点实验室、科技人才等科技资源,加快创新速度。科技资源共享为学科交叉研究提供了基础性平台,为前沿学科取得突破性进展提供了必要条件。科技资源开放共享不仅能够实现提高财政资金使用效益的客观要求,也是降低创新成本、提高创新效率的有效途径。更为重要的是,科技资源共享有利于打破条块分割、信息闭塞和垄断,创建一种新的共建共享机制,为高等院校、科研机构和企业科学研究、技术开发,为创新人才培养和优秀人才脱颖而出提供良好的环境和条件。

第三种形式:网站信息平台。产学研网站信息平台是指在互联网宽带技术迅速普及的背景下,利用现代化的信息产业技术搭建一个专业性的提供产学研协同资讯服务的多媒体共享平台。网站信息平台拓展了协同各方的沟通形式和渠道,使其充分利用自身拥有的信息资源,加快产学研协同模式的开发、利用和管理,深化科研成果需求方与供给方的沟通,从而提高产学研的创新效率、自主创新能力、沟通能力,节约协同的交流成本,改进产学研协同的组织结构和工作方式,促进电子商务、电子政务、网络学习平台建设。网站信息平台的价值就在于通过搭建了一个包含了信息生产者与利用者的交流平台,促进非正式学术交流的信息化。

第四种形式:营利性管理咨询服务机构。营利性管理咨询服务机构是以科学为依据,以信息为基础,综合运用科学知识、技术、经验、信息为特定企业与组织的决策和运作提供专业化服务的企业。其核心作用和功能是提高客户的经济管理水平和经济效益。随着现代经济社会和社会专业化分工的发展,营利性管理咨询服务机构已经成为有效整合各个领域的专家资源,为创新型企业提供专业化的管理知识和咨询服务,推动研发团队和成长期企业的深度合作,促进知识经济和产业经济的紧密结合。营利性管理咨询服务机构还要辅助企业实施管理改造,为产学研协同创新的理性决策提供坚实的基础。

第五种形式:技术交易市场。技术交易市场是技术商品交换关系的总和,包括从技术商品开发到技术商品应用的全过程。它涉及技术开发、技术转让、技术咨询、技术服务及其相关的其他技术交易活动。成熟的技术交易市场,不仅可以提升企业的产品竞争力和自主创新的能力,分散和转移企业的创新风险,而且有利于提高企业创新速度,以便更好地响应市场需求而获得更高的经济收益。当然,大学、科研机构通过技术交易使得科研人员选择科研方向,更加贴近市场,提高科研项目的应用价值、商业价值。在产学研协同过程中,中介服务机构还应拓展企业与国外技术贸易机构的合作,面向国内外市场,实现创新资源合理配置,降低创新成本,提升创新效率,规避创新风险。

（三）提升科技创新中介的路径选择

在我国,每年产出大量的科技成果,其中大部分停留于论文和实验室样品阶段,只有约10%的成果进入产品化阶段。　个重要的原因,就是我国日前科技创新中介的发展尚处于初期,数量不多、质量不高、覆盖面窄、功能单一,造成科技创新中介市场交易成本高,运行效率低,没有真正形成产业化和规模化,难以满足中小企业日益增长的科技创新的服务需求。

具体分析一下，主要原因有以下几个方面：首先，科技创新中介发展的市场环境与法律环境尚不成熟。缺乏促进和规范科技创新中介机构发展的政策法规体系，缺乏对科技创新中介机构的管理和规范，导致科技创新中介的市场运行不规范。其次，科技创新中介缺乏科学的管理体制和运行机制。在机构设立中，"官办"、"半官办"的色彩很浓，一些部门对科技创新中介机构的支持方式出现"错位"，很难形成科学的管理体制。再次，科技创新中介机构本身的人员专业素质和服务水平不高。在我国虽然科技创新中介人员的学历、技术职称层次较高，但专门的咨询知识、经验、技能及创造性比较缺乏，市场观念和实战能力不强，服务水平不高，无法满足客户的综合要求，难以形成规模效益。最后，由于企业界对科技的作用认识不足，企业缺乏追求技术创新的压力和动力，致使科技创新中介机构很难向企业推介大学和研究机构的研究成果。

因此，加快科技创新中介机构发展，充分发挥科技中介在各类创新主体和创新活动中的催化剂功效，不仅需要政府制定相应的扶持政策，还需要科技创新中介机构自身的努力与突破。

一是为科技创新中介机构的发展提供可行的体制支撑。大力发展科技创新中介机构，必须明确政府在科技创新中介发展过程中宏观控制、决策指导的角色。尽快理顺政府与科技中介的关系，使政府对科技创新中介的作用从目前更多的微观介入转为宏观管理和引导，使科技创新中介工作有序发展。要按照"调整结构、转换机制、分流人员、制度创新"的原则，努力实现科技创新中介机构的社会化。将目前隶属主体不同的各类科技创新中介机构从原先的挂靠单位脱钩，将部分科研机构整体转变为科技创新中介机构；将从属政府部门的中介机构改制为具有独立法人资格的科技创新中介机构；将职能类似而机构重复设置、比较分散的各类科技中介机构重新调整合并；保持科技创新中介机构的"独立"地位，大力推行"公司制"、"股份制"、"合伙制"，引导他们走企业化的运作之路，促使其投身市场竞争，实现优胜劣汰，完全市场化运作。

二是积极探索符合企业自身特色的融资体系，完善风险投资体系、融资担保体系，提高融资能力，使企业的持续发展获得所需的资金。政府还应倡导和鼓励科技创新中介机构主体多元化，扩大从事技术中介服务机构的范围，鼓励现有的专利事务所、商标事务所等企业将技术创新中介作为其服务内容。专利事务所、商标事务所与高校科研院所以及企业有着广泛的接触，既了解高校、科研机构所取得的最新专利技术成果，又了解企业所开发的产品优势。因此，对于那些兼营科技创新的中介，政府也应当给予一定的税收、经费方面的支持。

三是加快实现科技创新中介的信息与设备资源共享。随着计算机和网络技术的发展,我国已初步建立了生产力中心信息网(PP-net)、中国中小企业网、中国中小企业信息网以及各省市的中小企业网等面向中小企业的网络信息服务平台,基本上形成了较完整的信息网络系统,为中小企业提供信息传递、虚拟开发、虚拟生产、电子商务、网上广告等服务,大大节省了企业的交易成本,推动了中小企业信息化。同时,要充分利用网络资源,协调好固定市场和网络市场二者的发展,最大限度地发挥二者的优势。

四、产学研协同创新机制建设的政府主导

在产学研协同创新中,政府是调控主体,对推动产学研协同的发展起着决定性的作用。产学研协同是一项系统工程,产学研各方均不能独立承担起协调和组织的重任,只有政府才能有效组织、推动、协调、激励和引导产学研协同,发挥重要的职能和不可替代的作用。地方政府不仅是国家创新政策的创造性执行者,而且是产学研协同创新的有力推动者,还是产学研协同创新可持续发展的引领者。

(一)政府主导的产学研协同创新形式

第一种形式:科技园。这是指以大学为依托,利用大学的人才、技术、信息、实验设备、文化氛围等综合资源优势,通过风险投资在内的多元化投资渠道,在政府政策引导和支持下,从事技术创新和企业孵化活动。通过整合大学综合资源优势与其他社会资源优势,科技园能够有效推动知识生产、技术创新、科技成果转化,为孵化高新技术企业和培养复合型创新创业人才提供服务,促进大学丰富的智力资源与其他社会资源的优化组合。在市场经济不断发展的今天,高校科技成果产业化推动了科技园的建设和发展。同时,科技园的发展和壮大也加速了高校科技成果产业化的进程。从集聚转化科技成果的角度看,在特定的环境条件和灵活机制的作用下,科技园能够使学校的科技链与社会的产业链很好地连接起来,并通过技术加强资本的运作机制,加强产学研的协同。这样有利于现代企业拥有自主知识产权的技术和产品,科技成果不断得到转化,流向企业,从而紧密了大学科研和市场的结合。

第二种形式:高校—地方共建研究院。高校与地方政府协同共建的研究院,是由地方政府牵头并与高校联合成立科技创新基地,是"官、产、学、研、资"联合的综合平台。此类研究院跨越高校所在的行政区域,面向当地的战略性产业发展需要。政府作为高校—地方研究院的推动者,从战略需求和整体利益出发,为研究院提供建设资金、土地、政策等支持,推动产业升级和区域经济发展。这对研究院的前期建设、有效运营和持续发展至关重要。高校—地方研究院是区域创新体系的重要一环,是优质创新要素的集聚平台,能够在产业技术研发与转移、产业再造和制度变迁三个方面展

现功能。在产业技术研发与转移上,研究院能够推动传统产业进行技术升级,通过关键技术的研发转变产业结构,利用前瞻性技术衍生高新技术企业;在产业再造上,以技术和人才的扩散和流动实现产业转型,基于研究院衍生企业,构建并形成地方现代产业集群;在制度变迁上,通过建设研究院,能够开辟新的产业政策路径,形成地方政府制度创新的技术基础和产业基础。

第三种形式:科技成果转化专项资金项目。科技成果转化专项资金是国家有关部门或省级部门为了鼓励科技创新,促进科技成果转化为生产力,为特定的科研项目下拨的具有专门指定用途或特殊用途的资金。科技成果转化专项资金项目的设置,能够培育战略性新兴产业,集中力量支持高技术含量、高附加值的产业发展,推动产业链向价值链高端攀升。专项资金支持方式包括拨款资助、有偿资助、贷款贴息三种。政府会根据项目和企业的不同特点,合理确定专项资金支持方式和资助档次。专项资金突出了对成果转化环节的支持,重点支持已取得科技成果,经中试并进入产业化开发或直接进入产业化开发、能较快形成较大产业规模、显著提升相关产业技术水平和核心竞争力的重大科技成果转化项目。同时,也要加大对创新意义重大、产业带动性强、发展前景好但处于转化前期、具有一定风险的项目的支持。因此,在项目遴选中,重点突出自主知识产权和自主品牌的培育,强调产业核心技术突破,加强以发明专利为主的前置审查。要优先支持产业带动性大、市场前景好的重大装备和整机产品,优先支持发展潜力好、创新能力强的重大原创性成果的转化与产业化。专项资金还必须着力推进传统产业的技术创新和转型升级,推动传统产业生产企业向高科技企业转型发展。支持制造业企业加快新品开发,通过产品持续更新、工艺升级和功能提升,赢得新的发展。

第四种形式:科技计划资金项目。科技计划资金项目是为实现科技发展目标而设计和策划的、在相应条件下组织实施的行动方案提供资金支持。这不仅强调提高国家竞争力的科技储备和国家创新体系建设,而且以关系国家利益、发展目标和产业发展的前瞻性重大科技研究与开发为计划的主流,具有很高的权威性和可操作性。鉴于科技创新资源的稀缺性,政府需要根据区域科技发展基础与特色,科学选择具有科技优势与发展潜力的产业,利用科技计划资金项目整合区域科技创新资源,推动重点产业自主创新与发展,从而进行科技创新资源有效配置,提高区域科技创新资源利用效率。同时,科技计划资金项目也体现出经济社会发展与科技创新的互动,一方面,以提高综合国力和国际竞争力为总目标,根据实际有重点地加强基础研究和战略性高新技术研究开发;另一方面引导社会各界增加对科技发展的资金投入,培养和推动企业成为科技创新的主体,不断持续提高经济社会发展的科技水平。科技计划资金项目有助于直接促进企业与大学、科研机构的协同。科技计划资金项目通过对申请者身份、合作方式和资助力度等的硬性规定,能够有效调节科技系统内部资源与企业拥有资源的配置方式和比例,促进产学研的动态合作。

　　第五种形式:政府—企业挂牌研究基地。政府—企业挂牌研究基地(简称"研究基地"),是为满足企业或市场对技术成果的需求,政府按照国家创新发展战略的要求,与企业进行深度研发协同而共同建立的研发实体。研究基地是一个国家科技创新体系的重要物质基础和技术基础。研究基地立足国家需要,把解决重大科技难题作为首要使命,承担基础性、公益性、战略性研究任务。研究基地是由物质与信息保障系统组合而成的,是产学研协同创新的载体和基础。它包括四个子平台:一是研究试验基地和大型仪器设备共享平台。平台通过对现有的重大科学工程、重点实验室、国家的大型科学仪器管理中心等资源进行整体规划,建设一批具有国际竞争力的国家研究试验基地,形成一个布局合理、装备先进、流动开放、共建共享、高效运行的国家实验研究体系。二是科技数据共享平台,即科学实验、科学研究开发所积累的科技成果数据以及科技文献资源,包括专利、科技技术成果以及实验过程中所积累的测试、数据、科技报告等形成的数据共享平台。三是网络科技环境。这个平台主要是指行业和企业的技术研究中心、工程技术中心。四是创新创业体系。包括创新创业的孵化体系和支持科技型企业成长的科技创新中介服务体系。

(二)　产学研协同创新的政府引导方式的完善

　　产学研协同是不同部门、不同行业的组合,它们各自的运行机制、目标、价值取向等不尽相同,要将三方资源及其力量整合起来,政府的作用至关重要。无论在宏观层面还是在微观层面,政府所发挥的职能直接影响着产学研协同创新的整个过程。从世界科技经济发展的历程看,这也是一个普遍现象,各国政府都十分重视、努力推动产学研创新协同。

　　尽管政府在产学研协同中起着主导作用,但绝不是干预和包办。具体来说,从宏观层面看,政府在产学研协同中的主导作用主要有以下几个方面:一是宏观调控职能。政府根据经济和社会发展的战略目标,制定产学研协同创新的发展规划、目标和任务。二是组织协调职能。建立能够协调产学研创新协同的组织机构,引导企业、大学、科研院所积极主动地融合到一起。三是政策、法规的导向职能。根据产学研协同的总体规划和具体实施计划,制定与产学研合作配套的相关政策、市场法律规范和管理规范等,为产学研协同创造良好的环境和条件。四是服务指导功能。构建产学研协同公共服务平台,为创新载体提供服务,完善促进产学研协同的社会化服务体系,促进服务于产学研协同的科技创新中介的产业化。从微观层面看,产学研协同的基本条件有五个方面:一是物质条件,包括科技人力资源(包括人力资本)、资金投入、科研装备、中试基地等,决定着协同的物质载体形成。二是研发成果,黏合着协同各方,是决定协同成功的关键。三是利益机制,有效激励协同各方,关乎产学研协同的过程能否顺利。四是协同规范,规定着协同各方的行为,决定着协同运行的有序进行。五是市场效益,这也决定着协同各方的利益实现,进而决定着产学研协同的成败。

政府主导的产学研协同,强调在遵守市场经济规律的前提下,政府充分利用其掌握的公共资源,发挥宏观管理和调控职能,采用经济手段、法律手段,引导和促进产学研协同健康发展。因此,要坚持科技经费投入与产学研协同挂钩,科技政策与产业政策、经济政策等相结合的原则,引导产学研协同的方向,以促进创新为目标,构建政府主导下的产学研协同新机制,实现政府对产学研协同的引导和调控。具体来说:首先,构建利益驱动机制。产学研各方的责、权、利应明确、清晰,一定要体现利益共享、风险共担的原则。要根据产学研协同的现实情况,从调动产学研各方面的积极性出发,在利益分配、知识产权、税收信贷等方面,制定更加具体、可操作性强的实施细则,以调节产学研各方的利益关系。其次,完善合作选择机制。建立健全技术市场管理、协调机构以及技术开发、技术服务中心,让它们承担收集和推广科技成果信息的任务;建立产学研协同的信息网络,不断扩大信息的传播和转移的辐射面;建立产学研协同项目的咨询评价系统,为产学研协同各方的合作项目的技术性、先进性、科学性、经济性、适应性和价格提供参考,避免协同各方在目标价值上存在的较大差距。再次,改善产学研协同的环境机制。政府可以通过经济、社会改革,建立适应产学研协同发展的环境,加强有关信息流通和中介服务机构的建设,在外部条件上为产学研协同的发展铺平道路。考虑到产学研协同是不同部门、不同行业、不同系统单位之间为了共同的价值目标和利益目标而开展的合作,因此需要强化政策法规对产学研协同行为的规范和约束,必须使合作者严格遵守一定的规范和准则,依靠政策的导向性、法规的强制性,对协同各方的行为进行规范和约束,以保证产学研协同朝着健康稳定的方向发展。

对于关键技术、共性技术以及前瞻性技术而言,政府专项资金是产学研协同中资金的重要来源之一。政府通过设立技术的研发和创新的专项资金,一方面可以减小企业技术创新的风险,增大企业参与创新的动机;另一方面也能缓解产学研协同中资金的缺乏。其主要方式有:一是预算资金。以创新项目为载体,根据国家经济发展计划的重点和高新技术领域的重点,确定相应的研究与开发项目,并纳入国家预算中重点资助。如美国的"半导体研究协作计划"、"新一代汽车合作计划"、"技术再投资计划"、"人类基因组图谱计划"。二是匹配资金。这是指政府对产学研协同项目提供额外匹配资金。如英国、德国、芬兰均鼓励本国企业和研究院所共同参与欧盟框架计划,并提供相应资金匹配。三是风险资金。这是指对那些可以产生重大技术突破,但又风险大的研究与开发项目,在企业界不敢问鼎的情况下,由政府出面承担风险,予以阶段性资助。如澳大利亚的"产业化就位计划"、"成长中的投资"。四是人才资金。这是指向创新人才提供资助,鼓励其从事与企业发展相关研发工作,为产学研作出贡献。

政府作为产学研协同发展不可替代的支持力量,要为产学研协同构建公共服务平台,推动产学研协同的健康发展,完善促进产学研协同的社会化服务体系。建立产学研协同信息平台,促进资金、技术、人才、设备等信息的有效对接,解决信息不对称的问题;大力发展促进产学研结合的各类专业中介机构,引导其发挥信息沟通、技术评估、法律咨询、组织协调、知识产权服务等中介作用,提高服务水平;发挥行业协会在信息沟通、人才培训、组织协调等方面的优势,积极组织和推动本行业内的产学研协同;政府组织各种跨行业、跨部门的信息交流、人员交流活动,定期通过新闻媒体和中介机构公布大学和科研院所的科技成果,建立稳定的大学、科研院所与企业对接机制,在他们之间牵线搭桥,总结和交流合作经验和成功的案例,从而推动产学研协同创新不断深化。

（执笔:葛扬　管陵）

第七章　产学研协同创新载体中的
知识创新机制研究

在知识经济时代,知识创新已经成为构造企业、产业、区域竞争优势的重要因素。知识创新是产学研协同创新载体的核心部分。在产学研协同创新载体中的知识创新不单是指知识与技术层面的创造与更新,还包括"科学—技术—市场"的"新组合"。产学研创新载体通过内部的知识创新机制,将分散的知识进行集中整合,重构知识供给与知识需求之间的网络,促进知识与经济社会的自我增强动力,成为创新载体可持续发展的内生性动力。

一、知识创新理论综述

从 20 世纪 60 年代起,随着知识创新与技术创新的逐步融合,国际学术界对科学知识创新进行理论研究,产生了"大科学"、"后常规科学"、"后学院科学"、"国家创新系统"、"知识生产模式 2"以及"三重螺旋"等理论。这六种理论反映了科学知识与社会、企业的逐步融合。其中前三种理论是早期知识创新模式,后三种理论是产学研创新载体下的知识创新模式。

大科学(Big Science)的概念是相对于小科学(Little Science)提出的①,主要有两种观点:史蒂文·普赖斯(1963)认为大科学是指科学研究总的社会规模上的大科学;史蒂文·温伯格(1968)认为大科学是指研究项目尺度上的大科学。综合来看,大科学是指国家进行投资建设大规模的研究项目,需要进行巨额的投资,大量人力物力的投入,进行长期的研究,同时也是多学科的交叉研究,涉及不同的研究维度,如载人航天工程、生物工程、核物理的研究等等。大科学是从单个科学家进行研究的知识生产模式演化而来的,其特点是科学知识的生产工作由科学共同体来完成,是一种由单一到共同的演化。大科学表现出科学知识研究对社会资源的需求,科学知识生产

---

① 小科学项目通常由科学家个人或科学小组进行研究,由科学家个人或科学小组设定问题、独自执行、探索式解决,这种研究方式以竞争性为特点,科学家以追求科学真理为导向,集中在单个学科内进行研究,经常会产生出人意料的结果。这一概念是由史蒂文·普赖斯(1963)在《小科学,大科学》中提出的。小科学的特点是科学家的自主自由的研究。

要满足社会的需要,社会资源才能予以支持,科学家与社会谋求合作的知识生产模式初现端倪。

"后常规科学"(Post-normal Science)的概念最先是由英国科学与社会联合会主席拉维兹博士与合作者福特沃兹(1995)在《后常规科学的兴起》一文中提出的。他们认为目前西方循规蹈矩"解难题"的"常规科学"解决不了全球化产生的各种问题,要解决这些问题应当围绕科学在当代社会中的变化,用一种新的方法,即"后常规科学"。"后常规科学"认为,科学不再是少数知识精英的"解难题"作业,它已成为一项政府、产业乃至市民都参与其中的公共事业。这是对自牛顿以来的科学范式的一次突破性的尝试,改变了原有的科学的局限,将科学引入到社会中来,把科学纳入到全球化的视野来研究;这也意味着科学知识的创新必须在一个开放的公共空间中得到实现,知识创新模式也需要通过不同领域之间的交流、对话来磨合与建构。"后常规科学"中的知识创新模式是科学共同体与政府乃至与市民之间的常态性互动,这种互动正是产学研创新载体知识创新模式的雏形。

所谓"后学院科学"(Post-academic Science)的概念是由约翰·齐曼针对20世纪科学活动的变化提出的,与其之前提出的"学院科学"(Academic Science)概念相对应。"后学院科学"表达了一种新的"知识创新模式",是"学院科学"向产业领域的延伸,是根据市场原则组织的、与企业生产紧密联系在一起的科技创新体系。一方面,科学通过签订合同从产业界获得资助;另一方面,产业界通过定向科学研究的成果获得了生产前进的动力。正因为如此,后学院科学又被称作为"产业科学"(Industrial Science)。"后学院科学"往往以问题为中心,跨越学科界限,进行跨领域的研究,这正反映了产学研创新载体下知识创新模式的本质。可见,"后学院科学"为产学研创新载体下知识创新模式的形成奠定了基础。

最近几十年来,学术界试图分析产学研协同下的知识生产模式,主要有三大方面:20世纪80年代的"国家创新系统"理论、20世纪90年代的"知识生产模式2",以及20世纪90年代末的"三重螺旋"理论。

国家创新系统理论强调在国家范围内,企业、大学、政府机构在系统内进行互动和合作,目的是促进国家层面上的科学和技术知识的生产、传播和应用,在产学研协同知识创新中政府的主要职能是提供各种资源、条件和服务。英国著名学者弗里曼在1987年考察日本时发现,要想推动一国的技术创新,仅靠企业的力量是不够的,必须有一个国家的战略及系统,由此率先提出了国家创新系统的概念。他指出国家创新系统是公共、私有部门机构之间的网络,其各种活动和相互作用对新技术有激活、引入、改进和扩散等影响作用(Freeman,1987、1988、1995)。国家创新系统中有不同的组织、主体或制度,它们多以合作的形式来创新和使用新知识,包括大学、研究机构、政府之间的互动等。现代经济条件下国家创新系统将逐步演化为以产学研知识交互为主的新型载体,此时政府和中介机构的作用以引导和辅助为主,创新系统的核心将变成大学、科研机构和产业之间在知识创造、转移和使用方面的交互式的合作。国家创新系统模式提出产学研协同知识生产要以系统运作的模式进行,政府在其中扮演资源的提供者和支持者,它们之间的互动和交流是知识生产的关键。

吉本斯等人在《知识的新生产》(1994)一书中提出了"知识生产模式 2"(Mode 2)的新概念。他们认为,科学、社会和文化知识的生产方式正在发生重大变革——正在向一个新的科学知识生产模式发生显著转移,正在替代或改造已有的制度、学科、实践和政策。科学技术的发展使得知识的生产者正在从原来单一学科领域(Disciplinary),逐步迈向跨学科(Inter-disciplinary)、跨领域的新生产模式,即从知识生产的"Mode 1"转向"Mode 2"。同时,"Mode 1"①与"Mode 2"两者之间不是相互替代的关系,而是相互补充的共生关系。这种知识生产的新模式拓展了不同学科、不同组织之间跨边界合作的问题,尤其强调在应用背景环境下进行知识的生产。"Mode 2"知识生产是非等级的、异质性组织起来的,其组织形式灵活、易变和短时。来自各领域的要素从一开始就被整合于知识生产的全过程之中。实际上,"Mode 2"揭示了大学、研究机构和企业之间协同创新的本质,三者之间的互动、合作和协调最终导致知识生产模式的革新,这一理论提出了大学面临的一些改革和挑战,更提出了知识经济时代产学研协同的知识生产是主导范式。

三重螺旋(Triple Helix)创新载体由纽约州立大学社会学系亨利·埃兹科维茨(Henry Etzkowitz)教授和阿姆斯特丹科技发展学院的劳德斯特夫(Leydesdorff)教授两人共同提出。1995 年他们提出了"大学、产业、政府"三重螺旋创新模型(Leydesdorff,Etzkowitz,1995)。该模型利用生物学中有关三螺旋的原理来解释在社会经济发展中政府、大学和企业之间的相互依存的互动关系。在以知识为基础的社会中,大学—产业—政府三者之间的相互作用是改善创新条件的关键。在"大学—产业—政府"之间相互结合和作用中,每个机构在保持传统作用和独特身份的同时又在一定程度上承担着其他机构的部分功能,从而形成相互作用、共同演化的三重螺旋模式。这是知识创造和组织创新的催化剂。新的组织创新正是由三个螺旋之间的相互作用而产生的。三重螺旋模式的核心价值就在于将具有不同价值体系的大学、企业和政府在发展区域经济上统一起来,形成知识领域、制造领域和行政领域的三力合一,从而为经济与社会发展提供坚实的基础。三重螺旋理论认为,大学、产业、政府三者的关系维持必须充分发挥政府的协调作用,政府应当积极支持大学与企业

① "Mode 1"是传统的知识生产模式,它是基于科学和学科的模式。它的主要特点有:第一,目的是基于学术背景下的研究和探索,有学术共同体来确定学科知识和分类;第二,以学科为基础,知识的生产是在特定学科框架内产生的;第三,同质性和组织的单一性,强调大学是知识生产的中心,具有单纯的学术目标。

建立良好的合作伙伴关系。同时,该理论还强调大学、企业和政府的交互是创新系统的核心环节,三方螺旋共生合作是推动知识生产、传播与应用的重要动力,在将知识实现资本化的过程中,各参与者共同推动创新螺旋的上升,促进创新价值的最终实现。

综上所述,在知识创新载体演变过程中,产学研协同下知识生产模式是知识经济时代的重大标志。知识创新载体随着经济制度范式的变迁而改变。

二、产学研协同创新载体中的知识创新模式

产学研协同创新载体,突破了大学是单一知识生产主体的格局,产业部门同时成为了知识生产的主体。这就使知识生产的模式发生了根本性的变革。美国的硅谷、芬兰的电子通信产业以及中国的中关村,都是通过建立企业、大学为核心的产学研协同创新载体取得成功的。

与其他资源不同,知识不仅可以共享,而且通过应用得以"生长"。在知识经济条件下,为了满足社会的知识需求而进行的知识创新,从根本上改变了生产力的内在结构,生产力各要素的地位和作用出现了明显变化,知识要素的重要地位不断凸显,并且直接纳入生产运作之中。生产函数的这一变化,体现了生产过程中知识应用和知识创新的有机统一,生产不仅是利用知识生产物质产品的过程,也是通过产品生产过程创造更新知识的过程,这就深化了人们对"科学"和"技术"的认识。在知识经济中,基础研究与应用研究、科学知识与技术知识之间的边界已经变得比较模糊,研究所和大学不再是单纯的科学知识生产者,而是更多地直接参与高技术的生产和应用,企业不再是单纯的先进技术的应用者,而是更多地成为新产品生产和新知识生产有机统一的实现者。

知识转移是产学研协同创新项目的本质,产学研协同创新是企业保持核心竞争力的有效方式。在产学研协同载体上,企业通过知识转移来实现产品创新,从而保持竞争优势,形成核心竞争力。通过产学研协同创新,如果企业把自己需要的关键知识成功转移到组织内部并和自身已有的知识资源进行整合,那么将大幅提高企业自身的研发实力和核心竞争力,也就成功实现了产学研协同创新的目的。

产学研协同创新载体各个主体的分工将导致成员之间的知识互惠性,不同性质的主体在创新载体的知识创新活动中所起的主要作用是不同的:大学等主体在创新载体中的知识活动主要是知识获取、生产与扩散;而企业的主要知识活动是知识选择、知识内在化、知识外在化等;政府则提供各种资源、条件和服务。产学研创新载体知识创新模式下,各参与主体之间互动关系具有一定的多样性,可以具体划分为点对点、点对链和合作网络三种模式。

（一）点对点模式

如图 7.1 所示,点对点模式是指企业与大学或科研机构之间进行的一对一合作创新,即某一企业与某一学校或科研机构建立的合作创新关系。点对点模式的合作参与者少,合作关系简单,合作沟通便利,合作目标也较为明确。不过,受限于参与者的专业能力和资金实力,点对点模式适用于单元技术的研发,难以支撑涉及多个技术领域的联合科技攻关,也较难实现产业共性技术的关键性突破。

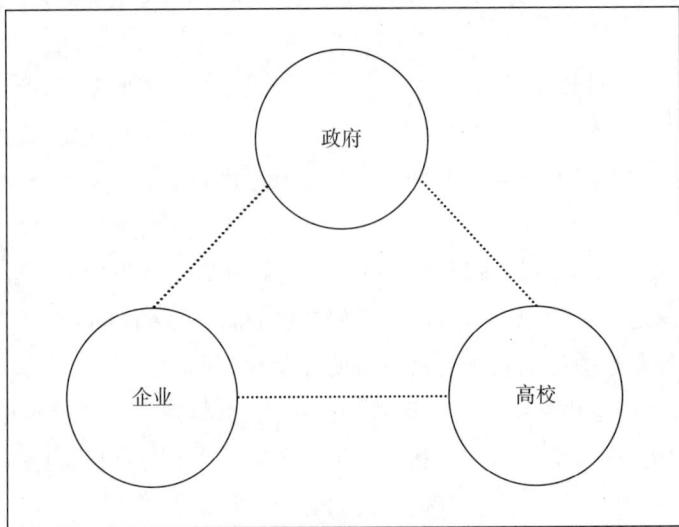

图 7.1　点对点模式

这种模式的具体形式主要有技术转让、委托研究以及联合攻关等,受制于课题任务、研发资金、合作周期、伙伴实力等多种因素,该合作模式常常是一次性合作行为,产学研合作关系松散,注重短期效益,技术创新缺乏持续的动力。

（二）点对链模式

如图 7.2 所示,点对链模式是指包括一个企业与若干个学术机构或一个学术机构与若干个处于同一产业链或供应链上的企业进行的协同创新。当一个企业与若干个学术机构进行合作时,企业往往经济实力较强,既是合作的需求方,又是合作的资助方,而大学和科研机构则根据企业的技术要求,分别完成相应技术环节的研发任务。当一个学术机构与处于同一产业链或供应链上的若干个企业合作时,大学或研究机构的研发实力雄厚,既是技术供给者,又是技术集成者,而多个企业则在特定行业或供应链上相互协作,力图实现技术成果的市场化和产业化。在点对链模式中,单个企业或单个大学或研究机构一般会依据自己的研发优势组合起相应的研发团队或

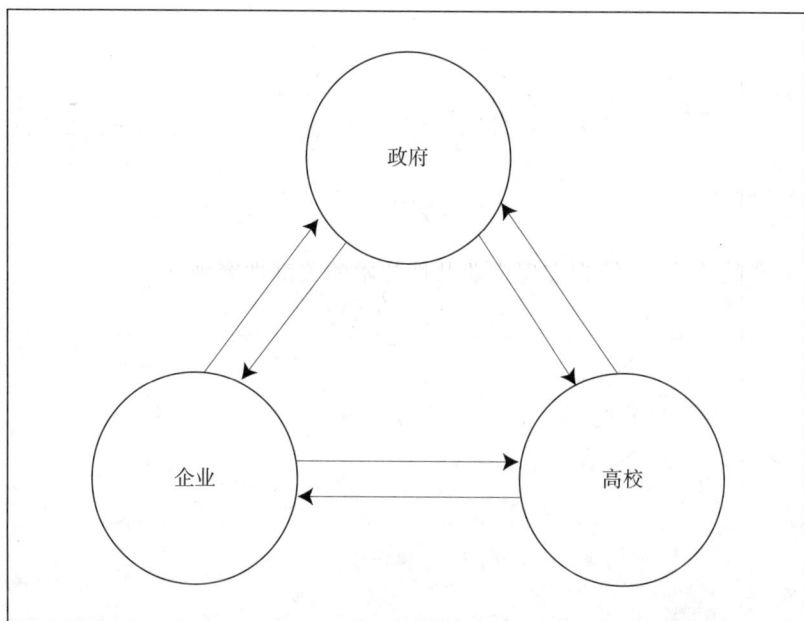

图 7.2　点对链模式

产业化团队,既能够进行单元技术研发,也能够进行集成创新;既有利于强化特定单位的特定技术经济优势,也有利于产业界和学术界的优势互补。不过,点对链模式对单个企业的资金实力和技术实力、单个大学及科研机构的科研能力均有较高的要求。

大学科技园和高新技术开发区就是上述模式的具体形式。大学科技园是一个学术机构与处于同一产业链或供应链上的若干个企业的合作模式,准确地说是上述合作模式的集合。大学科技园一般是以研究型高校为依托,吸引高技术企业进行风险投资、研究型机构合作,而形成的产学研战略联盟集聚区。目前,国内一流研究型大学如清华大学、北京大学、南京大学等纷纷建立了自己的大学科技园区,加速大学科技成果转化,顺利实现产学研模式下的知识生产。高新技术开发区则是一个企业或产业与若干个学术机构合作进行创新的模式,准确地说是上述合作模式的集合。在研究型高校密集地区,建设高新科技开发区,并使之成为高新技术企业的孵化器,为产学研合作下的知识生产服务。这种开发区主要由政府组建,通过提供资金、商业信息情报、技术咨询与指导、低价的办公设备租赁等途径,为大学、科研机构和高科技企业在区内形成技术创新合作和技术转移联盟,提供良好的软硬环境。如北京、上海、南京等研究型大学集聚地区的高新技术开发区,比较好地发挥了促进产学研协同下创新知识生产的作用。

(三) 网络模式

如图 7.3 所示,网络模式是指某个行业内或产业链上的多个企业、高校、科研机

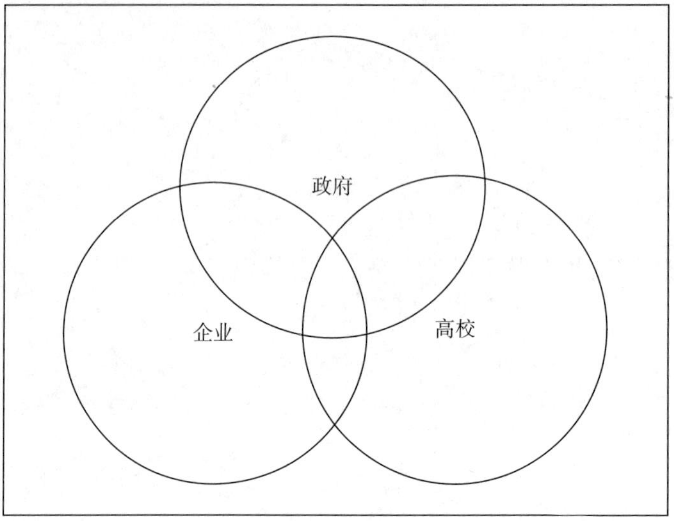

图 7.3　网络模式

构共同参与的协同创新。合作网络中的每个成员通过交流、学习和合作,互通有无,并从合作网络中分享收益,将技术能力发挥到仅靠单个成员努力难以达到的水平。一般来说,网络模式下,产学研协同规模较大,实力较强,既可以在产业领域内打造完整的产业技术创新链,如由钢铁研究总院、宝钢、首钢、鞍钢、武钢、东北大学、北京科技大学等 10 家单位组成的中国钢铁可循环流程技术创新战略联盟;也可以进行跨领域、跨行业的集成创新,如由一汽、东风、奇瑞、吉利、长安、宝钢、西南铝业、华东理工大学、中国汽车工程研究院等十多家单位组成的我国汽车轻量化技术创新战略联盟。但是,网络模式涉及成员较多,企业、高校、科研机构常常是异质性的互补组织,而且企业成员之间在协同基础上还存在竞争关系,因此,组织结构和协同关系都很复杂,可谓是管理难度最大、管控成本最高的产学研协同模式。一般来说,网络模式的发展常常需要有相当的实力和影响力并有一定的管控水平和服务意识的牵头单位来组织、管理和协调。

　　网络模式下的产学研协同的形式主要有共建科研基地、组建研发实体以及产业技术联盟。共建科研基地是指企业与大学、科研机构分别投入一定比例的资金、人力或设备共同建立联合研发机构、联合实验室和工程技术中心等科研载体;组建研发实体是指产学研各方通过出资或技术入股的形式进行技术开发或技术经营;产业技术联盟是指一个或多个产业中互相分工、相互关联的多个企业、大学、科研机构、中介组织、政府等,为了共享资源、技术开发、开拓市场等共同的目标而达成战略合作关系,通过资源共享、合作研发等方式进行合作的一种新型产业组织形式。这种模式下的产学研协同知识创新,既可以发挥大学和科研院所实验手段先进、研发能力强的优势,又可以利用企业工程技术开发能力,克服技术转让、联合攻关等合作方式存在的短期行为弊病,有利于带动企业研发队伍的建设,提高合作各方的自主创新能力。

三、产学研协同创新载体中知识创新的功能

知识创新有其自身的规律。这就要求产学研协同创新载体必须具备符合知识创新规律的功能特征,从而保证创新的成功。具体而言,产学研协同创新载体应包含以下知识创新特征:

第一,知识创新的集聚性。汇聚创新资源是进行知识创新的起点。创新载体的集聚效应可以吸引大量的创新资源,加快创新资源的内部流动性,继而降低产学研各方知识创新的成本。特别是随着知识的深化和技术上的专业化,人力资本已成为知识创新活动中的关键性资源。通过创造更多的机会、减少人才流动风险,创新载体不仅为高层次的人才提供发挥才能的空间,形成加速知识创新的人才集聚高地,而且还利用与企业间的交流网络,加快知识的转移,大幅降低企业为应用知识所付出的搜寻成本和交易成本。除了人力资本外,创新载体同样也吸引着风险资本的加入,比如聚集在硅谷附近、专门从事风险投资与天使投资的金融资本,为创新型企业与研发型高校的结合发挥了极其重要的作用,强有力地保障了知识创新的成功实现。

第二,知识的共享与互补性。从资源整合的角度看,企业与科研机构间创新资源的配置是不同的。一般来说,任何单独的知识创新机构都无法在所有类型的创新资源中占据绝对优势,其拥有的资源与所期望的创新资源之间必然存在差距,这体现出创新资源在各部门之间配置的差异性与不均衡,也反映了各创新机构掌握着不同类型的异质性资源。而知识的创新恰恰需要综合这些异质性资源,并使其在同一网络中交流与碰撞。通过产学研各方的协同,创新载体可以实现不同类型创新资源的共享和互补,弥补了单个企业或研发机构创新资源不足的缺陷,加快异质性资源在知识创新部门的流动效率。

第三,知识创新对竞争与合作的激励性。知识创新是企业的生命线。市场的竞争加剧了企业间知识创新的竞争。正是由于这种竞争的存在,不仅给企业提供了知识创新的激励,还促进了企业与科研机构,甚至是与竞争对手的合作。特别是在知识产品不断更新的过程中,单个企业很难独立完成一种知识产品的研究与开发,必须与科研机构或是竞争同行进行合作,以此整合各方所特有的知识与信息。而产学研协同创新载体可以充分利用自身的知识创新优势,为产学研各方的竞争合作关系提供激励,用内部竞争促进知识创新,用知识创新带动深层次的合作。这不但有助于实现知识创新外部性的内部化,同时也可以避免过度竞争。

第四,知识创新的专业化分工。创新载体内发达的专业化分工机制可以将复杂

的知识创新流程分解为多个专业化的创新环节,对产学研各方的资本、技术、人力资源等生产要素进行灵活组合,促使各方把有限的创新资源合理、有序的投入到不同产业链或知识价值链环节中。这种专业化分工机制不仅有助于各创新主体发挥自身的比较优势,提高集体创新的可能性,而且有效地分散了创新风险,加快了传统创新环节的细分与衍生创新链条的发展。

第五,知识创新的联网功能。知识经济条件下的产学研协同创新载体既是地理空间层面的集聚,也是以知识技术创新链条为基础的产业层面的联网交汇,更是多元文化、创新思想在精神意识层面的碰撞与融合,最终从多个层面构造囊括各类创新要素在内的、具有本地产业特色的区域知识创新网络。在该网络中,科研机构与企业专注于知识的研发与产业的应用,政府致力于创造吸引创新资源的环境,金融资本、中介机构等辅助创新部门则关注于提升创新网络的密度和效率、保障知识创新的网络凝聚力。

知识应用机制是实现产学研内部研发的知识向企业或产业链转化的过程,是实现知识价值增值的重要环节,是塑造企业核心创新能力、完善产业链、打造产业竞争力的重要路径。由于知识应用是知识创新的终极目标,所以知识创新的其他机制都是围绕这一目标来进行,知识应用机制主要从以下几个方面促成了企业与产业生产力的全面重构。

一是知识在劳动力方面的应用。企业的劳动工人在创新载体的培训与学习帮助下,不断适应知识的更新速度,由原来的"低技能型"工人转变为高层次人力资本,提高了企业的劳动生产率。

二是知识在生产工具方面的应用。传统的生产设备由于缺乏科技知识含量,大部分停留在粗放型阶段,高能耗、低产出特征明显。在产学研创新载体帮助下,企业可以为生产设备注入知识含量,实现"粗放型"向"智能型、集约型"的转变,这不仅可以节约企业要素投入、增加产出,还可以提高产品知识含量、加快企业转型升级,从而提升企业市场竞争力。

三是知识在生产对象方面的应用。工业化时代的劳动对象主要是实物材料,需要对自然资源进行加工,而在知识经济时代,加工的对象逐步由传统的工业材料转变为抽象的知识产品与实物产品的"合成体",比如生产IPAD产品的苹果公司,不仅专注于硬件产品的设计与研发,而且为软件等创意知识的开发提供了广阔的发展空间。

四是知识在生产流程方面的应用。创新载体可以帮助企业优化生产流程,通过对企业生产价值链的分解与重组,提高企业各价值链的知识含量,将传统的人工处理环节转化为自动化或是数字化控制,加快了企业由传统的经验型管理向科学型、柔性化管理转变。

五是知识在产业组织方面的应用。由创新载体产生的知识创新会促进知识产品在市场中不断得到认可与增值,使以知识资源为核心的创意产业成为地区发展的支柱产业,使"实体化"产业组织形态向"虚拟化"产业组织形态进化,从而推动区域经济形态由生产型经济向知识服务型经济转变。因此,知识应用机制的建立与完善是创新载体将理论知识升华为现实生产力的关键,是企业培育创新能力的基石,是进行产业升级、塑造区域竞争优势的战略选择。

从以上特征中可以发现,由于产学研协同创新载体比企业从事单项的、分散的知识创新更经济、更有效率,可以使知识创新的总体绩效大于单个知识技术创新活动经济绩效之和,发挥知识创新的整合效应,因此,产学研协同创新载体的知识创新特征引导着企业(产业)创新的走向,决定着知识创新的可能性、产业创新的规模和产学研协同创新的效率。

四、产学研协同创新载体中知识创新作用的放大

与单纯在大学进行的知识创新相比,在产学研协同创新载体中知识创新的作用被大大放大。创新技术被采用后常常会产生再创新,进而使技术水平不断提高,扩散源不断增加,效应不断扩大。在知识创新中知识的扩散和转移,会因产学研各自的需要而加快速度,使得技术成果早日产业化。因此,一项创新技术的扩散将随着创新技术的被采用而成正比增长。

上述知识创新作用放大的原因,不只是在创新载体上投入了大量的创新资源,更因为在载体上存在有效的知识整合机制。由于产学研协同创新载体具有加速知识整合、促进创新效率提升的特征,因而在实现知识创新的机制建设方面更加健全、更有效率。产学研协同创新载体在本质上就是一个由众多知识处理单位构成,专业化从事知识吸收、知识开发、知识共享、知识转移、知识应用的集合体。该集合体通过市场机制不断吸纳现存的知识储备,利用内部有效的知识创新机制,衔接市场需求与研发供给,在培育企业创新能力的同时,精心打造产业链价值增值环节,从而塑造与知识创新步伐相适应的企业动态竞争力。特别是以下四种机制的形成与完善,对创新载体知识创新功能的发挥起到重要的支撑作用,推动着知识由量变向质变的升华,从而使知识创新的作用进一步放大(见图7.4)。

(一) 知识吸收机制

知识吸收机制是指创新载体将外部知识转化为内部知识的过程。该吸收过程分为两个途径。

一是产学研各方内部积累。企业可以在生产与销售过程中实现"干中学"和"用中学",科研机构通过研究性学习不断深化原有的知识。更重要的是,企业与大学、

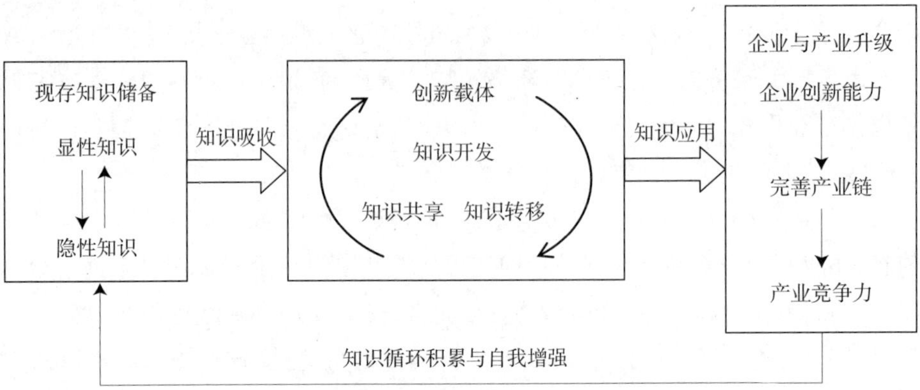

图 7.4　产学研协同创新载体的知识创新过程

科研机构的合作与交流,不仅降低了各方获取知识的成本,打通了实践知识与理论知识的障碍,还拓展了知识源的获取渠道,激活了各方原有储备的知识,促进了内部知识的融合与外溢。

二是产学研各方利用自身的外部联系加快内部知识的更新。激烈的市场竞争与消费者需求层次的提升迫使企业必须紧跟市场前沿,关注竞争者、消费者的最新信息,强化自身的知识搜寻能力,为科研机构提供最及时的市场知识需求信息。而科研机构则通过外部学术交流网络不断获取最前沿学术知识,并在对企业知识需求识别与判断的基础上,进行知识的重新编码与转化,使其能够适应企业的需求。

由于不同类型的知识获取难度差异较大,因此,产学研各方在吸收知识的过程中发挥的作用各有不同。对于显性知识而言,企业可以借助网站信息平台、行业协会、技术交易市场、科技资源共享平台等正式网络渠道获取,并在科研机构的帮助下加快消化、吸收、利用。而隐性知识的吸收则是最为复杂、最为关键的。外部隐性知识涉及经验与诀窍,对吸收条件要求苛刻,难以短时间吸收与内部化,需要产学研各方有较强的外部吸收能力与较高的合作程度。科研机构可以通过报告、模型展示、备忘录,或者通过技术咨询和技术服务的方式,将外部经验和诀窍总结出来,转化为内部的显性知识,为未来的知识创新做铺垫。

（二）知识开发机制

知识开发机制是指产学研各方充分利用自身的专业化优势,集中围绕某一特定知识进行系统性、针对性、创新性的加工过程。该机制分为初级知识开发与二次知识开发。初级知识开发主要是结合现有的内外部知识及创新资源,按照实际需求对知识进行重新组合、交换与综合加工,属于水平层面的开发。其特点是开发周期短、综合性强、覆盖面广、成本低、风险小。而二次知识开发则属于垂直层面开发,是对现存知识的再次加工,强调开发的深度与知识的增量,要求合作各方不但有较高的专业化知识和较大的成本投入,还需承担知识开发的不确定风险。

与单一企业研发或科研院所独自研究的传统模式不同,产学研协同创新载体更重视知识开发共同体的异质性。在以"学科本位"为特征的科研院所知识开发模式中,知识开发共同体具有明显的"同质性",即由学术界的学科内部或专业内部研究人员组成,共同开展相关学科知识的研究与开发。而产学研协同创新载体的知识创新特征,不仅可以分解传统科研院所的知识开发共同体,还吸引新的创新主体融入到知识开发共同体之中。创新载体中政府与企业的大量介入将科研院所科学研究与国家利益和企业利益密切结合,展现出知识开发共同体的异质性特征。比如,为促进知识开发而创建的产学研联合研发中心,依托于高校的研究院,采用技术孵化器等研发形式,既提高了创新载体知识开发的灵活性和快速反应性,又加速了知识存量的增加与质量的提升。

(三) 知识转移机制

产学研协同创新载体的知识转移机制就是知识在产学研合作各方的流动与扩散的过程。由于被转移知识本身的复杂性和多样性、知识转移双方的背景和个性差异、转移情境的变化性,在现实中不可能简单地使用单一知识转移方式,而更多的是以某种知识转移方式为主,其他转移方式作为补充和支持。不同主导方式的知识转移借助一定的网络渠道和辅助机构,交叉作用于产学研创新载体,因而形成了多种途径的知识转移机制。

根据经济合作与发展组织的观点,创新载体中的知识转移主要分为四类:一是企业间的相互转移,尤其是联合研究活动和其他协作;二是企业与科研院所之间的相互转移,包括联合研究、联合专利、联合申请课题以及更为非正式的联系;三是外部知识与技术直接向产学研协同各方的扩散,包括新知识与新技术在全行业的普遍采用和由机器设备的大规模更新产生的知识扩散;四是创新载体内部的人力资本流动,重点是技术人员在产学研各部门内部或之间的流动。

图 7.5 展示了创新载体中相关的知识创新主体之间的知识转移途径及其相互关系。其中创新载体内部的知识创新主体用长方形来表示,外部的知识创新主体用椭圆形来表示,无形的知识转移用虚线来表示,而有形的知识转移则用实线来表示,同时箭头的方向表示了知识的转移方向。比如由政府、高校、企业和科研院所联合建立的研究院、科教城等,作为创新型科技企业的"孵化器",可以向产学研协同创新载体各主体提供商业信息情报、技术咨询与指导等知识转移扶持服务。可以说,知识转移机制的建立与完善促进了产学研协同创新载体中知识的扩散,提高了知识扩散的效率,降低了知识的扩散成本,并推动了知识使用规模进一步扩大。

创新载体的知识转移机制具有明显的循环特征。在知识创新过程中，企业通过对生产过程的调查以及上下游环节的协助，发现了知识产品的现有缺陷。于是，企业将相关信息反馈给自己的研发部门或合作的科研院所，这些部门在相关知识开发机构的协助下，从多角度探索解决方案与升级思路。随着知识创新主体间合作的深化，新的知识或改良过的知识产品将扩散到创新载体内的各个角落。抽象的知识产品被转化为具体的应用技术与现实商品，促进了企业生产的进一步发展。通过这样的反复循环，知识得以多次加工、流动、扩散、应用并维持一种良性的动态转移过程。

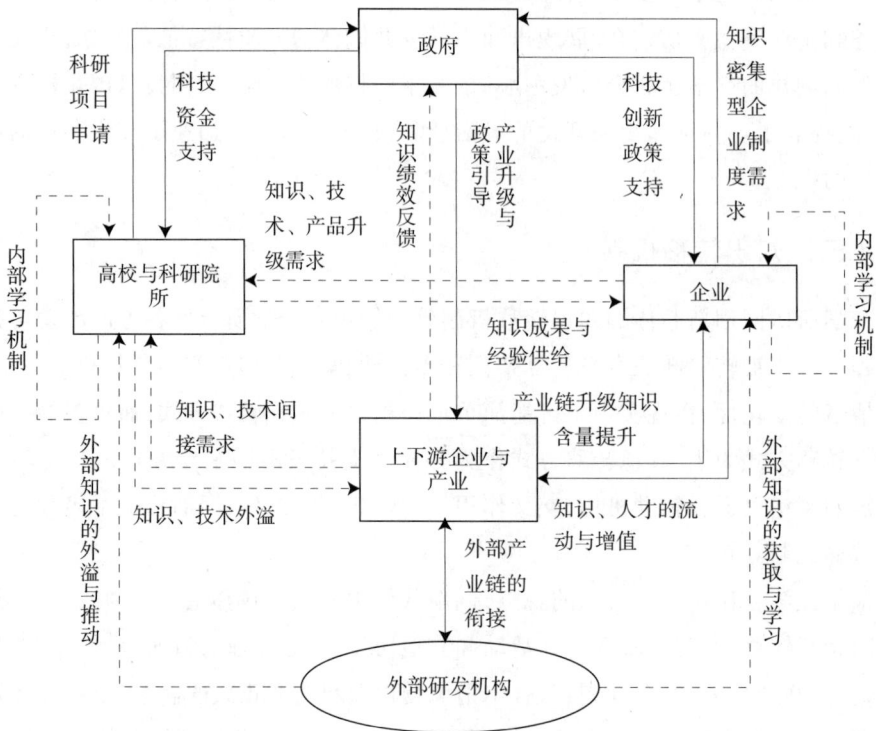

图 7.5　创新载体的知识转移机制

（四）知识共享机制

知识共享机制是指产学研各方通过知识转移和知识学习来加快知识在创新载体中的扩散，从而实现知识增值与创新的过程。产学研协同创新载体的知识共享不仅包括组织层面的共享，也包括个体层面的共享。整个共享过程是在组织与个体层面的转移与学习行为不断交互的过程中进行的。企业和科研院所会在各自的组织中选出一个群体作为合作项目组，进行第一轮的知识转移和学习。第一轮转移和学习过程结束后，该项目组会将学习后的新知识反馈给组织内部的其他个体，进行第二轮的转移和学习。如此的反复和循环，直到组织内部的个体都掌握了获得的新知识。在此循环往复的过程中,创新载体产学研各方的知识储备在不断积累,知识也因此得到传播、扩散与增值,达到了共享的目的。

知识转移并不等于知识共享。产学研协同各方在进行知识转移之后,向对方主体学习知识的同时需要重新组建自己的行为,并且必须使自己适应并具备学习知识的能力,所以各创新主体需要一个学习的过程来消化转移后的知识。只有在经过知识转移后创新主体对自身获得的知识进行学习消化,才算完成了一个单元的知识共享。由于产学研协同创新载体中存在一个组织之间共享的界面,科研机构与企业可以将各自需要提供的知识在共享界面中进行转移和学习,学习后的新知识又被反馈给产学研各方,使各组织内部再一次进行转移和学习,实现知识的再造。因此,对于创新载体而言,一个完整的知识共享过程就是通过若干次循环往复向前的单元知识共享组成的。在整个过程中,随着不断进行的知识转移和学习、再转移和再学习,知识最终在产学研合作各方得到了扩散,并且伴随着知识的扩散,知识本身得到了增值。

知识共享机制可以促进知识的自我增强,实现知识创新的螺旋式增长。作为知识共享中的"知识源头",科研院所将不断研发积累出来的专利科技成果,在产学研的协同过程中,交由企业产业化,为企业带来了良好的经济效益。此时,对于企业而言,企业不仅获得了前沿的技术,同时还使知识在传播扩散过程中得到了增值。这种增值不仅体现在数量上,也体现在质量和结构上。这些潜在的收益都将成为企业在行业中竞争的优势。企业通过不断的跟高校与科研院所进行知识共享,为自己核心竞争力的保持打下基础。对于科研院所而言,通过不断地和企业进行知识共享,不断地为企业培养和输送科技人才,实现了知识的转移。同时,通过知识共享,科研院所能够及时掌握市场的需求,了解企业人才需求的特点,相应的调整自己的教学结构和研发重点。由此研发出来的科技成果,一方面可以通过企业得到科技成果转化,使其接受市场及管理方面知识的学习以及相应的市场检验;另一方面,科研院所可以借助产学研协同的机会,发现差距,弥补不足,有的放矢,为下一次的科研活动打下基础并成为理论研究的源泉,形成知识创新的螺旋式增长结构。

(执笔:葛扬　管陵)

第八章　大学创新知识的扩散和转移

知识经济时代使得科技创新成为整个社会关注的重点,而在科技创新中高校与企业各自发挥不同的作用,在科技创新中各具优势和特色,形成了大学创新知识扩散和转移的具体特征。大学人力资本丰富,拥有大量的基础研究和应用研究成果,更加注重的是技术领先性与前沿性,对其研究的市场应用关注不够。而相反,企业拥有丰富的市场信息,更加注重应用开发研究与技术的产业化。但由于人力资本有限创新能力不足,会制约企业进一步的技术创新和发展。

一、大学创新知识转移和扩散的影响因素

即使有足够的对于大学创新知识转移和扩散的需求和供给,有效率的大学创新知识转移和扩散依然是无法实现的。一个主要的原因是大学创新知识转移和扩散的过程中存在各种不对称。从企业的角度来看,企业的规模和研究能力会影响对大学创新知识的需求,具有不同规模的企业,为了实现具体的企业目标或解决核心和非核心技术领域的问题需要不同类型的创新知识。从大学的角度来看,大学中研究领域和经费来源的差异使得它们对知识向企业的转移具有不同的态度,侧重于应用性科学和技术研究的大学更倾向于与企业的合作。创新知识供给和需求中存在的这些问题使得大学创新知识的转移与扩散过程中也存在一定的问题,例如在大学创新知识的转移与扩散过程中大学的参与水平较低,美国只有15%,欧洲也不到10%。从产业分布来看,发达国家大学创新知识的转移与扩散过程主要集中于生物、医药、信息、新材料等特定产业内,产业分布也不均衡。从大学创新知识的转移与扩散模式来看,发达国家主要通过非正式方式,主要是出版物、讨论会、非正式交流,合作不紧密,规模与密度也不够,合作模式尚待进一步深化。

这种现象在我国大学创新知识的转移与扩散过程中也存在,一方面是知识数量的增加,另一方面是这些创新知识并没有提高企业的竞争力和带来更多创新型企业的出现。在中国,只有不到10%的企业和大学进行创新知识的转移与扩散,技术供给和需求之间存在着障碍。实证结果表明,科学知识市场中的市场失灵导致了企业和大学之间的合作无法实现。因此,匹配企业的技术创新需求和大学的创新供给,需

要建立合理的产学研合作模式。

（一） 信息获取的不对称

一方面,大学的研发人员不具有技术商业化的信息。技术商业化需要一套特有的技能,包括识别顾客的需求、开发的产品概念、设计产品和工艺原型,大学的科研人员很少具备这些信息。另一方面,企业对大学的技术创新也缺乏专业知识,会减少其应用知识的欲望。逆向选择也是影响大学创新知识转移和扩散的因素,低质量的技术创新者隐藏他们低品质的发明,因为潜在的企业不能轻易识别技术创新的质量从而阻碍产学研合作的产生。大学创新知识转移和扩散中由于信息的不对称也会带来道德风险,此时衡量各自投入的具体数量是非常困难的,产学研合作中各主体会缩减各自的投入程度。

信息获取过程也是不均衡的,大学创新知识转移和扩散中信息不是单向的流动,而是不同主体之间的互动过程。有时是大学和科研机构的研究带来新技术发展,有时是原有使用者在使用过程中的反馈,引发出大学和科研机构需要解决的问题。因此,大学创新知识转移和扩散并不只是信息由高校和科研机构向企业的单向流动,也需要企业的技术知识不断地向大学和科研机构流动,这种信息相互流动的需要构成了产学研合作的重要基础。只有各主体之间的良性互动才能促进彼此长期联合,单方面的信息获取会阻碍产学研合作。

（二） 收益分配的不对称

创新的预期收益和成本在很大程度上影响大学创新知识转移和扩散的进行,资源的获得性、学术自由的丧失和知识的扩散与保密三个问题会影响创新预期收益和成本。收益是大学创新知识转移和扩散中各主体考虑的一个主要因素,主体收益的差异是影响大学创新知识转移和扩散的关键因素,促使大学知识转移的动力首先是知识拥有者的获利大小,而且在市场经济条件下大学创新知识转移和扩散中各个主体具有不同的利益诉求。现在关键问题是大学创新知识转移和扩散中创新知识的转移和扩散价格难以确定,导致各主体的利益分配不对称。企业确定创新技术的价格主要依据技术给企业带来的收益,然后才会考虑技术开发的成本,而大学首先考虑技术创新的成本,然后才考虑技术创新的预期收益;另外,量化技术创新的预期收益也是比较困难的,履行合同难主要表现在大学创新知识转移和扩散中的一方不遵守合同以及我国相关法律制度的不健全,合作模式不同,利益分配中的问题也不同。例如,对于技术转让合作模式中收益分配不对称,主要为技术的定价和支付方式;对于合作开发模式而言,问题还要涉及知识产权归属、保护等等。

（三）合作目的的不对称

大学创新知识转移和扩散的目的是通过和企业的合作获得更多的科研资金资助，高校注重论文发表而对技术转移的物质奖励不够，影响了研究人员转移技术的积极性。在一些研究领域中，高校的研究周期较长，研究成果滞后于企业的需要，而且大部分研究忽略产业的近期发展情况，导致了产学研间研究脱节。企业从事大学创新知识转移和扩散的目的不完全是为了获取新的知识，更重要的是通过合作帮助企业完成 R&D 项目，获取新知识以及增加企业自身产生新知识的能力。当企业想提高其技术水平以及采用、引进的新技术时，才会和大学合作。企业是否选择与高校合作进行创新知识转移和扩散，并不是完全取决于环境或制度因素，还部分取决于企业对可选择的合作机会的把握。

（四）需求与供给区域间分布的不对称

很多国家的大学知识并不是直接转移给当地的企业，而是转移和扩散到不同的地区企业。这主要是由于大学创新知识的需求与供给分布不均导致的。即一部分地区表现出大学创新知识资源相对丰富，但是由于经济的发展阶段处于制造业投资扩张阶段对创新知识需求不足。而一部分地区表现出大学创新知识资源相对缺乏，但是经济发展阶段已经进入依赖于技术进步、新产业发展、转移落后产业的阶段，对大学创新知识需求较多。由于大学创新知识在当地需求不足，导致转移和扩散的损耗较大时，创新知识会产生跨地区的扩散。

二、大学创新知识扩散的制度安排和模式

20 世纪 80 年代以来，为了解决由于各种不对称导致的大学创新知识转移和扩散障碍，西方许多国家开始制定各种促进大学创新知识转移和扩散的产学研合作制度安排和模式。资金扶持是政府常用的政策措施，例如政府推动的高技术项目、政府主持的企业合作协议、产学研合作研究中心等。许多学者的理论和实证研究表明，政府的政策支持机制对解决产学研合作中的"不对称"问题，促进产学研合作起到了积极的作用。但越来越多的学者认为单靠政府的资金扶持是不够的，政府更应该致力于制度建设和产学研合作环境改善，建立产学研合作的外部激励机制。目前西方国家主要采用的促进大学创新知识转移和扩散的产学研制度安排和模式有如下几种：

（一）技术转移机构（TTOs）

从制度环境来看，需要一个合理的制度来规范大学和企业在产学研合作中的关系。就解决产学研合作中存在的异质性问题而言，需要形成有效的产学研合作机制

来满足不同的科学领域、具有不同特点的研究人员、追求不同性质的项目经营的需求。然而,现实中没有任何一个单独的机制可以解决这个问题。就解决合作目的和收益的不对称问题而言,技术转移机构是一种有效的产学研合作模式。

TTOs作为产学研合作中各主体之间利益冲突的"缓冲器"具有以下功能:一是作为一个具有较高独立性的组织,可以进一步促进与第三方的关系,如风险资本家、投资银行家和专利律师等;二是通过建立中间机构可以降低信息不对称性、克服产学研合作中的道德风险等;三是能有效分担研究人员在转移技术过程中的行政活动,以激励研究人员积极参与企业的合作研究。大量访谈数据的研究证实了技术转移机构对促进产学研合作有积极的作用,起到了沟通企业与大学之间桥梁的作用。

技术转移机构的设立主要源自美国研究型大学,1970年以后大量的技术转移机构开始建立,在1980年《贝—多法案》通过后以更快的速度增长。在欧洲,直到20世纪90年代中期类似《贝—多法案》的一系列法案颁布后,才在大学中开始出现技术转移机构,并作为大学内部的中介机构,与欧洲第二次世界大战后建立的外部中介机构,例如合作研究中心不同。

技术转移机构能够作为经济和创新系统中一个重要的合作机制,主要有三个原因:一是通过建立一个专门的机构,在解决知识产权问题和进行商业计划咨询时可以产生专业化收益和规模经济。二是由于知识市场的特殊性(如信息不对称和高交易成本),可能会导致严重的市场失灵,因此建立良好的信誉是提高知识市场效率的必要条件;同时,TTOs能够把不同研究部门的研究成果集中在一起和"搁置"其中一些技术,从而向技术购买者传递高质量技术的正确信号。三是从创新体系的角度来看,设置"过渡性机构"有助于克服企业和大学完全不同的合作目的而导致的市场失灵,有利于提高知识传播的效率。

技术转移机构在不同的国家有不同的运作机制。在德国,部分技术转移机构由政府建立,目的是减少知识和技术转让(KTT)中信息不对称带来的高交易成本,同时改善合作者的收益结构,其运作机制在所有的州都是相同的。技术转移机构被认为是一个成功的KTT政策的关键因素,有助于减少寻找合作伙伴的高成本。另外一部分技术转移机构建立在大学内部,主要任务是加强大学实验室和企业之间的合作。很多技术转移机构往往只有两到三个员工,面对非常繁重的工作,效率受到限制。德国的大学还不能够获得和企业共同研发所产生的收益,这降低了大学加入KTT的积极性。最近在一些州实行了改革,允许大学保留和企业共同研发所产生的收益,并拥有使用自主权。另外,联邦政府还推出了"研究红利",提高大学加入KTT的积极性[①]。

---

① Reiner, C.,2010,Selling the Ivory tower and Regional Development: Technology Transfer Offices as Mediators of University-industry Linkages, Working Paper No 2010-05, University of Salzburg.

（二） 大学衍生企业（University Spin-offs，USOs）

大学衍生企业作为一种被许多国家广泛采用的产学研合作机制，主要有以下原因：

第一，技术转移机构的建立使得科研人员拥有的知识产权数量增加，同时许多国家都颁布了类似的《贝—多法案》，允许大学拥有对自己知识产权的控制权。而且，为了支持大学知识产权转化，大学、地区和国家都提供了各种财政支持政策。

第二，体制因素使得大学和公共研究机构研究成果的商业许可面临更大压力。例如欧洲面临的"创新悖论"，即技术创新上有优势，但缺乏商业技能。另外，大多数欧洲大学正面临着学生数量增加而预算保持不变的困境，使得研究在时间和预算上都面临巨大压力。在这些因素共同的影响下，通过大学衍生企业能够给大学带来新的收入来源，促进地区的经济增长。

第三，大学衍生企业可以解决产学研合作中信息和收益分配的不对称问题。

大学衍生企业在美国起步比较早，并且稳步发展，已有相对成功的经验。随着美国1980年《贝—多法案》的颁布以及大学中大量技术转移中心的建立，大学衍生企业相应地得到快速发展。经过几十年的发展，从研究型大学产生的科技型衍生企业取得了巨大的成功。美国的大学衍生企业往往以一所或几所大学为中心聚集分布，形成科技型衍生企业密集区域，例如"硅谷"和"128号公路"就是非常具有代表性的例子。大学衍生企业对美国经济的发展起到了至关重要的作用，仅麻省理工学院就产生了4000多家大学衍生企业，解决了110万员工的就业问题，年销售收入达2320亿美元，约等同于南非的国内生产总值。在20世纪80年代，每25个大学衍生企业就有一个来自麻省理工学院，这些公司对马萨诸塞地区的经济增长发挥了巨大贡献①。

日本的大学衍生企业和美国类似，也是随着1998年《大学技术转移促进法》的颁布以及鼓励在大学中建立技术转移机构开始发展起来的。2001年日本经济产业省提出3年内大学衍生企业达到1000家的战略目标，并具体制定了财政补贴和贷款担保政策。日本政府的这些政策导向刺激了大学衍生企业的大量涌现和发展，特别是1998年《大学技术转移促进法》颁布后更是大幅增长。以通产省为主的政府研究小组和筑波大学为中心的民间研究小组进行的全国性调查显示，日本大学衍生企业总体上呈现了一个迅速发展的趋势。

（三） 大学科技园（STPs）

科技园是由专业人士管理，通过培育创新文化，增进地区财富、提高商业竞争力

---

① Roberts, Edward B. and Erndonet D. 1996. "Policies and Structures for Spinning off New Companies from Research and Development Organization", R&D Managerment, 26: 17-48.

的知识型机构；为达成目标，科技园激发与管理大学、科研机构、公司、市场中的知识与技术；在孵化与衍生企业中，科技园促进创新型公司的设立与增长，提供高质量的空间、设施，以及其他服务。大学科技园在美国、欧洲和亚洲都是比较常用的产学研合作机制，但是侧重点不一样，在美国称为"研究园（Research Park）"，在欧洲称为"科学园（Science Park）"，在亚洲称为"技术园（Technology Park）"。

在大学科技园的制度支撑下，产学研各方采取多种模式进行合作，通过协同合作实现资源互补，促进技术创新。政府借助自己的信息资源优势，降低各方合作中的信息不对称，进而降低创新成本；科技园里的大学和科研机构凭借自己拥有的大量高科技人才进行知识创新，通过大学科技园的管理机制和合作机制，与企业合作完成知识转移，消除各创新主体在利益和合作目的上的矛盾冲突，使各方随着资源环境的变化不断协调、动态发展，通过有序化调整，实现协同创新效应最大化。

大学科技园的主要作用是为各创新主体提供信息、资源交流和综合服务的平台，实现政产学研的协同管理。无论是自发形成，还是政府创办的大学科技园，其目的均是为科技创新提供资源支持服务、推进政产学研合作、加快知识转移和促成科技成果产业化。其实现途径是通过大学科技园集聚各类创新资源，并借助大学科技园的体制机制，实现各类资源优化组合。

美国从20世纪80年代开始，由于1980年《贝—多法案》的通过、1981年的R&E税收的减免和1984年《国家合作研究法》的颁布，科技园的数量大量增加。美国科技园的增长模式较为相似，但是科技园的规模差异很大。例如，截至2008年在北卡罗来纳州三角科技园拥有45000名员工和7000亩土地，而科罗拉多州的生物科技园拥有50名员工、147亩土地。2002年的81所大学研究园区，20%专门致力于生物技术产学研合作，17%集中于信息技术合作。2002年美国规划的39个大学科技园中，90%位于州立大学，40%集中于生物技术领域，30%的位于卡耐基延伸大学，超过50%的大学科技园开始建立的主要原因是为了促进区域经济发展①。大学科技园开放了大学的研究成果（出版物和专利），增加了校外研究的数量，改变了美国大学的研究氛围。

三、我国大学创新知识转移和扩散的现状

西方对大学知识转移模式与制度安排已经有　定的研究，但是这些研究不一定适合中国的具体情况。我国自改革开放以来大学虽然进行了不少知识转移实践，但由于市场经济体制与机制不够健全，作为知识受让方的企业缺乏消化、吸收及再创新

---

① Leyden. P., Link, N. and Siegel S., 2008."A Theoretical and Eimperical Analysis of the Decision to Locate on a University Research Park", IEEE Transactions on Engineering Management, 55(1):23-8.

能力,致使知识转移的实际效果不尽理想。从我国目前的现状来看,大学创新知识的扩散面对着不同地区对自主创新需求与地区科教资源禀赋之间的不平衡:一部分地区自主创新所需的科教资源相对丰富,但是经济发展阶段还处于制造业投资扩张阶段,对原始创新和新兴产品、新技术的需求相对不足,另一部分地区自主创新所需的科教资源相对缺乏,但是经济发展阶段已经进入了依赖于技术进步、新产业发展、转移落后产业的阶段,对自主创新的科研成果转化产生了需求,并且具有了一定产业配套能力,包括一定规模的技能劳动力,在这里科教资源禀赋满足不了当地的需求。由此,我国的自主创新面临着阶段性矛盾:有的进入依赖于自主创新驱动阶段,有的没有进入自主创新驱动阶段,有的地区产业发展进入需要原始创新、集成创新支持的阶段,有的地区产业发展还主要依赖于技术模仿和技术扩散的支持。

笔者曾经通过建立理论模型来分析影响我国地区间创新知识扩散与集聚的因素的特殊性,得到四个主要结论:第一,如果地区间创新知识转移不存在转移成本,即创新知识地区间扩散不存在损耗时,创新知识创造与地区位置是无关的。第二,当创新知识的规模经济比较大,同时创新知识扩散中的损耗较少时,创新知识会产生聚集;当创新知识扩散中的损耗较大时,创新知识会产生跨地区的扩散。第三,知识创新地区创新产品产值在经济中占的比重越大,知识创新地区的创新知识越不容易跨区扩散;反之,知识创新地区创新产品产值在经济中占的比重越小,知识创新地区的创新知识越容易跨区扩散。第四,创新知识的规模经济越大时,一个地区的创新资源越不容易扩散;从另一个角度来说,一个地区要想吸引更多的创新知识扩散过来,必须增加当地创新知识的规模经济效应。

依据上述结论,我国大学创新的知识和新技术能否顺畅并及时地转移和扩散,受多种因素的影响:

(一) 企业没有真正作为创新主体转向创新驱动

前一时期我国经济发达的地区,例如长三角(上海、南京除外)和珠三角(广州除外)创新禀赋稀缺的地区,主要靠进入全球价值链低端来发展经济,多数企业还没有转到依靠科技进步发展阶段,普遍缺乏对技术的有效消化、吸收及再创新能力。在这时,大学如果单纯向企业转移技术,则只能对具有消化、吸收与创新能力的企业起作用,而对于尚不具备消化、吸收与创新能力的企业就会出现技术转移"失灵"的问题。因此,在企业还没有真正成为技术创新主体时,需要大学更多的发挥作用。通过大学创新能力转移不仅可以使已经具有消化、吸收与创新能力的企业更进一步提升自己的创新能力;而且对尚不具备消化、吸收与创新能力的企业,则可通过从创新文化、创新人才、创新机制与创新方法等方面,把大学创新能力转移到企业,并与企业一道顺利实现创新能力在企业的培育、再造,直至企业完全形成自主创新能力,帮助企业提升核心竞争能力,增强竞争优势,从而较好地解决大学技术转移的"失灵"问题。例如苏州和深圳都有很多的大学科技园和大学设立的研究院等,可通过这些科技园和研究院的建立来完成创新知识的跨地区间转移。

但是,大学不能孤立地作用,必须同企业紧密合作。大学与企业紧密结合并向企业转移创新能力,除了有利于企业创新能力的培养与提高外,对大学自身发展也具有至关重要的作用。一是通过紧密合作,为大学进一步从事科研提供研究经费上的支持;二是为大学的教学与科研提供实习基地,丰富教学内容与科研素材,有利于师生从教学与科研实践中学习;三是为大学及时提供市场需求信息,有利于大学进一步凝练教学与科研方向,提高科研水平与科技创新能力,促进大学与企业的良性互动;四是通过大学创新型人才的就业、创新知识与创新文化的溢出以及企业创新能力的提升,直接参与国家与区域经济建设,扩大大学的社会影响,提高大学的社会声誉。

(二) 地区的高新技术产业的基础薄弱

当地区的高新技术产业产值在经济中的占比比较小时,就不能支撑创新知识在该地区内的集聚而发生地区间扩散。在我国的一些地区,尤其是中西部资源禀赋丰富的地区,本地创新知识的产值在当地经济中的份额不足以支撑知识的集聚,必然会发生创新知识的地区间扩散,流向高新技术产业产值在经济中占比较高的地区。我国中西部地区的大学向东部发达地区的创新知识转移就是该理论的实际体现。例如西安很多的高校和科研机构都在长三角和珠三角的中心城市设有大学科技园和地方研究院。2004 年 5 月西安交通大学在苏州工业园区独墅湖科教创新区成立的苏州研究院,注册资金为 2753 万元人民币。苏州研究院的主要任务是为西安交通大学在苏州建设中外合作办学基地、教育培训基地、科学研究基地和科技成果转化基地。为推动地方经济发展,服务社会,苏州研究院按企业化、市场化模式运行,注重为地方培养人才,科学研究注重成果转化和产业化。还有西安交大扬州科技园、西安交通大学国家大学科技园(苏州)、西安交通大学深圳研究院等。

(三) 大学创新知识转移和扩散流动不合理

对一个地区来说,要想保持自己已经存在的创新资源不流向其他地区,需要提高本地区创新知识的规模经济效应,这可以通过政府提供一些优惠政策来实现。更主要的,还是要通过吸引来自发达地区的产业转移与本地区的创新资源相结合,逐步提高创新的规模经济效应。对于创新资源稀缺的地区来说,要想能够吸引更多创新资源的转移,也要提高当地创新知识的规模经济效应,这就要求当地政府不断提高当地创新资源的集聚度,从而吸引来自其他地区创新资源的转移。

一个地区要想保持住本地区的创新知识不外流,可以通过两种方式来实现:一是以本地企业为中心吸引其他地区的创新资源的转移,二是以本地区大学为中心吸引其他地区企业的转移。这两种方式都可以提升本地区的创新规模经济效应,但是不论什么方式单靠企业和大学的行为是无法实现的,必须依靠政府的力量把产学研主体聚集于当地来提高创新规模。从实践的角度来看,大学科技园是一个地区提高创新规模经济的关键模式,大学科学园不仅推动大学技术成果的产业化进程,而且直接推动大学与企业界之间人员、信息、资本等创新要素的流动和整合。

所以,我国大学自主创新知识的转移和扩散,就是要通过恰当的制度安排,在理论研究中对症下药,有所突破和创新,以便确立有中国特色的知识转移模式和制度安排,以达到治标又治本的良好效果,从根本上解决大学知识转移"失灵"问题,更好地指导大学服务国家自主创新实践工作。因此,需要在借鉴西方大学知识转移理论和实践的基础上,结合我国的实际情况,研究和探求有中国特色的新型知识转移模式、制度安排和实施对策。

四、我国大学创新知识转移和扩散的产学研制度安排和模式

无论从大学知识转移的过程与障碍因素,还是促进大学知识转移模式、机制、制度安排及有效性评价来说,大学要实现有效的知识转移,有两个基本的前提假设:一是完善的市场经济体制与机制,知识、人才、信息及资本等资源具备较为完善的市场,政府、大学和企业等组织各司其职;二是知识转让方及知识受让方各取所需,各尽其能,关键是知识受让方必须具有知识消化、吸收及再创新能力。离开这两个基本前提假设来谈论大学知识转移,不仅没有太多的实际意义,而且实施的效果也会大打折扣。因此,在分析国外促进大学创新知识转移和扩散的产学研制度安排和模式基础上,并结合我国大学创新知识转移和扩散的特殊性,我们认为我国大学的创新能力转移的模式可采用以下三种:一是大学与企业共建研发平台,二是大学与地方政府共建研究院,三是以大学科技园为平台实现大学创新能力转移。

(一)大学与企业共建研发平台

大学与企业共建研发平台就是大学与企业双方为了充分优化配置各自的资源、技术与人才优势,在自愿、利益共享、共担风险、共同发展的原则下,通过签订合作协议、捐赠协议等形式,形成有利于提高大学社会服务能力与企业自主创新能力,以及提升大学与企业品牌的动态的创新能力转移模式与制度安排。在我国建设创新型国家过程中,这种校企共建创新平台模式与制度安排将在增强大学成为国家知识创新的主体,促进企业尽快成为技术创新的主体,以及完善国家自主创新系统中发挥越来

越大的作用。考虑到校企在共建创新平台中的内涵、特点、适用条件,可以把这种校企共建创新平台细分为表8.1所示的几种模式。

表 8.1　校企共建创新平台的模式

模式	内涵	特点	适用条件	实例
委托开发	一般是企业提出技术需求、支付开发资金给大学,由大学解决企业生产过程中面临的并需要尽快解决的技术难题	具有目标高、时间紧、难度大、风险高等特点,一旦被其他企业捷足先登占领市场,其开发后的效益将严重受损	大学具有很强的应用研发能力,能满足企业的现实需求,企业具有一定的消化、吸收能力,对技术开发周期有明确要求	经纬纺织公司委托清华国家 CIMST 工程技术研究中心从事产品结构优化升级项目
技术合作	将大学技术、科技成果(包括联合开发的成果)有偿转让给企业后,帮助企业将技术投入生产,直接生产出首批合作产品,形成现实生产能力	加快了技术转化为生产力的过程,有利于企业在短时间内形成自己的产品,提高生产能力,有利于校企结合,为建立长期、稳定的技术经济联合体奠定了基础	以合作创新基金或技术入股并在合作协议中明确校企各自的权利与义务,参与程度有限。比较适合中小企业	清华与安徽叉车集团"精确铸造成形工艺的关键技术攻关"、与标致雪铁龙的合作研发项目
共建一体化研发机构	是适应市场经济过程的产学研合作较为高级与紧密的形式,也是较为有效的合作方式。虽然这种模式在目前产学研合作中所占比例不高,但却是大学创新能力转移的主导模式,主要包括研发中心、开放性实验室、研究所等	二者具有共同的发展目标与价值取向,长期良好的合作关系,合理的管理体制与良好的运作模式,并以协议方式明确各自权利与义务	大学具有技术、人才、资源等优势,创新能力强,并参与研发与产业化技术咨询的全过程。企业具有资金、工艺等优势,实施能力强,负责成果产业化的实施。适合大学与有实力的大中型企业的联合研究开发	清华大学安彩信息技术研究所、西安交通大学与宝钢集团成立的技术中心、上海交通大学的国家模具 CAD 工程研究中心
校企合作型博士后流动站	在国有大型企业或高科技企业设立企业博士后流动站,由企业博士后工作站与具有博士学位授予权、学术水平高、科研条件好的大学的博士后流动站联合,双方共同招收、培养博士后人员	一种崭新的高层次人才培养模式,是企业构筑人才高地的重要措施,也是加强产学研合作的新形式与新尝试。博士后的研究课题和方向一般由企业根据自身发展和技术创新的需要提出	在大学与大型企业之间的联合培养,从而达到在"培养中使用,在使用中创新,在创新中培养一流的复合型与创新型人才"的目的	1994 年宝山钢铁(集团)公司与上海交通大学联合建立第一个企业博士后流动站
虚拟创新平台	是校企双方为了发挥各自的优势,实现各自的战略目标而实行的一种合作创新联盟,是适应创新型国家战略的校企合作模式的新发展	具有组织的虚拟性与松散性、机制与管理方式的灵活性、信息与资源的共享性、成长模式的终生性、合作的持久性等特点	校企双方已经形成了互信、互补、互利的合作基础,或者双方均只有良好的社会声誉,有强强联合的欲望与需求	自组织的合作创新平台与技术转移平台是虚拟创新平台的重要形式

（二）大学与地方政府共建研究院模式

大学与地方政府共建研究院不是一个单独从事核心研发活动的机构，而是一个为创新提供各类服务保障的部门其具有非常明确的服务目标和清晰的战略规划。在组建之初就着眼于能够从体制、机制、功能和文化上突破以往各种模式的局限，以新的组织形式和制度安排为企业创新服务。这类机构的出资主体为政府和大学，各占一定比例，实行理事会领导下的院长负责制。在具体的组织结构上可采取灵活的方式。

1. 搭建官、产、学之间的互动平台以实现创新能力转移

研究院是大学和政府共同出资组建的，因此它与大学和政府之间的关系非常紧密。首先，研究院对大学的技术项目具有优先筛选权。研究院内部的工作人员有很多都是来自大学，对大学的资源和某个领域的技术状态非常了解，很多还是某个领域的专家学者。因此，在技术的甄别筛选中，较其他组织来说，研究院对技术能否产业化，如何产业化，以及如何相应地配置高校资源，都具有明显优势。例如，北京清华工业开发研究院由于背靠北京，拥有得天独厚的资源优势和政策优势，因此在运行功能上兼具政府对项目的审批职能，对清华大学以及其他高校的科技部门具有一定的优先筛选权，从而在孵化培育项目之前保证项目的可行性和可靠性。

其次，研究院具有政府的特定职能，能够在最短的时间和空间内发挥政策功效，提高政策的执行效率。这是大学与地方政府共建研究院的最为明显的特色之一。之所以有政府参与，就是要改变以往不够通畅的政策执行结构，使政府的"自上而下"变为"互动参与"，加强政府在创新资源配置中的决策引导式的服务职能。

最后，研究院为企业与大学合作提供了更多的机会和可能。通过前面分析，我们知道在现阶段，大学和企业若要实施有效合作，中间确实面临着很多障碍因素。而研究院基于自身的组织和制度优势，为大学和企业合作铺平了道路。企业在研究院中运作，得到了技术、人才、信息、资金和政策的保障，而大学也得到了技术进入产业的"绿色通道"。两者的有机融合减少了机会成本和交易成本，促成了大学创新能力的有效转移。如深圳清华大学研究院，由于坐落于深圳市的高新区，科技型企业鳞次栉比，争相进入研究院进行孵化成长，为校企双方都提供了发展的舞台。此外，研究院还一直致力于促进校企共建研发机构，或者促进大学与企业共同出资组建新企业。通过资本纽带实现技术创新，同时也将实现大学与企业的"双赢"，为两者都带来创新动力和实际效益。

2. 有效整合各类创新组织的资源，实现大学创新能力转移

研究院能够整合包括金融、科技中介、法律咨询和技术服务等创新资源，为孵化技术项目创造良好的环境。

一是大学的技术项目需要中试和产业化,研究院为其提供资金、市场和服务,使其能够顺利进行。同时,研究院还根据需要形成自己的创业投资公司,从而加强自身的资本循环,建立"内生性"的融资机制。

二是研究院吸引一批跨国研发中心,与大学共同建立重点实验室,招聘博士后研究人员和海外留学回国人员,共同参与到创新活动中来,强化技术溢出效应。

三是基于各类创新组织,建立产业孵化园。它不仅可以释放技术风险,为项目中试放大、样机研制提供集中规范化场所与设备,还能够启动高科技项目产业化示范工程,提高项目孵化速度,降低孵化成本,缩短高科技产品进入市场的周期。此外,研究院独特的创新文化理念也为大学的创新能力转移提供文化环境的保障。

3. 研究院服务于地区经济和社会发展,实现大学创新能力转移

研究院由于融合了大学和政府的各自优势,因此在地区经济和社会的发展过程中,通过自身有效的运作,实现了研究型大学的能力转移,这种转移可以视为能力的扩散或溢出。

研究院除了在孵化项目、企业和产业的过程中,直接促进了研究型大学的创新能力转移;更重要的是,通过它的强有力的组织架构、服务模式和制度安排,在长期内向周边地区转移和扩散研究型大学的创新能力。其主要途径包括以下几种。

一是为地区政府和有关部门提供政策咨询的意见和建议报告。研究院依托于研究型大学的综合优势,尤其是大学的科研人员通过开展社会经济调查,撰写些有实际意义的项目调研报告,为政府进一步制定政策提供参考依据。政府也了解了大学的创新思维和创新理念,应用于具体的政策制定和执行过程中,势必对政府的管理创新起到一定的推动作用。

二是研究院通过成功地孵化项目和企业,为地区的科技创新和产业发展创造新的空间。研究院的孵化功能是其发展的重要支撑,很多具有市场前景的技术项目进入研究院,通过在这里进行资源的有效整合,为技术项目的进一步市场化创造良好的孵化环境。孵化成功的企业进入市场,为市场带来了活力,也使得大学的创新能力在市场中得到价值的体现。

三是有效整合大学资源,为企业提供培训服务。通过聘请中外优秀的管理大师、专家学者、咨询顾问等,为企业提供内外培训咨询服务,以多种方式参与地区发展项目和规划制定工作。这使得大学的创新能力在潜移默化中不断地影响着周边的环境和人群,有利于在长期内实现大学的创新能力转移和扩散。

研究院能够成功地促进研究型大学创新能力的转移,得力于以下几种关键的制度安排方式。

一是合作互动机制。研究院是一个独立的组织,而组织的有效运行必然要依靠于良好的机制设计。研究院通过整合集聚各类资源和创新组织,将大学、企业、政府、

科技中介以及金融等机构有效地组织起来,为它们的沟通合作搭建一个共同的平台,有利于实现互动合作式的创新。大学的创新能力转移需要外部力量的推动,而研究院恰恰就承担了这项重要的职能。

二是政策保障机制。研究院的政策优势较其他组织明显。因此,企业和大学在其中开展创新活动,将会得到更多的政策支持和保障。这将必然为其提供合作的动力和信心。针对我国当前的实际情况,这种"制度推动型"的机制设计将比单纯的"市场拉动型"的机制设计更具实际效果。

三是利益共享机制。大学的创新能力转移,要为各方的利益实现提供基本的保障,研究院在这方面独树一帜。利益共享体现在各方主体都能够在创新能力转移中表达自己的创新需求、实现自己的创新目标、获取相应的资源,以及实现预期的收益。而一般来说,利益共享也同时伴随着风险共担。如果研究院采取"释放风险"式的风险自留方式,就有利于扫除大学和企业合作中的顾虑,为双方的利益实现创造最大的可能。

四是信息对称机制。很多情况下,大学和企业处于信息不对称的状态,这直接影响到合作的可能与效果。研究院通过自己有效的信息结构设计,便于建立畅通的信息传输渠道和网络式的沟通方式,改变以往大学和企业信息不能充分流动共享的困境。

五是资源内生机制。研究院通过集聚和整合各类资源,能够促进大学在创新能力转移过程中优化资源配置。然而,长期单纯依靠外来资源的输入并不是一个持续发展的有效途径。研究院在资源整合的基础上要逐步确立起资源内生机制,例如资本的自循环、技术的自组织、自创新,以及人才的独立培养等,将这些资源有效固化为自身的专有能力,形成自己独特的创新服务模式和机制,这才是研究院的立足之本。事实上也只有这样,大学的创新能力才能够在一个相对稳定的环境中得以顺利扩散。

(三) 以大学科技园为平台实现大学创新能力扩散

大学科技园是以大学或大学群落为依托,通过集成各类创新要素和资源,采用政府资金、企业资金、金融资本与风险资本等多元化的资本运作方式,以实现大学科研成果向企业和社会有效转化为核心功能的科技园区。大学科技园在获取大学的技术资源、人力资源、知识资源等方面的成本较其他组织都较低,因此能够有效实现大学与社会的资源对接,转化大学科技成果。大学科学园不仅推动大学技术成果的产业化进程,而且直接推动了大学与企业界之间人员、信息、资本等创新要素的流动和整合,它是大学创新能力扩散的一种重要模式。

1. 大学科技园创新能力扩散的主要途径

(1) 通过大学成果转化实现创新能力扩散

大学科技园吸纳了一批入驻的待孵化企业,这些企业大都是高技术企业,创新的意识和动力较强,但是苦于缺乏技术和资金,因此发展比较困难。同时,大学虽然多年来积累了丰富的技术成果,但是由于缺乏市场,因此产业化进程时常受阻。大学科技园恰恰在两者之间找到了存在和发展的空间,它既能够从所依托的大学相对便捷地获取技术,又能够从所吸纳的企业找到市场,同时由于园内还融合了金融资本和风险投资,因此通过为两者提供共同的场所、资金和服务,进而实现"技术+资本+市场"的有机结合,有效地转化大学科技成果。

(2)促进企业提升技术创新能力

技术创新与科学研究的显著区别就在于技术创新是科学研究、科技成果与市场需求相结合以创造财富的过程。目前我国企业在自主创新能力方面尚缺乏较强的优势,而大学却具备很强的科研能力,因此企业与大学的技术合作已成为创新领域的主流趋势。但是,企业与大学毕竟存在着若干差异,其发展目标和管理模式不尽相同。大学更多地关注培养人才、基础研究与知识创新,因此其在区域创新体系中发挥作用是一个较长期的过程。而提升区域创新能力还需要短期、快速的市场行为,尤其应尽快提升我国企业的技术创新能力以形成企业的核心竞争力。大学科技园将企业的技术需求与市场敏锐度引入科技园,同时将大学的前沿技术和成果带入科技园,实现两者的有机结合,共同在大学科技园中产生经济效益和社会效益,从而实现了大学创新能力的扩散。首先,大学科技园通过筛选项目,实现了大学的一批高技术项目在企业中的嫁接和移植,并帮助其逐步摆脱技术引进的局面,进而从事独立创新活动,真正使企业成为创新主体。其次,留学归国人员是大学科技园内的一支重要的创新力量。这些人才一般都具有较高的学历层次,同时对某项技术的世界顶级状态也较为了解,对创新的运作程序也甚为熟悉,有些人还拥有国外的市场资源等。大学科技园通过吸引这些海外回国人才在园中创业,并为其建立起大学实验室的合作创新关系,实现了大学创新能力的扩散。

(3)以智力重构的形式实现大学创新能力的扩散

智力重构是指大学科技园将知识和技术进行重新组合,并通过引入金融资本和人力资本,使得人尽其才,物尽其用。这尤其体现在大学科技园为企业培养创业创新人才方面。大学的师生与科研人员具有相当丰富的知识,但是这些人并不一定就是很好的创新人才和创业精英。通过大学科技园提供的创新服务和创新环境,这些人很可能挖掘出自身潜在的创业素质和创新能力,成长为新的创业创新人才。

(4)通过社会服务实现大学的创新能力扩散

一方面,大学科技园通过将大学成果引入科技园,可以实现与企业的有效对接,有利于实现成果的产业化;另一方面,大学科技园可为大学内部的老师和学生提供参与社会服务的途径,将所掌握的前沿知识和信息应用于实践,从而使大学通过自身的科研创新实现社会服务职能。大学科技园通过社会服务实现创新能力的扩散主要表现在提供创新平台、营造区域创新文化等方面。科技园一般拥有固定的场所、固定的人员和固定的活动,在正常的运行过程中必然带来很多的创新理念、文化和意识,从而影响到科技园周围的社会组织和个人;同时由于创新已经成为了科技园的一种内生行为,这种行为势必会逐步向周边扩散,从而影响更多人。这样,以科技园为核心的半径式文化环境就得到了形成和拓展。

2. 大学科技园创新能力扩散的主要模式

(1) 研发机构入驻

大学科技园通过吸引各类研发机构,尤其是跨国企业与大学共建高技术研发中心,可以利用其地理优势,通过产业集聚效应,实现成果转化和技术扩散,不仅为企业提供各类一流技术成果的选择机会,加强彼此的沟通和联系,而且也有利于发挥大学的科研优势和品牌优势,还能得到更多的政府支持和市场认同,大学也可从中获得学科建设和人才培养的动力。

(2) 直接孵化大学项目和企业

大学将在学校内完成的一些重大科研项目的前期研发、鉴定和小试工作转移到大学科技园中,通过建立新的企业,实现产品化和产业化。大学科技园有丰富的大学资源和研发资源,在对技术创新的扶持和依托大学优势学科形成特色产业集聚等方面具有强大优势;同时,政策支持力度加大,能够为企业的创业及成长提供良好的条件,很多高科技公司能够依托这个平台实现大学的创新能力扩散。

(3)"留学回国人员+大学+大学科技园"模式

一般来说,从大学到企业的技术扩散之间存在一个"死亡之谷"。由于多种因素的制约,大学的技术很难得到商业化和产业化。当前,我国的核心技术来源于三个渠道:大学和科研院所的技术、国内企业的技术以及留学回国人员带来的技术。虽然这些人的视野很开阔,也深谙世界顶级技术状态,其中有很多人甚至还掌握着世界一流的技术。然而由于资金等条件所限,"单枪匹马"创业的可能性很小。而这些人能够通过大学科技园建立起与大学的技术合作关系,通过在大学的实验室试验开发自己的技术,并通过各类中介机构为其提供孵化条件来完成商业化。在这个过程中,大学的技术优势和人才优势得以发挥,从而实现自己的技术与国外技术的有机融合和市场化,也将大学的资源和留学回国人员的技术转移到企业。

五、政策建议

合理的产学研合作机制有利于大学创新知识的转移与扩散,有利于加强产学研合作各主体之间的良性互动,改善大学、科研机构的内部激励机制,提高企业的技术创新吸收能力以及促进大学和企业合作目标的一致性。大学对科技成果的评价存在重"技术价值"轻"市场价值"的现象,而企业尤其是中小企业更加注重技术的"市场价值",即使在企业缺乏技术的情况下,企业对产学研合作能否真正形成自己的核心技术也抱着疑虑态度。因此,促进大学创新知识的转移与扩散必须利用合理的产学研合作机制,解决大学和企业之间在合作目的、收益和信息上的不对称。需要建立符合我国要求的大学创新知识转移和扩散模式:一是大学与企业共建研发平台,二是大学与地方政府共建研究院,三是以大学科技园为平台实现大学创新能力扩散。

政府在解决产学研合作中的异质性和不对称问题上有自己独特的优势,政府可以通过完善知识产权和金融体系制度,改善政策环境,成立技术转移组织等模式,形成良好的外部激励机制,改善合作条件,具体可以采取以下措施:

第一,加强知识产权保护法规的建设促进产学研合作的发展。政府应该制定和完善技术创新和科技成果转化与产业化政策等,对符合地方经济特色及有利于优势资源整合的产学研合作项目给予重点支持。进一步健全知识产权保护制度,明确产学研合作中的知识产权归属权、使用权,解决收益分配不对称的问题。

第二,加强信息化建设促进产学研合作的发展。政府可以通过信息化手段,构建产学研信息平台,为产学研合作各方及时提供供求信息,减少各方合作中的信息不对称。

第三,加强融资体系建设减少投资风险,促进产学研合作的发展。充分发挥政府资金的引导作用,建立完善的风险投资机制,通过多元化融资方式,为产学研联盟提供更多资金支持。

总之,借鉴国外的经验,建立具有符合中国实际的产学研合作模式是我国产学研合作的核心内容。

（执笔:郑江淮　李强）

第九章 大学—企业协同创新范式

世界经济发展的历程与经济增长的理论演变都深刻地表明,科技创新日益成为经济发展的主要驱动力。而当今世界性经济不振折射出以信息科技革命为标志的经济周期正在衰退,新的科技革命正在孕育和兴起(洪银兴,2011)。为了抢占科技创新的制高点,各国都将提升大学系统的创新能力和构建大学—企业间的创新协同机制作为增进国家创新能力的重要政策内容(Yusuf 和 Nabeshina,2007)。然而,由于创新本身的复杂性及由此所导致的创新主体协同方面所特有的困难,很多政策努力并未取得所期望的效果(Mowery 和 Sampat,2004)。事实上,经济发展阶段和产业结构存在差异,技术创新所依赖的知识基础不同,大学在产业创新中的功能及其与企业的创新协同机制必然有所差别。这就提出了如何将协同创新的规律与本国创新主体的现实相结合,推动大学与企业在知识创新和技术创新中发挥协同作用,从而实现科技创新驱动经济持续发展的课题。

一、创新范式转型与大学—产业创新关系演进

为了制定适宜的政策来发挥大学和企业在创新活动中的协同作用,必须深刻理解知识创新和技术创新之间的关系及其变动趋向。从知识创新与技术创新的关系来看,创新范式经历了三个阶段和两次大的转型。创新范式转型实质上是知识创新和技术创新日益密切的表现,它不仅影响着大学与产业之间的关系,而且改变着大学在产业创新中的功能、定位与组织形态。

(一)初步衔接阶段

19 世纪后期到第二次世界大战之前,科学发现与技术创新之间联系较为松散,转化时滞较长,甚至很多产业领域中的技术创新引导着科学的前进,如飞行器设计激发空气动力学的诞生与发展。虽然在新兴的电气工程、化工等产业领域,科学知识已经对工业技术创新产生了重要影响,但技术创新活动主要在企业内部进行,并且逐步专业化和制度化为承担研发职能的工业实验室。德国化工产业中的巨头拜耳(Bayer)、赫斯特(Hoechst)和巴斯夫(BSF)等企业都建立起自己的实验室,到 19 世

纪末德国化工业中已雇佣 3000 多名化学家（尼尔森，2004）。美国通用电气（GE）、AT&T、柯达（Kodak）等也在 20 世纪初陆续建立自己的实验室。随着建立工业实验室的企业数量增多，产业界对科学家和工程师的需求与日俱增。

作为对产业需求的反应，美国大学超越了致力于纯粹基础学科研究和教学的德国柏林大学模式，将工程学科和应用科学逐步制度化为大学中正式的学术和教学领域。在教育方面，1882 年 MIT 的物理系开设了首门电气工程课程，1885 年授予了首个电气工程学博士学位。在研究方面，美国"赠地学院"的农业和机械研究、俄克拉荷马大学的石油研究、肯塔基大学和北卡罗来纳大学的烟草加工研究、伊利诺伊大学和普渡大学的铁路技术与火车锅炉制造研究等，都直接面向本地产业技术需求（Rosenberg 和 Nelson，1994）。熊彼特在 20 世纪 30 年代提出的创新理论中，创新的主体是企业，大学并未介入创新体系（Schumpeter，1961）。这更多反映的是当时熊彼特所处的欧洲背景，而具有强烈实用主义精神的美国大学已经主动参与到了产业创新之中。但总的来说，此时的大学与产业创新的交汇主要集中于少数应用科学和工程领域，大学对产业技术创新的贡献仍主要表现在研发和工程人才的培养上。

（二）"线性模式"阶段

第二次世界大战彻底改变了科学与技术的关系，并推动着创新范式向"线性模式"转型。第二次世界大战中美国曼哈顿计划的成功实施，以及麻省理工学院辐射实验室的雷达研究、约翰·霍普金斯大学应用物理实验室的加速低空爆炸信管、哈佛大学的声呐与反雷达对抗项目、宾州大学摩尔工程学院微分计算与弹道研究等的显著成效，使人们不得不信服，科学知识在战争技术进而战争成败中至关重要（盖格，2008）。总结第二次世界大战的科技经验，时任美国科学研究与发展办公室主任的布什（Vannevar Bush，1945）提出"基础研究—应用研究—开发—规模生产—经济增长"的"线性模式"，认为基础研究是技术进步的先导，是技术进步的一个长远而强大的动力。新产品和新工艺是建立在新原理和新观念的基础之上，而新原理和新观念本身又产生于最纯粹的科学研究。一个在基础科学知识方面依赖于他人的国家，其工业发展速度必然迟缓，并在国际贸易竞争中处于劣势。

受"线性模式"信念的影响，以及"冷战"期间军事需要，美国联邦政府开始大规模地资助大学的基础科学研究，科学研究自身也向"大科学"时代转型。这段时期的政策重点在"科学—技术"的供给方面，而且认为其"衍生"效应会自动使经济系统受益。当时连创新理论的创始人熊彼特都转而相信，企业家的创新职能已经过时了，"革新本身已降为日常事务，技术进步越来越成为受过训练的专家小组的业务……早期商业性冒险的浪漫气氛正在很快消失，因为许许多多事情现在都能严密计算"（熊彼特，1999）。美国主要研究型大学的科研组织也发生了急遽的变革，如建立规模庞大的科学实验室和跨学科研究机构。20 世纪 60 年代美国大学已经在基础科学和研究生培养上处于全球领导地位。然而,战后的美国大学更多关注政府和军方的需求,且主要通过"军事—工业"复合体来与产业界互动。有几所研究型大学在努力改变与工业界的关系模式,如斯坦福在校园内创建工业园,但并非普遍现象。

(三) 协同创新阶段

20 世纪 70 年代日本经济的迅速崛起及其在半导体等产业领域对美国竞争力的挑战,动摇了人们对"线性模式"的信念。日本的技术创新并非源自本国的基础科学研究,而是通过"反求工程"和内部研发对发达国家技术进行学习与开发(弗里曼,2008)。面对来自日本的产业竞争,美国政府发现,大学的基础研究成果很难自动地被企业吸收、利用并转化为技术创新,联邦政府拥有的绝大多数专利也未被转移到产业应用。鉴于此,美国在 20 世纪 80 年代初出台了一系列的政策和法案,旨在推动大学与产业更为灵活和紧密的互动合作,建立和强化科学研究、技术创新与商业应用之间的制度化衔接(Sampat, 2006)。代表性的政策有美国国会通过的《大学与小企业专利法案》(the Bayh-Dole Act,又称《拜杜法案》)、美国国家科学基金会(NSF)推动的工业—大学合作研究中心(Industry-University Cooperation Research Center)和工程中心(Engineering Research Center)。随着大学和企业技术转移和协同创新活动的蓬勃发展,以生物医药、信息技术等为代表的新经济在美国异军突起,斯坦福—硅谷、MIT—128 公路遂成为全球高科技产业创新的经典模式。相比之下,日本的基础研究薄弱,大学与企业的研发合作并未及时地从人际层面过渡到组织和制度层面,在接近技术前沿之后,其创新后劲明显不足(Lee, 2011)。

新的创新范式的显著特征是,始于科学发现的"前向线性模式"与始于技术需求的"逆向线性模式"在工业创新中交织融合,而科学研究与技术创新关系的转变是驱动创新范式转型以及新经济崛起的内在力量。随着与基础科学研究日益密切的技术兴起,科学研究与技术发明之间的距离和时滞大大缩短,科学知识对工业创新的贡献变得更为规律和直接。以专利引用科学论文的平均数量来看,各工业化国家技术进步的科学关联在近三十年来都呈现出明显的上升趋势,其中处于技术前沿的美国、德国和英国更为明显(OECD, 2004)。在信息通信技术、生物工程、纳米技术等高科技领域,跨学科研究和探索性研究、任务导向型研究和利益驱动型研究也变得更加相互依赖。科学系统和工业创新之间的有效互动,既是获取研究投资的经济和社会收益的必要前提,更是保证科学系统研究质量与活力的途径。

这种新的创新范式下,大学的科学研究直接进入到创新型经济系统,企业技术创新的先导环节往前延伸到科学向技术的转化过程,技术创新路径出现了面向研究型大学的转型。正如 2007 年实施的《美国竞争法》所强调的那样,"以科学研究见长的研究型大学是保持我国国际竞争力的重要战略资源"(The United States Congress，2007，美国国会)。企业与大学协同创新的层次不断攀升，具体体现在两个方面：一是协同创新的重心从科技创新路线图的下游环节逐步向上游回溯，二是协同创新的形式从以项目带动为主的点状关系，向以平台建设为主的长期联盟和战略领域的集群协作等网状关系转变。越来越多的企业将研发部门布局在大学密集的地区，大学也开始在高科技集群的地区建立分支研究机构，从而在空间上形成了创新型企业与创业型大学积聚的新经济地理结构。

创新范式的现代转型不仅形塑了新的大学与产业间关系，而且也深刻地改变着大学和企业各自的发展形态。埃茨科维兹(Henry Etzkowitz)等学者通过对 MIT 等创业型大学的研究发现，大学和企业开始部分承担起传统上属于对方的角色：大学不断通过体制创新和学科结构调整来适应新的发展形势，并且在与产业互动和科技成果转化方面表现出强烈的创业和进取精神；企业也更加注重研发投资，更加注重对大学最新的科学发现与科技创新进行识别、吸收和商业化(Etzkowitz 等，2000)。

二、动态互补结构与大学—企业
协同创新层次提升

创新范式的转型提升了大学在产业创新中的作用，同时也对大学和企业参与协同创新的能力提出了较高的要求。对大学而言，企业的技术创新能力及其对大学知识创新的吸收、转化的能力是其必须面对的重要外部参数。对企业而言，大学的知识创新能力以及知识创新的潜在市场价值是其必须面对的重要外部参数。协同创新要求大学和企业在创新能力中形成动态的互补结构，既能充分利用各自的分工优势与潜能，又能在推动产业创新中耦合起来，形成乘数效应，驱动经济结构的不断转型升级。

(一) 大学—企业研发互补结构及其变动

处于不同经济发展阶段的国家，以及同一国家的不同产业领域，技术创新所依赖的知识基础存在巨大的差异。对于中国这样的大国经济而言，企业的异质性和产业的多样化是其显著特征。在少数几个产业领域，企业已经达到了国际技术前沿，在技术创新中面临更大的成本和不确定性，因而迫切需要与大学合作，以获取不断拓展的科学前沿知识为己所用。而在更多的占国民经济很大比重的产业领域，企业的技术创新所需知识是已有的科学知识，而非前沿科学知识，许多技术可以从发达国家引进，然后根据特定市场环境进行二次创新。不同企业技术创新所依赖的知识层级为大学系统有序分工提供了产业基础。需要强调指出的是，核心技术引进日益困难，即使引进成功,引进的也是技术而非创新能力。为了避免对发达国家形成技术路径依赖,即使对于"引进—消化吸收—再创新"的创新路径,也应主动接受相应领域的大学科研辐射,在与大学的密切互动中积极培育原始创新能力。

不同的经济发展阶段或者不同的产业领域,对大学和企业参与协同创新所提出的任务不同,创造的协同条件差异较大。大学研究的配置结构适应并适度超前于这种创新需求和条件,才能与企业的技术创新能力形成动态互补结构。从理论上来看,发达国家的创新体系中,企业创新能力较强,研发投入较多,试验开发工作主要由企业承担,甚至在接近科学前沿的基础研究一端企业仍有相当比例的投入。大学则主要从事基础研究及对接应用研究,试验开发工作很少。与发达国家相比,发展中国家的大学在从事基础研究之外,还要从事更多的应用研究和试验开发工作,以弥补企业内部研发能力的不足(见图 9.1)。随着产业技术向国际前沿推进,协同创新的层次需要不断提升,大学的研究重心要向竞逐科学前沿的基础研究一端移动,而开发工作则主要由企业来承担。然而,协同创新系统具有很强的非凸性特征,研发互补结构的动态扩展不仅有渐进路径,而且有跃迁和突变,这就要求大学和企业要不断根据环境参数进行战略性调整,避免陷入低水平的创新协调陷阱。

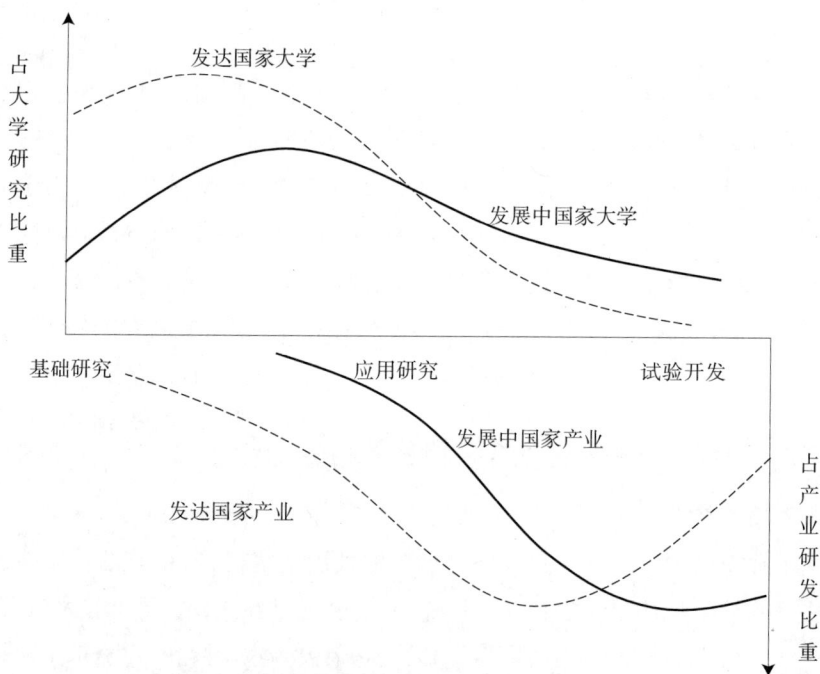

图 9.1 大学与产业的研发互补结构

我国大学的研究重心偏向应用和开发,基本反映了当前我国科技和产业发展水平,甚至从事很多在发达国家主要由企业承担的研发职能。对历年《中国科技统计年鉴》、《高等学校科技统计资料汇编》数据分析可以发现,从大学研究支出结构来看,2011 年我国大学基础研究占其研究经费支出比例为 32.9%,应用研究的比例为 54.6%,试验发展的比例为 13.3%,而美国大学中基础研究占 74.8%,应用和开发研究仅占 25.3%(易高峰和赵文华,2008)。与美国相比,我国大学仍主要从事应用研究,试验发展工作也占有相当比例。从研究经费的来源来看,我国大学研究经费中政府资金所占比例为 59.5%,企事业单位委托资金比例高达 33.2%。相比而言,美国大学研究经费中来自政府的比例为 68.5%,来自企业的比例仅为 5.5%,其余主要来自公益基金和社会捐赠。即使对于研究型大学而言,中美两国的研究经费来源结构也相差很大。我国首批进入“985 工程”的 9 所研究型大学的科技经费中来自企事业单位的委托资金比例高达 21.1%,而美国主要公立研究型大学的研究经费来自企业的比例仅为 3.8%。[①]

(二) 知识势差与协同创新层次提升

近期我国大学知识创新能力迅速提升,而企业技术创新能力提升较慢,大学与企业之间的知识势差不断扩大。受限于较弱的企业吸收转化能力,我国企业和大学的协同创新仍停留在较低层次上。较低的协同创新层次既是大学科技成果转化的障碍,又是大学创新能力向企业转移的桎梏,从而限制了企业和大学参与协同创新的长期收益与激励。

由于大学在基础研究及其对接的应用研究方面具有比较制度优势,随着我国将基础研究和应用研究资源向大学倾斜配置,大学的知识创新能力迅速提升。大学基础研究经费占国家基础研究经费的比例大幅上涨,从 1998 年的 32.87%增长到 2011 年的 55.05%,大学应用研究经费占国家应用研究经费的比例从 25.2%上涨到 36.21%(见图 9.2)。经过一系列的政策措施,大学研究能力显著增强。从科技论文的数量来看,2010 年我国科技论文总数为 141.6 万篇,其中来自大学的数量为 106.25 万篇,占 75%。从科技论文的质量来看,根据中国科学技术信息研究所发布的《2011 中国科技论文统计结果》,2010 年我国国际论文共 12.15 万篇,其中 2.4 万篇被引次数高于学科平均线。这些高引论文中 81.6%由大学系统贡献,只有 17.5%来自科研院所。从科技论文的层次和国际影响来看,2001 年至 2011 年我国累计发表国际科技论文 83.6 万篇,位居世界第二位,其中化学、材料科学、工程技术和数学四个领域论文的被引次数排名世界第二,SCI 和 EI 收录论文占世界的比重也快速攀升(见图 9.3),对国际科技进步产生了重要影响。从专利数量来看,2002 年我国大学的专利申请数为 4185 件,2010 年为 54099 件,增长了 12.9 倍;2002 年的专利授权

---

① 根据 2011 年《高等学校科技统计资料汇编》数据计算。

数为 1850 件,2010 年为 24708 件,增长了 13.4 倍。

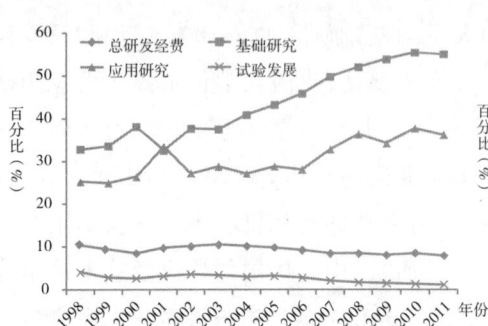

图 9.2　大学各类研发经费占全国的份额　　图 9.3　我国科技论文占世界的比重

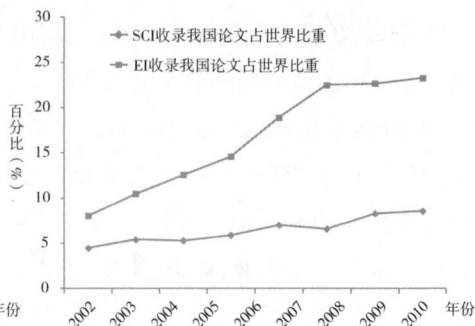

资料来源:《中国统计年鉴》(1999—2012)、《中国科技统计年鉴》(2004—2011)。

　　无论是通过学术论著的途径从大学获取"公共科学"知识,还是利用合作研发、技术许可等形式从大学获取"专用性"知识,企业想要将其成功转化为技术创新并从中获利,则必须具备对外部知识较强的吸收能力。企业的吸收能力源于企业的研发活动。研发活动可以在个人和组织层次上产生学习效应,不断积累的知识和经验将增强对企业新知识的获取和转化能力(Cohen 和 Levinthal,1989)。然而,学习是一个积累的过程,具有显著的路径依赖特征,短期的、不稳定的研发活动将导致学习的中断,只有制度化的研发活动才能真正培养企业的吸收能力。企业要保持持续系统的研发活动则必须设置专门的研发部门从组织上予以保障。从研发制度化程度来看,我国大中型企业中设置有科技机构的企业比重在 1999 年为 32%,然后持续下降至 2010 年的 28%。很多企业更注重技术引进,投入大量资金来购买国外技术,但用于对引进技术的消化吸收经费投入却始终不足。大中型工业企业的消化吸收经费投入在 1999 年为 18.1 亿元,仅相当于技术引进经费 221.3 亿元的 8.2%,即使 2010 年增加到了 165.2 亿元,也仅相当于同期技术引进经费支出的 27.2%(见图 9.4)。当年实施"引进—吸收—再创新"战略的日本企业消化吸收费用是引进费用的 5—7倍。一项对产学研合作介入最佳时机选择的调查显示,由于吸收和内部研发能力欠缺,70%以上的企业选择产品小试之后或生产营销阶段。相反,60%以上的大学或科研机构选择实验室研究阶段为产学研合作最佳时机(郭斌,2007)。

　　一个没有制度化研发部门的企业,很难想象它的技术能够持续创新;一个没有持续创新能力的企业,很难想象它能与大学开展较高层次的协同创新活动;一个缺乏企业能与大学开展高层次协同创新的地区,其经济发展也很难从当地大学中获取创新动力。很多国内企业在忙于抱怨大学科研成果缺乏市场价值之时,跨国公司的研发部门却"乘虚而入",积极与中国大学开展更高层次的协同创新,巩固其在全球化中

（单位：%）

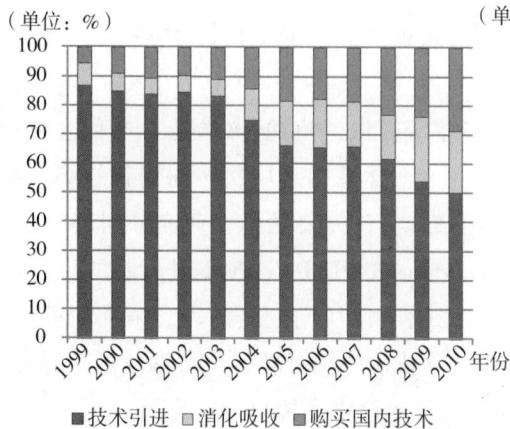

■技术引进　□消化吸收　■购买国内技术

图 9.4　大中型工业企业三项科技经费支出

（单位：%）

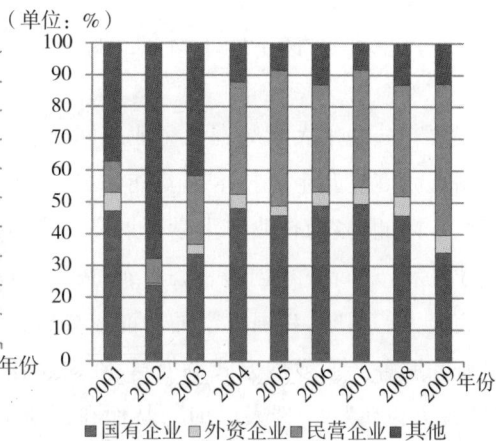

■国有企业　□外资企业　■民营企业　■其他

图 9.5　大学科技成果转让成交金额分布

资料来源：《中国统计年鉴》（2000—2011 年）、中华人民共和国教育部科学技术司编：《高等学校科技统计资料汇编》，高等教育出版社。

的创新竞争力。跨国公司研发部门与中国大学的合作已经非常普遍，而且多以共建实体研究机构的高级协同创新形式开展。例如，微软分别与清华大学、浙江大学、哈尔滨工业大学、中国科技大学、香港科技大学合作成立的五个联合实验室；丰田汽车与清华大学联合建立的清华大学丰田研究中心，福特汽车与复旦大学联合建立的汽车电子技术联合研究所，大众与同济大学共同建立的同济—大众汽车研究院；贝尔实验室与上海交通大学、北京大学、清华大学、复旦大学分别成立的联合实验室；IBM 与南京大学共建的南京大学—IBM 生物信息学联合实验室等，都是很典型的案例。跨国公司积极与中国大学合作再次表明，企业与大学开展高层次的协同创新对于保持创新活力、增进竞争力的关键作用。

　　由于科学家和信息的国际流动，我国大学尤其是研究型大学发现和掌握的高科技与国际先进水平的差距并不像高科技产业的国际差距那么大。这种知识势差的存在为我国企业缩小与国际技术前沿的差距创造了重要条件和机遇（洪银兴，2010）。关键是企业要加大研发投资力度，增强创新与吸收能力，通过与大学开展深度的、高层次的协同创新，不断获取最新科学研究成果并产业化，缩小并在一些领域消除高科技产业的国际差距。一个好的趋势是，由于竞争的日趋激烈和劳动力成本的不断攀升，我国民营经济逐步从价格竞争向创新竞争转变，企业研发能力以及吸收大学知识外溢的能力在不断强化。以接受大学技术转让来看，以前国有企业一直是主角，民营企业份额较少，但最近民营企业的份额上升很快，2009 年已经占到大学科技转让成交金额的 47%，超过了国有企业（见图 9.5）。这说明市场机制正在激励企业创新行为并引导企业与大学进行协同创新。

三、协同创新激励与大学创新功能的内生扩展

要充分利用大学与本土企业之间知识势差所提供的机遇,必须通过各种途径和机制大幅度提升企业技术创新能力,使其具备与大学进行高层次协同创新的能力和意愿。因此,激励企业与大学开展高层次协同创新,首先要激励企业充分利用"科技人才红利"进行技术创新,通过"研中学"(Learning by R&D)逐步提升自身的创新和吸收能力。同时,我国大学的功能需要进一步延伸,以协同创新的理念来推动教学、科研和服务产业发展方式的变革,在向企业转移技术的同时转移可持续的创新能力,既"授人以鱼"又"授人以渔",从而在创新型经济建设中发挥更大的作用。

(一)"科技人才红利"与企业创新激励

随着资源环境约束的趋紧,"人口红利"的消失,以及人民币的逐步升值,市场机制正在倒逼我国经济发展方式向创新驱动转型。实施创新驱动战略,科技人才是关键要素。由于政府不断加大对教育的投资,以及大学系统的快速扩张,企业可资利用的科技人才规模和层次都在发生巨变,"科技人才红利"正在替代"人口红利"成为中国产业新的竞争优势。近三十年我国高等教育规模高速扩张,1978 年高等教育学生数为 132.19 万人,1998 年达到 642.99 万人,到 2010 年更是达到了 3105 万人的规模,几乎相当于整个加拿大的人口(宗晓华和冒荣,2011)。更为重要的是,高等教育扩招重心不断上移,理工科毕业生数量快速增加,其中工科毕业生增加更快。根据《中国教育统计年鉴》数据,2001 年我国的理学研究生为 0.86 万人,工学研究生为 2.49 万人,到 2010 年理学研究生的毕业生为 4.37 万人,工学研究生的毕业生数为 12.87 万人,增长幅度都在 5 倍以上。同一时期,本专科毕业生中理科毕业生从 11.58 万人增加到 27.05 万人,增长了 2.34 倍,工科毕业生从 34.91 万人增加到 212.04 万人,增长了 6.07 倍。与理科毕业生相比,工科类毕业生的增长更为迅速。大量的毕业生走向工作岗位,不仅向企业转移大学最新的科技知识,而且向企业转移吸收和创新能力。很多跨国公司在中国建立 R&D 机构,核心原因是中国拥有大规模、高素质和低成本的科技人才(OECD,2008)。

然而,不同企业对创新要素的利用效率存在很大差别。根据《中国科技统计年鉴 2012》数据,2011 年我国规模以上工业企业具有硕士、博士学位的研发人员中,国有企业占比为 8%,私营企业占比为 13%,外资企业为 12%;在获得国家研发补贴中,国有企业占比为 9%,私营企业占比为 13%,外资企业占比为 7%;然而,从获得的专利发明来看,国有企业仅占 5%(低于其所占的要素份额),私营企业占 22%,外资企业占 17%(远远高于其所占的要素份额)。由于私营企业和外资企业主要集中在竞

争性行业中,研发投入与产出数据表明,市场结构进而竞争程度在很大程度上决定了企业的研发激励与创新效率。

要激励企业参与协同创新,必然要进一步强化创新竞争机制,构建有利于协同创新的市场环境与制度框架。在产业转型升级过程中,有价值的竞争不是价格竞争,而是创新竞争,因为"这种竞争打击的不是现有企业的利润边际和产量,而是它们的基础和它们的生命"(熊彼特,1999)。知识产权制度的逐步完善与严格实施,必然迫使企业放弃简单模仿,将技术开发工作向科技上游延伸,以增强技术创新的原创性。此时,为了降低成本和风险,企业会寻求在相应知识创新中具有比较优势的大学进行合作。市场信号为企业家的创新活动提供导向,而通过选择和吸收大学的科技创新成果,企业也为大学科研活动传递了研发需求信息。市场信号的有效传递可以改进科研资源的配置效率,提高大学科研与产业需求的契合程度。

激励企业投资研发,不仅需要市场机制,更需要政府的积极干预。研发活动中普遍存在的不确定性、外部性与互补结构导致创新市场的多重失灵(Aghion 等, 2009)。甄别市场失灵的环节,并进行有效的干预,需要政府深度参与创新活动之中,成为协同创新的一个重要主体。前一阶段政府推动建立了很多产学研合作创新基础设施,包括大学科技园、孵化器、高新区等,政策干预主要集中于高科技"孵化"环节的市场失灵,并取得了显著的效果。但要超越科技园范围的创新协同与技术进步,则必须解决更大范围内企业研发投资的外部性,以及技术创新与知识创新之间的协调问题,而后者对经济结构的转型升级尤为重要。我国政府对企业部门的研发补贴仍然过低。根据历年《中国科技统计年鉴》数据,在政府的研究经费分配结构中,2000 年企业、大学和公共研究机构分别占 13%、17%、68%,2011 年时三者分别占 15%、22%、59%。企业和大学的份额近十年中有所上升,但仍然太低。要激励企业研发投资、培育企业内部研发能力,使其能够参与更高层次的协同创新,必须在更大范围内加大政府对企业的研发补贴和政策支持,尤其要关注和解决企业与大学合作研发与平台建设等需要外部导向和协调的问题。由于公共资源有限,政府的研发补贴和政策支持应集中于与国家和地区竞争力密切相关的科技领域。

(二) 大学体制创新与创新功能的内生扩展

借鉴发达国家的校企合作政策、制度及具体模式,我国在推动大学与企业创新协作方面已经做了很多工作。例如,在宏观政策方面,受美国《拜杜法案》和日本《产业活力再生特别措施法》等的启发,我国于 2002 年制定了《关于国家科研计划项目研究成果知识产权管理的若干规定》,将政府资助的大学科研成果知识产权明确授予大学所有,促进大学成果向产业转移。在微观平台方面,创建工程研究中心、技术转移办公室、大学科技园、合作研发机构等,推动大学与企业协作互动(何建坤等,

2007)。这些制度安排与合作平台对于实现大学第三项功能固然重要,但是大学服务产业发展的功能并非脱离教育、科研这两项核心功能的独立存在。忽略大学三大功能之间的有机整体关系,仅仅针对服务产业发展环节的政策与措施,实质上是重视"流"的改进而忽视"源"的治理。"打铁还需自身硬",要充分发挥大学的协同创新潜力,必须加强内涵建设,通过体制机制创新,实现大学与企业创新资源的协同与联动。

首先,我国大学当前的科研和教学组织安排需要改革,以适应跨学科研究和集成创新的时代要求。由于存在路径依赖,我国大学科研的组织安排主要依附于按教学功能划分的院系结构。这种教学、科研合一型院系结构的形成可以追溯至新中国成立之初。当时我国仿照苏联模式,将研究职能从大学中剥离出来,由独立建制的科研院所承担,大学主要保留高等教育职能。改革开放后,国家意识到大学具有整合教育与研究的比较制度优势,开始在教学组织的框架内逐步恢复与强化大学的研究职能。然而,教学活动主要处理相对成熟且有明确边界的学科知识体系,而科研活动要探索未知领域和解决复合型问题,其知识基础具有很大的开放性和灵活性。无论是攻坚重大科学前沿问题,还是解决产业所面临的技术问题,都需要多学科的交叉与集成。集成创新而非单向度技术供给也往往更具市场价值。深受教学型院系结构的刚性制约,我国大学科研直到现在仍呈现出单科化、分散化和小型化的特点。基于教学和学科目录的科研组织结构在推动学科交叉、凝聚跨学科研究力量进行集成创新方面阻力重重,与现代研究型大学的职能定位仍存在结构和功能上的错位。发达国家著名研究型大学往往将本科学院、研究生院和专业学院按职能分开设置,为教师根据教学和科研的需要在不同机构交叉任职,以及科研组织如大型实验室、科技创新平台等吸纳和重组科研人员提供组织协调机制。这种组织安排不仅有利于解决科研的组织问题,也有助于宽学科、厚基础的拔尖创新人才培养。因此,要发挥大学多学科和集成创新的应有优势,必须深化对当前研究型大学教学、科研的组织结构的改革,探索适应协同创新的新型教学和科研组织框架。

其次,我国大学学科群的内部结构须进一步优化,以加强基础学科、应用和工程学科之间的有机衔接,开创大学在协同创新中的新优势。现代创新范式下,知识创新和技术创新之间的联系日益紧密,始于科学发现的"前向线性模式"与始于技术需求的"逆向线性模式"交织融合,这就要求大学基础科学研究与应用科学、工程学科研究之间持续地互动反馈。西方著名研究型大学的学科结构演变中有两个明显的趋势:一种是传统上以文理基础学科见长的大学,逐步增加应用学科和工科学科,甚至连哈佛和耶鲁都创建了工程与应用科学学院(School of Engineering and Applied Sciences)。耶鲁大学虽素以"保守性"著称,但其工程与应用科学学院却涵盖应用数学、应用物理学、生物工程、计算机科学、电子工程、环境科学与工程、材料科学与机械工程等众多领域。另一种是以工程和技术学科见长的大学，都发展出研究实力雄厚的理学院，如斯坦福的文理学院和 MIT 的理学院。这些变化说明，在现代创新范式下，没有一流理科的全面支撑，大学的应用和工程学科发展将缺乏后劲和潜力，而没有强大的应用和工程学科的有机衔接，基础科学成果向产业技术创新的转化将会出现断档。我国研究型大学多已恢复了综合性大学的学科建制，但在基础研究和应用、工程研究的有机衔接方面仍存在障碍。一些大学在院校合并和学科恢复中追求学科门类齐全，而忽视了学科群之间的有机联系与衔接。为了协同内部研究力量，大学必须进一步优化学科结构，依据科技创新路线图各环节间的贯通原则，使承担基础研究、应用和工程研究的学科群之间形成有机衔接的矩阵结构，从而为产业提供既有科学含金量又有工程可行性的创新成果。

再次，要转变服务产业技术创新的方式，解决好参与协同创新的科技要素激励和评价问题。我国大学与本土企业之间存在知识势差，要求大学主动拓展创新功能，转变服务产业技术创新的方式，在转移技术的同时积极向企业转移创新能力。大学向企业转移的技术多处于实验室原型阶段，到达规模生产可行或商业化应用阶段的成果很少。德奇诺（Emmanuel Dechenaux）等学者对美国 112 个接受大学技术转移的典型企业的调查显示，无论处于何种发展阶段，大学科技成果在产业化过程中都需要大学教师的继续参与，只是教师参与后续开发过程的时间比例略有差异，但有 2/3 的科技成果转化需要教师参与时间的比例超过 50% 以上（Dechenaux 等，2011）。拥有强大内部研发能力的美国企业尚且如此，我国企业则更需大学教师的深度参与。目前我国研究型大学基本都已建立了科技开发部或技术转移中心，且按一定的分成比例给予教师技术转移收入，但仍难以激励教师参与企业后续开发工作。一方面是因为技术转移的经费收入极其有限，世界上技术转移最成功的加州大学，其技术转移的收入也仅占科研成本的 2.9%，其目标主要是为了实现公共利益而不仅仅是金钱收入（宗晓华和陈静漪，2012）；另一方面，大学的外部评价标准和内部晋升制度都偏向学术研究，教师更注重学术发表而轻视产业应用，更重视纵向课题而轻视横向研发，更关注科技获奖而忽视技术转移。缺乏教师后续深度参与，多数企业在科技成果转化中即使有心也无力。因此，要激励大学教师参与协同创新，必须改革现有的评价机制，为教师在科技成果转化上的努力与绩效赋予更多的权重，鼓励教师在参与后续开发过程中向企业研发人员转移默会知识和技能，培育企业的自主创新能力。只是大学是一个多任务组织，大学教师的精力毕竟有限。一个替代机制是大学与企业在人才培养上进行合作，如联合培养硕士生、博士生或共建博士后流动站，通过向企业输送毕业生来推动大学最新科技成果向企业转化，同时也为企业内部研发积累适切的人力资本。

最后，推动大学与企业协同创新，还要注意宏观体制改革与微观机制创新的协同。由不同层级政府、大学和企业所形成的整体性制度安排具有很强的互补结构。一个有效率的组织往往因为内嵌于无效率的系统之中而难以有所作为,一个具有惰性的制度将通过关联结构阻碍整个系统向更有效率的方向演进。"当不同域存在制度互补性时,帕累托低劣的整体制度安排有可能出现和延续"(青木昌彦,2004)。20世纪90年代末,日本为了提升产业创新能力,推动大学向企业进行技术转移,曾仿效美国《拜杜法案》颁布《大学技术转让促进法》、《产业活力再生特别措施法》等法规,将政府资助的大学研究知识产权授予大学,并在大学建立企业联络部门,但却没有激发大学与企业的协同创新;反而是在 2004 年《国立大学法人法》确立大学自主运营地位之后,大学与企业间的协同创新活动才蓬勃发展起来(Lee 等,2010)。这不仅印证了宏观体制改革对于释放微观组织的创新力量的巨大作用,而且也说明创新系统的协调需要政策干预与体制改革的结合作用。

（执笔:宗晓华　洪银兴）

第十章　科技企业家及其创新行为

我国经济发展方式转变的一个重要内容是转向创新驱动经济增长。近年来,我国经济最为发达的地区尤其是长三角地区发展创新型经济如火如荼。在创新型经济的实践中不同地区不同企业创新能力和创新激情却存在很大差别,相应的创新效果的差别也很大。产生这种差别的主要因素是什么? 需要我们针对创新的实践进行理论思考。

一、背景和问题

首先是对创新内涵的理解。长期以来人们所讲的企业创新一直限于技术创新,而现在发展的创新型经济突出的是科技创新。这一字之差反映创新内涵的根本性变化。这表明技术进步的源头由企业内部进行研发新技术转向了科学新发现转化为新技术。而在现实中表现为企业的创新活动更多地依靠大学和科研机构进行产学研合作创新。与此相应,就会牵动企业作为创新主体的含义的拓展以及技术创新体系的完善。

其次是对企业作为技术创新主体地位的理解。虽然在理论上确认了企业的创新主体地位,但在现实中并不是个个企业都能成为创新主体的,即使是在科技资源相对丰富的地区,创新成果也不比科技资源相对缺乏的地区丰硕。其原因在哪? 根本的原因是缺乏企业家,准确地说是缺乏科技企业家。企业没有科技企业家运作就不可能成为科技创新的主体。

再次是对企业创新行为的理解。长期以来人们都是在熊彼特的五大创新定义的框架内理解企业的创新行为。而在现阶段技术创新上升为科技创新后,企业作为自主创新的主体的创新活动就不能独立进行,其创新行为也需要有突破。企业需要与作为创新源头的大学和科研机构进行产学研合作创新,与此相应,科技企业家就要成为科技创新的组织者。科技企业家不能仅仅只有一般企业家的职能,还需要有更为广阔的科技视野。实践中,产学研的合作创新有多种模式。总结这些模式可以发现科技企业家在其中所发挥的组织作用。

第四是对创新行为的导向性的理解。人们通常认为创新应该以市场为导向,

151

创新者是被动的市场信息的接受者。在这里也谈不上科技企业家的功能。在科技创新的背景下,技术创新不仅有市场导向,而且还有科学新发现导向。在实践中我们发现,成功的科技企业家并不完全受市场导向,而是以自己的理念创造消费者,对市场进行导向,由此产生对创新市场的垄断性。不仅如此,科技企业家对创新的科学新发现也起着导向作用。对创新行为的导向性分析更能解释科技企业家的特定职能。

最后是对科技企业家成长生态的理解。企业家同创新联系在一起,这是熊彼特当年提出,也是被广泛认可的。长期以来的两权分离理论是把企业所有者与企业经营者分开的。与此相应,经营者成为企业家的制度安排主要是以委托代理等理论来说明的。而在现阶段的科技创新中,科技企业家大都源自科技创业者。拥有创新的科技成果的科技人员与风险投资者共同进行科技创业。科技创业在孵化出新企业的同时,孵化出科技企业家。对科技创业者的股权激励就成为科技企业家成长的基本条件。相应地,创业板之类的股票市场功能就不只是为风险投资者提供转移风险和获取股权转让收益的机制,更为重要的是为科技创业者提供获取创业企业股权收益(如马云的阿里巴巴在美国上市),从而激励科技企业家成长的路径。

以上五个问题的提出实际上也是对现在所流行的技术创新体系的界定提出不同的想法。

二、技术进步模式创新与企业的
创新主体地位的界定

对于任何企业来说,创新都是其生存和发展的灵魂。在市场竞争中,谁在创新方面比竞争对手做得更好、更持久,谁就能在市场上保持长盛不衰。因此可以说,创新是企业生命力所在。企业之间的竞争力差别是由创新力差别来说明的。

人们一般定义的技术创新体系为:企业为主体,市场为导向,产学研结合。强调企业成为技术创新的主体是要突出企业的创新功能,但不是说企业自然能够成为创新的主体,在现实中,许多企业并没有成为创新主体。这就提出了对企业创新主体地位的界定问题。

最早在经济上使用创新概念的是熊彼特。在他那里,所谓创新,指的是生产要素的新组合,包括五个方面:(1)采用一种新的产品;(2)采用一种新的生产方法;(3)开辟一个新的市场;(4)掠取或控制原材料或半制成品的一种新的供应来源;(5)实现任何一种工业的新的组织。可简单地概括为:产品创新、技术创新、市场创新和组织制度创新。据此企业作为技术创新主体包含以下含义:

创新主体含义一:企业是新技术的采用主体。涉及采用新技术以推出新产品和新服务;采用新技术改造生产和服务流程,以降低成本和提高质量。

创新主体含义二:企业是新技术的研发主体。从技术创新的发展史分析,最初的技术创新活动是在企业内部进行的,其中包括生产过程中工人依据其经验积累所进行的技术发明和创新。后来在企业内部建立了专门的研发机构进行产品和技术的研发,研发人员集中在其中开展研发活动。

创新主体含义三:企业是技术创新的投资主体。一般认为,企业是否成为创新主体的标志就是看研究开发和设备投资这两项先行投资的费用。在日本,一个企业的研究开发费用占其总销售额的 5% 以上,设备投资费用也占其总销售额的 5% 以上,便可判断该企业是在实施创新战略。①

概括起来,在技术创新体系中,企业的创新行为就表现为:或者在企业内部进行研发,或者以购买和模仿的方式采用新技术。对企业来说,其创新主体地位的显示,最为突出的是获取新技术的方式以及企业创新投入所进入的阶段。在这里企业实际上有购买新技术和自主研发新技术的选择:如果企业在市场导向下购买的新技术是有商业价值的技术,对企业来说,这是最小市场风险的新技术采用,但交易成本大,新技术提供者对购买者的要价高,企业为购买新技术所支付的成本也较高。针对这种成本,企业会以市场为导向转向依靠自身的研发力量进行自主研发。这种获取新技术的路径明显的商业利益是其交易成本低于购买新技术的费用,但其研发成本也可提高。

以上企业作为技术创新主体作用的三个方面,基本上反映熊彼特那个时代以及后来的相当长的时期中科学发现和技术进步的联系不是那么紧密的背景:在过去相当长的时期中,科学发现和产业革命在时间和空间上是分开的。也就是说,从重大科学发现到产生相应的产业革命或在生产上应用往往时隔几十年,甚至上百年。而且一个科学发现转化为新技术后应用的时间也较长,会维持较长的一段时期才会被新的科学发现所产生的新技术替代。

上述技术创新路线图就如克拉克(Clark)所界定的创新过程三阶段:首先是基础性创新,即科学新发现产生重大的创新成果,它推翻了现有方法,根本地改变了技术的各个组成部分之间的关系,创造出全新的生产线,对技术和市场都会产生影响。其次是改良性创新,它是建立在新发现的成果和现有的市场之上的创新。改良性创新即以转化的新技术,改变生产的手段和技术,改变产品的技术基础,改变产品的制造流程,也可能是产生新产品,一个重大的科学发现可能产生多项新技术,每时每刻都在发生。当改良性创新趋于稳定后,增长就来自于营销创新,即寻找和扩大市场,包

---

① 根据日本学者上野明的分析,标志攻势经营的先行投资,其标志就是看研究开发和设备投资这两项先行投资的费用。在日本,一个企业的研究开发费用占其总销售额的 5% 以上,设备投资费用也占其总销售额的 5% 以上,便可判断企业是在开展"以攻为主的经营"。

括改变营销渠道和方式等途径,改变产品与顾客之间的各种关系。当基础性创新产生新的突破后,又会打断原来的创新进程,开始新一轮的技术和市场创新。①

自 20 世纪后期产生新经济以来,科学上的重大发现转化为现实生产力的时间越来越缩短,现在一个科学发现到生产上应用(尤其是产业创新)几乎是同时进行的。例如,新材料的发现、信息技术和生物技术的新突破都迅速转化为相应的新技术和新产业。正因为如此就有新科技和新产业革命合在一起的提法。在此背景下,一个科学发现转化为新技术后维持的时间也很短,很快会被新的科学发现所产生的新技术所替代。这意味着现在的技术进步的源泉更多的直接来源于科学的发明,由此产生的以科学发现为源头的科技进步模式体现技术创新向科技创新的提升。

现在突出科技创新,实际上反映了创新源头和路径的改变。以科学发现为先导的技术创新路线图包括三个环节:科学发现和知识创新环节;科学发现和创新的知识孵化为新技术的环节;采用新技术的环节。这三个创新环节相互联系就构成科技进步和创新的路线图。这表明技术创新成为科技创新的一个部分。其中,科学发现是技术创新的先导,技术创新是科学发现的归宿和落脚点。近期发生在长三角地区的科技创新实践证明了这一点。当年这里发展乡镇企业时,流行的是"星期六工程师",吸引上海和大城市的工程师去乡镇企业解决技术和工艺问题。现在流行的是"星期六科学家",吸引大学教授去科技企业,解决最新科技向新产业的转化问题。

以科学发现为导向的创新的路线图表明由技术创新上升为科技创新的标志性变化:一是在科技创新体系中不只是企业一个主体,还包括作为知识创新主体的大学和科研机构。这是产学研多个主体介入并交互作用的合作创新活动。二是现阶段的技术创新不只是停留在采用新技术环节,而是延伸到了科学新发现孵化为新技术的环节。这样,科学发现转化为新技术的速度明显加快,新技术的来源也多元化。由于科学家和科研人员的介入,最新科学发现所孵化出的高新技术科技含量更高。三是企业的创新活动出现新趋势:企业不只是成为采用新技术的主体,还会主动参与到产学研合作创新的体系中。这样,就有了企业作为技术创新主体的第四个含义:

创新主体含义四:企业是孵化新技术的主体。企业成为孵化新技术的主体有三个方面必要性:一方面,虽然在科技创新背景下孵化新技术有产学研多个主体参与,但其中的主体工作及主要过程主要依靠企业投资来实现;另一方面,孵化出的新技术虽然有技术先进性的要求,但最终成果必须要具有商业价值和产业化价值,能够确定其商业和产业化价值的只能是企业;再一方面,孵化新技术可能是部分有回报的,因此孵化新技术的投资理应由企业提供。

---

① [美]克拉克:《企业技术创新的模式》,廖理:《探求智慧之旅》,北京大学出版社 2000 年版,第281 页。

企业成为孵化新技术的主体有自身的要求。企业虽然是技术创新的主体,但受制于自身的自主创新能力并不强,难以发挥出主体作用,只有在与大学及科研机构的合作创新中才能提高创新能力,从而成为创新主体。在此,企业进行的技术创新就不只是限于新技术的推广和应用,而是参与到科学发现向新技术的转化过程中去,只有这样才能抢占新技术的先机。这是技术进步路径的革命性变化,体现知识创新(科学发现)和技术创新的密切衔接和融合。

企业提前进入产学研合作创新阶段,甚至在新思想产生阶段就进入,为新思想孵化为新技术提供研发投入,是技术创新路径的创新。企业的这种投入与企业的长期发展相一致。但是企业提前进入新思想和新技术研发的投资风险较大,或者是新思想一时研发不出新技术,或者是研发出的新技术进入市场没有商业价值,或者是研发出的新技术进入市场时被更新的技术所排挤。当然,高风险也可能有高收益。创新项目一旦获得成功,就有较高的商业价值。对企业进入不同创新阶段的费用和效用进行比较,可以发现,就获得同样的创新成果来说,企业在孵化阶段就进入所支付的研发投入与在技术被孵化出来后购买该新技术所支付的成本相比,前者明显低于后者。

以上企业创新主体含义的拓展体现企业创新行为的创新。这四个创新主体含义即企业的创新功能,彼此间不是相互矛盾的。一个企业具备其中的某个或某几个功能就意味着其承担技术创新主体的职能。四个功能都具备,尤其是具备第四个功能的,则是具有特征性意义的创新型科技企业。作为创新主体的企业,可以是现有的生产企业进入技术开发领域,也可以是由科研机构转型的科技型企业,也可以是专事孵化新技术的风险投资企业和中介服务机构等。

三、科技创新的组织者:科技企业家

我国众多企业成为技术创新的主体,毫无疑问还需要一个发展过程,但这个过程不能靠自发生长,更不能等待,应当通过深化企业改革和科技体制改革,尤其是造就一大批科技企业家,去加大力度推动这个进程。

企业是创新主体,不等于说所有企业都能成为创新主体,关键是企业中要有创新的组织者,这个组织者就是企业家。就是说,创新是在企业实现的,而承担创新职能的是企业家。企业家是经营者,但经营者并不都是企业家。只有在企业经营者成为企业家后,企业才成为创新的主体。尤其是科技创新,经营者不仅要成为企业家,更要成为科技企业家。

在现实中有些科教资源丰富的地区科技创新能力却不如科技资源相对缺乏的地区,其主要说明因素就是不同地区拥有科技企业家的差别。就如罗斯托的"起飞理论"所指出的,发展中国家实现经济起飞的两个先行资本之一就是企业家。就是说,经济起飞是由企业家推动的。而在现阶段,一个区域、一个企业能否转向创新型经济就看是否拥有科技企业家。就如斯坦福大学旁边有硅谷,不等于说所有大学旁边都有硅谷。科技企业家向哪里集聚,哪里就可能形成科技创新和科技创业的环境。

(一) 科技企业家的界定

对企业家的创新素质和职能,从熊彼特开始,经济学家们早有一系列的界定和论述。熊彼特把生产要素新组合的实现称为"企业",把职能是实现新组合的人们称为"企业家"。根据熊彼特的定义,经营者只有在从事创新活动时才能成为企业家。"每一个人只有当他实际上'实现新组合'时才是一个企业家,一旦当他建立起他的企业以后,也就是当他安定下来经营这个企业,就像其他的人经营他们的企业一样的时候,他就失去了这种资格。这自然是一条规则"。①

创新就有风险,厌恶风险就没有创新。因此,企业家的创新精神就被归结为敢于承担风险的精神。就是说,企业家不但不厌恶风险,而且敢冒风险、勇于开拓、不断创新。这是企业家的基本素质。

人们还把企业家的作用概括为决断力。企业成功的关键是,每逢遇到有关企业命运前途的紧要时刻,都是富有旺盛的企业家精神的领导者,作出了出色的决断。

也有人把企业家精神概括为不满足于已有的成就,不满足于现状的不断进取的精神。始终抱有勇于进取,向更高目标挺进的雄心壮志,这是企业保持活力和创新力的根本所在。

应该说以上创新素质和精神科技企业家都必须具备,但对科技企业家来说,只是具备这些还是不够的。科技企业家需要有特定的素质和功能,这是由科技创新的特点和在科技创新条件下企业特定的创新地位决定的。

原有的企业家理论特别强调彰显企业家的独立个性,突出企业家独立自主的创新活动。而在技术创新提升为科技创新后,企业不能只是在自身的范围内从事产品和技术创新,必须利用最新科技成果。这样,其技术创新的阶段就要延伸到科学新发现孵化为新技术的阶段。进入孵化新技术阶段的创新主体不仅有作为技术创新主体的企业,还有作为知识创新主体的大学和科研机构,这就是产学研的合作创新。在多个主体进入的孵化阶段,起主体作用的更应该是企业,因此就需要科技企业家。科技企业家的职能不一定是自己进行科技创新活动,而是推动和组织创新活动,包括对企业的技术创新与大学的知识创新两大创新系统进行集成,对多个主体进入的新技术孵化活动进行组织协调。这种职能不是一般的企业家所能做到的,需要科技企业家

———————
① 熊彼特:《经济发展理论》,商务印书馆1990年版,第147页。

发挥作用。在这里企业家的创新活动就由彰显个性转变为突出协同创新。这种协同创新有两个含义:一是由于企业家的组织和协调,形成产学研各个创新主体之间的互动和交互作用;二是科技企业家所推动的企业创新的动力不只是竞争,更是合作,尤其是进入其创新链的各个主体间的合作。

企业从孵化新技术阶段就进入的创新过程具有不确定性、协同性和连续性的特点。科技企业家需要以其战略、组织和财务安排来加以应对和协调。

首先,企业的创新投资是一种直接投资,它面对的是技术、市场和竞争环境的不确定性。在这些不确定因素下,确定创新投资的方向、方式和投资战略,这本身体现科技企业家的敢冒风险的素质和洞察市场的能力。

其次,产学研合作创新不仅要求企业直接进入新技术孵化阶段,也要求大学等知识创新主体进入新技术孵化阶段。在现实中由于各自追求的目标的不一致,它们均不是自动进入的。产学研合作创新的协同性,考验科技企业家的集成和组织能力,尤其是对知识创新主体参与孵化新技术具有吸引力。

最后,企业从新技术孵化阶段就进入创新过程,延长了整个创新阶段,体现企业创新的长期行为,由此也产生创新的连续性和不间断性。科技企业家的组织职能就在于不间断的引导创新并根据最终的市场目标及时调整创新方向,直至开发出品质更高成本更低的产品进入市场并取得财务回报。

显然,在科技创新中,对企业家来说,有了创新的企业家精神还不够,还需要具有创新的思维,具有围绕创新组合生产要素(创新要素)尤其是协调产学研各方的能力。只有这样,才能使创新得以成功。

(二) 科技企业家的基本功能是对产学研协同创新的组织

在产学研合作创新的体系中,科技企业家不只是主要的投资者,更是孵化新技术的引导者。原因是,一方面科技企业家具有企业家的素质,能够洞察市场需求,体现以市场为导向;另一方面科技企业家具有科学家的素质,能够洞察科学新发现的科学价值,体现创新成果的先进性。现实中有的企业家办的企业没有科技含量,原因是它缺乏科学家的素质;有的科学家办的企业不成功,原因是他不是企业家。

企业进入科学新发现孵化为新技术的产学研合作创新阶段,体现科学家和企业家的合作。在这个过程中科技企业家起着主导作用。新技术的选择和采用,新技术的市场前景,孵化新技术的投入都是企业家主导的。实际上在过去的技术创新中也有企业家与科学家的合作,那主要是项目合作,项目完成,如果没有新的项目,合作就结束了。现在由企业家主导的产学研的合作创新出现的新现象是构建合作创新的组织(平台),这种有组织的合作创新可能产生源源不断的创新成果。这种合作创新组织大致有以下五种模式:

157

第一种模式是合作创新仍然在企业中进行,但与传统的技术创新最大的不同是将产学研合作创新平台建了企业中。一批国际知名的大企业拥有比大学和研究所更先进的科研设备和更雄厚的科技研发队伍。如微软公司就是在企业内部建立了一个大型实验室。在我国的深圳也是这种模式,90%以上的科研人员、科研项目、科研成果在企业中。在这里企业的创新主体地位非常突出,这些企业的成果转化、产品更新成为抢占市场份额的强大的竞争优势。

第二种模式是创新外包。也就是企业将创新和研发活动外包给大学和科研机构。将科技创新外包给大学和科学家使其服务于企业内部的创新活动,不仅节省创新成本,而且可以保证创新项目的先进性。以英特尔公司为例,该公司在美国和英国的大学周边建立了四个小型实验室,以方便实验室与大学之间的创意交流。该公司的创意设想都来自这样的实验室。① 当然,这类企业不是将创新都外包出去,而是将部分创新工作外包出去。其前提是企业只有在推进创新时才有将部分创新活动外包出去的需要。

第三种模式是进行创新项目的合作。企业在大学和科学家那里发现有商业价值的新思想就提前介入,为该项目研发提供风险投资和市场信息,支持其将新思想进入实验室进行实验,并进行新技术孵化,期间会有不间断的投入直至产生可以进入市场的新技术、新产品。

第四种模式是企业投资建立产学研合作创新的平台,有的产学研合作平台建在大学,也有的产学研合作平台建在政府建设的科技园中。在这里企业和大学不仅建立了研发共同体,也建立了利益共同体。与上述项目合作模式相比,这种共建创新平台的模式有两个重要特点:一是由个人的合作变为有组织的合作,二是由个别项目的合作变为长期的多项目的全面合作。企业可以从合作创新平台上获得源源不断的创新成果。

第五种模式是风险投资家组织的产学研合作创新。面对科学新发现,风险投资家提供孵化新技术的投资。在这里,产学研的合作是由风险投资黏合在一起的。当然,这些风险投资家的投资目标不是长期经营企业,其投资作为创业投资,在孵化出的新技术创造出新企业后就要退出,转向新的孵化新技术项目。正因为这种创业投资属于风险投资,因此对从事这类投资的投资者的要求特别高。原因是,科学新发现有没有孵化新技术的价值,孵化出的新技术能否进入企业,企业能否利用新技术获利,这些都是风险投资家所要考虑并需要自始至终关注的。

以上企业作为技术创新主体所开展的各种产学研合作创新模式表明,企业真正成为技术创新的主体,科技企业家在其中起了关键性的主导和组织作用。

---

① 托尼·达维拉:《创新之道》,中国人民大学出版社 2007 年版,第 52 页。

现实中,我国改革开放催生的第一代科技企业家,基本上没有科技背景,但他们依靠科技人员发展起了科技企业。在他们的推动下逐渐形成以研制开发、经营电子产品的民营科技企业群体——"中关村电子一条街"。后来产生的第二代科技企业家大多具有高学历和创新思维,掌握着高科技知识,他们从事的领域紧密追踪世界高科技发展的前沿,即发展信息技术、网络技术、软件技术、新能源技术,直接面对并参与国际高新技术领域的竞争。显然,科技人员带着科技成果进行科技创业是科技企业家形成的重要途径。由于这些企业与大学和科研院所有着天然的联系,因此在获取科技成果和孵化新技术方面具有持续性。

在我们肯定从科学新发现孵化为新技术阶段就开始进入,从而进入技术创新链的最前端的科技企业家的作用时,不能忽视处于技术创新链后端的企业家,只要他们致力于创新,从事研发和采用新技术的创新活动,就是企业家,尽管不一定是科技企业家。他们与科技企业家配合并互动,提升全社会的创新能力。

四、科技企业家对科技创新行为的导向

人们通常认为技术创新体系是以市场为导向的。企业的技术创新确实需要以市场为导向。市场的新需求、市场供求变化都会提出技术创新的需求,从而引导科技创新的方向。市场会检验创新成果是否为市场所接受,创新是否存在风险也最终由市场来检验。但是,创新的实践表明,只是强调创新行为的市场导向,存在着片面性。

(一) 科技创新实质是科技企业家导向

首先,在科技创新背景下,技术创新除了市场导向外还有另一个方向的导向,这就是科学新发现的导向。在科技创新中,科学与技术紧密结合,新的科学发现直接引导技术创新。例如,科学上发现新材料就会产生新材料产业,科学上发现新能源就会产生新能源产业,科学上发现新的生命机理,就会产生新的生物技术产业。这种科学新发现对技术创新的导向就可能使技术创新紧跟科学发现,进入科技进步的前沿。研究硅谷之类的大学科技园可以发现,这里的技术创新基本上是以科学新发现为导向的。

其次,技术创新,无论是以科学新发现为导向还是以市场为导向,实际上都需要科技企业家的行为导向。企业的创新行为目标归结起来就是企业的价值创造和提升。这是企业创新的内生动力。按此目标,科技企业家的创新行为就不是被动地接受科学新发现的导向,也不是被动地接受市场导向。就像宏观经济学中所界定的企业家行为,企业家对宏观经济政策不只是适应性预期,更是理性预期,能够引导宏观经济政策。在创新领域也是这样,企业家会以其理性的行为对这两种导向进行引导。

就科学新发现对技术创新的导向来说,科学新发现属于知识创新,是基础性创新,具有明显的先进性。这些创新成果的应用价值何在? 能够孵化为什么样的技术? 单靠科学家是不行的,需要企业家的介入。科技企业家的作用就是对科学新发现的应用和孵化为新技术的过程进行引导,以体现技术创新成果的科学价值和商业价值的统一。

再就市场对技术创新的导向来说,企业家的创新行为不只是适应市场供求,而是理性地引导市场。具体地说,作为市场导向的主要是消费者行为。消费者行为引导市场,进而引导技术创新,那么谁来引导消费者呢? 乔布斯的"苹果模式"表明,科技企业家可能引导消费者行为,使消费者知道应该和需要消费什么①。在这里企业家行为实际上是创造消费者,这就将技术创新和引导消费者直接结合了起来。

技术创新的科技企业家行为导向,既引导科学新发现孵化新技术,又引导市场对技术创新的导向。科技企业家的这种导向实际上是主动连接市场和科技创新过程。在单纯的市场导向中,从市场提出需求到研发适应市场需求的新技术需要经过多个阶段,市场的导向到技术创新需要一系列的"试错",从而产生创新风险和成本。而在科技企业家引导和创造消费者与科技创新结合进行的模式中,科技创新和市场导向直接互动,不存在传统的市场导向的创新模式中所要经历的阶段和"试错"成本,因而可以加快创新的过程,减少创新的风险。当然这种创新行为一般的企业家是难以做到的,只有科技企业家才能做到。成功的科技企业家既能对孵化的新技术导向,又能对消费者导向。由此开发的技术和产品一般都有良好的市场前景。

(二) 对科技企业家行为的导向

在明确了技术创新的科技企业家行为导向后,还需要解决科技企业家行为本身的导向。必须明确,科技企业家对技术创新行为的引导不是随意的、盲目的,本身又要受企业家对创新的价值取向的支配。就如美国学者彼得·杜拉克所说:"企业家的革新,并非不分青红皂白地去找'风险',而是一种有目的、有系统的活动,是刻苦的追求与科学的变化,响应变化,努力从中捕捉革新的机会。"也就是熊彼特所讲的:"为了他的成功,更主要的与其说是敏锐和精力充沛,不如说是某种精细。他能抓住眼前的机会。"由此提出了对企业家的创新决策和创新行为实施的科学性要求。企业家创新决策和行为的价值取向也就是创新技术的价值主张,这种价值取向主要涉及三个方面:

---

① 乔布斯:"一些人说'提供给顾客他们想要的'。但这不是我的方法。我们的工作是在他们之前思考顾客将需要什么。我想亨利·福特曾说过如果我问顾客他们想要什么,他们会跟我说'跑得更快的马!'人们不知道他们想要什么,直到你展示出来。这就是为什么我从不依据市场调查。我们的任务是推敲出还没有出现的信息。"——艾萨克森:《史蒂夫·乔布斯传》,中信出版社 2011 年版,第 121 页。

首先是科技企业家的创新目标。过去的理论对企业家的经营目标有两种界定：一是从企业所有者利益要求界定的企业利润最大化目标，二是从企业经营者利益要求所界定的经营者的规模最大化目标。在说明科技企业家的创新目标时，这两个界定就都不完全适用了。科技企业家追求的是创新价值，也就是建立在创新基础上的企业整体价值的提升。就是说，科技企业家在对创新的费用和效用进行权衡的基础上所采取的创新行为有明确的提升企业价值的目标。从这一意义上说，依靠创新实现企业价值提升是科技企业家的价值所在。

其次是科技企业家的社会责任。企业家本来就有社会责任的要求，例如关心社会福祉，重视环境保护，关爱弱势群体等等。而对科技企业家来说，其社会责任不只是这些，还有两方面要求：第一，由科技创新成果的社会影响所决定，创新成果既可能给社会带来福利，也可能带来危害。例如发明的三聚氰胺用于牛奶生产就严重危害人类健康。现在市场上出现的所谓"毒胶囊"、"地沟油"等等都可以说是科技成果，但它们绝不能是科技企业家所为。因此，科技企业家的创新目标必须与其社会责任相一致。创新出人民得到福利的新技术，例如节能环保的绿色化技术就是科技企业家社会责任所在。第二是企业家创新行为的国家目标导向。科技创新的国家目标即解决国家急需的重大科技问题。国家目标主要通过国家重大的科技创新计划和产业政策体现。前者主要由科学家实施，后者则主要由企业家实施。具有社会责任的科技企业家会主动将自己的创新行为与国家目标（主要是产业政策）衔接。作为理性的企业家，不只是适应国家目标的导向，甚至可能以自己的创造影响国家科技目标和相关科技政策的制定和调整。

最后是企业创新行为的文化导向。企业的创新并不都是获取新技术，获取文化创意也是创新的重要途径。文化创新可以形成软实力，从而形成企业竞争力。就如乔布斯所说的："说到底，产品要以品位取胜"，"伟大的产品是品位的胜利。而品位则是学习、观察并沉浸到过去与现在的文化时所获得的一种副产品。"① 文化创意包括品牌创造和推广、企业和产品形象的设计等等。这些企业文化反映的是企业家的文化，是以文化形态表现出来的企业家的道德观和价值观。从这一意义上说，创新的文化导向实际上指的是企业家的道德观和价值观导向。正因为如此，提高科技企业家的文化素质对提高企业的创新能力和由此产生的创新成果的市场影响力和市场扩展力至关重要。

（三）科技企业家对技术创新的导向机制

科技企业家对技术创新的导向机制与其商业模式相关。"成功的创新不仅要靠

---

① 张意源：《乔布斯谈创新》，海天出版社 2011 年版，第 43 页。

领先的技术,而且还要有出色的商业模式相辅。"①原因是,一方面技术创新是有成本的,或者说会增加成本,为技术创新而增加的成本可以因商业模式的创新而得到消化;另一方面发现一个新市场需要以相应的商业模式去开拓和扩大,这样,创新产品因商业模式的创新而为市场所接受并能扩大创新产品的市场。这意味着创新一种新技术需要同时创新商业模式。创新被看作是通过开发商业模式和技术来创造新价值的能力。创新成功的企业一般都能平衡好创新中的技术改造和商业模式的改造这两方面的工作。②

商业模式的创新一般涉及三个方面:一是改变产品和服务价值的主张,即开发新的产品和服务或者延伸现有产品价值的主张。二是供应链的创新,这涉及供应链各个环节的整合,及与供应商关系的创新。三是目标顾客的创新即发现新的市场。这样,商业模式创新体现为技术创新、产品创新、市场创新的互动。业绩良好的企业都是既改进技术又开发新的商业模式。

就影响科技创新行为的商业模式创新来说,主要涉及以下三个方面关系的处理:

一是自主创新与开放式创新的关系。这涉及企业对某项新技术是自主研发还是购买采用的权衡和决策。由模仿创新转变为自主创新,反映企业创新能力的提升。自主创新指的是创新具有自主知识产权的新技术新产品,既包括原始创新,也包括对引进的技术进行消化吸收后的再创新。但是,自主创新不等于封闭创新。企业在研发新技术新产品过程中绝不排斥利用和引进新知识和新技术。企业在与其他企业甚至其他国家主攻同一创新方向过程中也需要吸收和引进别人的新发明、新技术。在保持自己拥有自主知识产权的核心技术前提下进行这种开放式创新,不仅可以保证创新成果在技术上保持自己在创新领域的领先地位,同时也可避免重复研究并节省研发费用。研究乔布斯的创新模式可以发现,其任何一个新款式产品并不都是采用自己研发的新技术,而是采用人家研发的最新最先进的技术,自己只是研发并拥有其中的核心技术。如他所说,"向着一切好的创意开放。"

二是研发投入与人才投入的关系。科技创新不节省投入,但有个投入方向问题。是重点投在研发活动上还是重点投在人才上就有个权衡和选择问题。乔布斯认为,创新与研发资金的多少没有太大关系,关键是你所拥有的人才状况,微软则坚信,高达数百亿美元的研发投入是微软保持稳健发展的最有力的后盾。③ 现实中这两者不可能截然分开。研发依靠人才,吸引高端研发人才从事高端创新活动需要有足够的研发投入。

---

① 张意源:《乔布斯谈创新》,海天出版社 2011 年版,第 154 页。
② 托尼·达维拉:《创新之道》,中国人民大学出版社 2007 年版,第 117 页。
③ 张意源:《乔布斯谈创新》,海天出版社 2011 年版,第 26、54 页。

三是生产增值方式和服务增值方式的关系。这个关系的把握会影响创新行为的着力点。人们一般认为科技创新主要是解决生产领域中的技术问题,因而企业价值的提升和增值就靠生产中的技术创新。而在现阶段企业运行的价值链中不只有生产环节,还有服务环节。其中的服务环节不仅也能增值,甚至可能有更高的增值能力。服从于提升企业价值的需要,科技创新不只是提供生产新产品的新技术,也要提供产生新服务的新技术。我们从 IBM 由制造业企业向服务业企业成功转型的案例中发现,其放弃 PC 等方面的制造领域的技术创新,而集中力量在软件和管理等服务领域进行创新成效非常明显:一下子占领了世界软件服务业领域的制高点,其在服务领域增值的能力也明显强于在生产领域增值的能力。这表明,企业价值增值方式转型是商业模式创新的重要方面。

以上三个方面关系的处理也就是企业商业模式的不同的选择。对商业模式的不同选择不能简单地作好和坏的判断。只是要说明,科技企业家所推动的商业模式创新会引导其科技创新行为,两者形成互动关系,可能形成良性的协同创新。

(四) 科技创新行为的长期化

科技创新行为还有长期行为和短期行为之分。根据科技创新的路线图,从孵化新技术到采用新技术的产品进入市场,期间所经过的阶段有不同的风险程度。如果将孵化高新技术的风险投资区分为种子期、创业期、成熟期和衰退期的话,各个时期的风险投资有不同的特点。一般说来,种子期(即产生思想期)所需的风险投资数量相对少,但被锁住的时间长,风险也最大。创业期(即孵化和中试期)所需的风险投资比重最大,被锁住的时间及风险仅次于种子期。而在成熟期,风险投资被锁住的时间最短,风险也最小。许多风险投资者由于更为关心退出,因此其行为往往是短期的。他们往往在成熟阶段进入,以便在短期内退出。而风险投资作为创业投资,最为需要的是风险投资行为的长期化。也就是,在高新技术孵化阶段即创业阶段就应该进入,否则就失去了其作为创业投资的意义。因此,风险投资家不能走一般企业等待和选择现成技术的道路,应该积极进入孵化高新技术的过程。这意味着,对风险投资家的投资行为需要引导。

在发达的创新型经济中,最为活跃的专事科技成果转化的风险投资家是科技企业家的重要组成部分。他们是战略投资者,一方面熟悉市场,另一方面专门捕猎高新技术,以其创业投资将两者结合或凝结起来。他们有"出色的判断能力、预见能力和允分的信息",①因而敢于进入风险较大的科技创新的前端环节。风险投资家选择并针对科技成果提供风险投资,对科技创新具有明显的导向作用,既要准确判断市场需

---

① 富兰克·奈特:《风险、不确定性和利润》,中国人民大学出版社 2005 年版,第 72 页。

求,又要准确判断科技成果的科学价值和市场价值,还要具有管理风险的能力。作为风险投资的专家,应对不确定性问题变成一个具有一般意义的管理。这也可以说是科技企业家的基本素质。

应该说,专业面向高新技术孵化的风险投资家作为科技企业家对科技创新起着重大作用,尤其是在科技创新能力强的发达国家。而在我国现阶段,真正从事高新技术孵化的风险投资家不多也不强,相当多地采取短期行为,因此不能完全指望风险投资家来承担科技创新的职能。我们需要的是处于实体经济领域的企业直接进入孵化高新技术的领域。其前提条件是这些企业的经营者成为科技企业家。他们与风险投资家追求股权转让收益的投资目标不同,追求的目标是投资收益,其进入的阶段固然会考虑新技术靠近进入市场的时间,但不乏有理性的企业家对科技创新投资的阶段越来越向前移,甚至在新技术的种子阶段就进入。其积极参与的新技术研发往往同企业的长期发展相关,因而有长期投资的准备,这类企业家就真正成为敢于进行风险投资的科技企业家。

五、科技创业和科技企业家成长的生态

根据罗斯托的起飞理论,起飞的先行资本是具有创新精神的企业家。同其他发展中国家一样,制约我国经济发展的最大缺口可说是缺乏企业家。同样在我国经济转向创新驱动时最缺乏的也是企业家,尤其是缺科技企业家。一般说来,企业家的成长有个自然的过程。为了加快经济发展方式的转变,我国不能等待企业家的自然成长,而是需要采取有效的措施和制度安排培养和造就科技企业家队伍。

企业家知识化是科技企业家产生的基础条件。企业家没有相应的知识层次,就不知科技创新的方向,不知怎样去开发知识产品,也不知如何与科学家合作。如果微软公司的总裁不是比尔·盖茨、北大方正没有王选,这两家科技型公司很难有今天的成就。再如,乔布斯和比尔·盖茨都有在大学学习科学学科的经历,王选本人就是科学家。这样,企业家知识化有两条途径:一是现有的企业家由经验型通过学习转向知识型,二是科学家进入企业家队伍。归结起来就是殊途同归:企业家知识化成为科技企业家,科学家企业家化成为科技企业家。科技企业家除了有敏锐的商业化眼光和经验外,还要有广博的科学知识。虽然科技企业家不可能通晓所有的科技领域,但能通晓某个处于当时前沿的科技领域的知识。例如,比尔·盖茨通晓软件,乔布斯通晓计算机和移动通讯,王选通晓激光照排,马云通晓互联网。

在一般的分析中,企业家的产生和成长,除了要有一定的天赋素质外,更重要的是要有一套适合企业家产生和成长的机制。其中最为重要的是良好的激励创新机制。企业家负有企业创新、率领企业在市场竞争中取胜的使命,作为理性个人,企业

家同样有自己的追求,其中包括经济收入、社会地位、成就感、名誉等。就是说,企业家的利益是相对独立的,既不完全等同于企业利益,也不完全等同于国家利益,因此需要根据其相对独立的利益追求设计企业家成长的激励机制。这些制度安排对科技企业家的培育和成长无疑都是需要的,但仅仅这些还是远远不够的,还需要有更为重要的制度安排。原因是科技企业家有特别的要求及相应的形成条件。这就涉及科技企业家成长的生态。

研究科技企业家成长的生态,先要关注整个科技创新的生态系统。美国在 2003 年提出的创新生态系统强调,经济和社会的诸多方面存在连续不断的多种多样的相互作用。各个创新主体之间的交流和互动、科学家在前沿的自由探索、私营企业的开发逐利策略、政府的长期战略目标和研究型创业型高校之间的良性竞争,使得相关创新各方能够有机结合和高效互动,有力地推动创新体系的演进①。科技企业家的科技创业本身包含在这种创新体系中,自身的成长也依赖于整个生态系统的完善。

(一) 科技创业的创业投资

科学家企业家化的重要路径是科技创业。科技创业就是科技人员带着科技成果进入孵化高新技术环节并以此为基础创办科技企业。科技创新与科技创业是相联系的,科技创业能够实现科学新发现向新技术的转化,科技创业实际上是创办风险企业。科技创业与科技企业家的成长直接相关。孵化出新技术的同时孵化出新企业,也同时孵化出科技企业家。研究科技创业所需要的外部条件同时也是研究科技企业家成长的生态系统。

虽然科技创业(如企业登记和开业)不以资金规模为门槛,而是以高新技术研究成果为门槛,但创业不能没有资金。科技人员创办科技企业的基本条件是知识、技术及其专利之类的科技成果,其创办科技企业普遍面临的问题是有技术缺资金,缺乏经营企业和市场运作的经验。现实中确实有科技创业者自己提供创业投资的,但成功的不多。现实中有三条创业投资途径可供选择:

一是风险投资家提供的风险投资。科技创业成功的关键是知识资本和风险投资的有效结合。对风险投资者来说,不仅要为高科技项目提供资金,还应该根据自身对市场行情的了解对科技创业者的高科技研发项目进行市场导向,以选择和确定具有商业价值的高新技术孵化项目。同时,作为高新技术的创业投资必须为科技创业提供必要的金融支持和经营企业的辅导和服务。以硅谷为例,风险投资家为位于斯坦福大学附近的众多创业企业提供了资助,由此形成了一个全新的行业,即专门培育新生的高技术企业成长的风险投资业。风险投资者的存在可以说是现代经济充满创新

---

① 陈其荣:《诺贝尔自然科学奖与创新型国家》,《上海大学学报》2011 年第 6 期。

活力的原因所在。问题是我国现阶段的风险投资公司缺乏长期行为,因此孵化和创业投资不足成为科技创业的"瓶颈"。

二是政府提供引导性创业投资。根据中关村等科技园的经验,当地政府参与建设的科技孵化器是培育科技型企业和科技企业家的摇篮,是连接大学、科研院所、大中型企业的纽带。政府对科技孵化器的投入实际上对私人风险投资进入新技术孵化阶段起了明显的引导作用。

三是企业吸引科技创业者进入,并为之提供创业投资及相关的服务。这类企业本身具有向科技企业转型的要求。企业同科技创业者建立科技创业的风险分担和利益共享机制。科技创业一旦成功,不仅孵化出新技术和新企业,该企业也可能成长为科技企业。

(二) 对科技创业者的知识产权保护和股权激励

无论是采取哪种方式提供创业投资,都会存在创业者和投资者的利益关系。已有的企业治理模式是以所有权与经营权分离为特征的。相应地,给敢于冒风险进行创新的经营者提供激励的理论,突出在经营者的收入包括创新收入和风险收入。其背景是企业经营者作为高级雇佣者主要是领薪水的,即使是分享剩余也采取奖金之类的形式。而在新经济产生以后,就如威廉·拉让尼克在其《创新魔咒:新经济能否带来持续繁荣》一书中描述的,原有的两权分离的企业模式开始终结,取而代之的是创新型企业的高层经理得到了企业的股权。①

科技创业者获得企业股权的基本说明在于,科技创业的灵魂和核心是知识资本。知识资本是科技创业的"本"。在旧经济时代,创业主要靠资本(资金),是以资本(资金)招技术。而在新经济时代,创业主要靠知识和技术,是以知识和技术招资本(资金)。进一步的说明是,在旧经济中是物质资本雇佣劳动,知识和技术也就成为资本的生产力。而在新经济中这种雇佣关系发生了根本性变化,物质资本被知识资本所雇佣。就是说创业的主动因素是知识和技术,物质资本则作为风险投资,从属于知识资本。较物质资本,知识和人力资本增值的速度更快,增值能力更强。它们将替代资本家成为财富创造的中心。

与传统企业不同,科技企业不仅仅是劳动和资本的结合,它还是高科技的思想(知识)与资本的结合。因此,拥有高科技思想的创业者是知识资本和人力资本人格化,即"知本家"。应该承认,那些风险投资家也拥有高含量的知识资本和人力资本,

---

① 威廉·拉让尼克:"某些硅谷的创业企业,如英特尔、甲骨文、太阳微系统和思科系统等公司在创业初期就对其相当部分的员工授予股票期权。许多设立于硅谷以外地区的新经济企业,如位于华盛顿州的微软和位于得克萨斯州的戴尔也是这样。"(威廉·拉让尼克:《创新魔咒:新经济能否带来持续繁荣》,上海远东出版社 2011 年版,第 48 页。)

否则他们也不可能与知识资本结合,也不可能准确选择高收益的投资项目,而且进行风险投资之类的资本经营也是高知识的经营。[1] 但是与科技企业的创办者相比,风险投资毕竟是为之服务的,就像微软公司这样成功的科技企业首先归功于比尔·盖茨这样的科技企业家,而不是哪一位风险投资者。在此背景下,对科技创业家的激励突出在股权激励。

依据上述科技创业同创业投资的关系分析,在科技创业中孵化科技企业家的关键是明确科技创业者在科技企业中的股权:一方面,科技创业者一般都是带着其专利之类创新成果创业的,这些创新成果即知识产权需要在创业的企业中股权化;另一方面科技创业者也可以以其人力资本价值获得企业股权,这样由科技人员创业的企业的股权结构就不能只是投入的资金份额,还必须包括科技创业者的知识产权和人力资本股权。科技创业者一般是个团队,在团队里除了要有科技人才,还需要有经营管理、市场和销售人才。[2] 原因是科技创业不只是组织科技创新活动,还要经营企业,参与市场活动。这意味着科技创业是各类人才的共同创业。因此,对科技创业者的股权激励不只是企业的经营者,往往是整个创业和经营团队得到股权激励。不仅如此,股权激励甚至可以扩大到参与创新活动的各类高层次人才。在此激励制度下,科技创业成功就成为所有创业者的共同利益追求。

研究硅谷的科技创业机制,可以发现,对科技创业者股权激励的主要形式是股票期权。其目标是将创业者的股权收入与企业在股票市场上的市场价值紧密联系起来。将来企业一旦上市或出售给大公司,其潜在的市场价值十分可观。而且,股票期权不是经理人特有的,还被视为吸引创新人才进入创新型新兴企业的报酬。其知识资本和人力资本价值可以随着企业市场价值的提升而变现。

(三) 股票市场实现创新企业和企业家价值

如前面所说,科技企业家的创新目标是依靠创新提升企业价值。这样,科技创业的企业得以成功并得到市场的承认离不开股票市场。"具有高度流动性且上市条件较为宽松的纳斯达克股票市场使创业企业首发上市的成功率大为提高,进而导致风险资本对高科技企业的投资。"[3]

人们一般认为纳斯达克市场和我国的创业板市场是专门为风险投资设立的。原

---

[1] 罗伯茨:"美国式的风险投资家还有一个特点,他们不光作投资,也密切参与所投资公司的管理。因此风险投资家的真正价值,在于他们提供的帮助而非金钱。"(罗伯茨:《风险投资及运行机制》,北京大学出版社2000年版,第244页。)

[2] 麻省理工学院管理学家爱德华·罗伯茨在谈到高新技术企业取得成功的基本要素时指出:优秀的企业是由团队造就的,而非个人。在团队里,除了要有技术人才,还要有市场和销售人才。(罗伯茨:《风险投资及运行机制》,北京大学出版社2000年版,第252页。)

[3] 威廉·拉让尼克:《创新魔咒:新经济能否带来持续繁荣》,上海远东出版社2011年版,第51页。

因是：风险投资不同于其他投资，首先是有风险，投入的创业投资大多不成功，成功的是少数，但一旦成功可能有高收益。其次它所追求的不是在企业中做股东获取股权收益，而是追求在股权交易中获利。风险投资者期望从创立后的企业（股权）的出售中退出，然后再用这些资本进行新的风险投资活动。因此，建立并完善创业板市场和产权交易市场可以为风险投资提供顺畅的退出机制。其作用：一方面使投入科技创新项目的资金在孵化出高新技术和企业后能及时退出来进入新的项目，以保证风险投资的可持续；另一方面可以为风险投资者提供及时转移风险或者转移股权的通道，从而为之提供规避和锁定风险的机制。

其实，创业板市场的上述功能只是一个方面，其更为重要的功能是实现科技创业企业的价值，特别是创业企业家的价值。科技企业在年轻时就上市（或转让股权），不仅使风险资本在完成其使命后及时退出并得到回报，还能使科技企业在风险资本退出后由于社会资本的进入而得到存续并可能得到跨越式发展。不仅如此，对持有企业股票期权的经营者和高技术人才来说，公司上市意味着其为科技创业贡献而持有的股票期权得到了股权收益和巨额的回报。据有关材料，在硅谷平均每五天有一家公司挂牌上市，每天诞生数十个百万富翁。在这种股权收益的刺激中何愁不产生科技企业家。因此，我国的创业板市场更多地鼓励科技企业上市，或者提供股权转让的其他市场路径，可能会激励更多的企业家进入高科技的孵化领域。

基于以上分析，在转向以科学新发现为导向的技术进步模式的大背景下，我国现有的以企业为主体，市场为导向，产学研结合的技术创新体系需要进一步完善。首先，技术创新以企业为主体需要有明确的要求，企业不仅是在采用新技术上成为主体，更应在参与孵化新技术上成为主体。其次，企业不可能自动成为技术创新主体，其主观条件是科技企业家经营企业并组织创新。科技创新需要产学研各个主体协同作用，没有科技企业家的组织和协调，科技创新就成为空话。再次，对技术创新的市场导向只是在技术和产品的微观层面上起作用，在整个技术创新体系中真正起导向作用的是科技企业家。最后，以科技企业家为主导的技术创新体系是我国国家创新体系的基础和核心。根据科技企业家成长的生态培育科技企业家队伍是我国建设创新型国家的关键。

（执笔：洪银兴）

第十一章　产学研合作与战略性
新兴产业发展

—— 基于长三角企业调研数据的分析

　　在全球价值链背景下,我国战略性新兴产业能否在未来世界市场竞争中获取优势地位,关键在于能否掌握新兴产业价值链上的核心技术。而核心技术的获取,不能依赖于外部市场的获取,而应依靠国家创新体系,推进自主创新。在国家创新体系中,大学与研究机构始终站在知识和理论的最前沿。

　　战略性新兴产业的发展越来越离不开大学与研究机构的知识供给及人员的合作。大学与研究机构拥有大量的科学精英,并掌握着世界前沿的科学技术,能否与大学与研究机构开展合作创新,已经成为战略性新兴产业发展的重要环节。产学研的合作模式很多,如通过购买大学或研究机构的技术,将其在企业中进行推广与运用,或者利用大学的教育资源,对企业员工进行培训等,但值得注意的是,企业、大学与科研机构组建合作研发团队正成为战略性新兴产业提升研发水平的最为重要的产学研合作模式。

一、文献综述

　　国内外关于产学研合作的研究内容相当丰富,但是,关于新兴产业发展与产学研合作的关系的研究文献主要集中在以下几个方面:

(一) 关于新兴产业产学研合作模式选择的研究

　　曼特哈希(Motohashi,2005)阐述了美国产学研合作的历史与发展趋势,并对每个历史阶段的新兴产业的产学研合作模型进行了总结与归纳。薛金梅、周英超(2000)从新兴产业发展特征的角度,并基于产学研合作的契约关系,将产学研合作模式归纳为技术转让、联合开发(委托开发)、共建实体三种。朱桂龙等(2003)提出新兴产业的产学研合作可以采取"契约性合作模式、技术协作模式、一体化模式"三种网络组织模式。刘富春、曾宪军(2005)指出新兴产业一般都属于高技术产业,开展产学研合作是新兴产业发展的关键所在,从产学研合作的紧密程度来分类,可分为直接合作、间接合作和潜在合作三类。格斯勒(Geisler,1995)指出新兴产业的产学研合作模式可以采取以下几种形式:联合办学形式、资助联合攻关形式、联合机构形式、多元基金体系、高校高科技企业等等,并对每种合作形式的优劣势与风险等进行了研究。杰弗瑞(Jeffrey,2003)指出,无论是传统产业,还是新兴产业,开展产学研合作都是产业创新升级的重要手段之一。而在信息技术发达的今天,应该建立"虚拟研究中心"。"虚拟研究中心"是指企业与大学和科研机构建立对应的合作关系,利用大学和科研机构的实验室,为企业开展系统化的应用基础研究及创新产品的研究与试验工作,变大学和科研机构的实验室为企业的"虚拟研究中心"。

(二) 关于新兴产业的产学研合作动机的研究

哈勒特和卡亚尼斯(Hazlett 和 Carayannis,1998)认为新兴产业的产学研合作的动因主要在于,通过产学研合作,从合作伙伴那里获取更多的知识,降低组织学习的成本,进而提高各自的竞争力。萨特罗(Santoro,2000)认为,新兴产业一般都具有较高的技术,具有较高的创新性,要推动新兴产业发展,开展产学研合作是重要的手段之一,通过产学研合作,可实现企业和大学、科研院所之间的能力和资源互补,而这种能力与资源的互补正是产学研合作的关键动力。布科夏沃和斯赫汉(Birkinshaw 和 Sheehan,2002)的研究表明不同主体存在不同的产学研合作动机,企业通过产学研合作主要是增强企业的研发能力,提高企业的市场竞争力,而大学、科研院所则是为了提高自身的社会、学术地位。露丝麦尔和赫斯(Rothaermel 和 Hess, 2007)研究指出,新兴产业的产学研合作的动机,不同企业存在较大差异,它会随着产学研合作的治理方式、企业规模与企业区位等变化而变化。

(三) 关于新兴产业产学研合作的绩效研究

萨特罗(Santoro, 2006)指出新兴产业的产学研合作对于提升企业的研发水平与市场竞争力具有重要的促进作用,产学研合作各方的关系越紧密,合作的绩效越高;并且,在合作初期建立起紧密关系比后期逐渐建立起来的紧密关系对绩效的贡献更大。慧青、邹艳(2010)以新兴产业为例研究发现,产学研合作各方的知识结构的差别是影响合作绩效的重要因素,并且两者之间呈非线性的关系。夏伍德和卡文(Sherwood 和 Covin,2008)指出即使产学研合作的各种条件都具备,也可能会由于合作各方在利益分配上的冲突而使得合作归于失败,利益分配机制设计得是否合理是决定产学研合作成败最为关键的因素。

在以上研究思路和成果的基础上,本章将通过构建数量模型,并利用长三角地区微观企业的调研数据来研究战略性新兴产业的产学研合作问题。本章重点研究:产学研合作团队应该建立何种形式的激励监督机制? 到底是由大学或研究机构还是由企业来控制或监督团队的研发活动? 影响产学研合作团队创新水平的因素有哪些?

二、理论模型

哈瑞斯(Harris,1989)、泰勒尔(Tirole,1994)、张维迎(1995)分别构建了有关企业团队合作的模型,本研究所构建的模型是建立在以上模型的基础之上的。为了研究的便利,我们假定一个国家或地区存在一种战略性新兴产业,为了提升战略性新兴产业的创新水平,需要与大学或研究机构开展产学研合作,并组建产学研合作团队。

为了研究的简化,我们假设企业(E)和大学(D)组建的产学研合作团队,其研发产出与研发的努力程度有关,具体函数如下:

$$Y = g(e_E, e_D) + \varepsilon = e_E^{\delta} e_D^{1-\delta} + \varepsilon \tag{11.1}$$

$$\frac{\partial Y}{\partial e_E e_D} = e(1-e)e_E^{1-\delta}e_D^{-\delta} > 0 ; \frac{\partial Y}{\partial e_D e_E} = e(1-e)e_E^{\delta-1}e_D^{-\delta} > 0$$

其中,Y表示研发产出,e_E、e_D分别表示企业与大学的努力水平。由于产学研合作的每一成员的边际生产率是另一成员的递增函数,因此我们将研发产出对努力的弹性系数δ、$1-\delta$解释为,对应企业与大学对于合作创新的重要程度。其中,若$\delta > 1/2$,表示在产学研合作团队中,企业起到更重要的作用;若$\delta < 1/2$,表示大学研究机构起到更加重要的作用;$\delta = 1/2$,表示企业与大学在产学研合作团队中作用相当。

大学与企业在产学研合作创新中所获得的创新收益分别为:

$$r_1 = d_1 + \alpha(Y - d_1 - d_2) = (1 - \alpha)d_1 + \alpha(Y - d_2) \tag{11.2}$$

$$r_2 = d_2 + (1 - \alpha)(Y - d_1 - d_2) = \alpha d_1 + (1 - \alpha)(Y - d_2) \tag{11.3}$$

其中,d_1、d_2表示企业与大学研究机构,通过产学研的合作创新,所获得的固定收益;α、$1-\alpha$分别表示企业与大学通过产学研合作,所分享的创新的剩余利润份额。

企业和大学能够从研发团队中获取相应利润,其利润函数如下:

$$\pi_i(r_i, e_i) = r_i - c_i(e_i) = r_i - \frac{1}{2}e_i^2 \quad i = E, D \tag{11.4}$$

其中,r_E、r_D分别表示企业与大学在产学研合作创新中所获得的创新收益,$c_E(e_E)$、$c_D(e_D)$分别表示企业与大学在产学研合作创新中的成本。

另外,为了保证产学研合作团队的研发效率的提升,假定在大学与企业之间可能会存在某个主体,既进行研发创新,又对团队的另一主体进行监督。为了更好地表明

产学研合作的激励监督,假设监督技术取如下的线性形式:

$$e_E^o = \lambda e_D^s$$

$$e_D^o = \eta e_E^s \tag{11.5}$$

企业(E)每增加一单位的努力可能迫使大学增加 η 单位的努力,类似地,大学每增加一单位的努力可以迫使企业增加 λ 单位的努力。如果 $e_i^o \geq e_i^s$(即自我努力小于被监督的努力),i 将不得不选择 $e_i = e_i^o$,那么 j 对 i 的监督是有效力的;否则 i 将选择 $e_i = e_i^s$,那么 j 对 i 的监督是没有效力的。其中,λ、η 是用来表示监督的相对有效性:$\eta > \lambda$,意味着由企业监督比大学更有效;$\eta < \lambda$,意味着由大学监督企业更有效;$\eta = \lambda$,意味着由大学或企业监督对方的效果是一样的。同时,还假定 $\eta < 1$,$\lambda < 1$,因为监督不可能是完全的,如果 $\eta = \lambda = 0$,则表示监督在技术上是不可行的。

产学研合作的目的在于最大化创新收益 $R(\alpha)$。这里 $R(\alpha)$ 等于总期望的研发产出减去努力成本,即 $R = EY - C_E(e_E) - C_D(e_D)$。最优剩余索取权的安排问题可以表达如下:

$$\max_\alpha R = e_E^\delta e_D^{1-\delta} - 0.5e_E^2 - 0.5e_D^2$$

$$s.t.(1)\ e_E \in \operatorname*{argmax}_{e_m}((1-\alpha)d_1 + \alpha(e_E^\delta e_D^{1-\delta} - d_2) - \frac{1}{2}e_E^2) \quad s.t.\ e_E \geq \eta e_D^s$$

$$(2)\ e_D \in \operatorname*{argmax}_{e_D}((1-\alpha)d_1 + \alpha(e_E^\delta e_D^{1-\delta} - d_2) - \frac{1}{2}e_E^2) \quad s.t.\ e_D \geq \lambda e_E^s$$

即 α 最大化 R,满足两个成员的激励约束:给定 α,每个成员选择 e_i 最大化自己的期望利润,满足监督约束。

第一种情况:监督在技术上完全不可行($\lambda = \eta = 0$)。

在这种情况下,由两个成员最优化的两个一阶条件给出如下反应函数:

$$e_E = (\alpha\delta)^{\frac{1}{2-\delta}} a_D^{\frac{1-\delta}{2-\delta}} \tag{11.6}$$

$$e_D = [(1-\alpha)(1-\delta)]^{\frac{1}{1+\delta}} e_E^{\frac{\delta}{1+\delta}} \tag{11.7}$$

求方程(11.6)和方程(11.7),我们得到纳什均衡的努力水平为:

$$e_E^* = (\alpha\delta)^{\frac{1+\delta}{2}} [(1-\alpha)(1-\delta)]^{\frac{1-\delta}{2}} \tag{11.8}$$

$$e_D^* = (\alpha\delta)^{\frac{\delta}{2}} [(1-\alpha)(1-\delta)]^{\frac{2-\delta}{2}} \tag{11.9}$$

将方程(11.8)和方程(11.9)代入创新收益 $R(\alpha)$,并经运算得到:

$$R(\alpha) = (\alpha\delta)^\delta [(1-\alpha)(1-\delta)]^{1-\delta} - \frac{1}{2}(\alpha\delta)^{1+\delta} [(1-\alpha)(1-\delta)]^{1-\delta}$$

$$- \frac{1}{2}(\alpha\delta)^\delta [(1-\alpha)(1-\delta)]^{2-\delta}$$

$$= \frac{1}{2}(\alpha\delta)^{\delta}\left[(1-\alpha)(1-\delta)\right]^{1-\delta}(1-2\alpha\delta+\delta+\alpha) \qquad (11.10)$$

对 α 求导并令其为零,整理后得一阶条件:

$$\alpha^2(2\delta-1)-\alpha(\delta+\delta^2)+\frac{1}{2}(\delta+\delta^2)=0$$

$$\alpha^* = \frac{(\delta+\delta^2)-\sqrt{(\delta+\delta^2)(\delta-2)(\delta-1)}}{2(2\delta-1)} \qquad (11.11)$$

(11.11)式表明最优剩余索取权是由合作团队的相对重要性唯一地决定的,而且 $\partial\alpha^*/\partial\delta > 0$,即合作创新组织的最优索取权份额随着自己在生产中的相对重要性的上升而上升,在研发团队中,越是重要的成员,占有的剩余份额应该越大。

在监督不可行的情况下,大学与企业所获取的剩余索取权,应该与其在创新过程中的重要性呈同方向变动,这样才能实现研发团队的最优创新水平。在此条件下,大学与企业可以采取"契约"形式的产学研合作模式,根据大学与企业在产学研合作过程中所投入要素的重要程度,来分享剩余索取权。

第二种情况:监督在技术上是可行的($\lambda > 0, \eta > 0$)。

命题1:当监督在技术上不可行时,最优化要求团队成员分享剩余。但当监督在技术上可行时,上述结论并不成立。我们将证明,如果监督足够有效,委托权的单方面所有是最优的。

当 $\lambda > 0, \eta > 0$ 时,企业与大学的反应函数分别为:

$$e_E = \max\{(\alpha\delta)^{\frac{1}{2-\delta}}e_D^{\frac{1-\delta}{2-\delta}}, \lambda e_D^s)\}$$

$$e_D = \max\{\left[(1-\alpha)(1-\delta)\right]^{\frac{1}{1+\delta}}a_E^{\frac{\delta}{1+\delta}}, \eta e_E^s\} \qquad (11.12)$$

其中,括号中的第一项是由企业自我努力,第二项是由监督技术所决定的被监督的努力水平。也就是说,如果企业或大学的自我努力大于被大学或企业监督的努力水平,那么企业或大学的实际努力水平就是自我努力水平,否则,大学或企业的实际努力水平就等于监督后的努力水平。

根据以上分析,可以明显地发现,当 $\alpha = 0$ 时,企业不可能有积极性(也没有必要)监督大学的研发,但是,大学有积极性监督企业的研发活动。类似地,当 $\alpha = 1$ 时,大学不可能有积极性(也没有必要)监督企业的研发活动,但是企业有积极性监督大学的研发活动。因为从反应函数可知,大学的自我努力 e_D^s 随 α 的上升而下降,企业的自我努力随着 α 的上升而上升,因此,一定有一个转换点 α_D ,使得 $\alpha > \alpha_D$ 时,大学不再有积极性监督企业,也会存在一个转换点 α_E ,使得 $\alpha > \alpha_E$ 时,企业开始有积极性监督大学成员。因为当企业的自我努力大于被监督的努力时,大学的监督是没有意义的,因此, $\alpha_D < \alpha_E$ 。

当 $\alpha \leqslant \alpha_D$ 时,$e_E = e_E^o = \lambda e_D^s$,$e_D = e_D^s = \left[(1-\alpha)(1-\delta)\right]^{\frac{1}{1+\delta}} e_E^{\frac{\delta}{1+\delta}}$

可得:

$$e_D = (1-\alpha)(1-\delta)\lambda^\delta ;$$

$$e_E = (1-\alpha)(1-\delta)\lambda^{1+\delta} \tag{11.13}$$

由(11.13)式可知,大学成员所占有的剩余份额越大,他在合作研发中越重要,他的监督越有效,他的自我努力和监督积极性越高。

当 $\alpha \in (\alpha_D,\alpha_E)$ 时,纳什均衡与监督在技术上不可行时一样:

$$e_E^* = (\alpha\delta)^{\frac{1+\delta}{2}} \left[(1-\alpha)(1-\delta)\right]^{\frac{1-\delta}{2}}$$

$$e_D^* = (\alpha\delta)^{\frac{\delta}{2}} \left[(1-\alpha)(1-\delta)\right]^{\frac{2-\delta}{2}}$$

当 $\alpha \geqslant \alpha_E$ 时,$e_E = e_E^s = (\alpha\delta)^{\frac{1}{2-\delta}} e_D^{\frac{1-\delta}{2-\delta}}$,$e_D = e_D^o = \eta e_E^s$,可得:

$$e_E = \alpha\delta\eta^{1-\delta}$$

$$e_D = \alpha\delta\eta^{2-\delta} \tag{11.14}$$

企业占有的剩余份额越大,在生产上越是重要,监督越有效,他的自我努力和监督积极性越高。

下面我们将研究最优的委托权的安排。首先,在大学监督区域 $[0,\alpha_D]$,两个成员的努力都随着 α 的上升而下降,由此,$\alpha = 0$ 严格优于所有的 $\alpha \in (0,\alpha_D)$;类似地,在企业监督区域 $[\alpha_E,1]$,两个成员的努力都随着 α 的上升而上升,由此,$\alpha = 1$ 严格优于所有的 $\alpha \in (\alpha_E,1)$ 。因此,我们只需要比较 $\alpha = 0$ 和 $\alpha = 1$ 及非监督区域 $\alpha \in (\alpha_D,\alpha_E)$ 。进一步,因为在非监督区域,所有的 α 严格劣于 $\alpha^* = \dfrac{(\delta + \delta^2) - \sqrt{(\delta + \delta^2)(\delta - 2)(\delta - 1)}}{2(2\delta - 1)}$ 。在监督足够有效(即 η 、λ 足够大)的情况下,α^* 劣于 $\alpha = 0$ 和 $\alpha = 1$ 。

比较 $\alpha = 0$ 和 $\alpha = 1$,将(11.13)式与(11.14)式分别代入创新收益 $R = EY - C_E(e_E) - C_D(e_D)$,可得:

$$R(\alpha = 0) = (1-\delta)\lambda^{2\delta}\left[1 - 0.5(1-\delta)(1 + \lambda^2)\right] \tag{11.15}$$

$$R(\alpha = 1) = \delta\eta^{2(1-\delta)}\left[1 - 0.5\delta(1 + \eta^2)\right] \tag{11.16}$$

(11.15)式和(11.16)式表明,$R(\alpha = 1)$ 与 $R(\alpha = 0)$ 的大小是由 δ 和 (η,λ) 所确定的。研究可以发现,如果 $\delta \geqslant 1/2$,$\eta > \lambda$,则 $R(\alpha = 1) > R(\alpha = 0)$ 。也就是说,如果企业在合作研发上更为重要,如果企业监督大学比大学监督企业更加容易,将委托权分配给企业是最优的。在现实中,往往企业更具有管理与监督经验。因此,一般情况下,$\eta > \lambda$ 是成立的。进一步,即使 $\delta < 1/2$,但如果 η 充分地大于 λ ;另外,如果 η 小于 λ ,但是,如果 δ 足够大,企业拥有委托权仍是最优的。

命题2:在监督可行的条件下,大学与企业所建立的产学研合作团队,应将剩余索取权和监督权交由一方拥有,这样才能实现研发团队的最优创新水平,而谁拥有剩余索取权和监督权本身并不重要。在此条件下,大学与企业可采取"公司制"的产学研合作模式,将"公司"的剩余索取权与监督权交由在产学研合作团队中,起到更大作用的一方所有。

三、实证分析

(一) 数据

本章采用的微观数据来源于 2011 年 2—6 月对长三角地区战略性新兴产业发展的调查问卷。此次抽样调查共发放 1200 份问卷,收回 823 份问卷,问卷收回率为68.5%,摒弃非战略性新兴产业的问卷和无效问卷,共获得 358 份有效问卷。该问卷以战略性新兴产业企业创新与产学研合作为主要内容,分为三个部分:企业的基本信息、产品升级情况、新产品研发情况,共 59 个问题。这些调查的数据资料能够为研究战略性新兴产业企业产学研合作与创新之间的关系提供较为详细的数据来源。

从有效样本的产业分布来看,新能源 34 家,新材料 45 家,生物医药 91 家,节能环保 29 家,信息技术 102 家,高端制造 45 家,电动汽车 12 家,基本上涵盖了所有的战略性新兴产业,该样本能够较好地反映战略性新兴产业的整体情况。

从有效样本的企业规模来看,超出国内同行平均水平 118 家,为国内平均水平172 家,低于国内平均水平 68 家。长三角地区的战略性新兴产业的企业规模达到国内水平以上的企业数量占总样本的 81%,表明该地区的战略性新兴产业的发展水平明显地高于全国的平均水平。

从有效样本的所有制来看,国有企业数量占总样本的比重为 38.2%,民营、外资、港澳台合资以及股份制企业数量占总样本的比重分别为 20.2%、13.1%、11.0%、17.5%。这表明,在推动战略性新兴产业发展的过程中,政府投资产业的热情明显地高于其他主体。

从有效样本是否位于开发区来看,42.3%位于国家级高新区与国家级经济技术开发区,33.5%位于省(市)级开发区,21%位于区(县)级开发区,只有 13.2%不在开发区。这表明,长三角地区大部分战略性新兴产业企业具有集聚的倾向,这可能是由战略性新兴产业所具有的学习效应、网络外部性、不确定性的特性所决定的。

从有效样本开展产学研合作的情况来看,81.2%的战略性新兴产业与大学或研究机构开展过或正在开展不同程度的合作创新。在开展产学研合作的新兴产业企业中,企业处于合作创新主导地位的比例占到 62.3%,大学或研究机构在合作创新中处于主导地位的占到 24.5%,另外 13.2%的企业认为,在产学研合作创新团队中,大学或科研机构与企业的地位相当。在企业处于主导地位的产学研合作团队中,72.3%的企业取得良好的创新绩效,而在大学或研究机构处于主导地位的产学研合作团队中,78.4%的企业取得良好的创新绩效,而在缺乏处于主导地位主体的产学研合作团队中,只有41.2%的企业取得良好的创新绩效。在产学研合作中,不论是企业处于主导地位,还是大学(研究机构)起到主导作用,是否会影响到创新绩效,以及影响产学研合作主体主导地位的因素又包括哪些,下面将通过理论与实证的分析,来进行探讨。

(二) 变量

根据研究的需要,我们从调查问卷中选择并构造了如下变量。

1. 被解释变量:战略性新兴产业企业的创新水平(rde)

利用企业专利持有量与企业研发人员数量之比,衡量战略性新兴产业企业的创新水平。

2. 解释变量:是否开展过产学研合作(cxy);是否组建产学研合作团队(ctd);在产学研合作团队中,企业是否起主导地位(cen);是否能够有效地监督产学研合作过程(cjd);产学研合作的收益分配的合理程度(chl)

是否开展过产学研合作(cxy),为了获得该指标,问卷设计问题,"贵公司是否开展过产学研合作",被调查企业若开展过,则赋值1,否则赋值0。同样,问卷还设计问题,"贵公司是否组建了产学研合作团队"、"贵公司若组建了产学研合作团队,贵公司是否成立了研发公司"、"贵公司是否能够有效地监督产学研合作过程",若被调查企业回答"是",则赋值1,否则赋值0,这样就可以得到是否组建产学研合作团队(ctd)、企业是否成立研发公司(cen)、是否能够有效地监督产学研合作过程(cjd)三个变量的数值。另外,还设计问题,"贵公司认为产学研合作的收益分配的合理程度如何呢",被调查企业可以在"严重不合理,不合理,比较合理,非常合理"四个选项中进行选择,我们分别对其进行赋值为0、1、2、3,这样就可以得到产学研合作的收益分配的合理程度指标(chl)。

3. 控制变量:企业规模(sca)、企业是否位于开发区(zon)、企业的性质(cha)

影响战略性新兴产业企业创新水平的因素,至少还应该包括企业规模(sca)、企业是否位于开发区(zon)、企业的性质(cha)等。其中,企业规模(sca)是一个三维虚拟变量(超出国内同行平均水平、为国内平均水平、低于国内平均水平);企业的性质(cha)是一个二维虚拟变量(内资或外资);企业是否位于开发区(zon),若是,赋值为1,若不是,则赋值为0。所有变量的描述性统计如表11.1所示。

表 11.1　各变量的统计性描述

变量	样本数	平均值	标准差	最小值	最大值	说明
企业的创新水平（rde）	348	5.285	0.602	0	42.31	程度变量
是否开展过产学研合作（cxy）	312	0.764	0.529	0	1	虚拟变量
是否组建产学研合作团队（ctd）	319	0.673	0.487	0	1	虚拟变量
是否成立研发实体（cen）	321	0.385	0.682	0	1	虚拟变量
是否能有效监督产学研合作（cjd）	325	0.627	0.595	0	1	虚拟变量
产学研收益分配的合理程度（chl）	328	1.785	0.583	0	3	程度变量
企业规模（sca）	332	216.28	163.12	6	6783	单位：人
是否位于开发区（zon）	327	0.415	0689	0	1	虚拟变量
企业的性质（cha）	342	0.811	0.795	0	1	虚拟变量

（三）方法

由于调查样本的数量有限，本章将采用自抽样的方法，来确保研究结论的稳健性。自抽样方法的基本过程就是，从已有的样本中随机地抽取个体样本，构成一个与已有样本不同的全新样本，在抽取的过程中，可能会有一些个体样本会被重复抽取，然后，计算出所抽取的新样本的统计分布。将上述过程重复 100—1000 次，然后再了解这些不同样本的具体分布情况。对于一些小样本来说，该方法能够通过重复地从样本中进行抽放，使得所获得的小样本能够很好地反映母体的真实情况，也能使计量的回归结果更好地反映母体的特征。

自抽样方法是从样本本身中获取其概率分布，主要包括对残差项进行自抽样和对变量向量集进行自抽样。其中，对变量向量集进行自抽样，由于并不对残差进行自抽样，因此其对误差项的独立性或者可交换性方面的假设并不那么敏感。即使误差分布不是高斯型的，或者也不了解其具体的分布情况，由于自抽样提供了一种估算参数概率分布的方法，从而可以确定置信区间并运用标准统计方法进行假设检验。由于本章的调研样本比较小，而且可能会出现异常值，但样本具有较好的代表性，因而自抽样方法可以获得较为稳健的回归结果。

（四）计量模型构建与结果分析

1.计量模型的构建

为了研究产学研合作对于战略性新兴产业发展的影响，并根据所设定的变量，我们构造如下的计量模型：

$$rde_i = \beta_0 + \beta_1 cxy_i + \beta_2 ctd_i + \beta_3 cen_i + + \beta_4 cjd_i + \beta_5 chl_i + \sum_{j=1}^{n} \alpha_j control_{it}^j + \varepsilon_i$$

其中,被解释变量为战略性新兴产业企业的创新水平(rde)。解释变量主要有是否开展过产学研合作(cxy);是否组建产学研合作团队(ctd);在产学研合作团队中,企业是否起主导地位(cen);是否能够有效地监督产学研合作过程(cjd)。产学研合作的收益分配的合理程度(chl);同时还控制企业规模(sca)。企业是否位于开发区(zon)、企业的性质(cha)等变量。ε 是随机误差项,i 为被调查企业,$control_{it}^j$ 表示 i 样本的第 j($j=1,2,3$)个控制变量的数据。

为了使计量结果稳健可信,我们运用 Breusch-Pagan/Cook-Weisberg 方法检验是否存在异方差,检验结果显示不能拒绝同方差的原假设,同时对回归残差分布进行检验,发现其基本服从正态分布。表 11.1 给出了各变量的统计性描述。表 11.2 给出了利用自抽样方法,对上述模型进行估计所获得的结果。

2.计量结果分析

第一,是否开展产学研合作(cxy)与战略性新兴产业的企业创新水平具有正相关关系(参见表 11.2,回归(1)(2)(3)),即企业开展产学研合作能够促进战略性新兴产业企业的创新水平提高,这与现实相一致。战略性新兴产业所需要的创新技术,往往属于国内乃至国际最前沿的知识与技术,需要多方主体的参与,企业与大学或科研机构的合作研发,能够提高研发效率,进而能够促进战略性新兴产业企业创新水平的提升。

第二,是否组建产学研合作团队(ctd)与战略性新兴产业企业创新水平也具有正相关关系(参见表 11.2,回归(1)(2)),即产学研合作团队的组建有利于战略性新兴产业企业创新水平的提高。合作研发团队的组建能够发挥团队成员的集体智慧,团队成员之间的相互学习和知识外溢,有利于企业研发效率的提升,进而能够促进战略性新兴产业企业的创新水平提升。

第三,产学研合作团队中,是否组建研发公司(cen)对于战略性新兴产业创新水平提升具有正向作用(参见表 11.2,回归(4)(5)(6))。产学研合作团队能够进行有效监督的情况下,由企业或大学来负责团队的监督与管理,都有利于企业创新水平的提升;但是,在监督无效的情况下,由企业或大学来监督与管理产学研合作团队,对于企业创新水平的作用并不明显。这与上文所提出的研究命题相一致的。原因可能在于,一些新产品或新技术的研发,是难以进行监督与管理的,即使组建了研发公司,由于该种新产品或新技术的研发监督的难度很大,也难以发挥公司的激励作用,进而,对于提升企业创新水平的作用不显著。

第四,在无效监督的情况下,产学研合作收益分配的合理程度(chl)对于战略性新兴产业企业创新水平的提高具有正向作用(参见表 11.2,回归(7)(8)),产学研合作收益分配的合理程度越高,越能促进企业创新水平的提升。这与上文提出的研究命题是相一致的。在无效监督的情况下,合作研发团队的激励主要来自于其获得的创新收益,激发研发团队成员的创新动力,主要来自于剩余索取权的合理分配,而团队的有效监督对其创新水平提高作用不显著。

表 11.2　产学研合作与战略性新兴产业企业的创新水平关系

解释变量	企业的研发效率(rde)(全样本数据)			企业的研发效率(rde)(有效监督样本数据)			企业的研发效率(rde)(无效监督样本数据)	
	(1)	(2)	(3)	(4)	(5)	(6)	(7)	(8)
cxy	(0.011)(1.89)*	(0.017)(2.53)**	(0.022)(2.55)**					
ctd	(0.006)(2.87)**	(0.007)(2.95)**						
chl	(0.117)(1.74)*	(0.212)(1.95)*	(0.237)(2.41)**	(0.321)(0.97)	(0.453)(1.12)	(0.317)(1.02)	(0.312)(2.16)**	(0.283)(4.51)*
cjd	(0.546)(0.15)	(0.737)(0.64)	(0.911)(1.37)					
psca	(−0.101)(−1.94)*			(−0.205)(−2.46)**		(−0.179)(−2.71)**		
ssca	(−0.004)(−2.87)**			(−0.175)(−2.83)**		(−0.122)(−2.93)**		
zon	(0.017)(1.92)*	(0.123)(2.41)**	(0.204)(6.21)***	(0.121)(1.83)*	(0.159)(2.46)**			(0.139)(4.14)***
cha	(−0.114)(−0.02)		(−0.162)(−1.76)*	(−0.006)(−1.37)	(−0.028)(−2.51)**		(−0.112)(−1.93)*	(−0.101)(−2.84)**
常数项	(12.02)(7.27)***	(21.23)(8.54)***	(17.32)(9.12)***	(7.64)(2.61)**	(9.21)(6.87)***	(10.23)(8.48)***	(6.08)(5.34)***	(7.71)(4.31)***
行业、地区	控制	控制	控制	控制	控制	控制	控制	控制
Adj-R²	0.534	0.675	0.697	0.717	0.724	0.598	0.746	0.753
Wald-chi	23.17	31.38	43.57	57.32	78.48	58.39	67.17	68.12
N 值	287	312	326	138	138	138	102	102

注:括号中的值为 z 统计量;自抽样重复抽样次数为 200 次; * 、 * * 和 * * * 分别表示 10%、5% 和 1% 的水平显著;报告结果由 STATA10.0 给出。

　　第五,从战略性新兴产业的企业规模来看,处于国内同行平均水平与低于国内同行平均水平的企业,相对于高于国内同行平均水平的企业来说,其创新水平都要低于处于同行平均水平以上的企业(参见表 11.2,回归(1))。由此可见,战略性新兴产业企业的规模对于创新水平的提升会产生显著的正向作用。这可能是由于战略性新兴产业的创新设计可能需要更多的资金投入和人力资本等重要因素的投入,而企业规模越大,可能更易于获得资金与人力资本等重要因素。从回归的结果来看,战略性新兴产业企业是否位于开发区(zon),对于企业的创新水平的影响并不显著。该结论与郑江淮(2008)的研究结论相符。因此,在推动战略性新兴产业发展的过程中,不应盲目地追求产业集群,也不能错误地理解战略性新兴产业的集群,就能发挥集聚效应,就一定能够产生技术溢出。另外,从调研数据的检验结果来看,处于战略性新兴产业的外资企业的研发效率是高于内资企业的(参见表11.2,回归(3))。这可能是由于外资企业拥有更多更高素质的创新人才和更丰富的创新经验以及国际化的视野等,因此,处于战略性新兴产业的内资企业应积极地融入全球价值链,要加强与外资企业的合作与交流,可以开展各种类型的合作研发与合作生产等,进而,不断地提升中国战略性新兴产业的创新水平。

四、结论与启示

本章首先通过构建产学研合作的理论模型,阐明产学研合作团队所合作研发的产品与技术,在监督不可行的条件下,无论将监督权交由企业,还是交由研发机构,只要产学研合作团队能够按照产学研合作团队成员在合作研发过程中,所起到的作用大小来合理地分配剩余索取权,就能实现最优的激励,推动产学研合作团队创新水平的提升。在监督可行的条件下,在产学研合作团队中,只要企业能起到至少与大学一样的作用,将监督产学研合作团队的任务交由企业是理性的;若企业在产学研合作团队中所发挥的作用要小于大学或研究机构,只要企业具有足够高的管理水平,将监督与管理研发团队的权利交由企业,仍是理性的。然后,利用长三角战略性新兴产业的调研数据,对产学研合作与战略性新兴产业企业创新水平的关系,进行了实证检验,实证检验的结果与理论研究所提出的命题是一致的。

通过以上研究,可以得到以下启示:战略性新兴产业的高新技术的特征,要求其必须开展多种形式的合作创新,而产学研合作是合作创新的重要方式之一。在众多的产学研合作模式中,组建研发团队与成立研发公司最为普遍,通过构建理论模型和实证研究发现,这两种合作模式都具有各自的适用范围。因此,在推动战略性新兴产业的产学研合作的过程中,应根据不同行业、企业与技术的特征,采取不同的产学研合作模式,以及不同的团队管理方式,只有如此,才能真正地发挥合作创新的巨大作用。若能够对产学研合作的创新技术进行有效监督,则企业应发挥其管理的优势,负责产学研合作团队的监督与管理,这样能更有效地降低"搭便车"的概率。由于,战略性新兴产业的大部分行业都处于产业发展的初级阶段,处于该阶段的产业一般都具有较强的创新性,而且其所创新的产品或技术往往都是全新的,对这种全新的产品和技术的合作研发过程,进行监督和管理存在较大的难度,因此采用与大学组建研发团队的产学研合作模式,可能比直接组建研发公司的产学研合作模式,更加有利于提升企业的创新水平。

(执笔:杨以文 郑江淮 任志成)

第十二章 产学研合作对高技术
产业创新绩效的影响

在当今知识经济时代,产业创新既依赖于企业的研发又依赖于产学研合作,甚至是上下游相关企业的合作。大学不只为企业输送智力资源,基础研究还有助于产业创新。

本章基于中国科技创新体系的三元结构(企业、大学、研发机构)及其在不同R&D 环节中的特点,分析产学研合作(相对于分割状态下的 R&D 活动)对产业创新的影响。换言之,产学研合作在多大程度上促进产业创新。

高技术产业在我国既是产业技术的前沿领域,又是国家自主创新和产学研协同创新的重点。有别于以标准化生产为主的成熟产业,高技术产业创新呈多样化特征,既包含创新模式以科学技术型为主导(STI,The Science, Technology and Innovation Mode)的生物医药等行业,又包含创新模式以互动式为主导(DUI,The Doing, Using and Interacting Mode)的电子信息等行业(Jensen 等,2007)。Acs 等(1992)的研究表明,大学 R&D 对电子、机械等不同行业的影响是差异化的,因为产业的创新模式和创新特征不同(Jensen 等,2007)。因此,本章选择高技术产业细分行业(15 个四位代码行业),有助于全面地考察不同产学研合作方式(如项目合作、人员交流合作为对象)对高技术产业不同细分行业创新的影响。

现有科技类统计资料,如《中国科技统计年鉴》、《中国高技术产业统计年鉴》等,产业的科技活动(科技投入、科技产出等)所提供的数据是按照行业来划分的(如生物医药业),但是大学、研发机构的 R&D 活动是按学科组来划分的(如生物学和药学),两者提供的 R&D 数据在统计上不一致,从而造成计量困难。为克服这个难题,本章借鉴 Feldman 和 Audretsch(1999)对美国国家自然科学基金资助项目与产业技术领域匹配分类的思路,将大学、研发机构按学科组划分的 R&D 数据归类整理,尝试构建与产业技术领域对应的 R&D 数据,从而解决数据缺失难题。基于上述数据创新及 2001—2010 年的相关产业数据,我们在 Griliches(1979)、Jaffe(1989)等知识生产函数基础上,结合 Cohen 和 Levinthal(1989)关于 R&D 具有创新和学习双重性的思想,建立一个既包含分割式 R&D 活动又包含互动式 R&D 活动的计量方程,不仅测度分割状态下企业、大学、研发机构 R&D 活动效果,还测度产学研合作及不同合作方式下的 R&D 活动效果。

本章结果表明,相对于分割状态的 R&D 活动,产学研合作有助于提升我国高技术产业创新绩效。其中,企业通过科技人员参与大学所提供的交流与学习机会可获得显著的收益,企业与研发机构通过科研项目的合作也可获得积极的效果,因此,不同产学研合作对象和合作方式的效果存在差异性。结果还发现,对医药制造等 STI 创新模式为主的产业,企业和大学的合作更有利于产业创新;对电子及通信设备制造业等 DUI 创新模式为主的产业,企业和研发机构的合作更有助于产业创新。因而,产学研合作需要在合作方式和合作对象等方面采取差异化策略。

一、产学研合作的必要性及其
对产业创新影响的研究

(一) 我国创新体系中产学研合作的必要性

我国科技创新体系(特别是科技活动主体)具有较强的中国特色,企业、研发机构和高等院校是科技活动的主体。2011 年胡锦涛总书记在清华大学百年校庆时提出协同创新战略,目的是通过加强产学研合作提高我国自主创新能力。产学研合作有助于促进经济、教育、科技的有机结合,产学研合作在我国既具有必要性又具有可行性。

表 12.1 列举了我国科技活动(R&D 经费为例)在三个部门的绝对量和相对份额,可以发现,企业 R&D 经费的比重不断提高(从 2000 年的 60% 提高到 2010 年的 73.4%),作为创新主体的地位日益加强;公共研发机构地位相对下降,但依然占据接近 30% 的 R&D 活动,其中,研发机构 R&D 经费的份额由 2000 年的 28.80% 下降到 2010 年的 16.80%,同期高等院校 R&D 经费的份额相对稳定在 9% 左右。发达市场经济国家,研发机构在国家 R&D 活动(R&D 经费,下同)的比重一般在 10% 左右,如美国(2002 年)、日本(2001 年)、英国(2000 年)和德国(2002 年)的比重分别为 7.6%、9.5%、12.2% 和 13.5%;高等院校的 R&D 活动比重一般在 15% 以上,如美国(2002 年)、日本(2001 年)、英国(2000 年)和德国(2002 年)的比重分别为 14.9%、14.5%、20.8% 和 18.5%。① 相对而言,高等院校 R&D 活动在我国科技创新体系中的比重偏低,而研发机构 R&D 活动的比重偏高。作为我国重要创新主体的研发机构,

---

① 资料来源:《中国科技统计年鉴 2003》。这些数据是笔者能从《中国科技统计年鉴》上查找的最新数据,时间相对陈旧,但对美国等大国来说,企业、大学、研发机构 R&D 活动的比重变化不会有太大波动。

一方面具有公共科研机构的性质,从事公共物品或半公共物品的科研活动,如中国科学院类似大学以基础研究为主;另一方面,许多研发机构通过转制而具有企业技术开发的特点,如原隶属国家部委的研究所。

表 12.1 按执行部门分组的我国 R&D 经费及其比例构成 (单位:亿元)

年份	R&D 经费总支出	企业		独立研究与开发机构		高等院校	
		R&D 经费	比重	R&D 经费	比重	R&D 经费	比重
2000	895.7	537	59.95%	258	28.80%	76.7	8.56%
2001	1042.5	630	60.43%	288.5	27.67%	102.4	9.82%
2002	1287.6	787.8	61.18%	351.3	27.28%	130.5	10.14%
2003	1539.6	960.2	62.37%	399	25.92%	162.3	10.54%
2004	1966.3	1314	66.83%	431.7	21.95%	200.9	10.22%
2005	2450	1673.8	68.32%	513.1	20.94%	242.3	9.89%
2006	3003.1	2134.5	71.08%	567.3	18.89%	276.8	9.22%
2007	3710.2	2681.9	72.28%	687.9	18.54%	314.7	8.48%
2008	4616	3381.7	73.26%	811.3	17.58%	390.2	8.45%
2009	5802.1	4248.6	73.23%	995.9	17.16%	468.2	8.07%
2010	7062.6	5185.5	73.42%	1186.4	16.80%	597.3	8.46%

资料来源:国家统计局、科学技术部编:《中国科技统计年鉴 2011》,中国统计出版社 2011 年版。

R&D 活动分为三种类型:基础研究(Basic Research)、应用研究(Applied Research)和试验开发(Experimental Development)。通常,企业 R&D 主要从事下游的试验开发,侧重技术应用环节;大学 R&D 主要从事上游的基础研究和应用研究,侧重知识创新,而研发机构 R&D 虽偏重于应用研究和试验开发,但也有一定的基础研究。科技活动主体构成的差异会导致 R&D 活动环节的差异,表 12.2 以 2010 年为例,列举了我国企业、研发机构和高等院校在 R&D 不同环节的绝对量和相对比重。

美国的基础研究、应用研究、试验开发的比例大约是 20%、20%、60%。与此相较,从表 12.2 中可以发现:中国基础研究的 R&D 经费比重都较低,80% 以上的 R&D 经费集中在试验开发环节;企业 R&D 活动更是绝对集中于试验开发,极少从事基础研究和应用研究,而美国的企业界不仅从事下游的试验开发,还从事上游的基础研究,如美国著名的贝尔实验室(Bell Laboratory)。中国企业的 R&D 活动绝对偏重于试验开发环节,会导致上游创新源的匮乏。

表 12.2 R&D 经费及其比例按执行部门分组的对比 （单位:亿元）

R&D 类型 R&D 主体	R&D经费支出	基础研究		应用研究		试验开发	
		R&D经费	比重	R&D经费	比重	R&D经费	比重
全国	7062.6	324.49	4.594%	893.79	12.655%	5844.30	82.750%
企业	5185.47	4.33	0.084%	126.21	2.434%	5054.93	97.483%
研究与开发机构	1186.40	129.92	10.951%	387.63	32.673%	668.85	56.376%
高等院校	597.30	179.93	30.124%	337.03	56.426%	80.34	13.451%
其他	93.41	10.32	11.048%	42.91	45.937%	40.18	43.015%

资料来源:国家统计局、科学技术部编:《中国科技统计年鉴2011》,中国统计出版社2011年版。

表 12.3 对比了我国高等院校和研发机构在重要学科领域 R&D 活动分布状况（R&D 课题数、投入人员、投入经费）,可以发现,一方面在力学、物理学、生物学、医学、材料科学、交通运输工程等领域两者的 R&D 活动相对接近;另一方面,高校在机械工程、计算机科学技术 R&D 活动较多,研发机构在电子、通讯与自动控制技术,以及航空、航天科学技术领域的 R&D 活动较多。仅就 R&D 活动看,两者既部分重叠,又具有一定的互补性。

表 12.3 高等院校和研发机构在重要学科领域 R&D 活动分布的对比（2010 年）

学科领域	高等院校			研究与开发机构		
	R&D课题数（项）	投入人员（人年）	投入经费（万元）	R&D课题数（项）	投入人员（人年）	投入经费（万元）
力学	2913	1225	28589	361	903	24949
物理学	9472	6103	100266	2563	7243	210738
生物学	16762	11013	212814	6149	11356	288960
药学	4012	3093	67678	780	2099	60109
中医学与中药学	13207	10989	55674	1656	3647	35364
材料科学	15656	9868	207524	1899	6080	143652
机械工程	15906	10540	271814	275	1557	29538
动力与电气工程	8762	5290	169284	451	4848	99364
电子、通讯与自动控制技术	21515	13715	445068	2855	38120	1269384
计算机科学技术	17060	10750	225922	970	4784	121202
交通运输工程	6718	4139	121763	835	3317	91653
航空、航天科学技术	4204	2349	152373	1909	54305	2064833

资料来源:国家统计局、科学技术部编:《中国科技统计年鉴2011》,中国统计出版社2011年版。

正因为中国企业主要从事试验开发活动,因而更需要外部的创新源头,特别是大学、研发机构的基础研究和应用研究。Feldman(1999)将大学对企业的作用概括为三点:一是提供智力支撑(如为企业输送科技人才);二是通过与企业的交流,为企业指明技术领域的新动向和技术轨道;三是科研成果(如科技论文)等公开发表,对企业产生溢出效应。

根据研发机构 R&D 活动环节的特点,其与企业的关系可分为两类:一是中科院系统及公益性研发机构,类似于大学与企业的科研合作关系,表现为知识创新对企业技术创新的互补性;二是企业化的研发机构,与企业往往是竞争性关系,但根据 Von Hippel(1988)的观点,上下游或同行竞争对手之间也可互动创新,毕竟研发机构有一定的基础研究。

Jensen 等(2007)根据产业的技术创新特征将其分为两种类型:一是科学技术创新,典型的产业如医药产业,其特征是创新来源主要依托大学等基础研究的理论发现,与大学合作对企业创新至关重要;二是互动性创新,典型的产业如电子及通信设备制造业(如手机),其特征是创新来源主要依托企业、科研机构、上下游产业链的互动创新。

(二)产学研合作对产业创新影响的研究

以 Nelson(1993)为代表的国家创新体系理论(National Innovation System)认为:大学和研发机构的基础研究对产业创新有较强的渗透作用,是一个国家企业技术创新来源的基础和源泉。Jaffe(1989)构建的技术一致性指数(Coincidence Index)创造性地评价了大学等基础研究对产业创新的影响,结果显示,对高技术产业尤其是对医药等行业的溢出效应较大;Sternberg(1996)以美国、德国、英国、法国和日本五个工业化国家为例,论证了政府 R&D 活动(Governmental R&D)和高技术产业就业之间的正相关关系。卡斯特尔和霍尔(Castells 和 Hall,1998)以美国硅谷和波士顿"128"公路、英国剑桥、日本筑波、韩国大德等案例说明大学等科研机构对高技术产业创新有重要影响。

在我国,北京"中关村模式"就是大学和研发机构支撑高技术产业创新和发展的一个典型案例,北大方正、联想、清华同方等一大批知名企业受益于中国科学院、北京大学、清华大学等科研机构的技术溢出;西安阎良航空高技术产业基地、四川绵阳的长虹等众多知名高技术企业则受益于科研机构的技术溢出(魏守华等,2010)。

当前我国产学研合作主要有六种模式:联合开展科技攻关、合作创办高新技术企业和科技园区、共同建立研发平台、联合培养创新人才、校地合作、构建产业技术创新战略联盟(李健,2012)。本章由于篇幅和数据来源关系,选择科研项目合作、人员交流(包括人才培养)两个方面实证检验产学研合作对我国高技术产业创新的影响。

二、模型与数据

（一）模型

本章运用知识生产函数来测度产学研合作对高技术产业创新绩效的影响。Griliches(1979)首次提出知识生产函数,之后 Jaffe(1989)、Anselin(1997)等众多学者对知识生产函数作了进一步修正和扩展。本章的知识生产函数模型设定如下:

$$\text{Ln}Y_{it} = \alpha_{it} + \beta_{it}\text{Ln}(FirmRD_{it}) + \gamma_{it}\text{Ln}(UnivRD_{it-2}) + \lambda_{it}\text{Ln}(InstitRD_{it-2}) + \varphi_{it}\text{Ln}(FirmP_{it-2}) \times \text{Ln}(Univ_{it-2}) + \theta_{it}\text{Ln}(FirmP_{it-2}) \times \text{Ln}(Instit_{it-2}) + \varepsilon_{it} \qquad (12.1)$$

其中,Y_{it} 代表高技术 i 细分行业在 t 时点的创新产出(专利或新产品),$FirmRD$ 代表企业 R&D 经费支出,$UnivRD$ 代表大学在某技术领域的 R&D 经费支出,$InstitRD$ 代表研发机构在某技术领域的 R&D 经费支出,$FirmP$ 代表企业研发人员数,$Univ$、$Instit$ 分别表示大学、研发机构在某技术领域科学家与工程师数或科研项目数,指标 $\text{Ln}(FirmP) \times \text{Ln}(Univ)$、$\text{Ln}(FirmP) \times \text{Ln}(Instit)$ 反映产学研合作过程,ε 代表随机扰动量。

产业(企业)R&D 经费($FirmRD$)对其创新产出有直接和重要的影响。大学的 R&D 经费、研发机构的 R&D 经费对企业创新产出有间接影响(溢出效应)。数据处理时考虑三点:一是不同年份的 R&D 经费进行价格指数平滑处理,以扣除通货膨胀的影响。二是大学的 R&D 活动对企业影响的滞后期,在借鉴 Jaffe(1989)、Orlando(2004)等处理方法基础上,滞后期选定为 2 年。三是现有大学、研发机构 R&D 数据是按学科组来划分,而企业 R&D 则是行业来划分的,两者缺乏对应关系。为解决这个难题,我们将《中国科技统计年鉴》关于大学、研发机构 R&D 活动按学科分组的数据,与企业所在行业进行分类处理,具体分类过程见表 12.5,这是本章的重要创新之处。

用 $\text{Ln}(FirmP) \times \text{Ln}(Univ)$、$\text{Ln}(FirmP) \times \text{Ln}(Instit)$ 分别表示产学研合作的互动过程,根据 Cohen 和 Levinthal(1989)的观点——R&D 具有创新和学习的双重性,Borensztein 等(1998)用相关指标的乘积来表示交互作用效果。产学研合作分为两类:一是科研项目交互作用,假设企业研发人员参与大学或研发机构的科研项目,从合作中受益,并有助于产业创新;二是人员流动或思想交流交互作用,假设企业研发人员通过与大学或研发机构科研人员的交流和学习受益,并有助于创新。所有变量的含义与测度方法等,见表 12.4。

表 12.4 变量的含义与测度方法

变量	含义	测度方法
因变量:专利(y_1)	常用的创新产出测度指标	当期专利申请数量
因变量:新产品(y_2)	用实现的绩效来测度创新产出	新产品销售额,以 2001 年为基数扣除价格影响
自变量:		
企业 R&D 活动:$FirmRD$	企业 R&D 经费表示创新投入	2001 年为基数扣除价格影响
大学 R&D 活动:$UnivRD$	大学 R&D 经费表示创新投入	2001 年为基数扣除价格影响(滞后两期)
研发机构 R&D 活动:$InstitRD$	研发机构 R&D 经费表示创新投入	2001 年为基数扣除价格影响(滞后两期)
企业与大学互动(项目合作型)$\text{Ln}(FirmP) \times \text{Ln}(Univ)$	企业与大学在项目合作中创新	滞后两期的企业科研人数与大学科研项目数的对数乘积
企业与研发机构互动(项目合作型)$\text{Ln}(FirmP) \times \text{Ln}(Instit)$	企业与研发机构在项目合作中创新	滞后两期的企业科研人数与研发机构科研项目数的对数乘积
企业与大学互动(人员交流型)$\text{Ln}(FirmP) \times \text{Ln}(Univ)$	企业与大学在人员交流中创新	滞后两期的企业科研人数与大学科研人数的对数乘积
企业与研发机构互动(人员交流型)$\text{Ln}(FirmP) \times \text{Ln}(Instit)$	企业与研发机构人员交流中创新	滞后两期的企业科研人数与研发机构科研人数的对数乘积

(二) 数据

中国高技术产业分 5 个两位代码行业,分别是医药制造业、航空航天器制造业、电子及通信设备制造业、电子计算机及办公设备制造业、医疗设备及仪器仪表制造业。每个两位代码行业又细分为若干三位或四位代码行业,具体为:医药制造业(3 个四位代码行业)、航空航天器制造业(2 个四位代码行业)、电子及通信设备制造业(7 个四位代码行业)、电子计算机及办公设备制造业(3 个四位代码行业)、医疗设备及仪器仪表制造业(2 个四位代码行业)。其中,相关的三位或四位代码行业见表 12.5。

首先,关于因变量。国际上关于创新产出的变量通常用专利来表示,但 Griliches (1990)认为专利作为产出变量存在着以下不足:有些专利并没有商业化价值,往往过高估计创新的真实价值;Liu 和 Buck(2007)等认为高技术产业为了能及时推出新产品或保密商业技术而可能不申请专利,专利出现遗漏而低估创新的真实价值。因此,用新产品销售或产值测度创新产出更准确。Jaffe(1989)运用美国专利的数据来

表 12.5　高技术产业及其细分行业和大学、研发机构的 R&D 活动匹配关系

高技术产业及其细分行业	大学、研究与开发机构 R&D 活动学科领域分类
SIC(27):医药制造业	生物学;基础医学;临床医学;预防医学与卫生学;军事医学与特种医学;药学;中医药与中医学
SIC(271+272):化学药品制造 SIC(274):中成药制造 SIC(276):生物、生化制品制造	药学 中医学与中药学 生物学
SIC(376):航空航天器制造业	航空、航天科学技术学科;材料科学;动力与电气工程;机械工程
SIC(3761):飞机制造及修理 SIC(3762):航天器制造	航空、航天科学技术学科;机械工程 航空、航天科学技术
SIC(40—407):电子及通信设备制造业	电子、通信与自动控制技术学科;信息科学与系统科学;信息科学与系统科学相关工程与技术;材料科学;测绘科学技术
SIC(401):通信设备制造 SIC(402):雷达及配套设备制造 SIC(403):广播电视设备制造 SIC(405):电子器件制造 SIC(406):电子元件制造 SIC(407):家用视听设备制造	电子、通信与自动控制技术学科;信息科学与系统科学相关工程与技术 信息科学与系统科学相关工程与技术;测绘科学技术信息科学与系统科学相关工程与技术 电子、通信与自动控制技术学科;材料科学 电子、通信与自动控制技术学科;材料科学 电子、通信与自动控制技术学科
SIC(404+4154+4155):电子计算机及办公设备制造业	计算机科学学科;电子、通信与自动控制技术学科;信息科学与系统科学;信息科学与系统科学相关工程与技术
SIC(4041+4042):电子计算机整机制造 SIC(4043):电子计算机外部设备制造 SIC(4154+4155):办公设备制造	计算机科学学科;信息科学与系统科学;信息科学与系统科学相关工程与技术 计算机科学学科 计算机科学学科
高技术产业及其细分行业	大学、研究与开发机构 R&D 活动学科领域分类
SIC(368+411+412+4141+419):医疗设备及仪器仪表制造业	动力与电气工程;材料科学;机械工程;基础医学;预防医学与卫生学
SIC(368):医疗设备及器械制造 SIC(411+412+4141+419):仪器仪表制造	机械工程;基础医学;预防医学与卫生学 动力与电气工程;材料科学;机械工程

资料来源:《中国科技统计年鉴》(2001—2011)、《中国高技术产业统计年鉴》(2001—2011)。

测度大学等基础研究对产业创新的影响,Acs 等(1992)用新产品数据替换专利重复 Jaffe(1989)的经验模型,发现大学等基础研究对产业创新的效果更明显。本章同时选择专利和新产品数据作为因变量,有利于更全面考察产学研合作对高技术产业创新的影响。关于专利数,由于缺少各产业当年专利授权数,只好用当年申请专利数来表示,这样存在着两点缺陷:一是申请专利数与实际获得授权数有差异;二是专利包

括发明专利、实用新型和外观设计三类,不同类型的专利创新价值迥异,但现有数据难以区分。当然,专利申请数与专利授权数相关度较高,不会导致较大误差。关于新产品,用产业当年新产品销售额,以 2001 年为基准扣除生产者物价指数(PPI,Producer Price Index)的影响,即对销售额用 PPI 指数进行平滑处理。

其次,关于企业、大学、研发机构的 R&D 活动。企业 R&D 活动用企业 R&D 经费支出表示,大学、研发机构的 R&D 活动用滞后两期的 R&D 经费支出表示,类似于新产品价格的平滑处理,以 2001 年为基准扣除消费者物价指数(CPI,Consumer Price Index)变动的影响,即对 2001 年以后年份经费支出用 CPI 指数进行平滑处理。

在这个过程中,最关键的是如何测度大学、研发机构与高技术产业对应的 R&D 数据。《中国科技统计年鉴》中大学、研发机构 R&D 活动按学科领域分类,这与《中国高技术产业统计年鉴》按产业代码分类不一致。本章把大学、研发机构按学科领域分类的 R&D 活动与高技术产业按行业代码分类的 R&D 活动进行匹配,试图通过这个方法对现有数据创新,结果见表 12.5。举例来说,高技术产业的医药制造业 R&D 活动对应大学的生物学、基础医学、临床医学、预防医学与卫生学、军事医学与特种医学、药学、中医药与中医学领域 R&D 活动,其中的化学药品制造则对应大学的药学领域 R&D 活动,中成药制造对应大学的中医学与中药学领域的 R&D 活动,等等。

笔者采取专家调查的方法,咨询了相关领域的企业工程技术人员,以及大学、研发机构的科学家和工程师,分析后整理。

再者,关于企业与大学、研发机构的交互作用项。企业的科研人员用滞后 2 期的科技人员数表示,大学或研发机构的科研项目、科技人员用滞后 2 期的数值(与前文 R&D 经费的滞后期一致),分别求对数后再计算乘积来表示。

表 12.6 以 2010 年为例,列举了高技术产业 15 个细分行业、高等院校和研发机构对应的 R&D 投入及两类创新产出(专利和新产品)数据。表 12.6 的数据显示:一是企业的 R&D 投入和创新产出指标中,通信设备制造、电子元件制造、电子器件制造、家用视听设备制造、电子计算机整机制造、电子计算机外部设备制造、化学药品制造 7 个细分行业的 R&D 投入和创新产出都较高(见表 12.6),剩余 9 个行业 R&D 投入和创新产出相对较低。二是企业的 R&D 投入和创新产出指标相关性较强。换言之,R&D 投入高,则创新产出高;反之亦然。三是高等院校、研发机构的 R&D 投入(包括科研人数和 R&D 经费)中,电子元件制造、电子器件制造、家用视听设备制造、飞机制造及修理、航天器制造的 R&D 投入较高(见表 12.6),其余行业的 R&D 投入较低。一方面,高等院校、研发机构的 R&D 投入与其对应的高技术企业创新产出相关性较高,但另一方面,两者并不完全一致,如飞机制造及修理、航天器制造的企业

表 12.6 2010 年中国高技术企业细分行业的创新投入与产出及高等院校、研发机构对应的 R&D 投入

行业	企业 R&D 投入		企业创新产出		高等院校对应的 R&D 投入（2008 年）			研发机构对应的 R&D 投入（2008 年）		
	R&D 人员（人）	R&D 经费（万元）	新产品销售额（万元）	专利（件）	R&D 课题数（项）	科技人员（人）	经费（万元）	R&D 课题数（项）	科技人员（人）	经费（万元）
化学药品制造	37291	814547	11455030	2792	3366	2829	21886	659	1808	16569
中药材及中成药加工	10458	207721	2943796	2098	10729	10667	33149	1258	2774	19315
生物制品制造	5374	132828	1387671	382	14408	10493	121991	5246	10514	158499
飞机制造及修理	25910	853331	4485881	2014	15763	11479	271961	2361	58935	1577146
航天器制造	2339	75096	235747	158	2757	1477	81611	1823	56487	1522681
通信设备制造	98510	3047068	42748773	16886	17883	13137	247612	3003	37137	966356
雷达及配套设备制造	4425	56977	431244	288	1014	625	12469	339	1109	25970
广播电视设备制造	2130	40771	711803	1459	0	0	0	0	0	0
电子器件制造	31929	933299	14657975	6887	30430	22998	417968	4721	43544	1064956
电子元件制造	47274	870798	14970598	4879	30430	22998	417968	4721	43544	1064956
家用视听设备制造	21422	635762	15392293	4212	17883	13137	247612	3003	37137	966356
电子计算机整机制造	22225	447584	15335388	5644	18567	13166	205609	1143	6364	102052
电子计算机外部设备制造	44846	690884	27639164	4990	14731	10863	173108	896	4679	84504
办公设备制造	1438	37193	1240132	176	14731	10863	173108	896	4679	84504
医疗设备及器械制造	7303	148612	880563	1217	25841	22486	255434	1995	6923	95313
仪器仪表制造	28267	475244	6360610	4142	32204	24739	443257	2717	11391	216298

注：高技术企业的 R&D 经费（万元）、新产品销售额（万元）、《中国高技术产业统计年鉴 2011》，高等院校、研发机构 R&D 经费（万元）以 2001 年为基准进行平滑处理（扣除 CPI 或 PPI 的影响）。

资料来源：《中国科技统计年鉴 2011》，部分数据经过笔者计算而来。

R&D 投入和创新产出并不高,但对应的高等院校、研发机构的 R&D 投入较高。这样会出现多种组合关系,其对高技术产业创新可能会存在差异化的影响,如 R&D 一致性高的更有利于企业创新,还是随机地影响着企业的创新?

三、实证结果

运用 2003—2010 年中国高技术产业 15 个四位代码细分行业①的面板数据进行计量分析,在面板数据变截距模型分式回归时,一般考虑两种情况:固定效应模型和随机效应模型②。

通常用 Hausman 检验来确定究竟使用固定效应还是随机效应。在回归时,我们分两个过程:一是用所有样本检验企业、大学、研发机构及其相互作用对高技术产业创新的影响,因变量分别选择专利和新产品进行对比;二是根据 Jensen 等(2007)对不同产业创新模式的划分(STI 类型和 DUI 类型),选择两个典型产业——医药制造业(代表 STI 类型)和电子及通信设备制造业(代表 DUI 类型),分别进行回归以检验企业、大学、研发机构及其相互作用对不同创新模式型产业创新的影响。

(一)产学研合作对高技术产业创新的影响

回归结果见表 12.7,从中可发现:

表 12.7 产学研合作对我国高技术产业创新绩效的影响

	简化知识生产函数①		分割式的知识生产函数②		产学研合作的知识生产函数(项目合作)③		产学研合作的知识生产函数(人员交流)④	
	专利	新产品	专利	新产品	专利	新产品	专利	新产品
企业 R&D 经费	1.4151 (0.000)***	0.926 (0.000)***	1.264 (0.000)***	0.910 (0.000)***	1.287 (0.000)***	0.856 (0.000)***	1.218 (0.000)***	0.880 (0.000)***
大学 R&D 经费			0.040 (0.772)	0.025 (0.802)	0.031 (0.145)	0.032 (0.780)	0.030 (0.880)	0.051 (0.638)
研发机构 R&D 经费			0.206 (0.012)***	0.043 (0.423)	0.268 (0.000)***	0.111 (0.038)**	0.281 (0.000)***	0.065 (0.250)

---

① 省略电子及通信设备制造业的两个细分行业——广播电视设备制造和其他电子设备制造,省略前者是因为该行业缺少与之对应的大学、研发机构的数据;省略后者是因为该行业界定模糊,难以找到与之对应的大学、研发机构的数据。另外,由于数据选取时考虑 2 年滞后期,实际数据来源是 2001—2010 年。

② 固定效应模型将不同行业的这种个体影响看作由不同的常数项说明,在回归结果中表现为截距的差异;随机效应模型则把不同行业的差异看作服从某一随机分布,截距项被分为常数项和随机变量两部分,且用其中的随机变量表示个体差异的影响。

	简化知识生产函数①		分割式的知识生产函数②		产学研合作的知识生产函数(项目合作)③		产学研合作的知识生产函数(人员交流)④	
	专利	新产品	专利	新产品	专利	新产品	专利	新产品
企业与大学项目合作					0.010 (0.415)	0.0087 (0.085)*		
企业与研发机构项目合作					0.040 (0.065)*	0.001 (0.626)		
企业与大学人员交流							0.045 (0.030)**	0.016 (0.098)*
企业与研发机构人员交流							0.021 (0.195)	0.009 (0.349)
常数项	-10.369 (0.000)***	3.416 (0.000)***	-11.421 (0.000)***	2.823 (0.000)***	-11.566 (0.000)***	3.363 (0.000)***	-12.231 (0.000)***	3.225 (0.000)***
R^2	0.7802	0.7734	0.7332	0.7586	0.7491	0.7666	0.8462	0.7864
样本数(组数)	120(15)	120(15)	120(15)	120(15)	120(15)	120(15)	120(15)	120(15)
考察期	8	8	8	8	8	8	8	8

注:***、**、*分别表示在1%、5%和10%的水平上显著,括号内的值为P值。

①对第2列(专利),Hausman检验值为Prob>chi2=0.2431,选随机效应回归;对第3列(新产品),Hausman检验值为Prob>chi2=0.0282,选固定效应回归。

②对第4和第5列,Hausman检验值分别为Prob>chi2=0.0000,Prob>chi2=0.0001,都选固定效应回归。

③对第6和第7列,Hausman检验值分别为Prob>chi2=0.0000,Prob>chi2=0.0000,都选固定效应回归。

④对第8和第9列,Hausman检验值分别为Prob>chi2=0.0000,Prob>chi2=0.0015,都选固定效应回归。

　　首先,用简化的Jaffe(1989)知识生产函数模型,检验企业研发投入(R&D经费)与创新产出的关系。从表12.7可发现,企业研发投入无论对用专利还是新产品表示的创新产出都有显著的促进作用(第2和第3列),具体来说,R&D经费增长10%,会引致专利或新产品分别增长14.15%和9.26%,说明加大R&D投入对我国高技术产业是非常必要的。

　　其次,用非相互作用下的Jaffe(1989)知识生产函数模型,检验分割条件下企业、大学、研发机构的R&D投入与创新产出的关系①。从表12.7中可发现,大学R&D经费、研发机构R&D经费的系数虽然为正,但缺乏统计学意义,因为即使在10%的置信水平上也不能通过检验(见第4和第5列)。因此,在产学研相互分割的条件

---

①　Jaffe(1989)的知识生产函数,不仅包括企业、大学的R&D经费投入,还包括两者的相互作用——地理一致性或技术一致性指标,所以,"分割"是指不考虑企业与大学相互作用时,各变量对创新产出的影响。

下,大学、研发机构 R&D 活动对高技术产业创新的影响不显著。

再次,运用公式(12.1)——改进的 Jaffe(1989)知识生产函数模型,检验通过科研项目合作的产学研效应。表 12.7 的结果表明(见第 6 和第 7 列):一是研发机构 R&D 经费的系数不仅为正,而且在 5% 置信水平上显著,说明研发机构对高技术产业创新有积极影响。二是企业与研发机构项目合作对专利产出有积极影响,这可能是由于专利作为创新产出,既是企业又是研发机构的科研目标,两者通过互补性要素投入(如企业投入经费、研发机构承担课题),项目合作的效果会较好。三是企业与大学项目合作对新产品产出有积极影响,这可能是由于企业重视新产品,而大学对新产品的兴趣不高(大学难以将新产品产业化),两者项目合作属于互补性关系,有助于企业推出新产品。相比之下,企业与研发机构项目合作对新产品影响不显著,原因是研发机构有可能对新产品孵化,特别是带有企业性质的研发机构,两者是竞争关系,因而合作效果不显著。

最后,运用公式(12.1)——改进的 Jaffe(1989)知识生产函数模型,检验通过人员交流的产学研合作效应。表 12.7 的结果表明(见第 8 和第 9 列),企业和大学通过人员交流的合作,有助于企业创新产出(无论是专利还是新产品作为产出指标)。这可能是因为大学承担基础研究和人才培养基地的功能,比如企业的科研人员与母校科研人员能更好地交流,还可能是因为大学的科研人员不严格保密其研究成果,企业的科研人员从交流中相对容易获得新思想,或拓展新发现而有利于创新,这支持了 Feldman(1999)关于大学对企业影响的三个论断。相比之下,企业和研发机构人员交流合作方式的效果不明显,可能是研发机构不以人才培养为主要目标,人员交流、信息交流等方式合作较少的缘故。

需要补充说明的是,尽管用专利和新产品表示创新产出略有差异,但企业 R&D 经费指标在模型中系数相对稳定,同时方程拟合度(R^2)较高,说明上述检验稳健性较强。

(二)两类典型创新模式(STI 和 DUI)产业的产学研合作效应

根据 Jensen 等(2007)对产业技术创新的分类:医药产业等 STI 型和电子及通信设备制造业等 DUI 型,本章选取医药制造业的三个细分行业[①]和电子及通信设备制造业的六个细分行业[②],分别分组回归以检验产学研合作对两类典型创新模式产业的影响。从表 12.8 呈现的计量结果中可以发现:

---

①　分别是化学药品制造、中药材及中成药加工、生物制品制造。

②　分别是通信设备制造、雷达及配套设备制造、广播电视设备制造、电子器件制造、电子元件制造、家用视听设备制造业。

表 12.8 产学研互动对两类高技术产业创新绩效的影响

	医药制造业				电子及通信设备制造业			
	产学研合作知识生产函数(项目合作)		产学研合作知识生产函数(人员交流)		产学研合作知识生产函数(项目合作)		产学研合作知识生产函数(人员交流)	
	专利①	新产品①	专利②	新产品②	专利③	新产品③	专利④	新产品④
企业 R&D	0.876 (0.002)***	0.735 (0.000)***	0.773 (0.005)***	1.051 (0.000)***	1.235 (0.000)***	1.008 (0.000)***	1.341 (0.000)***	1.013 (0.000)***
大学 R&D	0.239 (0.366)	0.263 (0.101)*	0.362 (0.111)	0.073 (0.657)	-0.606 (0.033)**	-0.180 (0.297)	-0.218 (0.657)	-0.195 (0.307)
研发机构 R&D	0.092 (0.846)	0.226 (0.421)	0.082 (0.852)	0.018 (0.923)	0.558 (0.024)**	0.054 (0.701)	0.296 (0.562)	0.098 (0.757)
企业与大学项目合作	0.0052 (0.836)	0.042 (0.012)**			0.0115 (0.636)	0.004 (0.698)		
企业与研发机构项目合作	0.0002 (0.589)	0.00003 (0.884)			0.01 (0.014)**	0.0001 (0.768)		
企业与大学人员交流			0.021 (0.098)*	0.003 (0.771)			-0.030 (0.663)	0.0031 (0.936)
企业与研发机构人员交流			0.023 (0.188)	0.0044 (0.719)			0.027 (0.698)	0.006 (0.887)
常数项	-6.574 (0.021)**	2.851 (0.076)*	-5.301 (0.035)**	1.814 (0.119)	-9.457 (0.000)***	4.978 (0.005)***	-10.687 (0.000)***	5.241 (0.008)***
R^2	0.6702	0.9509	0.6983	0.9748	0.9293	0.8877	0.9160	0.8792
样本数(组数)	24(3)	24(3)	24(3)	24(3)	40(5)	40(5)	40(5)	40(5)
考察期	8	8	8	8	8	8	8	8

注：***、**、*分别表示在 1%、5%和 10%的水平上显著,括号内的值为 P 值。

①对第 2 列(专利)和第 3 列(新产品),Hausman 检验值分别为 Prob>chi2＝0.0075,Prob>chi2＝0.0253,都选固定效应回归。

②对第 4 列(专利),Hausman 检验值为 Prob>chi2＝0.0022,选固定效应回归;第 5 列(新产品)Hausman 检验值为 Prob>chi2＝0.1119,选随机效应回归。

③对第 6 列(专利),Hausman 检验值为 Prob>chi2＝0.3525,选随机效应回归;第 7 列(新产品)Hausman 检验值为 Prob>chi2＝0.0004,选固定效应回归。

④对第 8 列(专利),Hausman 检验值为 Prob>chi2＝0.1479,选随机效应回归;第 9 列(新产品)Hausman 检验值为 Prob>chi2＝0.0002,选固定效应回归。

第一,医药企业(STI 类产业)与大学的合作更有利于产业创新。在表 12.8(第 2 和第 3 列)关于企业与大学、研发机构的科研项目合作中,大学 R&D 经费、企业与大学项目合作变量的系数都显著为正,且在 10%置信水平上显著,系数分别为 0.263 和 0.042,而研发机构 R&D 经费、企业与研发机构项目合作变量的系数虽然为正,但缺乏统计学意义,说明对于医药制造等 STI 创新类型的产业,与大学的科研项目合作比与研发机构的科研项目合作的效果更加明显。在表12.8(第4和第5列)关于企业与大学、研发机构的人员交流合作中,企业与大学人员交流的系数为0.021,且在10%置信水平上显著,而企业与研发机构人员交流互动的系数虽然为正,但统计意义上都不显著,说明医药制造业与大学人员交流的效果更好。概言之,医药企业与大学的合作,无论是通过科研项目合作还是人员交流合作,效果较与研发机构合作的效果更加明显,验证了Jensen等(2007)的观点,因为大学更多从事基础性研究,涉及生物学、基础医学、临床医学、预防医学与卫生学、军事医学与特种医学、药学、中医药与中医学等学科,而研发机构相对偏重于应用研究,因而对于较多依赖基础性研究的医药制造业来说,企业与大学合作的效果要好于与研发机构合作的效果。

第二,电子及通信设备制造业(DUI类产业)与研发机构合作更有利于产业创新。在表12.8(第5和第6列)关于企业与大学、研发机构的科研项目合作中,研发机构R&D经费、企业与研发机构项目合作变量的系数都显著为正,且在10%置信水平上显著,系数分别为0.558和0.01,而大学R&D经费、企业与大学项目合作变量的系数虽然为正,但缺乏统计学意义,说明对于电子及通信设备制造业等DUI类产业,企业与研发机构科研合作的效果强于与大学科研项目合作的效果,更有助于提升产业创新能力(表12.8第6列以专利为创新产出指标时更显著)。同时,在表12.8(第8和第9列)关于企业与大学、研发机构的人员交流合作中,大学R&D经费、研发机构R&D经费、企业与大学人员交流、企业与研发机构人员交流的系数都缺乏统计学意义,即使在10%置信水平上也难以通过检验,特别是大学R&D经费、企业与大学人员交流的系数甚至为负(尽管统计上不显著)。概言之,电子及通信设备制造业与大学、研发机构的合作效果都不明显,甚至出现大学R&D的"挤出效应"(Crowding-out Effects)。这个结果表面上出乎意料,但实质上不仅与Von Hippel(1988)、Jensen等(2007)关于DUI类产业创新更多依赖上游供应商、同行竞争对手、下游客户的"干中学和互动"创新(Learning, Doing and Interaction)的观点一致,而且在一定程度上支持了Jones(1995)、Furman等(2002)等关于R&D活动既可能出现"站在巨人肩膀上效应",又可能出现"涸泽而渔效应"的观点[1]。因为当前电子及通信设备领域的技术轨道已进入成熟期——突破性创新较少,更多是渐进性创新,大学和研发机构R&D活动效率边际递减,企业更多依赖上下游合作等形式创新。就当前中国电子及通信设备制造业发展状况看,这个结果有助于解释为什么华为、中兴等以企业为主导的创新效率高于依托科研院所的四通、大唐等的创新效率。因此,对于电子及通信设备制造业等DUI类产业来说,在当前技术轨道条件下,企业更多要依靠

---

① "站在巨人肩膀上(Standing on Shoulders Effect)"是指前人的研究成果是后人取得突破性成功的基础,所以前期知识存量提高了后期的研发效率;"涸泽而渔"(Fishing-out Effect)是指前人已发现容易发现的成果,后人在该领域难以取得新的发现,所以前期知识存量降低了后期的研发效率。

上下游产业链和"干中学"等创新模式。

四、结论与政策含义

企业、大学和独立研究与开发机构是我国国家创新体系的三个重要主体,且在研发环节的侧重点存在差异:大学以基础研究为主,企业以试验开发为主,研发机构以应用研究为主,因而存在着产学研合作的基础与可能性。本章基于 Jaffe(1989)等知识生产函数,运用 2001—2010 年我国高技术产业 15 个细分行业的面板数据,首先实证检验产学研合作(相对于分割状态下的 R&D)对我国高技术产业创新绩效的影响;其次,基于 Jensen 等(2007)关于 STI 和 DUI 创新模式的分类,对比分析产学研合作对两类典型产业(STI 类的医药制造业和 DUI 类的电子及通信设备制造业)创新绩效的影响,从中发现:

第一,分割状况下,大学和研发机构对我国高技术产业(企业)创新绩效的影响不明显,只有研发机构略表现为微弱的积极效应;当产学研互动合作时,无论是科研项目还是人员交流形式的合作都有一定的积极效果。具体来说,企业与研发机构的科研项目合作、与大学的人员交流合作的效果相对较好,这与企业、大学和研发机构在研发环节的差异定位而形成的互补关系是吻合的,即大学承担基础研究和人才培训功能,企业通过人员交流为主的产学研合作有利于创新;研发机构主要从事应用研究,企业参与科研项目为主的产学研合作有利于创新。

第二,就两类典型创新特征的产业来看,医药制造业等 STI 类产业与大学的合作,无论是通过科研项目还是人员交流的合作效果都较明显,而与研发机构的合作效果不明显,是因为该类产业更依赖于基础研究的支撑;电子及通信设备制造业等 DUI 类产业与研发机构的合作效果相对较好,而与大学合作的效果不显著,是因为该类产业更依赖于上下游互动创新,如"干中学"、"做中学"等方式。

本章的政策含义在于:第一,因为企业、大学和研发机构在研发环节上存在差异,产学研合作的互补性有利于产业创新,所以需加强产学研合作,至少本章证明企业与大学的人员交流、企业与研发机构的项目合作都是有效的途径。第二,对于不同创新模式的高技术产业来说,产学研合作效果因合作方式不同而不同,需要采取差异化策略。具体来说,医药制造业等 STI 类特征的产业,侧重点在加强与大学的合作;电子及通信设备制造业等 DUI 类特征的产业,侧重点在加强与研发机构的合作,如研发项目的合作。

致谢:本章受国家自然科学基金(71273128)、教育部人文社科基金(11YJA790159)、江苏省高校哲学社会科学研究重点项目(2013ZDIXM007)资助。

（执笔:魏守华　王英茹　汤丹宁）

第十三章　传统产业自主
创新模式研究

　　第二次世界大战以来,以电子信息、生物技术和新材料为支柱的一系列高新技术取得了重大突破和飞速发展,受到全球各国的普遍重视。20 世纪 90 年代中后期,随着"知识经济"的兴起,高新技术产业更成为许多国家和地区在制定科技和经济政策时的重点关注对象。目前,高新技术产业自主创新受到盲目推崇,高新技术产业被认为在各国经济领域发挥着"制高点"的作用。但是传统产业自主创新却被各国政府以及学界严重忽视。本章的研究是要明确传统产业可以通过创新进入现代产业体系。

一、传统产业自主创新的必要性

　　国内习惯将产业划分为"高新技术产业"和"传统产业",而国外通常以"高技术产业"与"中低技术产业"进行分类。在许多科技政策制定者眼中,经济的高增长就等于发达的高技术产业。而实际上高技术产业并不简单等同于高经济增长,即使是在发达经济体中,中低技术产业对经济的贡献率也远远高于高技术产业。尼克·冯·杰尔曼和弗吉尼亚·阿查(Nick Von Tunzelmam 和 Virginia Acha)在《牛津创新手册》(2004)中的文章认为,对高技术产业政策的过分关注分散了政策制定者和学者们的注意力,而忽略了高技术产业以外的一些产业的可持续发展,这些产业的发展在一些国家中已被证明行之有效。

　　根据 OECD 的报告,高技术产业的产出只占国民经济增加值的 3%,若将汽车等中高技术产业包含进来,该比例也只会增加至 8.5%(Hartmut Hirsch-Kreinsen 等,2003)。在实践方面,丹麦、瑞士、澳大利亚等许多国家的发展都始于食品加工业、纺织业等低技术产业。其中,瑞士的发展模式是低技术制造业发展路径的经典范例。瑞士的经济发展从纺织业起步,然后发展印染业和化学工业,最后进入制药业以及机械与高级工程业,国家的经济实力不断增强。因此,即使中高技术产业对 GDP 的贡献增大,其总体比例仍然较小。由欧盟委员会资助的"低技术产业的创新与政策"(PILOT)研究项目也为这一结论提供了全新的研究视角与有力的分析框架:R&D 投入只是创新众多源泉中的一个方面,且并非是最重要的方面,OECD 将 R&D 投入作为产业技术层次划分的唯一指标存在严重缺陷。根据 1992 年全欧洲范围的 CIS(Community Innovation Survey)调查数据,欧洲各产业在创新的支出中,R&D 的投入普遍低于非 R&D 投入和与开发新产品相关的资本投资。因此,即便在知识经济时代,中低技术产业创新对经济发展仍具有重大意义:因为中低技术产业依靠其不同于高技术产业的创新方式,不仅始终保持着较高的创新频率,而且在很大程度上促进了高技术产业的持续创新(白玲和邓玮,2008)。PILOT 研究项目认为,经济结构调整并非完全来自新兴产业,而在很大程度上是现存产业的持续转化,因此,传统产业的增长速度将影响一国经济增长的整体状况,而本研究亦期望通过分析能够提高各界对传统产业的重视。

作为发展中的大国,中国近 30 年的高速发展取得了举世瞩目的伟大成就,中国已经成为全球公认的"世界工厂","中国制造"的品牌在全球产品市场成功树立。在这个过程中,传统产业在我国工业经济体系中扮演了相当重要的角色,并将长期居于主导地位。

传统产业是中国产业的基础,对于中国经济的发展起着举足轻重的作用。首先,虽然传统产业在整个经济中所占权重有所下降,但传统产业的主导地位始终未改变。其次,传统产业是我国解决就业压力的主要产业载体,对各层次各类型的人才提供多样化的需求,传统产业就业人数占工业就业人数的比重明显高于高新技术产业。因此我国就业压力的缓解和社会的稳定在一定程度上依赖于传统产业。再次,从产业演化的角度,产业革命最重要的任务不仅是建立新产业,更是使传统产业发生革命性的改造和发展,这是高新技术产业产生和发展的条件。

数据显示,2011 年,中国主要出口商品仍然为纺织纱线、织物及制品、服装及衣着附件、鞋类等。传统产业的重要性不单是指传统产业在中国工业经济总量中所占的比重,而且当前中国经济发展所面临的很多关键问题,诸如农村剩余劳动力转移、节能环保和国际贸易摩擦等都与传统产业的发展水平和创新效率密切相关。中国的产业结构优化升级战略不是高新技术产业对传统产业的简单替代,而是通过自主创新实现的高新技术产业与传统产业的相互渗透和协同进化,传统产业的自主创新是实现产业结构优化升级的必由之路。

表 13.1　2011 年中国主要商品出口数量、金额及其增长速度

商品名称	单位	数量	比上年增长(%)	金额(亿美元)	比上年增长(%)
煤	万吨	1466	−23.0	27	20.6
钢材	万吨	4888	14.9	513	39.2

续表

商品名称	单位	数量	比上年增长（%）	金额（亿美元）	比上年增长（%）
纺织纱线、织物及制品	—	—	—	947	22.9
服装及衣着附件	—	—	—	1532	18.3
鞋类	—	—	—	417	17.1
家具及其零件	—	—	—	379	15.0
自动数据处理设备及其部件	万台	183427	10.1	1763	7.5
手持或车载无线电话	万台	87509	15.5	628	34.3
集装箱	万个	324	29.6	114	57.7
液晶显示板	万个	244141	8.5	295	11.5
汽车（包括整套散件）	万辆	82	52.2	99	60.5

数据来源：中国国家统计局网站。

改革开放 30 多年来，中国经济以制造业为主驱动并参与国际分工，成功地打造出"中国制造"的品牌。但我们的制造业企业仍未摆脱技术依赖症，并未获得技术领先与产业领先。中国本土企业存在技术劣势，外国公司比国内的本土公司表现出更为活跃的自主创新行为。在世界分工体系和全球产业链中，中国企业只处在中低端。从技术能力上看，中国与发达国家还有很大差距，企业技术能力发展存在巨大缺口。中国经济要实现持续高速增长，不能仅仅依靠不断增加要素投入，更为关键的是要依靠创造新产品和新工艺的能力，推动和加速企业技术能力的高度化进程（安同良，2004）。

技术创新是从新产品或新工艺设想的产生，经过研究开发、工程化、商业化生产，到市场应用的一系列技术经济活动的总和。自主创新则是国内学者根据中国技术创新的相对落后现状自创的概念，安同良等（2012）把自主创新定义为：创新主体主导下的具有自主知识产权的创新。中国从 2010 年起在 GDP 总量上已成为全球第二大经济体，作为世界经济大国在科技和产业创新上不能再像过去那样实施跟随战略，需要依靠自主创新与其他发达国家进入同一创新起跑线，在重点领域取得突破。

传统产业创新对于传统产业在国民经济中占据主要地位且正处于经济转型与产业升级关键时期的以中国为代表的新兴经济体而言，更具借鉴意义。在经济全球化背景下，由于传统产业与高新技术产业处于两条有较大区别的创新轨道，深入探究中国传统产业特有的创新模式，并据此在自主创新政策的制定上给予足够的重视，对我国建设创新型国家具有十分重要的战略意义。

二、传统产业创新的理论基础

"高技术产业"与"中低技术产业"的相对概念是国外的通行说法,起源于美国,1981 年美国出现了以"高技术"命名的月刊。1983 年,"高技术"概念被收入《韦氏第三版新国际辞典增补 9000 词》中(李艳林,1995)。1986 年,OECD 提出以产业的研发强度为依据对高、中、低技术产业进行分类,由于这一标准直观易用,逐渐为许多国家和地区所接受。根据 OECD 的标准,中低技术产业,主要指研发强度小于 3% 的产业。而随着科技的不断发展,OECD 的相关标准也发生了变化,他们将 5% 以上称为高技术产业,1% 以下称为低技术产业,3% 到 5% 之间称为中高技术,1% 到 3% 被称为中低技术产业,如纺织、食品、印刷、木材加工、五金、塑料等都属于中低技术产业。

而在国内,根据宏观上的经济阶段和微观上的技术工艺相似性,习惯将产业划分为高新技术产业和传统产业,以体现其在时间上的产业演化发展及其在空间上的各种技术工艺并存的特性,这也是目前我国学术研究和媒体领域最常见的分类。高新技术产业是指具有较高的知识密集度、科技投入和经济产出,以生产高新技术产品为主的产业。传统产业则是泛指应用传统技术为主体,并以生产传统产品为主的产业,包括历史悠久的农业及纺织、机械、轻工、煤炭、钢铁等传统工业,这些产业实际上就是西方经济学文献所称的中低技术产业。

中国目前在国际产业分工中尚处于下游地位,而传统产业是自主创新的主力,是构建创新型国家的主体力量。自主创新可发挥传统产业的资源优势,增强其核心竞争力,改变中国在国际分工中的下游地位。大多数传统产业能耗较高,不符合低碳环保的要求,自主创新是其可持续发展的需要。不仅如此,传统产业自主创新对提升中国产业自主创新的整体实力,乃至提升中国国家创新体系的综合竞争力都有着极其重要的意义。传统产业创新主要是通过将各种可用资源进行再组合或改造而产生的创新,是一种渐进式的过程创新(Hartmut Hirsch-Kreinsen 等,2003)。传统产业不仅是高新技术产业产品的主要市场,还可以通过与高新技术产业的合作,促进高新技术产业的持续创新。而传统产业同样离不开高新技术产业所提供的各种发明创新和科学知识,以改进自身的产品、生产技术、流程工艺,并以高新技术产业所提供的创新成果为基础实现再创新。因此,PILOT 研究项目借用生物学上的"共生"术语来描述传统产业与高技术产业之间的关系,这是一种相互依存、缺一不可的共生关系(Gerd B. Ender,2003)。

不同产业部门之间的创新方式存在着巨大的差异,对这些差异的探讨已经成为创新研究中的一个主要领域(Jan Fagerberg、David C. Mowery 和 Richard R. Nelson,2004)。西方的创新学者们研究探讨了各产业部门在其内部动态系统上的不同特征,尤其关注各产业部门之间在知识基础、行为主体、网络和制度方面的差异。

根据弗朗科·马雷尔巴(Franco Malerba)在《牛津创新手册》(2004)中的定义,一个产业创新系统的框架包括以下三个维度(如图 13.1 所示):

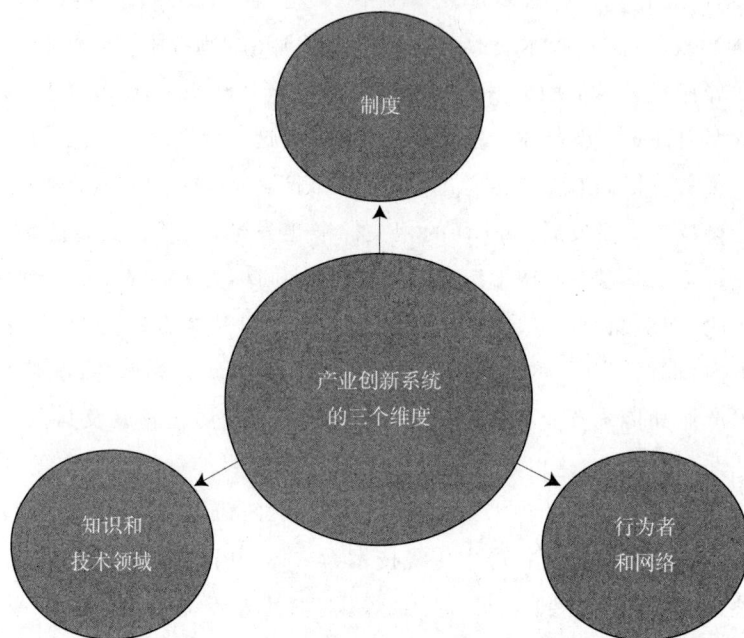

图 13.1 产业创新系统的三个维度

知识和技术领域。任何产业都有自身特定的知识基础、技术和相关投入。运用一种动态观点进行分析,对知识和技术领域的关注将产业边界置于中心位置,而产业边界通常是不固定的,它随时间呈现动态变化。

行为者和网络。一个产业由包括各类组织和个人在内的异质性的行为者所组成。组织中既包括企业,也包括非企业机构,还包括很多大型组织中的子单元,以及组织群等。产业中的行为者具有特定的学习过程、能力、信仰、目标、组织结构和行为,并通过沟通、交换、合作、竞争和命令等过程发生相互作用。

在一个产业创新系统的框架中,创新可以被看作是包含在众多行为者当中,以创造、交换与创新有关的知识及其商业化为目的的一种系统性的交互作用过程。其中,交互作用包括市场和非市场关系,它比包含技术许可和知识、企业联盟、正式的企业间网络的市场关系更为宽泛,其结果常常不能完全被现有的经济产出测量系统捕捉到。

制度。产业中行为者的认知、行为和交互作用受到制度的影响,制度包含规范、惯例、共同习惯、已有做法、法规、法律和标准等。制度涉及对行为者的强制性约束和通过行为者间的交互作用而施加的约束;还包括从较多的约束转变为较少的约束;从正式制度到非正式制度。大量的制度是国家性的,其他一些则是针对特定产业的。

韦斯利·M.科恩(Wesley M.Cohen,2010)在《关于创新行为与绩效的五十年经验研究》一文中,专门研究了关于影响产业间创新行为和表现的三类因素:市场需求、独占性和技术机会。文中提到,为了了解产业为什么在参与创新活动中存在差异,实证研究者帕克斯和香克曼(Pakes 和 Schankerman,1984)明确了三类解释变量:市场需求、技术机会和独占性。尽管历史文献、案例分析和实证分析都指出这三类变量的重要性,但这方面的研究直到 20 世纪 80 年代中期才被重视,一是因为研究者之前大多关注企业规模和市场结构的效应,二是缺乏对这三类变量清晰的理解,三是即使很好地定义了某个变量且给出明确的假设,实证工作中也缺乏可信的数据。

在过去 50 年里,施莫克勒、阿罗、尼克森、格瑞里茨、罗森伯格、曼斯菲尔德、谢勒(Schmookler、Arrow、Nelson、Griliches、Rosenberg、Mansfield 和 Scherer)及其他先驱者的目光已不再局限于公司规模和市场集中度,而是转向更加广阔的领域,包括需求、可适用性、技术机会以及关键的公司特性,对产业研发来说,这些是更"根本性"的决定因素。直观看来,这三类变量对创新行为及绩效存在一定影响,然而,目前对这些影响的存在性及重要性的检验总是间接的。

在公司层面,由于每一家公司都有不同的专长,有不同的创新途径和创新方式,因此,产业层面的因素,无论是技术机会、需求、R&D 溢出及可适用性,它们的影响可能随着产业内公司的差异而不同。与公司创新能力的重要性紧密相连的是技术信息的获取成本高昂,成本高低与信息的性质以及公司评估和使用信息的能力相关。这说明三种产业因素对创新行为及绩效的影响依赖于公司吸收及运用知识的能力,同时还依赖于知识的类型——需求方面、其他竞争者以及科技进步,而公司在学习知识方面的能力取决于在这方面的前期投资。产业—企业创新差异的逻辑关系可以从图13.2 中看出。然而这个机会对某个特定公司的影响却有赖于该公司是否拥有评估、吸收和开发相关知识的能力。

西方学者在中低技术产业(传统产业)创新的独特性方面展开了丰富的研究,取得了大量的研究成果,主流的研究理论框架认为,中低技术产业(传统产业)主要有以下三个特点:一是以优化工艺、改进设计、提高灵活性和客户满意度为主要目标;二是以渐进式创新为主要模式;三是以"干中学"和"用中学"的实践积累为主要驱动力。具体而言为以下一些方面,如图 13.3 所示。

创新推动力。拉尔(Lall,1987)总结了印度一些产业(如水泥、钢铁和纺织等)的创新能力积累路径。他的研究发现,不同产业之间创新积累路径是多种多样的,每一条路径都反映了创新能力从低端到高端发展的一个复杂移动过程。阿尔弗雷德·R.和杰根·S.(R.Alfred 和 S.Jrgen,2006)认为科技进步是高技术产业创新的主要推动力量,也是高技术产业创新的成果体现;而推动中低技术产业创新的并不是科技研究的

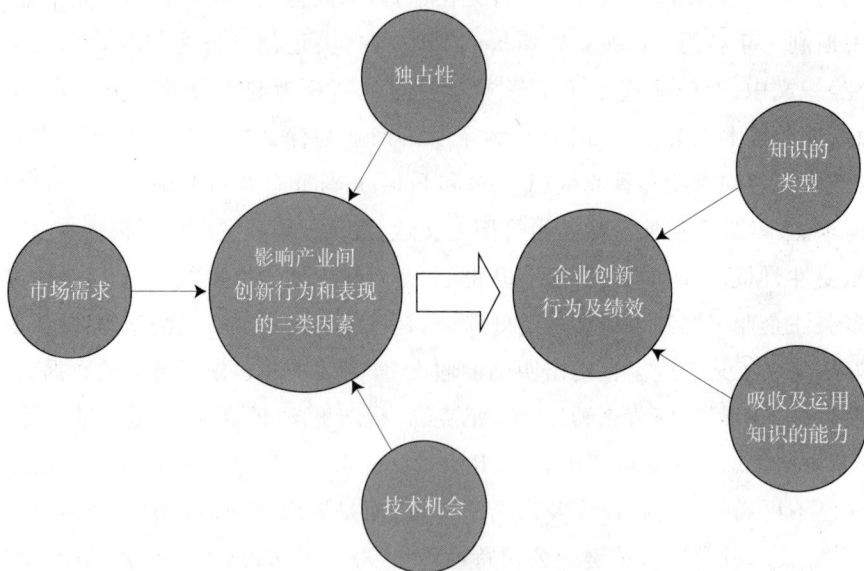

图 13.2　产业—企业创新差异的逻辑关系图

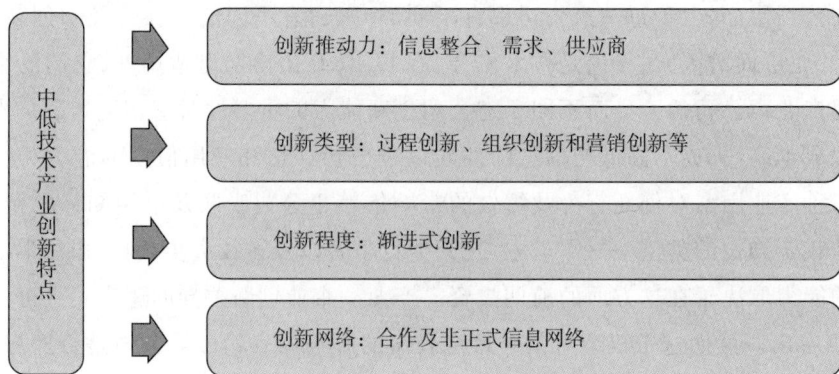

图 13.3　中低技术产业（传统产业）创新的特点

最新成果,而是以"干中学"和"用中学"为基础的渐进式知识积累。这集中体现在研发活动对于两类产业重要性上的差异。与高技术产业相比,研发对中低技术产业创新的作用并不显著,路易斯·D.B.、卡西米罗·A.H.、玛格丽塔·M.、哈辛托·G.P.(D.B.Luis、A.H.Casimiro、M.Margarita 和 G.P.Jacinto,2006)对西班牙林木工业的实证研究表明,研发投入与企业绩效间的相关性并不显著,而如何有效地获取并整合外部信息与技术对中低技术产业更为重要。正因为如此,中低技术产业创新活动的开放性和网络性特征日趋明显。塔普林·I.M.和弗雷格·C.M.(I.M.Taplin 和 C.M.Frege,1999)对匈牙利服装产业的研究发现,私有化的过程使得企业开始激励内部员工用知识和经验来克服技术瓶颈,并重视技术引进。PILOT 研究项目通过案例研究,将中低技术企业的创新源泉归纳为企业的"创新实现能力"。创新实现能力不是全新的创新范式,而是实现创新的几个组合。

相比高技术产业,需求的力量对中低技术产业在创新过程中的作用更直接、更显著。同时,供应商在中低技术产业创新过程中的作用不可替代,因为相对于高技术产业,中低技术产业内部创新能力较弱,造成中低技术产业的创新严重依靠外部供应商,供应商往往比知识、信息、需求更重要。莱恩特尔斯·S.(S.Laestadius,1998)对OECD成员国纸浆与造纸行业的研究表明,大约半数的创新来源于设备供应商,半数来源于用户,供应商、企业、用户三者高度整合已超越了一个产业范畴。

创新类型。帕维特(Pavitt,1984)早就认为中低技术产业创新是被供应商主导的,经典的"线性"创新模型并不适合于该产业的创新。海登里希(Heidenreich,2005)的研究也证实了这个观点,并进一步指出这些企业的创新类型主要是过程创新、组织创新和营销创新。圣塔马里亚(Santamaría)等人(2009)从产品创新的角度认为设计、使用先进机器设备和员工培训等非研发活动是中低技术产业创新成功与否的决定性因素。PILOT研究项目在对企业创新实现能力的研究中指出,重组能力包括三部分:一是认识,指企业对于不同类型的分散知识的重组能力;二是组织,指企业对区域内各参与主体的重组能力;三是设计,即不同功能、特点、方法的重组能力。对于创新,并非指在全世界范围内的首创行为,对于某地区,甚至某一企业来说是全新的知识、技术、材料等的使用均为创新行为。中低技术产业正是以过程创新不断地挖掘高技术产业的研究成果,从而不断地创造价值和利润。

创新程度。汉森·P.A.和谢林·G.(P.A.Hansen 和 G.Serin,1997)的研究得出,高技术产业的创新是为了实现全新的功能,即为市场提供功能上属于全新的或者有重大改进的产品,而中低技术产业创新则是通过优化工艺以降低成本和提高质量、改进设计、提高灵活性和客户满意度等。高技术产业的创新是通过以 R&D 投入为重点开发全新的科技产品,属于激进式创新;而中低技术产业主要是通过将各种可用资源进行独创性的再组合或改造而产生的创新,是一种渐进式的过程创新阿尔弗雷德·R.和杰根·S.(2003)。R.Alfred 和 S.Jrgen(2006)的研究结果也支持以上论述。

创新网络。高技术产业凭借自身的技术基础以及大规模研发资金投入,可以建立正式的创新信息网络而实现重大创新,但中低技术产业创新大多依赖于外界信息资源以弥补企业内部创新资源不足。因此,通过合作创新和研发外包等形式从外界信息网络中获取创新知识的网络模式是中低技术产业创新的主要模式。陈(Chen,2009)对台湾地区机床行业的研究证实,与本地消费者的互动、分享供应商的技术知识和利用公共研究机构等地区性的非正式信息网络,与参加国际贸易展、咨询国外经销商以及建立跨国战略联盟等全球性的非正式信息网络,两者极大地促进了该行业的技术创新,实现了技术跨越。塔普林·I.M.和温特顿·J.(I.M.Taplin 和 J.

Winterton,1995)对英国和美国的纺织服装业的研究也发现,某些企业形成了以小组为单位的制造系统以应对市场的变化,且部分小型企业实行了业务外包。但是马斯克尔(Maskell,1996)对丹麦家具行业的研究则认为创新基于长期信任的合作伙伴关系,合作伙伴之间高信任、理解、共享价值观及文化,这与主流研究之间差别的主要原因是不同研究对象的文化背景差异。

PILOT研究项目也从两个方面论述了合作对于中低技术产业创新能力的重要性:一是处于产业链中的企业与各上游供货商或技术提供者间的合作。前者的特定需求是后者创新的最直接有效的刺激,后者通过满足前者的需求改进已有的产品或技术。二是区域合作。地理上的临近对于知识(尤其是难以编码的意会性知识)外溢有着积极作用。中低技术产业需要吸收高技术产业的研究成果和各类知识,可以通过与各类研究机构、学校实验室等知识创造主体建立合作关系,加强知识吸收与反馈,促进创新的实现。

三、传统产业的自主创新模式

帕维特(1984)提出了四类产业创新的模式,如图13.4所示:在"供应商主导的产业"(如纺织业和服务业)中,新技术嵌入新的要素和设备中,新技术的扩散和学习

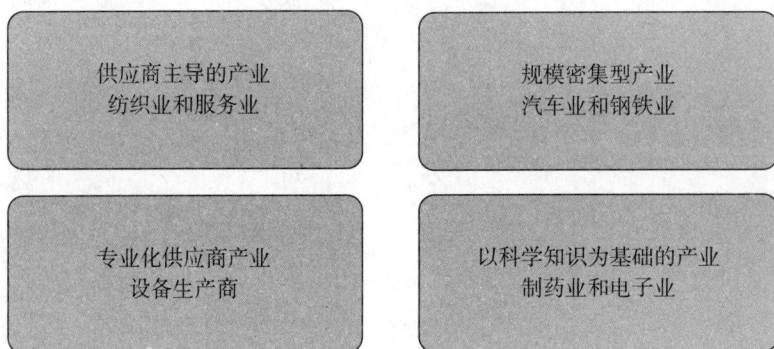

图13.4 帕维特四类产业创新模式

主要通过"干中学"、"干中用"实现。在"规模密集型产业"(如汽车业和钢铁业)中,过程创新占主导,创新来源包括内部来源(R&D和干中学)和外部来源(设备生产商),专有性主要通过专利和"技术诀窍"加以获取。在"专业化供应商产业"(如设备生产商)中,创新主要针对绩效改进、可靠性和"定制化",创新来源包括内部来源(隐性知识和熟练工人的经验)和外部来源("顾客—生产者"交互作用),专有性主要来自知识的本地化和在相互作用中产生的特性。在"科学知识为基础的产业"(如制药业和电子业)中,产品和流程创新频率较高,这些创新主要通过公共研究实验室

中的内部研发和科学发现而实现,科学是创新的来源,专有性则来自专利、学习曲线以及"技术秘密"等。其中,供应商主导的产业、规模密集型产业、专业化供应商产业即为本研究定义中的传统产业,以科学知识为基础的产业即为高新技术产业。

本章依据帕维特的经典分类,选取中国两大典型传统产业,纺织工业、钢铁工业来对中国传统产业的自主创新模式进行案例研究。在传统产业中,我们分别选取了江苏阳光集团、江苏沙钢集团作为传统产业中创新成果显著的企业代表进行研究。阳光集团和沙钢集团均是科技部、国资委、中华全国总工会认定的"国家创新型企业",且均被科技部企业创新之道研究项目作为典型案例进行收录。这两个企业分别代表两大传统产业。其创新模式分别为:江苏阳光集团以供应商为自主创新的主要知识源,形成了独具特色的供应商为主导的自主创新模式。钢铁工业流程制造的特殊性决定了过程创新成为沙钢集团自主创新的主要模式。

(一) 江苏阳光模式:供应商主导的区域战略联盟

江苏阳光集团是国内首家承担国际标准化组织/纺织品技术委员会(ISO/TC38)国际秘书处工作的企业单位,纺织技术水平达到了国际领先水平。

纺织工业作为国民经济传统支柱产业、重要的民生产业和国际竞争优势明显的产业,中国纺织工业要实现建设纺织强国的目标,必须依赖技术装备的重大进步。尽可能地采用先进技术装备,提高科技和品牌贡献率。纺织行业依靠科技创新,多项高新技术取得实质性突破,一批自主研发的科技成果和先进装备在行业中得到广泛应用。全行业有 22 项科技成果获得国家科学技术奖。国产纺织机械产品市场份额由 2005 年的 61.7% 提高到 2010 年的 78.1%。截至 2010 年年底,纺织行业国家认定企业技术中心达到 38 个。技术装备更新速度加快,落后产能在市场机制作用下逐步退出,全行业工艺技术装备水平和生产效率稳步提高。三分之一规模以上企业的技术装备达到国际先进水平,2010 年规模以上企业新产品产值比 2005 年提高了 2.4 倍,高于产值增长率,全员劳动生产率达到 11 万元/人·年,比 2005 年增长 1.1 倍。

创建于 1986 年的江苏阳光集团,拥有员工 15000 多人,纺织行业年产高档男女服装 350 万套、高档精纺呢绒 3500 万米,是全球最大的毛纺生产企业和高档服装生产基地,在中国乃至世界的毛纺行业中,江苏阳光集团都占有举足轻重的地位。"阳光"商标是我国精毛纺行业第一个中国驰名商标,"阳光"品牌被评为商务部重点培育和发展的出口名牌。2007 年,国际标准化组织/纺织品技术委员会(ISO/TC38)国际秘书处落户阳光,成为国内首家承担 ISO/TC38 国际秘书处工作的企业单位,标志着阳光纺织技术水平达到了国际领先水平。作为中国纺织行业唯一同时获得"世界名牌"和"出口服装免验"荣誉的企业,阳光集团在 2010—2011 年度中国纺织服装行业竞争力 500 强总排名评选中位列第 8 位,毛纺行业排名第 4 位,如今已经成为一个从纺织到服装的多产业国际品牌集团。

作为满足人民衣着消费的基础产业,市场需求对于纺织工业的重要性不言而喻。阳光集团一直坚持以市场需求为导向研发产品,热衷于通过参加国内外展会来展示自己自主创新的技术和产品,同时借此机会最大限度地贴近客户的需求。2000 年,一直被欧洲高端品牌企业所垄断的顶级的纺织面料展览会——法国 PV 展上,作为全国仅有的 2 家取得参展资质的毛纺企业之一,阳光集团凭借着雄厚的自主创新能力,成功跻身于全球顶尖面料博览会殿堂。阳光集团精心推出的机可洗易护理面料,双层、双面面料等系列产品受到广大客商的热烈追捧,并成功代表中国纺织企业向全球发布最新面料信息和流行趋势,获得 ARMANI、BOSS、Pierre Cardin 等著名品牌客商的称赞。

"十二五"开局至今,阳光集团的转型升级已取得重大进展,已经确立了"传统产业高新化、高新产业规模化、品牌经营专业化、资本运作产业化"的发展思路,并实现了"产业规模、科技含量、品牌、产品附加值、节能降耗、竞争力"六大提升,在产业格局上,以走高端路线,开发高档、高附加值产品的品牌战略为主导,力图实现产业多元化的全面发展。阳光集团已经成为江苏创新型经济的"领跑者"。江苏阳光集团自主创新的模式可以由图 13.5 集中展示。

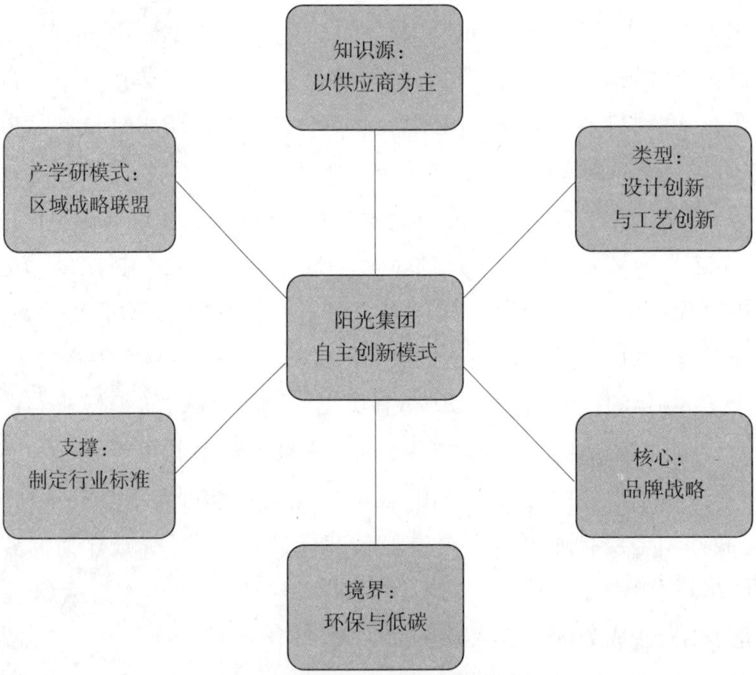

图 13.5　阳光集团自主创新模式

1. 自主创新的知识源:以供应商为主

供应商在中低技术产业创新过程中的作用不可替代,因为相对于高技术产业,中低技术产业内部创新能力较弱,造成中低技术产业的创新严重依靠外部供应商,供应商往往比知识、信息、需求更重要。而纺织工业作为劳动密集程度很高的产业,劳动生产率的提高极度依赖上游的纺织设备供应商。

阳光集团成立当初的第一台机器是自己组装的,趁着 20 世纪 80 年代国有企业普遍进行技术改造,购买国企淘汰产品,组成了阳光集团的纺织生产线。1993 年,上海某企业做了 100 支面料,国外拍卖价格达到 888 元一米,阳光集团试图"依葫芦画瓢",结果因为设备的问题导致产品都是报废品。从此以后,阳光集团便加快了技术装备更新换代的步伐,大力引进设备,全面进行技术改造,生产高质高档的产品,国内外纺织设备的供应商成为其自主创新的第一知识源泉。阳光集团先后投入近 30 亿元完成了四次大规模的技术改造,从意大利、德国、比利时、法国、瑞士等国家引进了世界最先进的纺、织、染、成衣制作等生产及检测设备,并加以消化吸收再创新。

近年来,阳光集团每年都在国际纺机展上订购最先进的纺织机器设备,引进了世界先进、国内一流的针梳机、粗纱机、细纱机、络筒机、倍捻机、并线机等生产装备及检测设备,其设备进口率已达到 95% 以上,与国际先进企业同步,有些设备还处于国际领先水平。阳光的生产车间被同行誉为"国际纺织设备博览会"。从上游设备供应商汲取自主创新知识源保证了其创新体系的不断完善,为企业发展奠定了强有力的基础。

阳光集团还通过与外资合作拓展供应商来源。1991 年,江苏阳光第一家中外合资企业江苏施威特毛纺织有限公司成立,由江苏阳光股份有限公司和香港东升有限公司合资,注册资本 1500 万美元,合资公司主营业务为毛条以及精纺呢绒,年生产面料约 1500 千米,毛纱 600 吨左右,拥有从国外引进的生产设备,如进口剑杆机等。1996 年,中外合资江阴阳光中传毛纺织有限公司成立,由江苏阳光集团有限公司、日本中传毛织株式会社、日本丸口株式会社、丸口(中国)有限公司合资,注册资本 600 万美元,主营业务为毛条以及精纺呢绒的生产。2003 年,中外合资江苏阳光服饰有限公司成立,由江苏阳光股份有限公司、香港东升有限公司、奇恩特有限公司以及依时有限公司合资,注册资本 2950.5 万美元。

在接收供应商知识源的同时,阳光集团还面向整个行业建立了技术服务公共平台,携手世界著名纺机企业意大利吉玛高公司,研制成功国际领先的毛纺浆纱机,使过去仅用于棉纺的浆纱技术延伸到毛纺领域,成为消化吸收后自主创新的典范。

2. 自主创新的类型:设计创新与工艺创新

为了在设计创新上取得突破,阳光集团成立了"新产品开发部",培养自有设计人才,将面料设计师与服装设计师进行融合培养。既有专业院校毕业、思想较为前卫、对流行趋势敏感度较高的"学院派"设计师,也有相当多的对市场需求分析眼光精准、多年来游走于各大服装流行趋势发布会、经验老到的资深设计师。这样的设计人才队伍,就是为了使"创意想法"与"市场需求"进一步融合。技术路线与时尚手法,理性功能与感性符号,是阳光塑造未来领导型品牌的两个重要战略基点。

阳光在设计风格上还吸纳了国际顶尖思想,每个季度聘请不同风格的设计师为核心团队,与企业自己的设计团队合作,相互融合。设计的服装既有异国情调,又有不少中式亮点和时尚元素。比如,在原有的高档工业化生产男西服工艺基础上,开辟了一条纯手工的西服流水线、一条具有意大利风格的高档衬衣流水线,有意大利专家亲自做技术辅导,开设量体定做业务。与国际一线品牌的深度合作,对提升阳光服装品牌的设计功力具有显著的作用,阳光由此进入国际名牌的供应链。

阳光集团还大胆实施工艺创新,常常打破传统原料配比,积极应用新材料、新技术,融入纳米技术、新材料制造技术、新装备制造技术,将毛、丝、棉等各种原料进行"魔方"式组合,开发生产了能够替代进口面料的高档、高技术含量的毛纺织产品,使产品不仅技术领先,还富有创意。阳光集团曾邀请世界顶级男装设计师、乔治·阿玛尼首席设计师伊万诺·卡特林先生亲自为服装生产部门的相关人员传授高级男装制作技艺,在与顶级男装品牌的战略合作中,阳光人学到了欧洲全新的服装制作理念:"把服装当作精密仪器来做。"这个理念体现在所有工艺环节上。依据欧洲名牌服装严密的工艺管理,阳光高档正装的生产效率非但没有下降,反而大大提高。在生产的各环节中,严格工艺质量管理,制定了"前道指导后道"制度:从羊毛到服装,生产过程中的每一个环节,都要经过检测中心进行对应的产品检测,检测数据供后道工序参考,并在实际操作过程中调整相应的工艺手段,确保每道工艺的产品质量符合标准要求,不合格产品绝不进入下一道工序。

3.自主创新的核心:品牌战略

在国际金融危机中,我国许多贴牌生产的企业由于没有自己的核心技术,接不到国外订单,资金链、现金流断裂而宣告停产关门,而一些拥有自主品牌和自主创新能力的企业却有明显的免疫力,在风浪中脱颖而出。因为品牌是企业进入和占领市场的通行证,只有改变以产能扩张为主的发展模式,依靠培育自主品牌提高产品的附加值,才能促进发展方式加快转变、提高企业的市场竞争力。自主创新是企业打造品牌、提高竞争力的必要条件,然而品牌同样也是自主创新的强大基石。

一直以来,阳光集团为51个国家的100个品牌贴牌生产服装,包括阿玛尼、BOSS等奢侈品牌,85%的利润被品牌持有者和零售渠道拿走。产业链高低区段的巨大落差,以无形之手推动着阳光的转型发展。阳光集团在通过自主创新提升技术水平的同时,积极实施品牌战略,加强商标和知识产权管理,以"新"创品牌,以"优"争品牌,以"法"保品牌。

　　通过多年努力,阳光产品在国内外市场已享有较高声誉。"阳光"商标早在1996年就在世界14个发达国家进行了全类注册;2000年,"阳光"商标成为我国毛纺行业第一个中国驰名商标,成为国际商标注册马德里协定认定的保护商标。"阳光"(SUNSHINE)分别被国家工商总局、江苏省工商局认定为"中国驰名商标"、"江苏省著名商标"。阳光集团推出了"威尼帝"高档男装和"庞贝"高档职业装两大品牌,前者在全国开设了30余家专卖店,后者占市场份额40%。在此基础上,阳光又成功推出了"阳光时尚"中高档商务时装,形成了三大品牌并驾齐驱的格局。"阳光时尚"已在京沪等一二线城市全面打开市场,开设了100多家专卖店。从贴牌生产到品牌经营的跨越,使阳光的自主品牌在销售中占据半壁江山。

　　4. 自主创新的境界:环保与低碳

　　当前,国内外对环境保护的要求越来越高。欧盟REACH法规以及欧美针对纺织品的"绿色认证"措施的实施,对我国纺织服装产品的质量提出了更高、更严格的要求。进入国际市场的纺织品服装能否满足生态或"绿色"要求是能否获得订单的先决条件。

　　为推动低碳经济,阳光集团提出了"绿色阳光"计划,实施了低碳管理等措施。一方面,通过开发生态纺织品,冲破了绿色非关税技术壁垒的束缚,达到合理利用资源的目的,避免了工业发展对环境造成的毁灭性破坏。阳光集团将污染预防战略应用于毛纺生产的全过程,从产品的开发、设计,原材料的选用、生产过程,到最终产品的包装、使用和服务等环节,都符合环保法规和标准的要求,以高质量的环保产品参与国际市场竞争,并与所有供应商、原料商签订《生态环保质量保证声明书》。另一方面,在生产过程中严格按照ISO14001环境管理体系标准进行环境绩效改进,全部采用绿色环保染料,实行清洁生产。2005年,阳光集团对集团内所有助剂、染料进行筛选,淘汰了不符合环保要求的助剂和染料,并自行研发生产了四种环保助剂。至2008年,由阳光集团生产的所有面料全部符合欧盟环保要求。

　　通过自主创新,阳光集团于2007年获得国际纺织品检测协会生态纺织品ECO标准证书,通过了全球著名的质量和安全服务机构——天祥(Intertek)的检测评估。目前,纺织行业百米综合能耗是0.19—0.23吨标准煤,百米用水18—20吨,纺纱万锭用工是150人,而阳光集团百米综合能耗是0.052吨标准煤,百米用水8.6吨,纺纱万锭用工103.5人,对比情况如图13.6所示,远远领先于业内同行,成为行业标杆。

　　5. 自主创新的支撑:制定行业标准

　　"一流公司做标准,二流公司做技术,三流公司做生产。"行业话语权的树立,同时体现在"标准话语权"的建立之上。历经25年的发展,阳光集团已经实现了由遵循标准向制定标准的完美跃升。

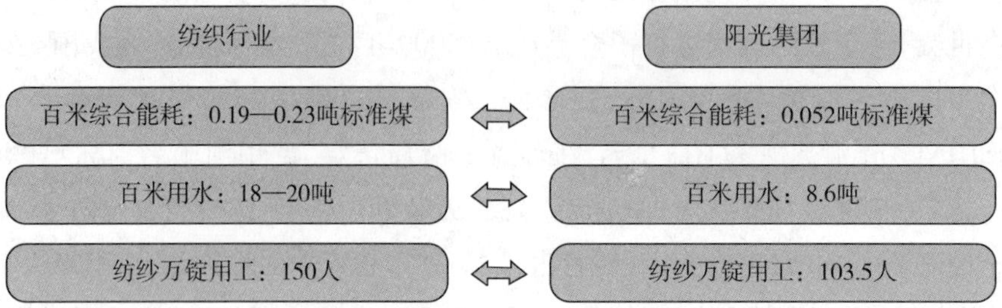

纺织行业		阳光集团
百米综合能耗: 0.19—0.23吨标准煤	⟺	百米综合能耗: 0.052吨标准煤
百米用水: 18—20吨	⟺	百米用水: 8.6吨
纺纱万锭用工: 150人	⟺	纺纱万锭用工: 103.5人

图13.6 阳光集团能耗情况图

2007年,国际标准化组织/纺织品技术委员会(ISO/TC38)国际秘书处落户阳光集团,阳光率先成为国内承担ISO/TC38国际秘书处工作的企业单位。ISO/TC38的工作范围涵盖了与纺织品有关的所有技术内容,包括产品规范、测试方法、术语定义等领域。任何国家或国际组织起草有关纺织品的国际标准,必须要得到ISO/TC38的认可。自ISO/TC38国际秘书处落户以来,阳光集团积极开展标准化工作,目前已成功培育6家企业(5家纺织企业)成为国际标准秘书处、分秘书处、工作组的承担单位,并在ISO网站上发布了197个文件,组织了45项国际标准项目投票,发表了10个ISO国际标准,完成了53项ISO标准复审,工作范围涵盖了与纺织品有关的所有技术内容,阳光集团由此被国家标准化管理委员会誉为中国企业参与国际标准的"黄埔军校"。通过参与标准制修订工作,让我国纺织企业能够把握标准动向,掌握标准发展趋势,施加积极的影响,在国际标准工作中掌握主动,建立起中国企业国际标准话语权。同时,也大大提高了阳光集团产品品质及产品在国内外市场的竞争能力。

2008年,全国纺织品标准化技术委员会毛精纺分技术委员会在阳光集团建立。阳光集团制定的《半精纺毛织品》《精粗梳交织毛织品》两项国家标准及《丝光防缩羊毛条》《精梳丝毛织品》两项行业标准都已颁布实施。同时,阳光集团还与有关单位联合申报了"国家纺织产业技术创新服务平台",承建了"标准与检测公共服务平台"和"先进纺织加工技术公共服务平台"两个子平台,该服务平台的建设,将促进纺织企业创新能力的快速提升。

6. 自主创新的产学研模式:区域战略联盟

2006年10月,江阴区域产学研战略联盟成立,这是江苏省成立的第一个区域产学研战略联盟。来自全国的30多所著名高等院校、科研院所和江阴的58家重点骨干企业及高新技术创业园,共同成为联盟的首批成员。通过组建产业技术联盟,建设联合创新平台,与院校共建大学研究分院,传统产学研合作途径与现代信息化、智能化手段相结合等合作模式,先后设立了江苏阳光集团、江苏怡达化工有限公司等多家企业研究生实践基地,组建了江阴化工、纺织等产业技术联盟。江阴的区域产学研战略联盟有组织机构、有长期规划、有专项资金、有政策扶持,已经赋予了产学研结合全新的内涵,为深化区域性的产学研合作作出了积极有效的探索,产学研联盟实施"三新"战略(新合作、新技术、新产业)推进经济转型升级的成功做法被中国产学研合作促进会誉为"江阴经验"。

江苏阳光集团充分依托区域产学研战略联盟,与东华大学、中科院化学研究所、上海交通大学、中国纺织科学技术研究院等单位合作创立了国家级企业技术中心、博士后科研工作站、国家毛纺新材料工程技术研究中心、江苏省毛纺工程技术研究中心。阳光集团不断加强与东华大学、中国纺织科学研究院等20余家大专院校的产学研合作,每年开发出1万余个具有高科技含量、高附加值的新功能、新风格产品,健全了产品结构,提高了产品层次,很好地满足了市场需求。2011年,江苏阳光股份有限公司、总后勤部军需装备研究所、东华大学等单位联合针对 PTT 系列纤维及其高附加值面料进行研发,不仅成功开发出 PTT 及其复合纤维的高附加值系列面料,使 PTT 纤维的售价降低了一半,还成功研发出 PTT 纤维的原液着色加工技术,该项技术属于国际首创,填补了国际空白,大大提升了我国 PTT 产业水平。PTT 系列纤维被业内称为"第一纤维",长期以来,PTT 纤维的生产关键技术由国外掌握,因此售价高昂。PTT 系列纤维的成功研发,提高了中国毛纺制品在国际上的地位和竞争力。

江苏阳光集团的产学研合作模式是以区域产学研战略联盟为载体,充分发挥企业规模大、实力强,自主创新基础好、能力优的优势,形成企业与高校、研究所产学研分工、优势互补、利益共享、风险共担的合作机制,以引进、消化、吸收、再自主创新为主要渠道,带动原始创新和集成创新,走出一条以应用开发为特色的科技发展之路。

(二)沙钢集团模式:信息化与工业化相融合的过程创新

钢铁工业是国民经济的基础产业,属于资源密集型行业,其产品是众多工业行业的中间产品,所以钢铁工业被称为"工业骨髓",因此是支撑工业化进程,特别是经济起飞时期不可替代的基础产业,钢铁工业的发展水平已经成为衡量一国工业化水平与综合国力的重要标志之一。

江苏沙钢集团是江苏省重点企业集团、国家特大型工业企业,全国最大的民营钢铁企业。目前沙钢集团拥有总资产1700多亿元,职工4万余名,年生产能力炼铁2900万吨、炼钢3500万吨、轧材3300万吨。沙钢先后荣获"全国用户满意企业"、"中国质量服务信誉 AAA 级企业"、"国家创新型企业"、"中国环境保护示范单位"、"江苏省高新技术企业"、"江苏省循环经济建设示范单位"、"江苏省信息化和工业化融合示范企业"等荣誉称号。主导产品中高速线材、带肋钢筋等产品荣获"实物质量达国际先进水平金杯奖"、"全国用户满意产品"等称号。优质高线成为"中国名牌"产品和"出口免验"商品,热轧板卷通过了欧盟 CE 认证,船板钢通过了九国船级社认证。"沙钢"商标还被评选为"中国驰名商标",并以品牌价值85.43亿元荣列中国品牌500强第69位。沙钢集团在2011年中国企业500强中名列第42位,中国制造业500强中名列第15位,全国工商联发布的中国民营企业500强中名列第2位,2009至2011年连续3年进入世界500强,2011年世界500强名列第366位,排名较上年递进49位。

多年来,沙钢集团坚持走创新发展之路,不断优化产品结构、深化节能减排,发展循环经济,企业实现了持续、稳健、高效发展。2001年以来,沙钢在节能减排、发展循环经济方面的投入超过40亿元,自主创新实施了100多个节能减排技改项目,对企业效益贡献率超过20%。2011年,沙钢集团充分发挥工艺装备、产品结构、企业品牌、现代物流等综合优势,优化产品结构,推进自主创新,狠抓降本增效,创新营销机制,全力拓展市场,积极应对挑战和考验,生产经营保持了良好的发展态势。全年共完成炼铁2689万吨,炼钢3192万吨,轧材3107万吨,销售收入2075亿元,利税104亿元,成为全国首家年销售超2000亿元的民营钢铁企业。

沙钢集团的自主创新在钢铁制造流程上狠下功夫,把构建新一代钢铁制造流程作为其科学技术发展的战略问题,通过高效的精细化管理来提升和发展过程创新的能力,把节能减排、资源回收综合利用、发展低碳经济和循环经济作为自主创新的重要内容,通过独具风格的政产学研"共生"模式,对资源整合与集成创新进行优势互补。其自主创新模式见图13.7。

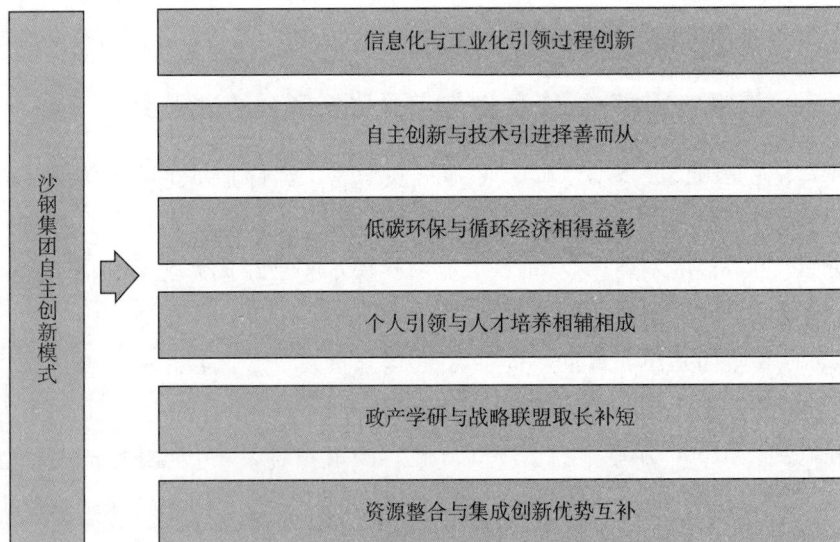

图13.7 沙钢集团自主创新模式

1. 信息化与工业化引领过程创新

钢铁工业包括采矿、选矿、烧结(球团)、焦化、炼铁、炼钢、轧钢、金属制品及辅料等生产工序,属于典型的流程制造业,即上工序的输出是下工序的输入,从原料到成品是串联式的。任何一个工序出现的问题都会反映到最终产品上。制造流程对钢铁工业具有决定性的影响,既影响企业产品的质量、成本和效率等市场竞争力因素,又影响企业的资源、能源等可供性因素,更影响企业的排放、环境负荷等与工业生态、可持续发展有关的因素。因此,钢铁工业本身的特殊性决定了过程创新成为沙钢集团自主创新的主要模式。

钢铁企业一般规模大,流程工序多,必须依托信息化与工业化相融合才能有效地实施业务流程优化,实现过程创新,因为信息化与工业化相融合对于过程创新的重要性尤为突出。根据芬卡特拉曼(Venkatraman,1994)的研究,企业信息化的发展阶段可划分为五个阶段:阶段一:局部应用,可以改善作业的效率;阶段二:内部集成,促进技术与组织整合;阶段三:业务流程重新设计,建立信息化基础架构与企业程序的一致性;阶段四:经营网络重新设计,促成网络参与者电子整合;阶段五:经营范围重新设计,扩大企业使用并转移企业范围,如图 13.8 所示。其中,阶段一与阶段二为演进层次的信息化应用,阶段三、阶段四与阶段五为改革层次的信息化应用。

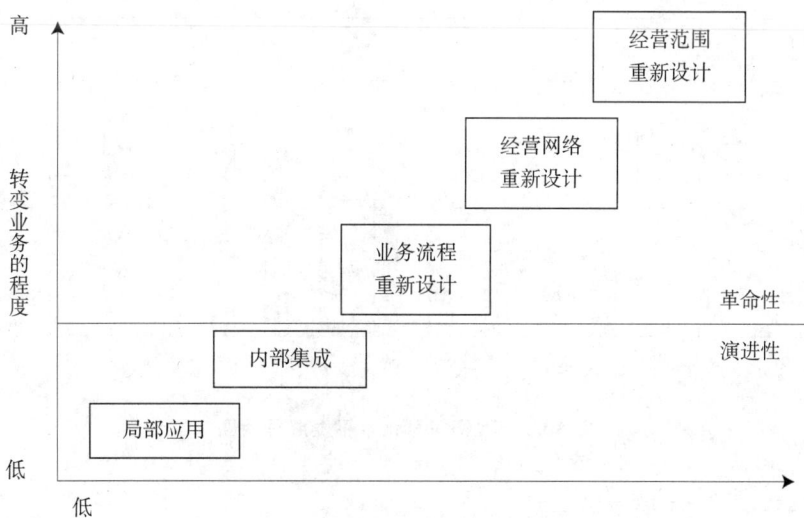

图 13.8　企业信息化五阶段模型图

把信息技术融入企业生产和管理之中,使传统钢铁产业焕发出新的生机。沙钢集团始终坚持"信息化带动工业化,工业化促进信息化"的发展道路,早在 1996 年,就投入 1500 多万元,在国内同行中率先实施 CIMS 信息化管理系统,统一和规范生产、采购、销售各个流程,使技术创新与管理创新相辅相成。进入 21 世纪,沙钢又积极实行办公自动化,推动企业经营管理、行政服务等工作科学运行,实现了企业数据自动采集、生产营销有序调度、物流业务流程高效集成、产品质量信息快速反馈,不仅创造了巨大的经济效益,而且加快了传统钢铁产业高新化和国际化步伐。沙钢集团实施了以投资、购销、人力、财务、技术等为要素的"三整合、五统一",开展了以建章立制和信息化建设为重点的管理创新工程,促进了各项管理工作规范化、程序化、标准化,进一步提高了管理现代化和作业标准化的水平。

相关研究显示(沈和,2011),沙钢信息化建设经历了"五阶段模型"中的前三个阶段:第一阶段(1995—2001年),其信息化得分在0到30之间,属于信息化初始投入阶段,在五阶段模型里属于局部应用阶段;第二阶段(2002—2006年),其信息化得分在30到70之间,属于信息化水平快速提高阶段,在五阶段模型中属于内部集成阶段;第三阶段(2007年至今),其信息化得分在80到90之间,已进入业务流程改造阶段(见图13.9)。通过对沙钢集团的研究,可以看到信息化建设对沙钢集团的发展起到有力的促进作用。沙钢集团在第一阶段的信息化发展过程中,通过信息化在各个部门的应用,改善了作业的效率;第二阶段中,沙钢集团对各部门的信息化进行了内部集成,促进了技术与组织的整合;第三阶段中,沙钢集团在信息化的基础上,通过重新设计业务流程,使得信息化基础架构与企业程序同步。

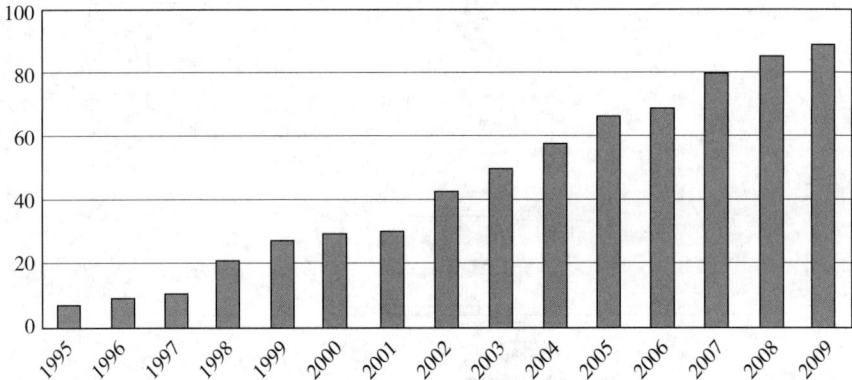

图 13.9 沙钢信息化水平发展柱状图

2. 自主创新与技术引进择善而从

改革开放以来,沙钢集团紧跟世界钢铁前沿技术,多次实施大规模科技创新工程。沙钢实行技术引进与自主创新有机结合,在引进国外先进技术和设备的基础上,通过自主创新,对引进的设备进行改造升级。沙钢集团通过引进高新技术改造传统产业,不断追赶世界先进水平,抢占发展制高点的过程中,实现了三次跨越,如图13.10所示。

第一次跨越:率先引进75吨电炉短流程生产线,引领中国钢铁工业新潮流。沙钢于1975年3月诞生于一家轧花厂,仅靠企业自筹45万元资金起家。20世纪80年代末,沙钢的主打产品窗框钢在国内市场的占有率已达到70%左右,"要窗钢找沙

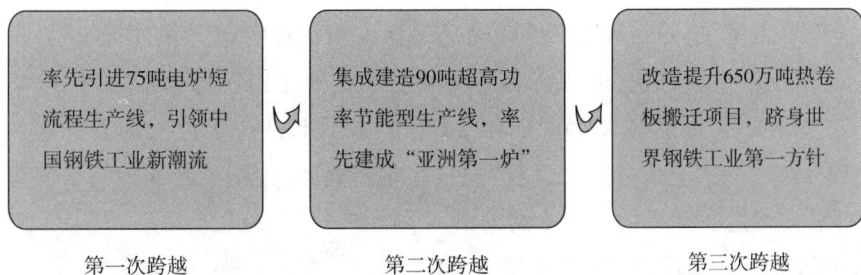

率先引进75吨电炉短流程生产线，引领中国钢铁工业新潮流	集成建造90吨超高功率节能型生产线，率先建成"亚洲第一炉"	改造提升650万吨热卷板搬迁项目，跻身世界钢铁工业第一方针
第一次跨越	第二次跨越	第三次跨越

图 13.10　沙钢集团技术引进的三次跨越图

钢"的美誉几乎家喻户晓。1989 年,沙钢从英国引进一条 75 吨超高功率短流程电炉生产线,不仅使装备技术一下子达到国际流行、国内一流的水平,而且大幅度提高了钢铁产能和经济效益,仅用两年时间就全部收回投资。沙钢这条生产线的成功也被国内钢铁行业称为"中国钢铁工业第三次革命的样板"。

第二次跨越:集成建造 90 吨超高功率节能型生产线,率先建成"亚洲第一炉"。1993 年沙钢果断投资 13 亿元,分别从德国、美国、瑞士的四家国际知名公司引进先进技术装备,并集世界最先进技术于一体,建造 90 吨超高功率节能型生产线,被誉为"亚洲第一炉"。沙钢技术装备和生产效率迅速与国际接轨,经济指标爆发性增长,人均年产钢比国际平均水平高出 46%。

第三次跨越:改造提升 650 万吨热卷板搬迁项目,跻身世界钢铁工业第一方阵。在实现生产技术与国际接轨的同时,沙钢把提高规模效益作为新的追赶目标。2002 年,沙钢人以全球的视野和惊人的胆略,投资 150 亿元,将德国蒂森克虏伯"凤凰"钢厂 650 万吨热卷板项目整体搬迁至扬子江畔,并组织国内外一流专家和技术人才,用世界最先进的理念和技术进行全面改造提升,达到世界领先水平。仅用三年时间,这一项目就全线贯通投产,实现生产结构长短结合、产品结构优化升级、产品种类多元拓展,钢产量一举突破 1000 万吨大关。

在技术引进的同时,沙钢更加注重自主创新。沙钢集团牢固树立"科技领航,科技是取之不尽的资源"的全新理念。1998 年成立了企业技术中心,2007 年被认定为国家级技术中心。技术中心下设的理化检测中心于 2004 年被认定为国家级实验室,设力学检测、金相检测、化学检测、煤焦检测、环保检测五个专业检测室。2008 年 9 月,企业技术中心下设的沙钢钢铁研究院正式运行,研发设备包括场发射透射电镜、场发射扫描电镜、双束扫描电镜、电子探针、X 射线衍射仪等,全都是当前世界最先进的设备,为先进钢铁材料和工艺技术的自主研发创造了良好条件。

近年来,沙钢在自主创新上继续加快步伐。2011 年,共开发 20 大系列、50 多个品种的高科技含量、高附加值新产品。沙钢集团自主开发了 OHTP 工艺及低 C 高 Nb 微合金化的成分体系,研发出西气东输二线用 X80 热轧宽厚板,成为我国西气东输二线热轧 X80 管线宽厚板主力供应商;研发的超大壁厚、高强韧性 X60/X70/X80 管线钢,实现了高压、超低温环境下管线输送气压站用钢板的国产化,产品填补国内空白。沈文荣亲自组织课题,与北科大共同研发的在国际钢铁行业首创的"电炉热装铁水"工艺路线,获得了国家发明专利,并在全国推广,产生了巨大的节能增效社会效益。正是靠这种"引进、消化、吸收"的自主创新之路,沙钢不断缩短与世界先进水平的差距,最终走在世界钢铁技术的前沿。

3. 低碳环保与循环经济相得益彰

钢铁行业是典型的高污染、高耗能行业。为此,沙钢确立了"打造精品基地,建设绿色钢城"的发展理念,坚定不移地实施信息化与工业化相融合的发展战略,把节能减排、资源回收综合利用、发展低碳经济作为自主创新和转型升级的重要内容,将钢铁制造流程转变为"资源—产品—再生资源"的循环性低碳经济新模式。"十一五"以来,沙钢在节能减排、发展低碳经济方面的投入超过 50 亿元,依靠科技创新,形成了煤气、蒸汽、炉渣、工业污水和焦化副产品回收利用等五大循环经济圈,实现了经济效益与环境效益的有机统一。五年共完成节能量 111.44 万吨标准煤,超额完成省政府"十一五"期间下达给沙钢的节能任务(71.17 万吨标准煤),减排二氧化碳 378.78 万吨。2011 年,沙钢被评为苏州市"能效之星"四星级企业、江苏省节能工作先进企业。

沙钢集团不断引进国内外当代最先进的清洁生产、环保及节能技术和设备,改革生产工艺,实施全过程控制,同时再加上必要的末端治理措施,确保污染物排放达标,实现节能、降耗、减污、增效的有机统一,有效保护了企业及周边的生态环境。以焦化工序为例,其是钢铁行业中消耗资源最多、污染最严重的工序,而干熄焦工艺是当今世界公认的节能、环保的先进工艺。在焦化实现全干熄方面,沙钢在建设焦炉过程中,投资 6 亿多元,同时引进三套国内最大的干熄焦装置,焦化实现全干熄。干熄焦产生的蒸汽全部回收用于发电,年发电达 3.8 亿千瓦时,焦化工序能耗从"十五"末的 176 公斤标煤/吨焦下降到目前的 98.8 公斤标煤/吨焦,下降 43.86%。既提高了焦炭质量、降低炼铁入炉焦比,又减少了对环境的污染,焦化工序能耗也大幅度下降。通过实施节能减排技改项目,既提升了工艺装备的节能减排水平,又降低了产品工序单位能耗,提高了能源利用效率,增强了企业的竞争力。

国内外污染防治经验表明,发展循环经济既是节约资源的有效手段,也是工业污染防治的最佳模式,是实现可持续发展的必然选择。多年来,沙钢坚持通过延长和拓宽生产技术链,将污染物尽可能地在企业内部进行处理消化。同时把节能、环保、清洁生产和发展循环经济有机地结合起来,实现各分厂内部的小循环、企业分厂之间的中循环和企业与社会之间的大循环。以污水处理为例,沙钢目前建有 40 套水处理系统,将焦化、烧结、炼铁、炼钢、轧钢、制氧、发电等工序产生的工业废水全部回收,加药处理,生成净循环水、浊循环水等不同水种,再供各生产工序重复利用,工业用水重复利用率达 97.3%。目前,沙钢集团每年利用煤气、蒸汽就能够发电 35 亿度,可解决 40% 左右的生产用电量;96% 以上的工业"三废"实现循环利用,成为可持续发展的新动力。为沙钢"十二五"节能减排、发展循环经济打下了坚实的基础。循环经济已成为沙钢新的经济增长点,成为沙钢可持续发展的新动力。

4. 个人引领与人才培养相辅相成

人才是企业走向世界并保持长盛不衰的重要支撑。为积极应对国际市场竞争的风云变幻,沙钢着力构筑企业人才高地。始终坚持"以人为本",以创建学习型企业为方向,以增强企业的凝聚力和创新力为主线,沙钢全面开展职工教育培训,构筑人才创新平台。

江苏沙钢集团董事局主席、总裁、党委书记沈文荣是党的十七大代表、中国钢铁工业协会副会长、全国工商联冶金业商会会长。在他的引领下,1975 年靠 45 万元自筹资金起家的沙钢,如今已成为拥有总资产 1100 多亿元,主要工艺装备均具有国际先进水平、年产钢能力 3000 万吨的现代化钢铁联合企业,中国最大的民营钢铁企业,并跻身于世界企业 500 强。

在沈文荣的带领下,沙钢集团树立起"科技领航,科技是取之不尽的资源"的理念,紧跟世界钢铁前沿技术,坚持走创新创优发展之路。沈文荣运筹帷幄,推进企业自主创新,加速产品结构调整。沙钢集团创造的诸多"第一",是沈文荣超人的睿智和胆识的最为雄辩和最为完美的演绎,彰显了沈文荣永不满足、追求卓越的秉性和风格。

沙钢集团坚持人才培养与引进紧密结合,在积极做好企业内部人才挖掘、培养和使用的同时,大力引进海内外人才特别是创新型技术人才,使企业始终充满生机活力。将发挥人才创新能力与完善人才服务机制紧密结合,着力营造有利于人才创新创业的良好环境,大范围、高强度地表彰和激励员工的各类创新活动,形成了沙钢全体员工勇于创新、不甘落后的良好氛围。推动企业人才优势与高校科研院所人才优势紧密结合,沙钢先后与 10 多家高校和科研院所建立产学研联合体、博士后流动站。2007 年年初沙钢斥资 8 亿元,成立江苏省钢铁研究院,形成了相对完善的技术创新体系和人才保障机制,实现了科研和生产要素的优化组合。

目前,沙钢集团技术中心各类研发人员有 351 人,其中具有高中级技术职称 64 人,本科及以上学历人员 233 人,外聘专家 6 人。包括日本冶金专家江见俊彦在内的 22 位博士、73 位硕士已加盟企业技术中心,硕士以上学历研究人员占企业技术中心总人数 20% 以上。同时,企业与江苏大学、南京工业大学共同开办工程硕士班,先后有 62 名技术骨干进行深造。通过内部培训、合作培养、送外深造等多种形式,培养具有自主创新能力的高层次科技创新人才,为企业实现新的发展战略目标提供强有力的人才保障。

5. 政产学研与战略联盟取长补短

沙钢在加强研发体系建设、提高自身研发能力的同时，还积极利用国内外科技人才资源和技术资源，借助国内外一批实力雄厚的高等学校、科研院所和专家学者的力量，通过政产学研合作推进科技创新。自 20 世纪 90 年代以来，沙钢先后与北京科技大学、国家钢铁研究总院、东南大学、东北大学、武汉科技大学、江苏大学等高等院校，建立高层次合作平台，开展新工艺、新技术、新产品科研攻关活动。产学研经费投入超过 10 亿元，项目覆盖了信息化、自动化、新型工艺流程、产品研发、节能减排等多个领域，为企业自主创新能力的提升和效益的增长注入了持续的动力。

长期起来，沙钢集团以具有自主知识产权的创新性技术研发为基础，采取政产学研相结合的方式，与多领域专家共同开发新产品、新技术和新工艺，形成了独具风格的政产学研"共生"模式。以沙钢集团与苏州大学合作共建的苏州大学沙钢钢铁学院、江苏（沙钢）钢铁研究院苏大分院为例，随着技术装备和产品结构调整步伐的加快，沙钢急需吸引一流的人才加盟，建设一支高素质的研发队伍，因此与高校合作培养和储备高层次人才成为沙钢的当务之急。苏州大学凭借规模强大、基础雄厚、办学效益显著的优势，将为沙钢重点培养出一批"高、精、尖、专"的复合型冶金专家，在冶金领域培养出一批国内具有领先水平的学科带头人，为企业自主创新和高效发展提供智力和人才支撑。而与沙钢合作办学，也有利于苏州大学提高科研开发水平和成果转化能力。

沙钢集团与苏州大学校企强强联合、合作办学不仅是钢铁企业充分发挥品牌优势，优化教育、人才资源和构建高层次产学研的创举，实现沙钢和苏州大学的"共生、双赢"，更形成了与现代钢铁产业发展相适应的学科专业和人才培养体系，开创了我国钢铁企业和著名高校携手共进的先河，为推动中国由钢铁大国向钢铁强国的转变作出了贡献。

在加强政产学研合作的同时，沙钢特别注重高端的战略联盟。一方面，沙钢与奥钢联、德国蒂森—克虏伯、韩国浦项、德国福克斯、瑞士康卡斯特、美国摩根等世界著名冶金公司建立起广泛的联系和技术交流；另一方面，沙钢与宝钢签订了战略协同合作意向协议，高端携手、强强联合。沙钢和宝钢双方决定在技术与管理、产品与市场、资源与物流等方面开展广泛的战略协同合作。宝钢向沙钢输出技术和管理，提升双方的市场竞争力；宝钢向沙钢借鉴在市场中形成的独特竞争优势，实现合作共赢。宝钢与沙钢战略协同合作是国有和民营不同所有制龙头钢铁企业的历史性合作。两大钢铁企业的合作代表着当前钢铁企业整合的大趋势，有利于共同打造中国钢铁企业的整体竞争力，有利于提升行业应对挑战的能力。

6.资源整合与集成创新优势互补

世界 500 强的发展经验表明,资源整合能力已经成为企业的核心竞争力之一,兼并、收购和重组是企业做大做强的必由之路。面对市场竞争日趋激烈的局面,沙钢积极利用外部资源,不断增强综合实力和发展后劲。

2006 年,沙钢按照"先易后难、先近后远、先内后外"的原则,择优确定并购对象,稳步推进联合重组。先后并购重组了江苏淮钢特钢、江苏鑫瑞特钢和河南安阳永兴钢铁,并与江苏永钢集团签订了联合重组协议,成为永钢的第一大股东。目前,在沙钢集团的铁、钢、材年生产能力中,联合重组企业的产量分别占 40%、41% 和 33%。

沙钢推进企业兼并重组,不仅是为了做大规模,更重要的是提高联合企业的整体实力。沙钢淮钢重组后,沙钢采用以本部管理体系为主体,规范和完善信息交流与资源共享运行机制,使淮钢迅速获得资金、技术、市场和管理方面的支持,原材料统一采购、产品统一销售、技术实现共享,联合重组的优势快速显现。2007 年,淮钢销售收入突破 100 亿元,利税达到 11.47 亿元,同比分别增长 20.8% 和 89.7%,创下历史最好水平,一举扭转发展窘境。

兼并重组使得企业规模不断扩张,如何最大限度地锁定上游资源、确保长期稳定供给,成为沙钢迫在眉睫的现实要求。沙钢铁矿完全需要外购,国外进口比例高达 90%。沙钢启动原料供应全球战略,采用收购、参股、合资合作等形式,先后在巴西、澳大利亚等地收购矿山,储备了 10 亿吨矿产资源。与国内企业参股澳大利亚 BHP 铁矿山,合营西澳洲津布巴铁矿山,每年获得优价矿粉 300 万吨。在国内,沙钢在山东、山西等地建立了自己的焦炭和煤基地。沙钢建立海内外资源基地的一系列举措,有效保障了资源供应,降低了生产成本,提高了企业规避市场风险的能力。

资源整合促使沙钢日益成为一个大企业集团,集团化的优势十分明显。集团化容易流于形式,往往停留在表观的联合而未实质性地融合。集团各成员单位必须形成内在的有机联系,在组织上必须重构,在流程上再造,在资源上统筹配置,在文化上融为一体,达到从集团到集成的境界。

沙钢的集成创新主要体现在三个方面:一是业务集成创新。沙钢开展了一系列的连环收购,例如,收购永兴钢铁意在取得永兴新区 250 万吨项目的批文;控股相邻 15 公里的江苏永钢集团有限公司意在协调产业布局,避免同城恶性竞争;收购江苏鑫瑞特钢有限公司的目的则是其代管的拥有 120 万吨以上钢铁产能的铁本老厂,借以掌控铁本的万亩土地资源,无异于用 40 亿元的区区代价换得 800 万吨的产能框架。不仅迅速扩张了规模、取得了成本优势,更重要的是丰富了上下游产业链,获得低成本、高附加值的行业优势。二是资源和平台集成创新。集团化最明显的优势就是资源和平台的共享。除了上游的矿产煤炭资源等,人力、信息、关系等资源对钢铁集团的发展都非常重要。集团为所属成员单位提供共同运作的资金、销售、采购、研发、物流等平台。特别是研发平台,需要支出巨额的研发费用,一般企业根本无法独力承担。集中全集团的研发资源,毕其功于创新之役,可达钱半功倍之效。三是软实力集成创新。集团内企业文化的融合、运营的磨合非一朝一夕之功。沙钢的管理文化凝练为"严、细、实"三个字。这是沙钢人几十年的深厚积淀,是内学宝钢、外学浦项的结晶。沙钢集团将刚性的管理制度和柔性的企业文化相结合,刚柔相济而形成能长期传承的"软制度",用制度哺育企业文化,用企业文化引导企业行为,使得沙钢优良的企业文化深入人心。

(三) 传统产业自主创新的一般模式

通过对中国传统产业中两个典型企业的自主创新模式进行案例分析,可以得到中国传统产业自主创新的一般模式:

第一,开放式知识源是中国传统产业自主创新的基础。与高新技术产业相比,传统产业创新的主体大部分是中小企业,其创新源泉是基于企业内部的高度相关的隐性知识和外部的显性知识。传统产业内公司所达到的生产率水平不仅依赖于它在研发方面所作出的努力,而且还依赖于可获得的一般知识的共享程度。

第二,供应商和需求是中国传统产业自主创新的重要来源。帕维特(1984)认为中低技术产业创新是被供应商主导的,经典的"线性"创新模型并不适合于中低技术产业的创新。供应商在中国传统产业创新过程中的作用不可替代,因为相对于高新技术产业,传统产业内部创新能力较弱,造成传统产业的创新严重依靠外部供应商,供应商往往比知识、信息更重要。与此同时,相比高新技术产业,需求的力量对传统产业在创新过程中的作用更直接、更显著。创新的关键驱动因素是新技术和市场需求。需求在其中扮演了重要角色,市场机会与技术机会同样重要,并且在程度和本质上有很大差异。

第三,渐进式创新是中国传统产业自主创新的主要方式。中国传统产业自主创新大多是通过优化工艺以降低成本和提高质量、改进设计、提高灵活性和客户满足度等,主要是通过将各种可用资源进行独创性的再组合或改造而产生的创新,是一种渐进式的过程创新。哈特穆特·赫希-克瑞森(Hartmut Hirsch-Kreinsen,2008)认为,在技术创新方式上,中低技术产业适合在现有技术成果的基础上进行应用开发而不是探究全新技术;进行模块化组合创新,而不是激进式创新;企业增加值的多少取决于生产能力而不是研发。

第四,重视产品与市场是中国传统产业自主创新的基本战略。传统产业的市场相对稳定,产出主要是必需品,且大部分传统产业部门都是中小企业,因此产品需求缺乏弹性。该类产业主要使用已有的技术进行生产,技术不是企业获取收益的主要渠道,技术投入与经济绩效也不直接相关,因此传统产业中的企业很少关注技术功能而更多重视产品与市场,竞争优势的获得依赖于产品差异、成本优势和对补充性资产的控制。因此,一般而言,传统产业一是通过市场而非技术获得动态规模经济和范围经济以降低价格,二是通过改善质量、开发新产品、实现产品差异化来吸引需求。

第五,合作创新是中国传统产业自主创新的主流模式。高新技术产业凭借自身的技术基础以及大规模研发资金投入,可以建立正式的创新信息网络而实现重大创新,但传统产业创新大多依赖于外界信息资源以弥补企业内部创新资源不足的问题。因此,与高新技术产业相比,通过合作创新等形式从外界信息网络获取创新知识源泉的网络模式是目前中国传统产业创新的主流模式。同时,政府、大学、研究所对产业内技术机会的研究影响越来越广泛,政产学研各主体在创新上的相互依赖越来越大,合作也越来越多。

第六,领军人物是中国传统产业自主创新的强大动力。企业家的引领是企业始终保持竞争优势的关键因素。企业家是发展市场经济最宝贵的资源。企业间的竞争说到底是人才的竞争,人才竞争的焦点是领军人物的竞争。必须发掘和培养大批拥有创新成果、通晓国际惯例、善于运作资源的领军人物,为他们提供展示才华、实现抱负的大舞台。

第七,"两化"融合是中国传统产业自主创新的必要手段。推进信息化与工业化的融合,采用先进技术装备,有效扭转了我国传统产业技术装备水平低的局面,促进经济增长由主要依靠增加物质资源消耗向主要依靠科技进步、劳动者素质提高、管理创新转变。"两化"融合所带来的竞争优势,不仅是企业不断提高获利能力、实现创新发展的重要源泉,更是加快传统产业转型升级、建立现代产业体系的根本途径,有利于走科技含量高、经济效益好、资源消耗低、环境污染少的中国特色新型工业化道路。

(四) 传统产业自主创新的政策启示

创新成果具有公共产品的性质,研发活动如果完全交给市场,研发活动的资源投入就会表现不足(Arrow,1962),这使创新政策不可或缺。高新技术产业创新很容易获得公共资金的支持,而政策对传统产业创新重视不足。虽然传统产业内部研发不多,但它们已经嵌入到特定的地区结构中,是地区创新网络的重要组成部分,作为高新技术产业创新产品的用户,一方面有利于自身在获取的创新成果基础上进行创新,另一方面也给高新技术产业带来丰厚回报。所以加强中国传统产业自主创新的重视程度迫在眉睫。正如伦德瓦尔等(1992)所说,渐进性创新的累积影响与根本性创新的影响一样,忽略渐进性创新将导致不能正确看待长期经济和社会变迁。

第一,提高对中国传统产业自主创新的重视。由于对知识经济的片面理解以及产业划分标准的限制,造成传统产业的社会地位下降,这给传统产业自主创新带来了一系列不良影响,直接导致传统产业创新人才短缺等后果。同时,根据国外研究结果,不少传统的企业的管理层即使在有政策可以利用的情况下,也没有意识到政策对于自身的支持。政策制定者应通过宣传媒介、培训、指导等途径,引导传统产业中的企业合理利用相关政策。强调传统产业对于国民经济发展的重要性,并不意味着改变对于高新技术产业的重视,而是为了尽力避免对传统产业所做贡献的忽视。同时,在科技政策制定过程中,要深入地了解不同产业技术层次的特点,进一步发挥高新技术与传统产业相结合的优势,为国民经济未来的发展与繁荣奠定更加坚实的基础。

第二,引导中国传统产业发展创新实现能力。首先,增加企业知识储备和培育企业从外部网络获取知识的能力,为员工提供培训课程,提高其接触各种知识的机会,将不同类型的可整理知识转化为企业内部知识;建立和完善社会化的中介机构,如信息中心、会计事务所、律师事务所和咨询公司等中介服务机构,尽快形成促进企业自主创新的服务网络体系,在高新技术产业与传统产业间建立知识共享关系,加速高新技术产业各种创新成果在全社会的流动,这也使高新技术产业可迅速盈利。其次,引导传统产业内企业内部知识加速流动,如企业内部的集体学习行为等,可将企业员工的各种类型的意会性知识转化为企业的竞争力。

第三,加强政产学研合作,有效整合科教资源。高等院校和科研院所具有专家多、学科门类齐全、人才密集、科研基础雄厚、成果产出多、国内外信息灵通等优势,这正是传统产业中企业实施自主创新所需要的但是自身又不具备的。必须重视发挥高等院校和科研院所在自主创新中的作用,积极推进经济体制、教育体制和科技体制的改革,大力推行产学研的紧密结合。政府要发挥引导作用和科技信贷、风险投资等的支撑作用,在政策上引导企业与高校和科研院所联合,实行政产学研一体化,促进自主创新的顺利进行,有效整合科技创新资源,提高技术成果的转化率。企业在调动和发挥自身人才优势和积极性的同时,本身也应加强对外科技合作力度,充分利用高校、科研院所在科技创新上的支持作用,强强联手。在保持企业在自主创新体系中主体地位的同时,促进政产学研的联结合作。

第四,在自主创新过程中树立技术领先的雄心壮志。企业家是企业从事创新活动的灵魂。按照熊彼特的观点,创新是企业家的本质,一个企业的领导者是否具有创新精神至关重要,企业家的理性预期以及创新的偏好同样会对自主创新产生重要影响。企业经营者的技术抱负决定了企业自主创新的战略。中国许多企业经营者满足于技术获取的拿来主义及复制性模仿,满足于产品的短期竞争力,在技术学习中不思进取。为此,在自主创新战略制定过程中,应激发企业家精神,以技术能力高度化与"技术立国"的远大抱负为导向,提高决策质量及快速反应能力。对企业经营者进行本行业、本企业技术发展前景知识缺口的弥补,使其洞悉行业技术(产品)前景,避免知识缺乏或盲从,尤为重要的是要树立技术领先的雄心壮志。

第五，开发能承受较高风险的金融支持工具。传统产业在技术基础及研发资金上的力量通常很薄弱，它们的自主创新活动需要能够承受更长期和更高风险的金融支持形式。而普通的商业银行不擅长此业务，它们作为吸纳存款和发放贷款的中介必须保持流动性的审慎原则。其他的一些风险融资方式，例如公司债市场、股票市场或者私人风险资本，通常也难以在传统产业中发挥作用。因此，需要开发不同类型的能够承受较高风险的金融支持手段。

第六，改善传统的合资模式，促进民族产业发展。在纺织、钢铁等传统产业中，合资模式非常普遍。合资模式有很多优点，如拓宽资金筹集的渠道，引进先进技术等，但同样可能带来一些负面影响，以中国汽车工业为例，当初合资模式的飞速发展并没有如期望的那样带来汽车产业竞争力的提升。由于缺乏自主的品牌和关键技术，研发能力低，国内汽车产品的核心技术大多数掌握在合资企业手中，在合作中中方完全没有发言权。在过去较长时期内，我国大部分传统产业的技术来源主要依靠引进技术和模仿制造。而且，传统产业习惯在原有技术水平下不断地通过外延的方式扩大再生产，忽略自主创新，其结果是产业集中度低，生产装备技术落后，产品科技含量低，自主开发能力薄弱，导致中国传统产业一直处于全球价值链的低端。因此，在传统产业的发展过程中，不能完全依赖于传统的合资模式，在引进外国先进生产技术的同时，更要进行自主研发，促进民族产业独立发展，这也是自主创新的要义所在。

第七，加快推进"两化"深度融合以改造提升传统产业。积极吸收和借鉴国外利用信息技术改造传统产业的新理念、新做法和新模式，加快推进信息技术与传统制造技术的紧密结合，重视用信息技术改造传统产业，重点支持传统产业应用信息技术、产品和装备，在生产和服务的各个环节提高自动化、智能化和现代化管理水平，以提高产品质量、降低生产成本、缩短生产周期、提高劳动效率及产业综合竞争能力，使之获得新的发展动力和市场空间、创造新的竞争优势，加速推进传统产业升级，这是加快"两化"融合发展的着力点，也是实现经济增长方式转变的关键环节。

（执笔：安同良　王磊）

第十四章 促进产学研合作的
公共政策研究

随着经济全球化不断深入发展,国家之间的竞争越来越体现在创新上,而创新的竞争又在很大程度上体现在创新体制上,创新体制的竞争又在很大程度上体现在通过产学研合作提升自主创新能力以建立创新体系上。随着经济的不断发展,中国开始从开放型经济发展阶段进入创新型经济发展阶段。创新型经济是洪银兴(2010a,2010c,2011)提出的一个重要术语,"所谓创新型经济,是体现资源节约和环境友好的要求、以知识和人才为依托、以创新为主要驱动力、以发展拥有自主知识产权的新技术和新产品为着力点、以创新产业为标志的经济"。根据安同良等(2012)的文献综述,所谓创新体系包括两个层面,一个层面是国家创新体系,这个体系包括基础研究、前沿技术研究、社会公益性技术研究,在这个体系中研究型大学是重要主体;另一个层面是技术创新体系,这个体系以企业为主体、市场为导向、产学研相结合(洪银兴,2010c)。产学研合作的过程需要政府和市场的结合作用(洪银兴,2010b),政府的支持和推动是产学研合作的重要动力来源(王飞绒等,2003)。《国家中长期科学与技术发展规划纲要(2006—2020年)》中明确指出,要"建设以企业为主体、产学研结合的技术创新体系,并将其作为全面推进国家创新体系建设的突破口"。在创新型经济阶段探索促进产学研合作的公共政策需要着眼于创新体系的大背景,不能仅仅孤立地、片面地看待促进产学研合作的公共政策,更需要认识清楚公共政策背后的制度创新和制度支撑。

在对促进产学研合作的公共政策进行研究时,我们需要弄清楚的问题是:(1)制约产学研合作的主要因素是什么?(2)促进产学研合作的公共政策的设计原则是什么?(3)促进产学研合作的公共政策的作用渠道是什么?(4)促进产学研合作的公共政策的作用机理是怎样的?(5)我们需要基于作用机理构建什么样的促进产学研合作的公共政策体系?这五个问题是一个有机联系的整体。第一个问题是研究促进产学研合作的公共政策的出发点;第二个问题要求我们研究促进产学研合作的公共政策时需要遵循相关的经济规律,按照经济规律办事;第三个问题告诉我们促进产学研合作的公共政策需要找准着力点,只有找准着力点才能做到事半功倍;第四个问题体现了我们研究的主要创新之处,不同的促进产学研合作的公共政策会产生不同的效果；第五个问题涉及理论与实践的结合，我们需要结合中国的实际情况通过合适的公共政策体系来促进产学研合作。

一、制约产学研合作的主要因素

制约我国产学研合作的因素有很多，国内有很多学者对此进行了总结（骆品亮、余林徽，2004；曹燕萍等，2010；崔旭、邢莉，2010；何爽、谢富纪，2010）。总体上来看，主要因素包括以下三个方面：第一，企业与高校科研人员目标不一致，企业的目标是在市场中实现利润最大化，而高校科研人员的目标则是多出原创性的科研成果、努力争取使学术成果推动学科发展。高校往往以论文和著作的数量和质量、课题的数量和级别作为职称晋升的标准，高校教师在进行研究时也会按照这个标准进行自身的研究，而不是按照市场的利润最大化要求进行研究。目标不一致会对产学研合作产生很大的影响，有一些文献对此进行了理论模型分析（比如，隋立祖等，2011）。第二，企业与高校科研人员之间缺乏合适的风险分担和利益分配机制，一方面，企业承担的风险和投入的研发资金跟企业的回报可能不成比例，企业没有积极性投入足够的研发资金；另一方面，高校科研人员的付出和回报可能不成比例，高校科研人员没有动力付出足够的努力进行研究。这实际上是一个双边道德风险问题（黄波等，2011），企业方面可能存在道德风险，高校科研人员方面也可能存在道德风险。特别是在产学研合作的后期看得见的利益越来越明显时，双边道德风险更容易凸显出来。罗焰和黎明（2009）的调查问卷表明，影响双方合作的主要因素中占比最高的是权益分配不当，占到了49%；影响利益分配的主要因素包括：双方投入的财力、物力和时间占17%，项目投资规模占15%，经营绩效占14%，技术风险占11%。因为利益分配的问题涉及产学研合作的激励机制问题，所以很多文献（马亚男，2008；詹美求、潘杰义，2008；黄波等，2011；任保平、张如意，2011；吴勇、陈通，2011）对此进行了分析，因此我们在研究公共政策时必须高度重视这一点。第三，在产学研合作中存在由于"中介失灵"而产生的合作深化问题，科研成果转化率很低。尽管政府出台了《专利法》、《技术合同法》、《科技进步法》、《知识产权法》、《技术市场管理法》、《促进科技成果转化法》等系列法规以及中共中央、国务院《关于加强技术创新，发展高科技，实现产业化的决定》等文件促进成果转化的政策，但是在具体指导产学研合作实践方面差强人意，在促进科技中介机构发展方面做得不够，科技中介服务功能单一，整体规模不大，很难实现技术成果供给和需求的有效匹配，服务质量不高，使得产学研合作难以通过深化达到更高的层次（白庆华等，2007；宋健、陈士俊，2008；祝俊等，2008）。

促进产学研合作的公共政策需要考虑到当前阻碍和制约产学研合作的主要因

素,围绕阻碍和制约因素设计出相应的应对之策。我们可以用图 14.1 来表示制约产学研合作的因素与公共政策之间的作用机制。在图 14.1 中,实线箭头表示"导致",上面的虚线箭头表示"需要",下面的虚线箭头表示"解决"。

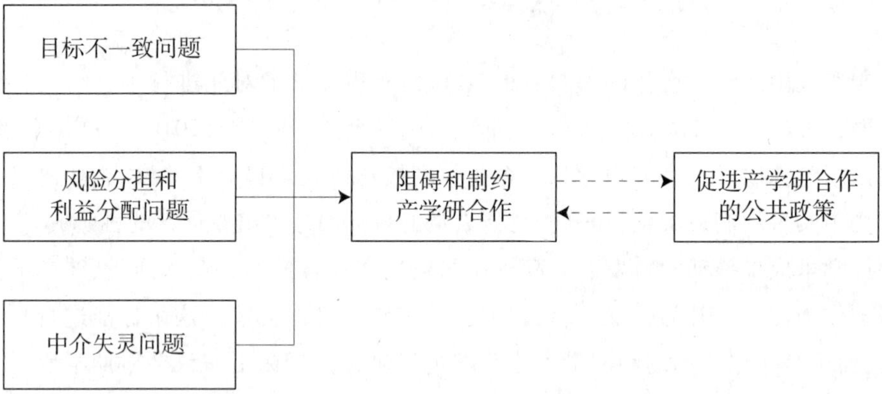

图 14.1　制约产学研合作的因素与公共政策之间的作用机制

只有找到并厘清制约产学研合作的主要因素,我们才能在有的放矢的基础上探索出有效促进产学研合作的公共政策。换言之,促进产学研合作的公共政策需要从现实问题中寻找自己的出发点。

二、促进产学研合作的公共政策的设计原则

促进产学研合作的公共政策需要注意自身的设计原则,需要注意自身的作用范围和边界,需要注意该干预什么、不该干预什么以及在该干预的时候如何进行干预。罗焰和黎明(2009)认为,政府在产学研合作的过程中主要承担三种角色:一是引导者,政府通过一系列手段引导产学研合作;二是推动者,政府对一些重大科研项目进行重点资助;三是协调者,政府为产学研合作各方"穿针引线"。兰恰诺-莫兰戴特和维迪尔(Lanciano-Morandat 和 Verdier,2010)认为政府有两种角色:一是政府作为企业家(State as an Entrepreneur)出台使命导向(Mission-oriented)的公共政策,支持对国家利益具有战略重要性的重大创新项目;二是政府作为规制者(State as a Regulator)促进科研成果从学方或研方到产方的转化。尽管国内讨论产学研合作中政府作用及公共政策的文献比较多,但是注意到设计原则的文献很少,而在很少的文献中着重强调这一点的文献则是李世超和蔺楠(2011)。李世超和蔺楠(2011)[①]认为促进产学研合作的公共政策需要遵循的设计原则是,"对于可以依靠市场形成的

---

① 李世超、蔺楠:《我国产学研合作政策的变迁分析与思考》,《科学学与科学技术管理》2011 年第 11 期,第 25 页。

自发的产学研合作,政府应避免直接介入,更多的是创造和维护诚实守信的合作氛围及建立健全的法律保障;而对于涉及国家重大公共利益,需要产学协同推进,但产学双方又不具备条件或动力的潜在合作可能,则政府介入是必要的,甚至有时必须由政府直接参与组织,如以国家战略产业的技术创新需求为导向,由政府引导建立的产学研各方共同参与的产业技术创新战略联盟"。基于公共政策的设计原则,李世超和蔺楠(2011)把政策工具分成了三大类:强制性政策工具、混合型政策工具、自愿性政策工具。具体来说,促进产学研合作的强制性政策工具具体包括设立产学研合作专项,依托重大科技计划组织产学研联合攻关,依托国有领军企业组建产业技术创新联盟等;促进产学研合作的混合型政策工具包括建立国家大学技术转移中心和工程技术中心,加大产学研合作的税收和金融优惠,对产学研合作产品优先政府采购等;促进产学研合作的自愿性政策工具则包括依托技术市场进行专利授权和技术交易,促进技术服务和技术咨询以及委托研究等产学研自发合作等。总体上来看,李世超和蔺楠(2011)所讲的政策工具类型跟他们所讲的设计原则进行了很好的匹配。

李世超和蔺楠(2011)的分析虽然比较深入,但是从产业政策的角度来看忽视了两个非常关键的问题所导致的两难困境。促进产学研合作的公共政策本质上属于产业政策的范畴,在比安奇和莱伯利(Bianchi 和 Labory,2006)主编的《产业政策国际手册》中比安奇和莱伯利(2006)以及皮特里斯(Pitelis,2006)对产业政策做了很好的综述。丹尼·罗德里克(2009)[①]从产业政策的角度指出了政府的两难问题,"首先,政府不是百事通,事实上,对于那些阻碍产业多样化的市场失灵的信息,例如哪里会产生市场失灵、其本质是什么,政府知道的比私人更少,政府部门甚至不知道它们对相关信息并不知晓。因此,必须建立这样的政策环境,在这个环境中政府官员可以持续不断地从商业部门中获取有关已有约束和可得机会的信息,而不是一种与私人企业保持距离、由政府部门自主发号施令的环境和氛围。其次,产业政策很容易导致腐败和寻租活动。任何一个试图帮助私人风险投资者从事新活动的激励体系,最终都有可能演变成一个向肆无忌惮的商人和自私自利的官员进行利益输送的机制。对此的自然反应是要把政策的制定和实施与私人部门的利益相隔离,而且要防止官员与商人进行密切的交往。但是请注意,这种建议,即将政府官员和商人们彼此隔离开,与我们上面的讨论结果相悖,它将阻碍所需的信息交流。"正是基于这样的两难困境,丹尼·罗德里克(2009)[②]提出了公共政策设计的十条原则:第一,激励必须仅仅针对新活动;第二,必须有成功和失败的明确标准;第三,必须有预设的终止条款;第四,政

① 丹尼·罗德里克:《相同的经济学,不同的政策处方:全球化、制度建设和经济增长》,中信出版社2009 年版,第 110 页。

② 丹尼·罗德里克:《相同的经济学,不同的政策处方:全球化、制度建设和经济增长》,中信出版社2009 年版,第 113—116 页。

府支持必须针对活动而非产业;第五,获得补贴的活动必须明显具有提供外溢和示范效应的能力;第六,实施产业政策的权威部门需要证明自身的能力;第七,必须要有主要负责人对执行产业政策的部门进行紧密监督,对政策产生的效果有明确的判断力,且这个负责人需要具有最高层次的权威;第八,执行产业政策的政府机构必须保持与私人部门信息沟通的渠道畅通;第九,最优情形下,需要允许"挑选失败者"的错误发生;第十,产业政策的支持措施需要有及时更新的能力,从而使得自主发现能够成为一个循环不断的过程。这就要求政府在促进产学研合作的过程中需要注意到丹尼·罗德里克的两难问题和十条原则,一方面,在政府拥有产学研合作方的科技成果、能力和信誉程度等诸多信息的领域,政府可以通过参与产学研合作降低产学研合作方的信息不对称程度和交易成本(陈明等,2011);另一方面,政府在出台促进产学研合作的公共政策时,需要在制度上防范产学研合作方骗取政府政策支持的现象,同时需要在制度上防范政府官员和产学研合作方合谋骗取利益的腐败现象。

我们认为政府在设计促进产学研合作的公共政策时需要从行为主体的视角出发、着眼于促进行为主体之间的合作,只有在企业和高校或科研机构进行合作的前提下,提升创新程度才有意义。所以,我们要把公共政策的设计原则重点放在如何促成合作上,放在如何促使企业和高校或科研机构在合作过程中的努力水平达到社会最优水平上。基于此,我们认为公共政策的设计原则是:找准制约产学研合作的关键因素,对这些关键因素进行"诊断";针对关键制约因素制定相应公共政策;在制定公共政策的过程中,需要注意着力点是企业还是高校或科研机构;在弄清楚着力点的情况下,需要注意着力点的作用方向是降低合作成本导向的还是提高合作收益导向的;在弄清楚到底是降低合作成本导向还是提高合作收益导向的前提下,需要注意公共政策是针对企业的单边主体,还是针对高校或科研机构的单边主体,抑或是针对企业和高校或科研机构的双边主体。具体来说,我们把促进产学研合作的公共政策分成了两种大的类型,一种类型是降低合作成本的公共政策,另一种类型是提高合作收益的公共政策。降低合作成本的公共政策又分成了主要降低企业成本的公共政策、主要降低高校或科研机构成本的公共政策和同时降低企业和高校或科研机构成本的公共政策。提高合作收益的公共政策又分成了主要提高企业收益的公共政策、主要提高高校或科研机构收益的公共政策和同时提高企业和高校或科研机构收益的公共政策。

三、促进产学研合作的公共政策的作用渠道

在产学研合作的过程中,我们需要把握好两大类产学研合作的模式,一类是以高校为着力点的技术推动模式,一类是以企业为着力点的市场拉动模式,不管是哪一种

模式最终的主体都是企业。朱恪孝和姚聪莉(2011)把以高校为着力点的技术推动模式分成了企业较少参与的高校主导模式(比如技术公关招标)、企业被动参与的高校主导模式(比如技术转让、合作开发、联合公关)和企业积极参与的高校主导模式(比如共建实体、通过大学科技园实现合作、建立产业技术联盟),把以企业为着力点的市场拉动模式分成了技术咨询型、共建经济实体型和围绕产业链体系合作型。不同模式下的作用渠道并不一样,需要在公共政策方面区别对待,不能"眉毛胡子一把抓"。以高校为着力点的技术推动模式和以企业为着力点的市场拉动模式的公共政策的作用渠道分别如图 14.2 和图 14.3 所示。图 14.2 和图 14.3 分别改编自朱恪孝和姚聪莉(2011)①的图 6-1 和图 6-2,需要说明的是,我们的图更加强调政府公共政策的作用,尽管政府的公共政策是对产学研合作的整个系统产生作用,但是政府的公共政策具体作用渠道往往体现在某个具体环节上,比如"高校→成果"环节、"科研机构→成果"环节、"成果→企业"环节、"企业→高校"环节、"企业→科研机构"环节、"高校↔企业研发机构"环节和"科研机构↔企业研发机构"环节。

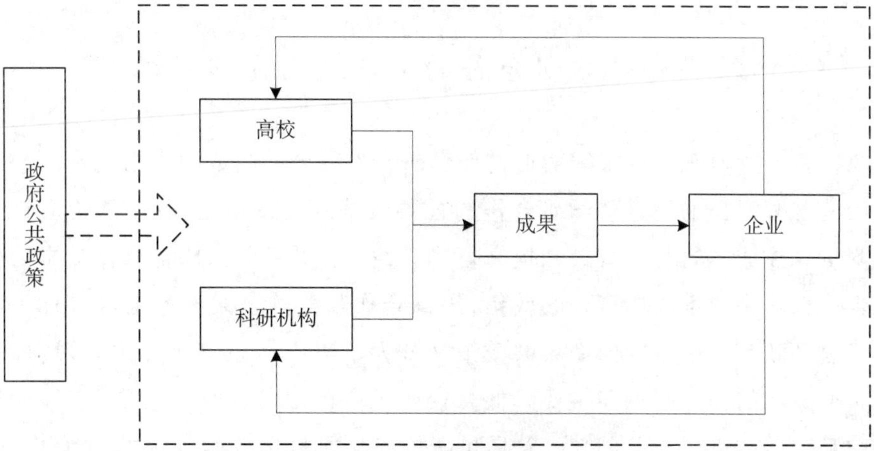

图 14.2　以高校为着力点的技术推动模式

在图 14.2 中,公共政策的作用渠道可以体现在"高校→成果"环节和"科研机构→成果"环节(比如对高校和科研机构进行资金支持或者推动高校和科研机构进行职称晋升改革),也可以体现在"成果→企业"环节(比如提高成果转化率)。在图 14.3 中,公共政策的作用渠道可以体现在"企业→企业研发机构"环节(比如对企业进行研发补贴),也可以体现在"成果→企业"环节(比如政府采用企业新产品)。这些不同的环节组合在一起就需要政府出台促进产学研合作的公共政策体系,有学者把这概括为以政府为组织层的"政产学研金介"战略联盟(满海雁、陈明,2011)。

① 朱恪孝、姚聪莉:《西部产学研合作模式的选择研究》,科学出版社 2011 年版,第 52、57 页。

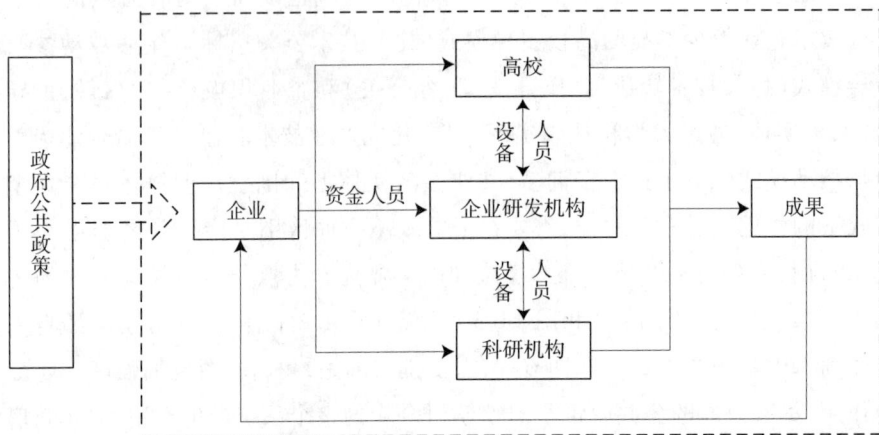

图 14.3　以企业为着力点的市场拉动模式

　　只有弄清楚促进产学研合作的公共政策的作用渠道,我们才能在此基础上积极探索促进产学研合作的公共政策的作用机理。

四、促进产学研合作的公共政策的作用机理

　　我们将通过博弈模型来阐明促进产学研合作的公共政策的作用机理。根据我们在第三部分提出的促进产学研合作的公共政策的设计原则,我们认为应该重点分析降低合作成本的公共政策和提高合作收益的公共政策。降低合作成本的公共政策也可以称为成本导向型公共政策,提高合作收益的公共政策也可以称为收益导向型公共政策。成本导向型公共政策又分为单边成本导向型公共政策(即主要降低企业成本的公共政策和主要降低高校或科研机构成本的公共政策)和双边成本导向型公共政策(即同时降低企业和高校或科研机构成本的公共政策)。收益导向型公共政策又分为单边收益导向型公共政策(即主要提高企业收益的公共政策和主要提高高校或科研机构收益的公共政策)和双边收益导向型公共政策(即同时提高企业和高校或科研机构收益的公共政策)。这种政策分类也是我们的一个主要创新之处。

　　促进产学研合作的公共政策的分类有很多种,比如有的学者从政策内涵的角度将其分成了财政政策、金融政策、产业政策、科教政策和法规政策等(朱恪孝、姚聪莉,2011),有的学者从政策性质的角度将其分成了强制性政策、混合型政策和自愿性政策(李世超、蔺楠,2011),但是无论对公共政策怎样分类,政策的最终作用体现在企业和高校或科研机构上,或者是降低了企业和高校或科研机构的成本,或者是增加了企业和高校或科研机构的收益。需要说明的是,我们在分析的过程中强调的是

如何通过公共政策促成企业和高校或科研机构之间的合作,而不是如何通过公共政策促成企业和高校或科研机构之间产学研合作的创新程度的提升。只有在企业和高校或科研机构进行合作的前提下,提升创新程度才有意义,所以我们把公共政策的重点放在了促成合作上,放在如何促使企业和高校或科研机构在合作过程中的努力水平达到社会最优水平上。大卫和麦特卡夫(David 和 Metcalfe,2010)强调,由于高校或科研机构和企业都是复杂分工的一部分,政府的公共政策就是要在促进相关方的联结方面发挥作用,为了突出这一点,他们在标题中特意使用了"Only Connect"。实际上,我们的政策分类可以在很大程度上包含现有的政策分类,对此我们将在第六部分进行讨论。

我们的分析比较好地遵循了丹尼·罗德里克(2009)的建议。促进产学研合作的公共政策在本质上属于产业政策的范畴,正如丹尼·罗德里克(2009)[1]所说,"政策目标的原则告诉我们一个简单的道理:要把政策反应尽可能瞄准扭曲的根源。"更进一步地,丹尼·罗德里克(2009)[2]认为,"产业政策的任务不仅在于实施合理的政策,同样要尽可能地从私人部门那里获取有关外部性的存在以及如何克服这些外部性的相关信息。产业政策的合理模式不是一个自主性的政府来独自实施庇古税或补贴措施,而是在私人部门和政府之间采取战略性的合作,去发现哪里才是经济结构调整的主要障碍,以及该采取怎样的措施来克服这些障碍。于是,对产业政策的分析不应只聚焦在政策的效果上——这是在事先难以预知的——而是应该侧重于如何使得政策过程变得更为合理。我们需要考虑的是,如何设计一个框架能使私人部门和政府部门一起合作起来解决生产领域的问题,每个参与方都了解另一方所面临的机遇和局限,从而决定该采取怎样的合理政策手段。"政府通过公共政策促进产学研合作的过程就是通过相关的政策手段克服合作过程中的合作障碍,提升合作过程的合作动力和合作双方的合作欲望。

我们假定企业用"1"来表示,高校或科研机构用"2"来表示。在产学研合作的过程中,企业付出努力 e_1 获得的单边收益为 e_1,企业努力的成本为 $\frac{1}{2}e_1^2$,高校或科研机构付出努力 e_2 获得的单边收益为 αe_2,高校或科研机构的成本为 $\frac{1}{2}e_2^2$。因为产学研之间是合作的,所以企业和高校或科研机构付出努力的总收益为 $R = e_1 + \alpha e_2$。需要说明的是,在这里我们假定 $\alpha > 1$,这样的假定表明在产学研合作的过程中高校或科

---

①　丹尼·罗德里克:《相同的经济学,不同的政策处方:全球化、制度建设和经济增长》,中信出版社2009年版,第88页。

②　丹尼·罗德里克:《相同的经济学,不同的政策处方:全球化、制度建设和经济增长》,中信出版社2009年版,第98页。

研机构的努力更加重要。实证研究表明,产学研合作行为的发生与企业 R&D 吸收能力和公共政策支持直接相关(谢园园等,2011),我们采用 $R = e_1 + \alpha e_2$ 的形式就是要表示企业 R&D 吸收能力是比较强的,可以比较好地吸收高校或科研机构研究出来的成果,所以问题的关键就在于如何促进企业和高校或科研机构之间的合作。需要进一步强调的是,高校或科研机构和企业进行合作创新时会有不同的目标和价值取向,对企业来说成本和收益目标是非常显然的,但是高校或科研机构不是企业,它们参与合作创新尽管也会有成本和收益的考虑,但可能还包括实现科学发现的价值和争取更多的研究投入等其他目标和价值取向。具体来说,大学参与合作创新大致有如下目标:实现科学发现的价值,以创新的技术来检验科学发现成果;获取科学研究的投入,既要获得纵向的国家科技投入,又要获得横向的合作的企业的科技投入,争取有足够的投入去从事高水平的研究;在与企业合作创新所取得的成果中获取与其贡献相对应的报酬。考虑到以上因素,高校或科研机构的单边收益 αe_2 的内涵相对于企业的单边收益 e_1 而言可能更加宽泛。

需要说明的是,一方面,促进产学研合作的公共政策既可以体现在提高企业的单边收益上,也可以体现在提高高校或科研机构的单边收益上,还可以体现在同时提高企业和高校或科研机构收益上;另一方面,促进产学研合作的公共政策既可以体现在降低企业的单边成本上,也可以体现在降低高校或科研机构的单边成本上,还可以体现在同时降低企业和高校或科研机构的成本上。在政策分类中,比较难以理解的是主要降低高校或科研机构的成本的公共政策。所以,我们需要在这里基于成本进行比较详细的阐述。我们的成本是从努力的角度进行设定的,在产学研合作的过程中,企业需要付出努力,高校或科研机构也需要付出努力。如果政府的政策降低了企业付出努力的难度,那么政府政策属于主要降低企业成本的公共政策。如果政府的政策降低了高校或科研机构付出努力的难度,那么政府政策属于主要降低高校或科研机构成本的公共政策。在进行产学研合作时,高校或科研机构成本遇到了很多无形或者有形的"绊脚石",在付出努力的过程中很容易被"绊倒";如果公共政策移除了高校或科研机构遇到的某些"绊脚石",那么这样的政策就可以降低高校或科研机构的成本。

基于作用机理的分析框架可以用图 14.4 来表示。要想打破企业和高校或科研机构之间的合作障碍,就需要政府的公共政策发挥作用,政府的公共政策可以促进产学研合作。

我们的分析分成了三种情形,第一种情形是社会最优的情形,第二种情形是采用降低合作成本的公共政策的情形,第三种情形是采用提高合作收益的公共政策的情形。

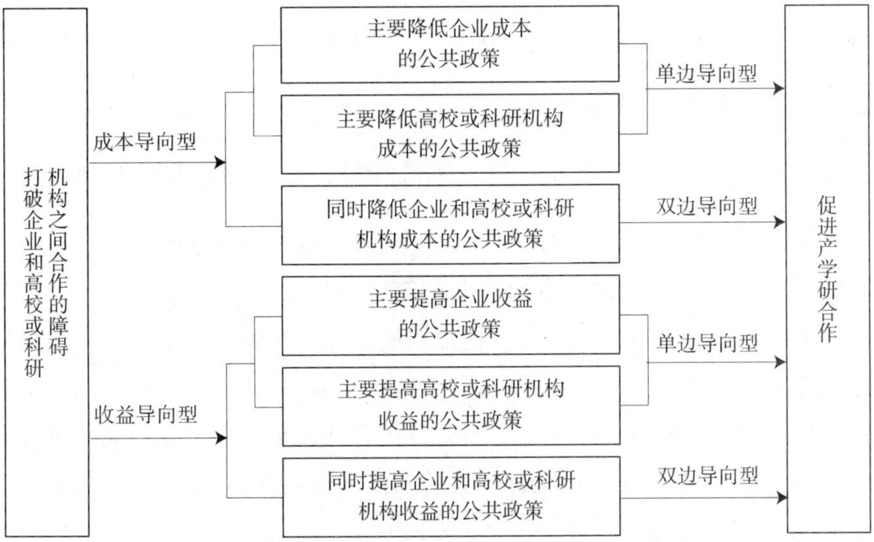

图 14.4 通过公共政策促进产学研合作的分析框架

（一）社会最优的情形

在社会最优的情形下,企业和高校或科研机构的利润为:

$$\pi = e_1 + \alpha e_2 - \frac{1}{2}e_1^2 - \frac{1}{2}e_2^2 \tag{14.1}$$

由(14.1)式的一阶条件(FOCs),我们可以知道企业和高校或科研机构在社会最优时的努力水平:

$$\frac{\partial \pi}{\partial e_1} = 0 \Rightarrow e_1^* = 1 \tag{14.2}$$

$$\frac{\partial \pi}{\partial e_2} = 0 \Rightarrow e_2^* = \alpha \tag{14.3}$$

社会最优的情形是我们进行比较的基础,所以需要在这里进行着重强调。不管政府实行降低合作成本的公共政策,还是实行提高合作收益的公共政策,目的都是为了合作能够达到社会最优的情形,虽然达到社会最优有很大的难度。

（二）采用降低合作成本的公共政策的情形

当政府采用主要降低企业成本的公共政策时,企业的成本由 $\frac{1}{2}e_1^2$ 变为 $\frac{1}{2}(1 - \rho_1)e_1^2$,其中 ρ_1 表示政策力度,其取值范围为 $0 < \rho_1 < 1$。当政府采用主要降低高校或科研机构成本的公共政策时,高校或科研机构的成本由 $\frac{1}{2}e_2^2$ 变为

$\frac{1}{2}(1-\rho_2)e_2^2$，其中 ρ_2 表示政策力度，其取值范围为 $0<\rho_2<1$。当政府采用同时降低企业和高校或科研机构成本的公共政策时，企业和高校或科研机构的成本分别由 $\frac{1}{2}e_1^2$ 变为 $\frac{1}{2}(1-\rho)e_1^2$、$\frac{1}{2}e_2^2$ 变为 $\frac{1}{2}(1-\rho)e_2^2$，其中 ρ 表示政策力度，其取值范围为 $0<\rho<1$。我们假定企业的分成比例为 s，高校或科研机构的分成比例为 $1-s$。我们用"#"来表示采用降低合作成本的公共政策时的均衡值。需要说明的是，在产学研合作的过程中，企业和高校或科研机构之间的合约表现形式多种多样，有分成合约的形式，有提成费合约的形式，有固定支付合约的形式，有混合合约的形式。我们在这里采用的是分成合约的形式，一个原因是分成合约的形式在理论分析中使用得比较普遍，具有一般性；另一个原因是分成合约的形式有利于简化我们的分析，容易得到显式解。

1. 主要降低企业成本的公共政策

当政府采用主要降低企业成本的公共政策时，企业和高校或科研机构的利润函数分别为：

$$\pi_1 = s(e_1+\alpha e_2) - \frac{1}{2}(1-\rho_1)e_1^2 \tag{14.4}$$

$$\pi_2 = (1-s)(e_1+\alpha e_2) - \frac{1}{2}e_2^2 \tag{14.5}$$

由(14.4)式和(14.5)式的一阶条件(FOCs)，我们可以得到：

$$\frac{\partial \pi_1}{\partial e_1} = 0 \Rightarrow e_1 = \frac{s}{1-\rho_1} \tag{14.6}$$

$$\frac{\partial \pi_2}{\partial e_2} = 0 \Rightarrow e_2 = \alpha(1-s) \tag{14.7}$$

把(14.6)式和(14.7)式代入到(14.4)式和(14.5)式，我们可以得到使得 $\pi = \pi_1 + \pi_2$ 最大化的 $s^\#$：

$$s^\# = \frac{1}{1+(1-\rho_1)\alpha^2} \tag{14.8}$$

把(14.8)式代回(14.6)式和(14.7)式，我们可以得到：

$$e_1^\# = \frac{1}{(1-\rho_1)[1+(1-\rho_1)\alpha^2]} \tag{14.9}$$

$$e_2^\# = \frac{\alpha^3}{1+(1-\rho_1)\alpha^2} \tag{14.10}$$

如果想让企业的努力水平 $e_1^\#$ 达到社会最优水平 e_1^*，那么公共政策的力度 ρ_1 为：

$$\rho_1 = \frac{2\alpha^2 + 1 - \sqrt{4\alpha^2 + 1}}{2\alpha^2} \tag{14.11}$$

但是此时高校或科研机构的努力水平 $e_2^\#$ 并没有达到社会最优水平。

如果想让高校或科研机构的努力水平 $e_2^\#$ 达到社会最优水平 e_2^*，那么公共政策的力度 ρ_1 为：

$$\rho_1 = \frac{1}{\alpha^2} \tag{14.12}$$

但是此时企业的努力水平 $e_1^\#$ 并没有达到社会最优水平。

2. 主要降低高校或科研机构成本的公共政策

当政府采用主要降低高校或科研机构成本的公共政策时，企业和高校或科研机构的利润函数分别为：

$$\pi_1 = s(e_1 + \alpha e_2) - \frac{1}{2}e_1^2 \tag{14.13}$$

$$\pi_2 = (1 - s)(e_1 + \alpha e_2) - \frac{1}{2}(1 - \rho_2)e_2^2 \tag{14.14}$$

同样使用前述部分的数学推导步骤，我们可以得到：

$$e_1^\# = \frac{1 - \rho_2}{1 - \rho_2 + \alpha^2} \tag{14.15}$$

$$e_2^\# = \frac{\alpha^3}{(1 - \rho_2)(1 - \rho_2 + \alpha^2)} \tag{14.16}$$

此时企业的努力水平 $e_1^\#$ 永远不会达到社会最优水平 e_1^*，而且 $e_1^\#$ 会随着公共政策的力度 ρ_2 的增大而减小：

$$\frac{\partial e_2^\#}{\partial \rho_2} = -\frac{\alpha^2}{(1 + \rho_2 + \alpha^2)^2} < 0 \tag{14.17}$$

如果想让高校或科研机构的努力水平 $e_2^\#$ 达到社会最优水平 e_2^*，那么公共政策的力度 ρ_2 为：

$$\rho_2 = \frac{2 + \alpha^2 - \sqrt{\alpha^4 + 4\alpha^2}}{2} \tag{14.18}$$

但是此时企业的努力水平 $e_1^\#$ 并没有达到社会最优水平。

3. 同时降低企业和高校或科研机构成本的公共政策

当政府采用同时降低企业和高校或科研机构成本的公共政策时，企业和高校或科研机构的利润函数分别为：

$$\pi_1 = s(e_1 + \alpha e_2) - \frac{1}{2}(1 - \rho)e_1^2 \tag{14.19}$$

$$\pi_2 = (1 - s)(e_1 + \alpha e_2) - \frac{1}{2}(1 - \rho)e_2^2 \tag{14.20}$$

同样使用前述部分的数学推导步骤，我们可以得到：

$$e_1^{\#} = \frac{1}{(1 - \rho)(1 + \alpha^2)} \tag{14.21}$$

$$e_2^{\#} = \frac{\alpha^3}{(1 - \rho)(1 + \alpha^2)} \tag{14.22}$$

如果想让企业的努力水平 $e_1^{\#}$ 达到社会最优水平 e_1^*，那么公共政策的力度 ρ 为：

$$\rho = \frac{\alpha^2}{1 + \alpha^2} \tag{14.23}$$

但是此时高校或科研机构的努力水平 $e_2^{\#}$ 并没有达到社会最优水平。

如果想让高校或科研机构的努力水平 $e_2^{\#}$ 达到社会最优水平 e_2^*，那么公共政策的力度 ρ 为：

$$\rho = \frac{1}{1 + \alpha^2} \tag{14.24}$$

但是此时企业的努力水平 $e_1^{\#}$ 并不会达到社会最优水平。

（三）采用提高合作收益的公共政策的情形

当政府采用主要提高企业收益的公共政策时，企业付出努力后的单边收益由 e_1 变为 $(1 + \mu_1)e_1$，其中 μ_1 表示政策力度，其取值范围为 $\mu_1 > 0$。当政府采用主要提高高校或科研机构收益的公共政策时，高校或科研机构付出努力后的单边收益由 αe_2 变为 $(1 + \mu_2)\alpha e_2$，其中 μ_2 表示政策力度，其取值范围为 $\mu_2 > 0$。当政府采用同时提高企业和高校或科研机构收益的公共政策时，企业和高校或科研机构的总收益由 $e_1 + \alpha e_2$ 变为 $(1 + \mu)(e_1 + \alpha e_2)$，其中 μ 表示政策力度，其取值范围为 $\mu > 0$。我们仍然假定企业的分成比例为 s，高校或科研机构的分成比例为 $1 - s$。我们用"^"来表示采用提高合作收益的公共政策时的均衡值。

1. 主要提高企业收益的公共政策

当政府采用主要提高企业收益的公共政策时，企业和高校或科研机构的利润函数分别为：

$$\pi_1 = s[(1 + \mu_1)e_1 + \alpha e_2] - \frac{1}{2}e_1^2 \tag{14.25}$$

$$\pi_2 = (1 - s)[(1 + \mu_1)e_1 + \alpha e_2)] - \frac{1}{2}e_2^2 \tag{14.26}$$

由(14.25)式和(14.26)式的一阶条件(FOCs)，我们可以得到：

$$\frac{\partial \pi_1}{\partial e_1} = 0 \Rightarrow e_1 = s(1 + \mu_1) \tag{14.27}$$

$$\frac{\partial \pi_2}{\partial e_2} = 0 \Rightarrow e_2 = \alpha(1 - s) \tag{14.28}$$

把(14.27)式和(14.28)式代入(14.25)式和(14.26)式,我们可以得到使得 $\pi = \pi_1 + \pi_2$ 最大化的 s^*:

$$s^* = \frac{(1 + \mu_1)^2}{(1 + \mu_1)^2 + \alpha^2} \tag{14.29}$$

把(14.29)式代回(14.27)式和(14.28)式,我们可以得到:

$$e_1^* = \frac{(1 + \mu_1)^3}{(1 + \mu_1)^2 + \alpha^2} \tag{14.30}$$

$$e_2^* = \frac{\alpha^3}{(1 + \mu_1)^2 + \alpha^2} \tag{14.31}$$

如果企业的努力水平 e_1^* 达到社会最优水平 e_1^{**},那么公共政策的力度 μ_1 必须满足下式:

$$\mu_1 (1 + \mu_1)^2 = \alpha^2 \tag{14.32}$$

在 μ_1 和 α 规定的取值范围内,(14.32)式对应的 μ_1 有唯一的解 μ_1^*。

但是此时高校或科研机构的努力水平 e_2^* 并没有达到社会最优水平。

此时高校或科研机构的努力水平 e_2^* 永远不会达到社会最优水平 e_2^{**},而且 e_2^* 会随着公共政策力度 μ_1 的增大而减小:

$$\frac{\partial e_2^*}{\partial \mu_1} = -\frac{2(1 + \mu_1)\alpha^3}{[(1 + \mu_1)^2 + \alpha^2]^2} < 0 \tag{14.33}$$

2. 主要提高高校或科研机构收益的公共政策

当政府采用主要提高高校或科研机构收益的公共政策时,企业和高校或科研机构的利润函数分别为:

$$\pi_1 = s[e_1 + (1 + \mu_2)\alpha e_2] - \frac{1}{2}e_1^2 \tag{14.34}$$

$$\pi_2 = (1 - s)[e_1 + (1 + \mu_2)\alpha e_2] - \frac{1}{2}e_2^2 \tag{14.35}$$

同样使用前述部分的数学推导步骤,我们可以得到:

$$e_1^* = \frac{1}{1 + \alpha^2 (1 + \mu_2)^2} \tag{14.36}$$

$$e_2^* = \frac{\alpha^3 (1 + \mu_2)^3}{1 + \alpha^2 (1 + \mu_2)^2} \tag{14.37}$$

此时企业的努力水平 e_1' 永远不会达到社会最优水平 e_1^*,而且 e_1' 随着公共政策力度 μ_2 的增大而减小:

$$\frac{\partial e_1'}{\partial \mu_2} = - \frac{2\alpha^2(1 + \mu_2)}{[1 + \alpha^2 (1 + \mu_2)^2]^2} < 0 \tag{14.38}$$

如果想让高校或科研机构的努力水平 e_2 达到社会最优水平 e_2^*,那么公共政策的力度 μ_2 必须满足下式:

$$\mu_2 (1 + \mu_2)^2 = \frac{1}{\alpha^2} \tag{14.39}$$

在 μ_2 和 α 规定的取值范围内,(14.39)式对应的 μ_2 有唯一的解 μ_2'。

但是此时企业的努力水平 e_1' 并没有达到社会最优水平。

3. 同时提高企业和高校或科研机构收益的公共政策

当政府采用同时提高企业和高校或科研机构收益的公共政策时,企业和高校或科研机构的利润函数分别为:

$$\pi_1 = s(1 + \mu)(e_1 + \alpha e_2) - \frac{1}{2}e_1^2 \tag{14.40}$$

$$\pi_2 = (1 - s)(1 + \mu)(e_1 + \alpha e_2) - \frac{1}{2}e_2^2 \tag{14.41}$$

同样使用前述部分的数学推导步骤,我们可以得到:

$$e_1' = \frac{(1 + \mu)(1 - \alpha + \alpha^2)}{1 + \alpha^2} \tag{14.42}$$

$$e_2' = \frac{\alpha^2(1 + \mu)}{1 + \alpha^2} \tag{14.43}$$

如果想让企业的努力水平 e_1' 达到社会最优水平 e_1^*,那么公共政策的力度 μ 为:

$$\mu = \frac{\alpha}{1 - \alpha + \alpha^2} \tag{14.44}$$

但是此时高校或科研机构的努力水平 $e_2^{\#}$ 并没有达到社会最优水平。

如果想让高校或科研机构的努力水平 e_2' 达到社会最优水平 e_2^*,那么公共政策的力度 μ 为:

$$\mu = \frac{1 - \alpha + \alpha^2}{\alpha} \tag{14.45}$$

但是此时企业的努力水平 e_1' 并没有达到社会最优水平。

(四) 公共政策效果分析

在这一部分,我们将对降低合作成本的公共政策的三种类型以及提高合作收益的公共政策的三种类型的政策效果进行总结和分析。

需要强调的是,根据上面的分析,我们可以知道,不管是采用哪一种公共政策,都不可能同时使得企业和高校或科研机构的努力水平达到社会最优水平。

我们把政策效果列在表 14.1 中。

表 14.1　促进产学研合作的不同公共政策的政策效果

政策类型	政策效果
主要降低企业成本的公共政策	可以实现企业的社会最优努力水平或者实现高校或科研机构的社会最优努力水平
主要降低高校或科研机构成本的公共政策	不可能实现企业的社会最优努力水平但可以实现高校或科研机构的社会最优努力水平
同时降低企业和高校或科研机构成本的公共政策	可以实现企业的社会最优努力水平或者高校或科研机构的社会最优努力水平
主要提高企业收益的公共政策	可以实现企业的社会最优努力水平但不可能实现高校或科研机构的社会最优努力水平
主要提高高校或科研机构收益的公共政策	不可能实现企业的社会最优努力水平但可以实现高校或科研机构的社会最优努力水平
同时提高企业和高校或科研机构收益的公共政策	可以实现企业的社会最优努力水平或者实现高校或科研机构的社会最优努力水平

根据表 14.1,我们可以发现,有些政策可能会实现企业的社会最优努力水平或者实现高校或科研机构的社会最优努力水平,但是有些政策不可能实现企业的社会最优努力水平或者不可能实现高校或科研机构的社会最优努力水平,这就要求政府在出台政策时要按照经济规律办事,不能通过不可能实现企业的社会最优努力水平或者不可能实现高校或科研机构的社会最优努力水平的政策来强行实现自己想要的结果,否则最终的政策效果只能事倍功半。

促进产学研合作的公共政策需要注意中央政府层次的公共政策和地方政府层次的公共政策,理顺这两个层次的公共政策之间的关系。根据表 14.1,我们可以知道,中央政府层次的公共政策和地方政府层次的公共政策之间相互配合才能实现更好的政策效果。如果中央政府层次的公共政策和地方政府层次的公共政策都要实现企业的社会最优努力水平,那么高校或科研机构的努力水平就会大大偏离社会最优努力水平,从而使得总体政策效果很差。类似地,如果中央政府层次的公共政策和地方政府层次的公共政策都要实现高校或科研机构的社会最优努力水平,那么企业的努力水平就会大大偏离社会最优努力水平,从而使得总体政策效果不好。中央政府层次的公共政策和地方政府层次的公共政策需要互补,在互补中促进产学研合作。如果中央政府层次的公共政策想要实现企业的社会最优努力水平,那么地方政府层次的公共政策可以实现高校或科研机构的社会最优努力水平,这样才能提升总体政策效果。类似地,如果中央政府层次的公共政策想要实现高校或科研机构的社会最优努力水平,那么地方政府层次的公共政策可以实现企业的社会最优努力水平,这样才能使总体政策效果更好。

五、促进产学研合作的公共政策体系

促进产学研合作的公共政策体系就是为鼓励产学研合作而制定的各种法律法规和政策的总和。促进产学研合作的政策体系需要从多个层面进行构建,比如战略创新层面、组织创新层面和制度创新层面(陈劲,2009),再比如提升联盟能力层面(温珂、周华东,2010)。国内大多数文献认为,促进产学研合作的公共政策体系包括财政政策、金融政策、产业政策、科教政策和法规政策等诸多方面,许多机构和学者(比如,世界银行,1995;OECD,1997;韩霞,2009;朱恪孝、姚聪莉,2011)对此进行过概括。国内对公共政策体系进行研究的文献相当多,但是很多文献都是总结性的和描述性的,实证分析和理论模型分析比较少,缺乏不同政策之间的权衡和比较,缺乏政策内在作用机制的比较制度分析。

结合现有的文献,我们对促进产学研合作的财政政策、金融政策、产业政策、科教政策和法规政策进行了比较全面的梳理和概括。在梳理和概括的基础上,我们根据自己的分类标准对现有的促进产学研合作的公共政策,特别是对国家统计局社会和科技统计司(2008)强调的 12 种公共政策进行了再分类。当然,我们的再分类在深度上和精度上还有待进一步加强。

促进产学研合作的财政政策包括以下几个方面:对产学研合作进行财政补贴,通过财政补贴支持研究和开发活动;设立产学研合作的专款,促进科研成果转化,促进建立共建实体;政府设立专门项目或计划,促进产学研积极参与;对产学研项目给予税收优惠政策,具体包括税收豁免、低税率、免税期、纳税扣除、盈亏互抵、准备金制度、投资税收抵免、延期纳税和加速折旧;通过政府采购促进产学研合作,政府采购可以创造有效的市场需求,支持相关企业的发展。

促进产学研合作的金融政策包括以下几个方面:政府为产学研合作提供政策性的低息贷款;创新金融工具,为促进产学研合作提供有针对性的信贷服务;通过信贷等途径促进产学研合作过程中科技成果转化;促进风险投资公司和风险投资基金的发展,为产学研合作提供管理等方面的增值服务。

促进产学研合作的产业政策包括以下几个方面:把产业结构调整跟促进产学研合作相结合,通过创新促进产业转型升级;在战略新兴产业,通过政府的准确"选择合适的活动"来推进产学研合作;政府通过建设产学研合作公共平台(比如专门针对共性技术进行研发)来促进产业集群的发展。

促进产学研合作的科教政策包括以下几个方面:大力促进高校和科研机构建立

技术创新中心、商业孵化器和科技企业园;大力促进高校和科研机构建立科技成果转化中心和技术转让站;支持和鼓励企业在高校或科研机构内建立实验室;出台政策允许在产学研领域做出突出成绩的科研人员在晋升职称时可以跟现有职称晋升体制的要求有所不同,比如可以申报产业教授,通过建立科学的科研评价体系打消相关科研人员的后顾之忧;通过政策促进建立"多家高校+一家企业"或者"多家高校+多家企业"的协同创新体系。

促进产学研合作的法规政策包括以下几个方面:加快推进产学研合作立法,为产学研合作建立完善的法规政策保障;出台法规政策规范产学研合作中的利益分配方式,促进建立有效的产学研合作的激励机制。

根据我们在第五部分的作用机理分析,我们把促进产学研合作的政策体系归类为降低合作成本的公共政策和提高合作收益的公共政策,其中降低合作成本的公共政策分为主要降低企业成本的公共政策、主要降低高校或科研机构成本的公共政策和同时降低企业和高校或科研机构成本的公共政策,提高合作收益的公共政策分为主要提高企业收益的公共政策、主要提高高校或科研机构收益的公共政策和同时提高企业和高校或科研机构收益的公共政策。根据国家统计局社会和科技统计司编写的《2007年全国工业企业创新调查统计资料》公共政策细化和具体化的分类,在量化指标的基础上公共政策主要包括以下12种:技术开发费用计入成本的政策、技术开发费加大抵扣所得税的政策、开发区高技术企业所得税减免的政策、企业中试设备加快折旧的政策、免征技术转让和开发的营业税的政策、金融支持政策、政府采购政策、知识产权保护政策、产业政策、对外经贸政策、鼓励企业培养和吸引人才的相关政策、由企业承担政府部门的科技项目。如果基于我们的分类标准进一步细化和具体化,我们可以发现主要降低企业成本的公共政策包括技术开发费加大抵扣所得税的政策、企业中试设备加快折旧的政策,主要降低高校或科研机构成本的公共政策包括技术开发费用计入成本的政策,同时降低企业和高校或科研机构成本的公共政策包括金融支持政策、产业政策,主要提高企业收益的公共政策包括开发区高技术企业所得税减免的政策、鼓励企业培养和吸引人才的相关政策、由企业承担政府部门的科技项目,主要提高高校或科研机构收益的公共政策包括免征技术转让和开发的营业税的政策和知识产权保护政策,同时提高企业和高校或科研机构收益的公共政策包括政府采购政策、对外经贸政策。

根据国家统计局社会和科技统计司编写的《2007年全国工业企业创新调查统计资料》的统计数据,我们以规模以上工业企业按工业行业大类分组的政策效果情况为例进行说明。如果某一种成本导向型政策或收益导向型政策包括多种细化和具体化的政策,我们取这些细化和具体化的政策所带来的效果的加权平均值。具体来说,如果有 n 种细化和具体化的政策,那么每种政策所赋的权重为 $1/n$。

通过表 14.2 我们可以看出,公共政策效果相对比较明显的是主要降低高校或科研机构成本的公共政策、同时降低企业和高校或科研机构成本的公共政策、主要提高企业收益的公共政策和主要降低企业成本的公共政策。总体上来看,降低合作成本的公共政策的实际效果要好于提高合作收益的公共政策的实际效果。某些类型的公共政策效果相对不是很好可能跟相关政策在作用渠道和作用机理上违背了经济规律有很大的关系。

表 14.2　中国促进产学研合作的不同公共政策的实际政策效果评价

政策类型	政策效果不明显的加权比重	政策效果评价
主要降低企业成本的公共政策	54.45%	＊＊＊
主要降低高校或科研机构成本的公共政策	41.4%	＊＊＊＊＊＊
同时降低企业和高校或科研机构成本的公共政策	50.45%	＊＊＊＊＊
主要提高企业收益的公共政策	53.43%	＊＊＊＊
主要提高高校或科研机构收益的公共政策	56.25%	＊＊
同时提高企业和高校或科研机构收益的公共政策	64.5%	＊

注:＊越多表示政策效果越明显,＊越少表示政策效果越不明显,政策效果最明显的取＊＊＊＊＊＊,政策效果最不明显的取＊,＊的多少取决于政策效果的相对位置。

促进产学研合作的公共政策体系包括中央政府和地方政府两个层面。除了中央政府的公共政策以外,地方政府也可以出台配套的法规和条例、制定配套的政策。比如,山西省制定了《山西省推动产学研合作实施办法》,广东省制定了《促进厂校技术合作的实施办法》,甘肃省制定了《关于促进产学研联合,加速科技成果向生产转化的若干意见》,浙江省制定了《浙江省鼓励技术要素参与收益分配若干规定》,江苏省制定了《江苏省科技成果转化专项资金管理办法(试行)》、《江苏省科技成果转化风险补偿专项资金暂行管理办法》,天津市制定了《天津市促进科技成果转化条例》、《天津促进技术交易条例》、《天津科学技术奖励办法》、《关于进一步促进高新技术成果转化的暂行办法》,湖北省制定了《湖北省产学研合作行动计划》(罗焰、黎明,2009;李洁等,2011;朱司宇等,2011;付俊超等,2011)。

促进产学研合作的公共政策体系需要注意以下几点:第一,同一层面(比如中央政府层面或地方政府层面)的不同政策之间需要注意配合和协调。第二,不同层面的政策之间需要进行配合和协调。由于中国当前的条块管理体制会造成"条"和"块"之间的协调问题,所以可能会使得同一层面不同部门的政策之间以及不同层面的政策之间的合力出现问题,合力出现问题的结果就是不能真正促进产学研合作。

促进产学研合作的公共政策作用的有效发挥需要进一步深化中国行政管理体制改革。第三,针对企业的公共政策和针对高校或科研机构的公共政策要有所区别,因为企业进入合作创新的动力和调节机制是市场压力和自我调节,而高校或科研机构进入合作创新的动力和调节机制则跟企业有很大的不同,高校或科研机构进入合作创新需要的是政府的引导和企业的吸引。

（执笔:皮建才）

第十五章 科技金融及其培育

科技进步和创新是加快转变经济发展方式的重要支撑。就创新投入机制来说，只靠政府投入是远远不够的，需要动员社会投入，由此提出发展科技金融的要求。在我国现阶段科技金融需要培育，发展科技金融需要一系列的制度安排。

一、创新驱动型经济的科技金融支持

经济增长转向创新驱动、内生增长是转变经济发展方式的重要方面。有人以为，经济增长转向创新驱动可以节省资金投入。这是一种误解。经济增长由物质资源投入转向创新驱动，可以相对节省物质资源、环境资源之类的物质投入，但不能节省资金投入。创新驱动经济增长的决定性要素除了高端创新创业人才和科学发现的新思想外，再就是创新投入。也就是说，需要足够的投入来驱动创新。

科技创新需要足够的资金投入，主要是由以下两个方面原因决定的，而且由于以下两个方面原因需要科技与金融深度结合，培育和发展科技金融。

首先，科技创新的路线超出了企业的范围。一般讲的技术创新，是以企业技术进步为源头的创新，企业作为技术创新主体也就是创新投入主体，企业创新所需要的资金完全可以由企业进入市场融通。现在所讲的创新是科技创新，是以科学新发现为源头的创新。这种创新涉及产学研多个环节。从产生新思想到孵化出新技术再到生产上应用直至进入市场，每个阶段都需要投入。这意味着创新投入不是单个企业所能解决的，需要动员多个投入主体。特别是在科技创新的前期阶段更需要金融支持。因此，提出了发展科技金融的要求。

其次，科技创新存在明显的不确定性。创新投入两个明显的特点：一是投资回收期长，有些创新如生物医药的发明，从科学发现到临床使用所要经历的时间很长，投资周期长，期间还需要有不间断的投入；二是投资效益的不确定性，一方面新思想能否孵化为新技术有很大的不确定性；另一方面，孵化出的新技术新产品能否被市场所接受也有很大的不确定性。创新成果的不确定性产生投资风险。由风险厌恶使然，人们对创新投资往往是望而却步，由此产生创新投入的不足。这正是金融难以进入科技创新的前端环节的症结所在。这意味着科技金融机制需要与一般金融机制有不同的功能,才能解决好科技创新的投融资问题。

科技金融有特定的领域和功能,它是金融资本为科技创新成果孵化为新技术并创新科技企业而进行的金融活动。科技创新投入的以上两个特点决定了一般的金融是难以进入科技金融领域的。因此,在人们的理解中,科技金融的主体应该是政府的财政性投入和政策性银行贷款。但是,从创新驱动型经济对金融的需求以及金融自身的创新要求分析,商业性银行和金融机构也应成为科技金融的主体。这是当前金融创新的一个重要方面。

从金融创新史分析,金融是随着科技和经济的发展而不断创新的。每一次科技和产业革命都会带动金融创新,并且带动金融财富出现爆发性增长。在工业化时代,银行资本和工业资本的融合产生金融资本,在信息化时代,金融又与信息化融合,产生电子银行、电子货币。当今时代,金融与科技融合产生科技金融正是正在孕育的新科技和产业革命的产物。科技创新不只是产生产业财富,也应该产生金融财富。当下金融参与科技创新活动,就能及时分享发展成果并实现创新成果的财富化。金融资本只有主动进入科技创新领域才能获得金融财富的积累。成立于1971年的美国纳斯达克(Nasdaq)股票市场,就是信息和服务业的兴起催生的。因此,金融资本与科技融合形成科技金融有着客观必然性。

我国发展的实践也证明,在每个发展阶段,金融创新需要跟上快速行驶的经济列车。金融财富增长最快的时期都是抓住发展新机遇的时期。过去的两次发展机遇,一次是发展乡镇经济,一次是发展开放型经济,金融资本都抓住了,每次都得到了爆发性增长。现在我国部分发达地区正在迎来发展创新型经济的新机遇,金融资本抓住这个机遇,其金融财富也一定能得到爆发性增长。

在创新驱动型经济阶段,地区之间的经济社会发展水平的差距将越来越表现在创新能力的差距上。虽然各个地区创新资源分布不平衡,但各个地区的创新投入可能改变这种不平衡。各个地区的科技金融的发展水平将成为主要说明因素。

二、科技创新各个阶段的科技金融需求

科技创新与技术创新最大的区别在创新的源头不同,因此形成创新的不同阶段,从而导致科技金融进入的不同方式。

在以科学发现为源头的科技创新模式中,科技创新路线图涉及三个阶段:科学发现和知识创新阶段,科学发现和创新的知识孵化为新技术的环节,采用新技术的环节。如果考虑到创新技术的产业化则可再加个高新技术产业化阶段。

用信息经济学方法对创新投入的各个阶段作风险—收益比较:就风险程度来说,创新投入的阶段离市场越近,信息越是完全,风险越小;离市场越远,信息越不完全,

风险越大。就投资的潜在收益来说,越是靠近市场,竞争越激烈,潜在收益越小;离市场越远,竞争越不激烈,潜在收益越大。归结起来,科技创新全过程各个阶段的创新投入的风险和收益是对等的,都是由高到低的序列。

如果进一步将创新投入的潜在收益区分为社会收益和私人收益,创新投资的阶段越是靠前创新成果的社会收益越是明显,也就是创新收益难以收敛到哪个私人投资者。通常所说的创新成果的外溢性主要就是指此。创新投资的阶段越是靠后,创新成果的私人收益便越是明显,也就是创新收益能够收敛到私人投资者。这里讲的私人投资者包括企业性质的投资者。

上述科技创新各个阶段风险和收益的比较,指出了各个创新阶段科技金融进入的方式和相应的金融创新的方向。

如果将政府财政的科技投入一起考虑,科技金融的投融资主体大体上有政府、银行信贷和金融公司。各自又有多种投融资类型。

从一般的投资行为分析,在科技创新的最前端,即知识创新阶段,是科技创新的源头。这个阶段投入关注的是创新成果的基础性、公益性和公共性。投入主体无疑是以政府财政资金投入为主。而在科技创新的后期阶段,即创新成果进入市场的阶段,金融资本一般也会积极投入,这里起作用的是市场导向和明确的私人投资收益。这种投资行为分析是要说明在科技创新路线图的两端,投融资的主体基本上是明确的。而在科技创新路线图中的中间阶段投资主体不明确,特别需要科技金融进入。

科技创新的实践表明,在创新的中间阶段尤其是新思想新发现孵化为新技术阶段应该是最需要资金投入的阶段,现实中恰恰是这个阶段资金投入严重不足。原因是在创新的这个阶段,一方面创新收益开始向私人投资者收敛,政府不可能再承担这一阶段的主要投资;另一方面这一阶段离市场较远,风险大,私人投资者存在风险厌恶,因此不愿意进入。显然,科技创新的这个阶段正是需要科技金融进入的阶段。这就需要引导足够的金融资本投入的阶段向创新的前期阶段前移,尤其是孵化新技术阶段。过去人们一般用研发投入占 GDP 比重指标来衡量一个国家和地区的创新活跃程度和创新能力。现在,在孵化新技术阶段集聚的金融资本数量将越来越成为判断一个地区的科技创新活跃程度和是否进入创新驱动型经济阶段的指标。

科技金融进入科技创新的前期阶段,无疑需要采取不同于一般的市场金融的行为,并进行金融创新。科技金融就机构性质来分析,基本上是两种类型,一是风险投资公司之类的非银行金融机构,二是商业性银行。金融创新的方向就是不同类型的金融资本主体依据各个创新阶段的风险—收益采取不同的进入方式。

由不同的创新阶段的功能不同所决定,科技金融进入各个阶段需要采取不同的方式。

一是在孵化新技术、新产品阶段。依据科学发现产生的孵化新技术的新思想的项目多而分散,最终的成活率也低,但一旦成功效益非常明显。通常的投入方式是天使投资之类的风险投资。"天使"这个词指的是创新项目的第一批投资人,这些投资人在新技术、新产品成型之前就把资金投入进来。其投资数额不大,但推动科技创新和创业的作用不小。许多新技术新产品就出自这些天使投资。这可以说是科技金融的一种方式。但是面对多而散的创新成果转化项目只靠"天使投资"是远远不够的。这就提出了提供集中性的孵化器的要求。孵化器投资的主要任务是为高新技术成果转化和科技企业创新提供优化的孵化环境和条件,包括提供研发、中试、科技和市场信息,通讯、网络与办公等方面的共享设施和场所,系统的培训和咨询,政策、融资、法律和市场推广等方面的服务和支持等等。由于孵化器具有共享性和公益性的特征,因此孵化器投资仍然需要政府提供一部分投入,这就是所谓的政府搭台。同时,孵化的新技术的项目需要明确的市场导向,其投资收益就有明显的收敛性,就需要企业参与孵化器投资。这样,依托孵化器建设就可形成政产学研合作创新的平台。

二是在采用创新成果进行科技创业阶段。新技术、新产品被孵化出来就要飞出孵化器进入创业阶段。这个阶段或者是以新成果创建新企业,或者是企业转向采用新技术生产新产品。这时需要的是创业投资。创业投资一般由风险投资公司提供,就如奈特所指出的:"在现代经济中新企业的创建和建成后企业的经营之间的分离的趋势很明显。一部分投资者创建企业的目的是从企业的正常经营中得到收益。更多的人则期望从建成后的企业的出售中获得利润,然后再用这些资本进行新的风险投资活动。"在现代经济中,虽然创业投资存在不确定性,但"相当多的且数目日益增加的个人和公司将其主要精力放在新企业的创建上"。[①] 在现实中也有不少生产企业为了自身的发展,占领和扩大未来的市场,取得未来的收益,也进入孵化新技术的创新领域,直接进行孵化新技术的创新投资。虽然企业明知进行这种投资存在风险,但是企业进行的这种投资与自己的长期发展密切相关,在此过程中企业可能理性地指导创新行为,可以通过不断的调整适应目的的手段,从而把不确定性降到最低。只要能取得成功,一般都能得到高收益。

三是基于创新成果的高新技术产业化阶段,即新产品逐渐成长为新兴产业阶段。这时候市场信息较为完全,不仅是科技金融,一般的市场性金融也开始介入了。在创新技术产业化阶段,风险投资就可以考虑退出了,与此同时银行信用融资成为主体。在这个阶段,银行信贷方向也有个创新问题。如果说在此以前的创新阶段基本上都是以生产者、创新者作为信贷对象的话,这个阶段的信贷对象就应该转向消费者。原因是到这个时候,创新成果产业化并扩大其市场规模的主要阻力是缺乏消费者,就如现在的新能源汽车、生物医药产品等,尽管其科技含量很高,如果没有消费者,市场不

---

① 富兰克·奈特:《风险、不确定性和利润》,中国人民大学出版社2005年版,第187页。

承认,其创新价值就得不到实现。

三、发展科技金融的制度安排

尽管非银行金融机构及企业进入科技创新领域的投融资活动也可以算作是科技金融,但这远远不能满足科技创新对资金的需求。为此有人提出了设立专事科技创新的政策性银行的建议。从发展创新型经济的需求来说,只是这些科技金融是不够的,更需要商业性银行进入科技创新领域。

在上述孵化新技术和科技创业阶段除了政府的孵化器投入外,风险性创业投资最为活跃,创投公司成为投资主体。进入的方式主要是股权融资。应该说,这些风险性的股权融资也属于科技金融。但是科技金融不只是这些,更为重要的是银行性金融资本也要介入进来。在这里无论是谁提供风险投资,不可能都用自有资金运作,都需要银行为之提供信贷。即使是政府建孵化器投资的来源也需要银行信贷。从这一意义上讲,银行信贷作为科技金融进入了孵化新技术和科技创业阶段,区别在于它是进入风险投资者那里,而不是进入具体的创新项目。需要进一步研究的是,银行信贷能否直接进入孵化新技术的创新项目。如果能够做到了,孵化新技术的创新活动将更为活跃。

显然,所谓发展科技金融就是要求现有的银行性和非银行性金融机构和金融资本都能进入科技创新领域。这就需要针对现有的金融机构和金融资本的特性,以必要的制度安排进行引导、激励和培育。

研究金融行为,除了政策性行为,基本的行为准则是市场导向,都要逐利,都重视流动性,即使进入科技创新领域也不会改变。科技金融所要进入的科技创新阶段,越是往前端越是偏离金融的这种基本准则。为此设定的制度安排就得兼顾两方面目标:一方面能够使更多的科技项目得到金融支持,成为科技金融目标,另一方面也要降低其风险,不影响资金的流动性。

科技金融有两个方面,一是直接的科技金融,基本上由风险投资家提供,涉及股权融资,以及相应的股权交易市场;二是间接的科技金融,涉及银行提供的信用。在现实的经济运行中,两者不是截然分开的。即使是直接的科技金融。那些风险投资家采取股权融资方式参与的创新投入也在很大程度上需要银行提供的间接科技金融。因此,发展科技金融,提供足够创新资金,需要推动金融进入科技创新的前端,支持风险投资和科技创业投资。

一般说来,鼓励科技金融进入创新创业阶段可以采取市场方式,如创新者的知识产权抵押获取银行贷款等。但从科技创新发展的规模和趋势看,只是靠市场方式发展科技金融是不够的,需要在制度安排上大范围发展科技金融。

在通常情况下,科技金融进入孵化新技术阶段很大程度上是被风险投资企业带进去的。目前的风险投资者有两类,一类是生产企业直接进行孵化新技术的创新投资。企业为了自身的发展,进入孵化新技术的创新领域。其追求的目标是在创新项目中获取收益。另一类是专业的创投公司。这部分投资者为创新创业提供风险投资,目的不是追求做股东取得股权收益,而是追求股权转让收益,期望从建成后的企业的出售中退出,然后再用这些资本进行新的风险投资活动。这些风险投资者的存在可以说是现代经济充满创新活力的原因所在。这两类风险投资者都需要科技金融的信用支持。

风险投资者参与创新和创业项目的股权投资,固然有高风险高收益的引诱,但其基本条件是得到科技金融的支持:一方面是能够得到银行足够的信用支持,另一方面是具备及时转移风险或者转移股权的通道。由此提出以下制度安排:

首先是为风险投资提供顺畅的退出机制,使投入科技创新项目的资金在孵化出高新技术和企业后能及时退出来进入新的项目,以保证风险投资的可持续。特别是进行风险投资的科技企业在年轻时就上市(或转让股权),不仅使风险资本在完成其使命后及时退出并得到回报,还能使科技企业实现跨越式成长得到金融支持。这就提出了开放股权交易市场的要求。目前我国已经开放创业板市场(二板市场),但只是靠已有的创业板市场不能满足创新型经济发展的需要。在创新最为活跃的地区建立区域性的产权交易市场,可以为未上市或者无法上市的企业建立一个股权交易的平台,从而为风险和创业投资提供更为便捷的退出渠道,也为之提供规避和锁定风险的机制。

其次是为风险投资提供有效的银行信贷服务。银行信贷进入创新的前端环节确实存在风险,作为商业性银行存在风险厌恶无可非议,为引导和鼓励其进入就要为之提供相应的信贷担保和保险。就像为鼓励银行对中小企业融资而建立中小企业投资担保公司那样,需要为进入科技创新前端阶段的科技金融提供担保和保险。由于科技创新成果具有外溢性和公共性特点,因此对科技金融提供融资担保的不仅可以是私人公司(企业),也可以是由政府为主导的创新创业投资担保公司。

再次是建立各类创新创业风险投资基金。多元投资主体都要进入风险投资领域,并不意味着各个投资主体都去投资每个科技创新创业项目,更为有效的投资路径是参与建立风险投资基金。这可能是发展科技金融的重要制度安排。其意义在于以创新创业基金这种机制去吸引社会资金。虽然风险投资行为短期化,其进入的科技创新阶段靠后,其原因恐怕跟风险投资基金规模太小相关。虽然风险投资公司不少,但每个公司的规模都太小,规模过小的风险投资,决定了其进入与退出的阶段趋短。从国际上看,风险投资基金的来源大致可以有三方面:一是政府风险基金。二是资本市场上的各种金融中介机构如证券公司、投资银行、保险公司和各种基金组织组成的各种形式的风险投资基金。三是一些实力雄厚的公司通常设立专门的风险投资公司,进行风险投资。这类基金形成后,闲置资金、养老保险基金等不一定都进入银行系统,可以通过进入资本市场进入风险投资领域。甚至居民的小额的投资都可以集中起来成为风险基金的来源。虽然政府会在各类创新创业风险投资基金的组建中起主导作用,但这块投资不能由政府直接经营,应该由商业化的公司来经营,也应该有回报,也有及时退出的要求。尤其要强调风险投资专家在其中起决定性作用,由专家选择风险投资项目和经营风险资本。这样,风险投资基金就可能在种子阶段、创业阶段和成熟阶段之间进行优化组合、分散风险。

发展科技金融的制度安排尤其要重视政府的引导性投入。政府对科技创新和创业项目提供引导性投入,可以带动科技金融投资方向。这就是罗伯茨所说的:"当社会正在向新领域迈进的时候,风险投资十分重要。有些国家采用政府风险投资,也就是政府建立风险投资机制以弥补缺乏私有风险投资机构的不足。"[①]除了在基础研究阶段政府的投入作为财政性投入外,政府在创新其他阶段,即具有较为明显的投资收益收敛性的阶段,引导性投入有必要以公司形式运作,采取金融性方式,这也属于科技金融。对于看准的符合国家目标导向的项目政府投入与科技金融捆绑在一起可以增强金融资本的投资信心。与此相应,政府创新金融平台不仅包含政府财政投入,也可通过市场筹集创新专项基金,增强政府的创新引导能力。从我国目前的实践看,各地政府实际上都建立了政府出资的风险投资公司,但其实际的操作却是"避险公司"。对这些公司来说就有个端正方向的问题。由政府职能决定,政府提供的风险投资行为更应该长期化,从种子阶段就应该进入,对风险投资起导向作用。

在我国科技金融还非常年轻,要能得到跨越式发展,就需要引进国际金融和创投公司。其意义不仅在于增加科技金融的规模和数量,更重要的是国际金融和创投公司已经有丰富的参与创新创业的实践,而且有较为成熟的参与科技创新的金融行为,可以为国内的金融企业提供科技金融的学习机会,从而加快科技金融的发展。

(执笔:洪银兴)

---

① 罗伯茨:《风险投资及运行机制》,北京大学出版社 2000 年版,第 247 页。

第十六章 产学研协同创新中科技金融的实现方式研究[*]

进入"十二五"以来,发展科技金融、推动科技创新已成为各级政府决策部门十分重视的问题,党的十八大也将创新驱动作未来中国的发展战略。创新驱动作为经济增长的一种方式,其核心是科技创新。科技创新的过程是以科学发现为源头,经过高新技术孵化环节转化为新技术并被逐步运用到生产环节中,甚至实现产业化的过程。在这个过程中,涉及科学发现和知识创新的平台——大学和科研院所,新技术孵化平台——各类科技园、创业园,以及新技术的应用和产业化平台——各类的科技创新企业,因此,这是一种产学研协作的创新机制。这种创新机制不同于以往仅仅依靠企业自身进行的技术创新,需要大学和企业的协同,科学家和企业家的协同。在协同创新的过程中,大量的资金投入必不可少,同时充满风险,这使科技金融成为促进协同创新的重要因素。

洪银兴(2011)指出,根据创新产业发展阶段不同,科技金融的进入方式和积极性存在差异。在整个科技创新的路线图中,若以科学发现为科技创新产业发展的前端、以科技创新成果的产业化作为后端,这两个阶段的资金投入都有较明确的主体:不确定性很大、收益具有公共性的科学发现阶段,政府是投资主体;风险较小、收益收敛于私人投资者的产业化阶段,金融资本是参与主体。相比而言,从技术孵化到产业化之前的中间阶段是培育科技金融的重点,尤其是新思想新发现孵化为新技术的阶段对资金需求量最大,同时也是资金投入最不足的阶段。金融资本若能更多集中于该领域,将对一国科技创新产业的发展带来决定性的推动力。我们认为,根据这一观点,从科技创新的过程来看,技术孵化环节是科技金融的支持重点;从具体创新企业发展的周期来看,种子期和初创期企业(后文统称为早期企业)则是科技金融的支持重点。从过去一段时间国内的情况看,虽然各类金融资源在科技创新发展中起到的支持作用日益显著,但不管是

---

[*] 本章是 2010 年度国家社会科学基金重大招标项目,《基于自主创新能力增进的产学研合作创新研究》(10zd020,主持人洪银兴教授)子课题的研究成果。

私募股权投资①(包括 PE 和 VC)还是商业银行,进入科技创新领域的金融资本主要集中于已具备一定产业化规模的创新产业发展后端——产业创新阶段。对处于早期的科技创新型企业,科技金融仍有很大的发展空间。要真正推动我国科技金融的发展,一方面要促使私募股权投资中的创业投资将其投资重心更多集中到早期企业中,另一方面要寻求制度创新的突破口,让商业银行更全面参与到科技创新过程中来。

一、科技金融与科技创新的发展

(一) 科技金融是科技创新与金融发展的深度融合

科技金融的概念虽然最近几年才在国内兴起,但理论界关于科技创新与金融发展之间关系的论述却一直存在。奥地利经济学家熊彼特较早描绘了创新的实质及其与金融的关系。在《经济发展理论》一书中熊彼特指出,"科技创新并不是一个严格的概念,科学重在发现,技术重在发明,只有科学知识和技术发明被企业家转化为商业活动时,才称之为创新"。在此基础上,他重点分析了金融对科技创新与技术进步的重要作用,他认为,银行信用在创新中的一个重要作用是为生产要素的重新组合提供必需的购买力,这种购买力的来源就在于银行信用的创造。也就是说,金融以及相关的部门引导了实体产业部门并激发了技术创新行为与企业家精神。在熊彼特之后,罗默(Romer)、格罗斯曼(Grossman)等经济学家提出的 R&D 内生经济增长理论中,进一步将金融与科技创新的关系深入化,他们指出,政府支出是经济增长的催化剂,应该集中精神资助那些能够促进经济增长的要素,一个企业乃至一个国家在研发部门的投入多少决定着其经济增长率的高低以及人们生活生平的高低。因此,在政府主导型的创新社会中,各种资源必须向研发部门倾斜,从而提高知识的积累率,促进经济增长。近期研究中较具代表性的是卡箩塔·佩蕾丝(Carlota Perez,2002)所著的《技术革命与金融资本》一书,她在其中指出了科技创新与金融资本的基本范式:新技术早期的崛起是一个爆炸性增长时期,会导致经济出现极大的动荡和不确定性。风险资本家为获取高额利润,迅速投资于新技术领域,继而产生金融资本与技术创新的高度耦合,从而出现技术创新的繁荣和金融资产的几何级数增长。历次的世界经

---

① 私募股权投资是指以私募形式对企业进行的权益性投资。通常来说,这类投资主要针对非上市公司,在交易实施的过程中即附带考虑了将来的退出机制,其盈利也主要来源于出售股权所获得的溢价。广义的私募股权投资涵盖企业首次公开发行前各阶段的权益性投资,即包括对处于种子期、初创期、发展期、扩张期、成熟期等各个时期企业所进行的投资;狭义的私募股权投资(PE)并不包括针对初创期高风险企业进行的投资,这类投资通常被称为风险投资或创业投资(VC)。在本章中,我们采用私募股权投资的广义定义,用 PE 指代狭义的私募股权投资,并用 VC 指代创业投资。

济技术革命也都验证了这种范式的存在——每次技术革命的成功财富化,都必然有金融创新的伴生。上述观点进一步阐述了金融与科技创新之间的互动关系,科技金融的内涵也蕴含其中。应该说,从一国经济增长的角度来说,科技创新的成功表现为创新成果的产业化,这其中离不开金融的强有力支持,特别是在产学研协同创新的机制下,科技金融通过支持孵化阶段的早期企业,成为将科学发现和知识创新转化为新技术的重要催化剂。因此,科技金融是与科技创新行为实现深度结合的金融形式,一国科技金融的发展水平往往是反映该国创新能力的重要指标。

如前所述,科技创新的发展涉及产学研的多个环节,每个环节都需要大量资金投入,这要求金融资本的全面参与。同时,一个创新活跃的国家,也必定拥有健全的科技金融体系,这能激发更多的创新行为。这是因为,金融资本的进入,是各类科技创新成果实现产业化的前提条件,具有产业化前景的创新环境,才能激发更多的资金投入最初的技术研发。美国的发展就很好地支持了上述观点。20 世纪 90 年代美国政府明确的信息产业发展规划带动了以信息技术为核心的产业革命,并逐渐形成了民间参与信息技术研发商业化的高潮。与之伴随的一个关键现象就是支持创新企业的金融形式迅速成长,其中既包括创业投资这类新兴金融力量,也包括硅谷银行这类极具创新意识的传统金融形式。在这样的环境下,美国 R&D 资金占 GDP 的比重逐年增加,特别是进入 20 世纪 90 年代以后,源于非政府(产业界)的 R&D 投入增长成为促使 R&D 资金占 GDP 比重上升的主要原因(见图 16.1),这充分表明,科技金融的发展对各类自发的创新行为有很大的促进作用,这将从根本上促进科技创新的发展,并带动更多民间资本进入科技创新领域。

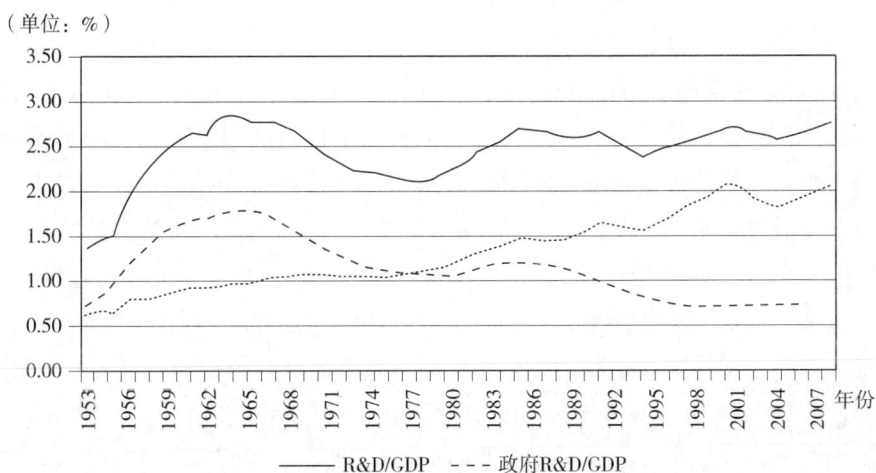

图 16.1　1953—2008 年美国 R&D 占 GDP 比重变化趋势图

资料来源:National Science Foundation, Division of Science Resources Statistics, Natonal Patterns of R&D Resource。

正是因为科技金融在创新行为中的这种关键作用,洪银兴(2011)指出,"在孵化新技术阶段集聚的金融资本数量将越来越成为判断一个地区的科技创新活跃程度和是否进入创新驱动型经济阶段的指标"。

(二) 科技金融对科技创新的支持方式

在科技创新型企业发展的不同环节中,其风险特征、收益形式都存在显著差异。因此,对具体金融形式的要求也呈现出多样化。在洪银兴(2011)的分析中,对科技金融进入科技创新企业不同阶段采取的不同方式进行了如下分类:对处于孵化期、新产品阶段的企业,在政府搭建的孵化器平台基础上,天使投资将发挥主要的金融功能;在采用创新成果进行科技创业阶段,创业投资应成为提供金融资源的主角;而到了高新技术产业化阶段,包括银行在内的各类金融力量将更深入和直接地参与进来。我们认为,这里的孵化期和科技创业期,即对应着前面所定义的早期企业,这类企业具有高风险高收益的性质;而进入高新技术产业化阶段的企业则更多属于科技创新的后端——产业创新阶段,其创新风险将大幅降低。因此,理论上私募股权投资中的创业投资(VC)更适合早期企业,商业银行和那些专注于相对成熟企业的私募股权投资(PE)更适合已进入产业创新阶段的企业。不过若仅按照这样的思路安排我国科技金融的实现形式,认为只要靠发展创业投资形式的基金就可实现对早期创新企业的支持,显然过于草率。一方面,从国内实际的运作情况来看,VC和PE更多只是概念上的一种区分,在组织形式和实际业务中两者的界限愈发模糊,在一定条件下,其逐利特征使两者的投资方向甚至可能发生重合,因此,在发展创业投资的同时,我们更应关注的是它们最终投向了什么样的企业,是否能够推动科技创新的发展。另一方面,商业银行不管在创新企业发展的早期阶段还是产业创新阶段,都有其发挥作用的空间和需求,这既源于商业银行在我国融资体系中的重要地位,也与企业发展过程中对不同类型资金的需求有关——企业既需要用于创新和技术开发的长期资金,也需要用于生产经营的短期流动性;而且,商业银行还可以通过参与孵化器建设、支持创业投资发展等诸多方式间接地支持科技创新过程。正如洪银兴(2011)所指出,"科技金融不只是这些(指创业投资——笔者注),更为重要的是银行性金融资本也要介入进来。在这里无论是谁提供风险投资,不可能都用自有资金运作,都需要银行为之提供信贷。即使是政府建孵化器投资的来源大都来自银行信贷。从这一意义上讲,银行信贷作为科技金融仍然进入了孵化新技术和科技创业阶段,区别在于它是进入风险投资者那里,而不是进入具体的创新项目。"因此,研究科技金融的具体实现形式,不仅要关注各类私募股权投资对科技创新企业各个不同阶段的金融支持,还要研究商业银行如何以更为积极和合理的方式参与到科技金融中来。

目前,国内有不少学者已经对该问题作出了一定的分析。例如,刘志彪(2011)

认为,科技银行是商业银行支持科技型企业发展的关键所在,他指出科技银行新增科技贷款的增幅要与我国科技型企业每年的增长速度相协调,我国商业银行科技银行功能建设的主要任务是设定明确的科技专营机构建设目标、建设差别化的服务模式和产品体系以及健全的科技人才培养体系。张建良(2011)则指出,由于我国银行主导的融资模式,科技银行的信贷资金的"黏合"作用机理对实现其与创投基金、财政资金和产业资本的融合具有不可替代的作用。上述研究都强调了银行在科技金融中的重要作用,本研究将对如何让商业银行融入科技金融体系进行更为深入的研究。

综上可见,如何在发展各类私募股权投资基金和商业银行对科技创新支持的基础上,有效地将各类金融资源进行整合,促进其发挥合力,渗入科技创新型企业发展的各个阶段,是一国科技金融体系建设中的核心问题,其中对早期阶段创新企业的支持至关重要。具体来说,这既要引导创业投资真正进入科技创新型企业发展的早期,更要通过合理的制度设计,支持商业银行不仅对产业创新阶段的创新企业给予扶持,还能借助适当的模式参与到早期的创新行为中来。接下来,我们将分别从创业投资和商业银行两个角度,讨论我国科技金融的具体实现形式,并对其如何更有效地支持科技创新进行探讨。

二、引导创业投资充分支持科技创新

从西方国家的理论研究和实践来看,创业投资常被认为是支持科技创新最主要的金融力量之一。基于此,不少国家出台了各类优惠政策刺激创业投资的发展,并希望借此推动国内的科技创新。相应地,国外在 20 世纪 90 年代开始陆续出现了一些关于创业投资与科技创新关系的研究文献,从这些文献的研究结论来看,虽然其中的绝大部分都认为创业投资与科技创新发展正向相关,但对两者之间究竟存在怎样的互动关系却有不同的认识。我们认为,理清这一关系是引导创业投资成为支持科技创新主要金融力量的关键。

(一) 创业投资推动科技创新的内在机制

创业投资在一国科技创新发展过程中究竟扮演怎样的角色,这一问题自 2000 年左右开始引起理论界越来越多的关注。科特姆和勒纳(Kortum 和 Lerner,2001)首先从行业的角度研究了过去 30 年中创业投资对美国科技创新行为的影响,结论认为创业投资在一个行业中变得活跃将有效地刺激该行业新专利的产生速度。之后,上田和平川(Ueda 和 Hirukawa,2008)、波波夫和罗森博姆(Popov 和 Roosenboom,2009)利用同样的实证方法和不同的数据对该问题进行了进一步的实证研究,得到了类似的结论。但是,也有不少研究并不完全支持上述观点。上田(2004)以及平川和上田

(2011)就认为,创业投资和创新行为之间的正相关关系不一定是因为创业投资直接刺激了创新行为,恰恰相反,科技创新型企业的特征使其在融资时更倾向于选择创业投资,因此,是科技创新行为推动了创业投资的发展。海尔曼和普里(Hellman 和 Puri,2000,2002)是采用企业层面数据开展研究的代表,他们对美国硅谷 173 家高技术公司开展问卷调查,研究结果表明当初创公司将创新作为其策略时,获得创业投资支持的可能性要明显高于非创新型公司。Pender(2010)利用澳大利亚的企业数据发现,创业投资更倾向于选择那些有发展潜力的科技创业企业进行投资,这表明风险投资只是跟随科技创新机会而不是驱动科技创新。恩格尔和凯尔巴赫(Engel 和 Keilbach,2007)以德国公司为样本的研究甚至发现,目标公司接受创业投资之前往往表现出很强的创新能力,但这种趋势在风险投资进入之后会弱化。

虽然上述研究对创业投资是否能直接刺激科技创新行为存在怀疑,但这并不妨碍大家对创业投资在科技创新企业发展过程中所起作用的认可。国外大量的研究表明,创业投资能够通过改善科技创新企业的内在治理效率来推动其发展,这一效应在那些不太成熟的早期企业中无疑将更为显著。例如,上述恩格尔和凯尔巴赫(2007)的研究虽然认为创业投资进入不能显著刺激被投资公司的创新行为,但其实证结论显示这些公司的增长速度还是获得了显著的提高。此外,海尔曼和普里(2000,2002)的研究发现创业投资会推动创业者在市场上表现得更为积极,并帮助完善初创企业的组织架构;雷奇博格(Hochberg 等,2007)的研究认为创业投资经常为其投资的企业提供财务管理、核心客户维护、供应链管理等各方面的咨询,并推动这些企业的发展;拉奇和穆戈(Large 和 Muegge,2008)在回顾相关文献的基础上指出,创业投资可以在合规化、产品推广、战略规划、商业咨询、人员招聘、企业运营等方面提高被投资企业的价值。

总结上述的文献我们发现,目前国外学术界对创业投资如何推动科技创新的研究主要从两个不同视角展开:一是创业投资能否带来更多的创新行为,二是创业投资是否有利于科技创新企业的发展。对前一个问题不同的研究结论表明,科技创新行为最原始的动力未必来自创业投资,因此,我们不可能仅仅只依赖发展创业投资就能够推动一国的科技创新。对后一个问题一致的观点则表明,创业投资能够从资金和管理两个层面帮助那些不成熟的早期阶段科技创新企业获得更快的发展,因此,创业投资在一国科技创新发展中依然是一个不可或缺的因素。可以说,创业投资是科技创新发展的必要条件,但并非充分条件。这与我们之前对科技创新过程的分析本质上是一致的——在产学研协同创新的过程中,作为源头的科学发现和知识创新,必须更多依赖政府各项政策的支持和投入;但进入技术孵化阶段以后,以创业投资为代表的科技金融发挥的作用将越来越明显。

因此,我们认为,创业投资能否在一国科技创新发展中起到应有的作用,取决于以下两个重要问题的解决：一是是否存在一个良好的政策环境有利于创业投资的发展，二是是否能够有效引导创业投资真正进入科技创新型企业，尤其是那些最具创新能力的早期创新企业中。结合国内目前的情况来看，后一个问题的解决显得更为迫切和关键。

（二）我国创业投资支持科技创新的现状与问题

自二板市场设立以来，我国整个私募股权投资行业获得了爆发式的增长，其中，创业投资的发展尤为迅猛。但是，私募股权投资行业的投向出现了明显的"整体后移"倾向，整个科技创新过程中最需要科技金融扶持的早期企业并未获得更多的资金进入。

根据清科创业提供的数据，从 2006 年到 2011 年，中外创投机构在中国大陆市场一年中新募集的 PE 和 VC 基金数分别从 40 只和 39 只，猛增至 235 只和 383 只，融资规模分别从 142 亿和 40 亿美元，上升至 390 亿[①]和 282 亿美元。与此同时，PE 和 VC 单年的投资案例数分别从 2006 年的 129 例和 324 例，增长至 2011 年的 695 例和 1503 例，同期的投资金额则从 130 亿和 18 亿美元，增长至 276 亿和 128 亿。从数据来看，在私募股权投资的各类基金中，倾向于早期项目的 VC 增长更为迅猛，但是从实际的资金投向来看，近年来我国私募股权投资市场的大量资金都流向了处于发展期甚至是成熟期的企业。尤其从资金占比上看，对真正处于早期的创新型企业反而出现了支持力度下滑的现象。

投中集团的统计资料对 2000 年来发生在国内的私募股权投资案例在融资性质和企业发展阶段上进行了详细分类，为上述的现象提供了数据支持。具体来说，融资性质是按照私募股权投资基金设立时的性质进行分类，分为天使、VC 和 PE 三类。VC 投资按照投资轮次又分为 A 轮、B 轮、C 轮等[②]，PE 投资则被分为成长型投资（Growth）、并购投资（Buyout）和上市前投资（PIPE）三类。企业发展阶段被分为早期、发展期、扩张期和获利期四个阶段。统计数据显示，2000—2011 年之间，早期企业的投资者主要是天使投资和 VC，占到 95% 以上；而在天使投资参与的所有企业中，大部分都属早期企业，占到总数的 85%。这两项数据表明，天使投资基本上都进入了早期的科技创新型企业。但是从总量上看，天使投资参与的案例数一直处于弱势地位，在所有融资事件中的占比还不足 2%，在所有早期投资中的占比则在 20% 以下。至于 VC 参与投资的企业，虽然统计数据显示其中的早期企业投资数在总量上呈上升势头，但其在 VC 投资的所有企业中占比却从 2000 年的 40% 以上下降至 2011

---

① PE 募资最高峰出现在 2008 年，达到创纪录的 612 亿美元。

② 不同轮次主要按照资金进入的顺序划分，A 轮即对应首轮融资并依次类推。此外，在不少的研究中，天使投资常被认为是创业投资中的一种，但在投中提供的数据资料中对其进行了区分。

年的 8%(见图 16.2)。与此对应,最可能投资于早期企业的 VC 的 A 轮投资,虽然绝对数量明显上升,但在所有 VC 投资案例中占比也从最高的 90% 下降至最近的 70% 左右(见图 16.3)。

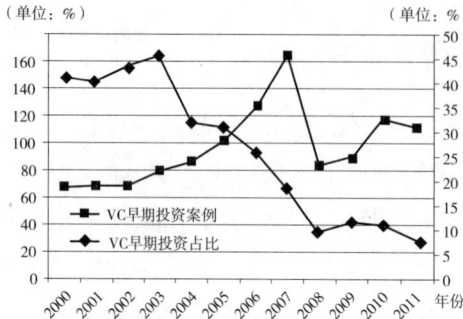

图 16.2　早期阶段企业投资数及占比　　　图 16.3　VC 的 A 轮融资案例数及占比

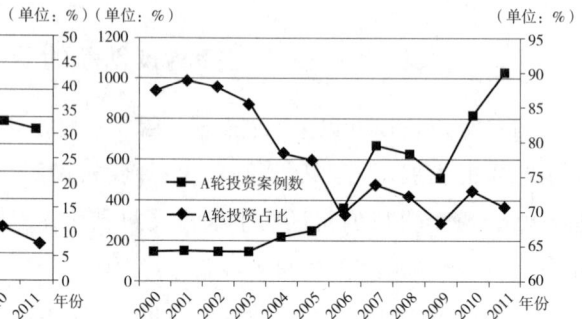

与 VC 投资早期企业占比下降形成鲜明对比的是发展期和扩张期投资的迅猛增长。如图 16.4 所示,在 VC 所投企业中,处于发展期和扩张期的案例数量分别从 2000 年的 84 例和 13 例增长到 2011 年的 988 例和 345 例。图 16.5 中 PE 投向的变化情况则表明,在 PE 基金进行的投资中处于扩张期和获利期的企业增长最快。

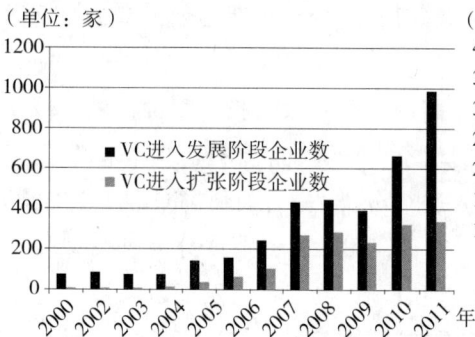

图 16.4　VC 投向分析　　　　　　　　　图 16.5　PE 投向分析

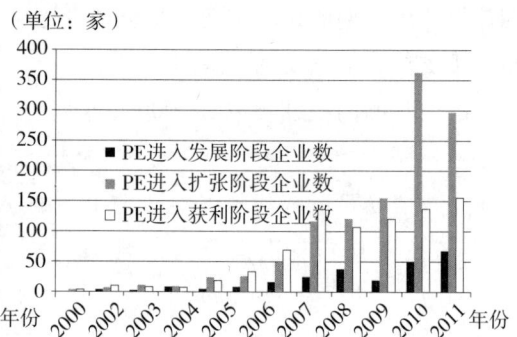

综上可以发现,原本应重点投向早期企业的 VC,其投向大多集中于发展期甚至扩张期企业。同时,原本应重点投向发展期的 PE,则将投向重点放在扩张期和获利期。私募股权投资"整体后移"的倾向十分明显,这意味着早期企业并没有获得足够的金融支持。因此,在我国,创业投资推动科技创新发展的制度设计,重点应围绕如何引导创业投资"前移"来展开。

(三)　创业投资推动科技创新发展的制度设计

我们认为,建立起有利于创业投资发展,并能引导其更多投向早期阶段创新企业的制度框架,应该从以下三个方面入手。

1. 建设引导创业投资支持早期创新企业的制度环境

如前所述,在我国,包括创业投资在内的私募股权投资整体上存在投向后移的问题,这是目前我们面临的最为突出的问题。我们认为,在国内二板市场 IPO 保持较长时间高溢价的背景下,资本的逐利特征成为大量创业投资聚集于发展期和扩张期企业最为显性的因素。同时,缺乏对早期企业投资的保护和激励机制是创业投资后移的隐性因素。作为显性因素的"高溢价",在激烈的市场竞争下,若辅以发行制度市场化改革的不断前行,必将走向终结;而建立鼓励早期投资的长效机制才是推动创业投资前移的动力。

(1)激烈的市场竞争和发行制度改革将共同推动创业投资被动前移

近年来,伴随国内各类股权投资类基金的迅速发展,投资机构间的竞争愈演愈烈,甚至出现了比拼市盈率的"价格战"。这普遍提高了投资项目的进入成本,显著影响了 IPO 退出的回报率。同时,受经济增长预期下调等因素的影响,二级市场的估值整体下滑也是引致 IPO 退出回报率下降的重要原因。在创业投资领域,甚至已出现被投资企业顺利 IPO,投资基金却在账面发生浮亏的案例。另外,高溢价现象的产生也与发行制度有一定关系。在我国发行市场上,发行价格确定过程中的市场化机制还未完全建立,不过近年证监会不断调整发行制度已显现了在这一领域的改革决心。若通过发行市场改革,逐步淡化实质性审查,把信息甄别的问题交给市场解决,使 IPO 收益率回归常态,将从根本上消除 IPO 市场不正常的收益水平。可以预见,在上述因素作用下,创业投资必将把关注目光更多投向早期企业。近期国内创投市场的变化已验证了这一观点。

(2)更为长效的机制建立才能确保创业投资主动进入早期企业

激励创业投资的长效机制建立与创投市场中关键的两个环节有关:进入与退出。首先,建立良好的知识产权保护机制和有效的知识产权定价机制,既能鼓励创新热情,也能保护创新产业投资者的利益并激励其进入。信息不对称是金融市场中妨碍投融资双方展开交易的最大障碍,这一问题在发展阶段越初期的企业中越明显。创新企业的创始人对企业采用的技术比投资者了解更多,由此可能产生的逆向选择问题对创业投资市场将产生巨大的伤害;另外,知识产权保护不足还会使创始人担心其技术被创业投资家窃取,从而阻碍其寻求创业投资的努力并延缓其发展。上田(2004)的研究就发现,在知识产权保护更好的国家中,企业会更倾向于选择创业投资。因此,若能够借助合适的中介机构或市场机制对创新技术进行合理估值,并通过法律有效地保护创新主体的知识产权,将对协调投资人和创新者之间的利益关系起到至关重要的作用。

其次,提供更多的退出渠道选择是鼓励创业投资前移的另一重要手段。在科技创新最为活跃的美国,创业投资和 PE 各司其职,完整覆盖了创新产业发展全程。表16.1 是中美创业投资 2009—2011 年退出方式的比较。显然,我国的创业投资表现出投资周期短、IPO 比例高和退出收益高的特点。在国内未来 IPO 退出难度加大、退出收益下降的背景下,要鼓励创业投资向早期企业转移,必须发展并购市场。在美国,90% 以上的案例是通过并购方式退出的。在并购退出时,并购方既有可能是同一产业链中的企业,也有可能是侧重并购业务的 PE 基金。PE 是美国并购市场上的主要参与者,这也是不同类型股权投资基金关注不同阶段企业的一种表现。在由 PE 主导的并购市场上,杠杆收购(LBO)是一种主要的收购方式。这类收购的大部分资金来自以目标公司资产及未来收益为抵押进行的债务融资,借贷资金的来源包括银行抵押借款、机构借款和发行垃圾债券等。国内目前还未建立垃圾债券的发行机制,银行与投资基金的合作也不包括上述方式。因此,并购市场未来的发展还有赖于上述市场的成长和机制完善。

表 16.1 中美 VC 退出方式和退出时间比较

年份		案例数(例)		平均退出时间(年)		平均退出规模(百万美元)	
		IPO	M&A	IPO	M&A	IPO	M&A
中国	2009	45	13	2.3	3.5	98.8	27.6
	2010	141	17	2.6	3.6	155.8	62.7
	2011	97	7	2.5	4.1	158.0	N/S
美国	2009	8	416	7.9	5.6	113.0	25.0
	2010	46	560	8.1	5.4	70.8	40.4
	2011	45	477	6.5	5.3	119.1	70.7

资料来源:道琼斯公司 VentureSource 数据库,2012。

2. 建立适宜创业投资支持早期创新企业的发展模式

大量研究表明,创业投资之所以能够促进早期创新企业的发展,不仅源于其提供的"资金输入",更要归功于其提供的"管理输入"。后者一方面提高了科技创新企业的内部治理效力,另一方面也有效缓解了创业投资与科技创新企业之间的信息不对称,而这往往是科技创新企业融资难的重要原因之一。从这一角度出发,结合近年来在学术界形成一定影响的"信息腹地理论",我们认为,在创新行为密集的区域建立创业投资的集聚中心,是创业投资更好发挥其"管理输入"功能的一种发展模式选择。

波蒂厄斯(Porteous,1995)较早从信息角度研究了金融中心的形成问题,他指出,"信息外溢"、"信息腹地"、"不对称信息"、"国际依附性"和"路径依赖"等因素是塑造和发展金融中心的背后力量。这其中,"不对称信息"和"信息腹地"强调了信息在金融中心形成中的重要性。波蒂厄斯指出,大部分信息在传递过程中都可能因为距离因素而出现失真,这类不易被如实获知的信息被称为非标准化信息,尽管信息科技影响深远,但人们不可能完全摆脱地理因素的约束,非标准化信息的存在使金融部门需要更接近信息源。其他学者的研究进一步证明了这一观点,例如贾里格(Gehrig,1998)利用市场摩擦理论和大量的实证分析证明,对信息敏感的金融交易更易集中。此外,波蒂厄斯(1995)还指出,"信息外溢"和"路径依赖"能够解释为何某城市能够长久地在区内维持优势,而"不对称信息"和"信息腹地"能够解释为什么这种优势可能被削弱。这表明,"信息腹地"因素在金融中心形成中十分关键,因为即使一地由于历史和传统的原因已经形成金融中心,也可能因信息腹地的迁移而被其他中心城市取代。赵晓斌等(2002)应用这一理论对我国的金融中心形成进行了分析,他们认为信息腹地的内涵是政策信息而非商业信息,对这一观点我们并不完全认同。特别对创业投资而言,政策信息固然重要,商业信息更为关键。创业投资关注的都是非上市企业,而且大多属于发展早期阶段,这些企业的内部信息直接关系到投资成败,因此,尽可能接近信息源是创业投资的自然选择。在产学研协同的创新机制下,大学和科研院所相对集中的区域就是这样的信息源,在这样的区域最可能形成区域性的创业投资中心。创业投资接近创新信息源头的另一个重要方式就是参与甚至自己投资设立孵化器,当然,这些孵化器的地理位置也通常处在创新资源集中的区域。以美国为例,硅谷旁边有斯坦福大学、加州大学、加州理工等一大批高水平大学,128 号公路科技园附近则有哈佛大学和麻省理工,而这两个区域同样也是美国创业投资的聚集地。

此外,创业投资还表现出很强的就近投资倾向,以江苏为例,南京和苏锡常地区是江苏省内创业投资较为发达的城市。通常来说人们认为,苏锡常地区乃至南京都会受到上海金融中心的强力辐射,但从实际投资情况来看未必如此。如图 16.6 所示,根据 Wind 提供的相关数据,截至 2010 年,苏锡常地区 50% 以上的被投资企业资金来自于省内的投资基金,全省的比例也大抵如此,真正来自上海本土的创业投资十分少见,即使将注册在上海的外资创投基金考虑进来,比例也不超过 20%。

上述分析表明,在国内,各地方政府应结合当地的科技创新活跃度,有选择地推出鼓励创业投资的扶持政策。在科技创新活跃的地区,创业投资本来就具有很强的积极性,相应的扶持政策将起到事半功倍的效果,并容易形成创业投资的集聚,与科技创新活动之间形成良性互动。若不顾本地区实际情况,仅为吸引创业投资在本地注册而推出各类优惠政策,甚至最终异化成优惠政策方面的"恶性竞争",不仅对推动当地的科技创新无法起到想象中的效果,还可能造成政府资源的浪费。从目前国内的情况看,北京、上海、深圳、苏南和浙江等地更为活跃的科技创新氛围和较为强大的科技创新基础,是发展创业投资中心的理想选择。

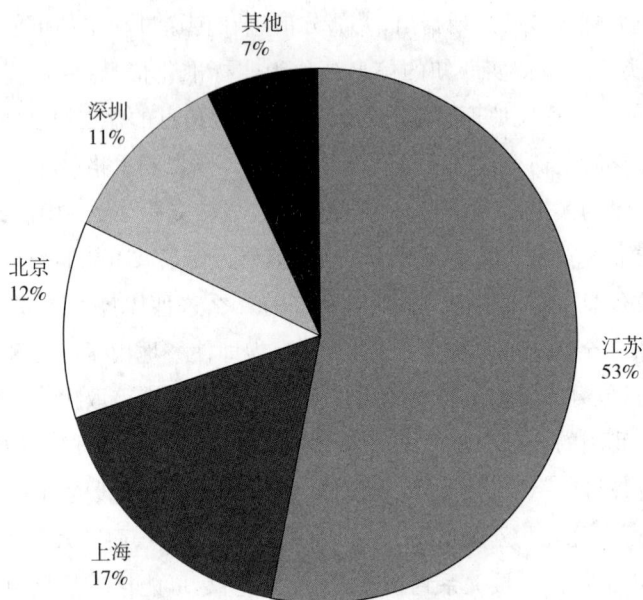

图 16.6　投资苏锡常企业的基金来源分布①

3.进一步优化培育创业投资的优惠政策

　　如前所述,近几年我国的创业投资发展十分迅速,这其中政府各项支持政策的激励作用不可忽视。但是,从政策的针对性角度来看,我们还有进一步提升和优化的空间。例如,以创业投资为代表的股权类投资机构与一般的金融机构在组织形式、经营方式、风险承担和盈利模式等方面都有显著的差异,一些对其他类型金融机构能够起到激励的方式却未必适用于创业投资企业。具体来说,创业投资通常风险较大,在一个完整的投资周期内,即使获得收益,也可能在时间上分布极不均衡,因此,传统的以利润或者营业额为基础的激励方案并不完全适用。对创业投资企业来说,对其收益产生最直接影响的是税收政策,目前不少的创业投资企业都采用合伙制的形式,并非企业法人,这使得一些围绕企业所得税而设立的优惠政策无法顾及。因此,有针对性的税收优惠必将对创业投资的活跃程度产生重要影响。以美国为例,20 世纪 50 年代创业投资起步后,其资本利得税在 1968 年曾从 25% 提高到 49%,这使得全国的创业投资额从 1969 年的 1.71 亿美元萎缩至 1975 年的 0.01 亿美元。1978 年,美国将资本利得税降至 28%,之后在 1981 年再降至 20%,当年的创业投资额就几乎增长一倍,到 1986 年更是达到了 241 亿美元。

　　此外,政府引导基金作为基金中的基金,对创业投资的发展也有重要的意义。清

――――――――――

　　①　有不少的私募股权投资公司在上海、北京乃至香港、深圳等多地设有办公室,由于数据来源所限,我们无法具体区分投资的确切来源,本研究的处理方法是:只要在上海设有办公室,则一律算作来自上海的投资机构。因此,图中所示来自上海的投资机构所占比例可能还存在高估。

科研究中心的统计数据表明,1 元钱的政府引导基金大约可吸引 4 元钱的民间资金参与到创业投资中。而在政府引导基金设立之后,如何设计更为灵活的退出方式,以及更为市场化的管理方式,也是值得进一步思考和探索的问题。

三、激励商业银行参与支持科技创新

商业银行在科技创新中如何发挥作用? 这一问题对中国这种以银行为主导的国家来说显得尤为重要。布莱克和吉尔森(Black 和 Gilson,1998)的研究指出,美国稳定的 IPO 市场是其在创业投资发展中具有比较优势的重要原因,创业投资家们可以承诺通过公开上市的方式将企业的控制权重新转移给创业者,而日本、德国这些以银行为主导的国家很难向创业者作出这样的承诺。中国近几年通过发展二板市场带动了创业投资的繁荣,但与美国比较,仍然存在很多不足。而且,中国以银行为主导的融资体系不可能在短时间内得到根本性的改变,因此,如何让商业银行更好地参与到科技创新中依然是我们必须关注的问题。

(一) 商业银行支持科技创新企业的优势与局限

商业银行作为传统金融机构的代表,在支持科技创新中所能起到的作用与局限一直为人关注。自 20 世纪 80 年代美国的创业投资获得飞速发展以来,越来越多的研究比较了创业投资为代表的新兴融资渠道和银行为代表的传统融资渠道在支持科技创新中的优劣。沙尔曼(Sahlman,1990)指出,与银行融资涉及领域的广泛性相比,创业投资更集中于那些高风险高收益的企业,而且这些企业的收益分布十分的扭曲:有很大的概率出现很低的收益,甚至亏损,同时有很小的概率出现极高的收益。卡普兰和斯强伯格(Kaplan 和 Stromberg,2001)则指出,商业银行通常只以纯债务的形式为企业提供融资,而创业投资常采用可转换证券或者股债结合的工具为企业提供融资,因此比起银行来说,创业投资将更多地参与到企业的经营管理中,创业投资家通常在被投资企业中拥有董事会席位,甚至有权利在必要时替换经理人,他们在这些创业企业中往往能起到更为积极的作用。上田(2004)通过构建理论模型发现,获得创业投资支持的更多是那些几乎没有抵押物,但增长更快、风险更高、盈利也更丰厚的企业。从这些研究可以看出,不管从被投资企业的特点还是被投资企业的发展需要看,创业投资都是支持那些早期创新企业更为主要的金融力量。

当然,我们也不能就此否定银行的作用。首先,在对科技创新的支持中,银行也存在一些优势,例如,商业银行融资的成本通常更低,而且商业银行对企业经营参与较少的特点使得科技创新企业能够更好地保护其创新成果。科特姆和勒纳(2001)在研究中就曾指出,创业投资支持的企业申请更多的专利,可能是因为这些企业希望通过专利

来吸引潜在的投资者,也可能是为了防止别人剽窃他们的创新成果;上田(2004)的研究则表明在知识产权保护更好的国家创业投资才会更受欢迎。其次,商业银行可以通过参与或组建创业投资的形式间接支持科技创新,昂德里约和格罗(Andrieu 和 Groh,2012)指出,比较起一般的创业投资,有商业银行支持的创业投资能够更好地消除企业未来融资过程中的信息不对称,有利于其后续融资。最后,就中国而言,银行融资在金融体系中占主导地位,在讨论科技创新的金融支持问题时抛弃商业银行是不合理的。

但是,我们必须承认的一点是,已有的大量研究表明,对那些处于早期阶段的创新企业来说,其缺乏抵押物、高风险的特征使传统的商业银行很难对其进行直接的融资支持。因此,商业银行直接为创新企业提供资金支持主要还是在产业创新阶段。要让商业银行更多参与到处于早期阶段的创新企业中来只有两种选择:一是在商业银行经营中引入更为灵活的监管机制,适度允许商业银行改变其经营范围和经营方式;二是创造更多的机会让商业银行参与到创业投资或者孵化器的建设中,间接对早期企业的发展起到支持作用。

(二) 我国商业银行支持科技创新的现状与问题

近年来,商业银行在各项政策的指引下大举进入科技创新领域,不少商业银行设立了专门的科技支行,并针对科技创新企业的特征进行了一些相应的信贷产品创新。例如,针对科技创新企业普遍"轻资产"运营,缺乏可用来抵押的不动产的特点,商业银行在传统的不动产抵押贷款之外,开发出了动产抵押贷款(如票据贷、订单贷、仓单贷等)、股权质押贷款、知识产权质押贷款、纯信用贷款等多种新型信贷产品。此外,商业银行还积极与其他金融机构合作,除了常见的与担保公司进行合作外,商业银行还推出了与保险公司合作的"科技保险"、与小额贷款公司合作的"接力贷"、与创业投资合作的"投贷联动"等新产品。"科技保险"的实质是让保险公司与银行一起为创新企业发放信贷承担风险,这类产品的意义在于将更多的金融资源融入科技金融的范畴。"接力贷"的实质是将小额贷款公司手中的优质客户通过合理的方式转移到商业银行。"投贷联动"的实质是将企业获得创业投资作为其信用能力的一种表现,并据此进行贷款发放。政府也动用各种政策手段积极支持商业银行进入科技金融领域。其中,政府以注资的方式参与担保公司,或直接出资设立"风险池"为创新企业贷款提供信用支持,是目前较为常见的扶持方式。例如,上海市于2011年9月推出"三个10亿元"中的两项,分别是"设立总量规模为10亿元的市级财政专项资金投资参股商业性融资担保机构"和"安排总量规模为10亿元的科技信贷风险补偿财政专项资金,为三个国家级科技园区内的科技型中小企业贷款负担50%的风险损失",这两项措施为银行减少信贷风险提供了直接支持。

毫无疑问,上述政策支持和产品创新推动了商业银行更好地进入科技金融领域,不过,从目前来看,商业银行的能力还没有得到充分的施展。一方面,即便在那些重点开展科技金融业务的科技支行中,其扶持的大多也是那些相对较为成熟,已经处于产业创新阶段的企业。根据林乐芬等(2012)对江苏省八家商业银行的问卷调查,在将高科技企业分为种子期、初创期、成长期、成熟期和重建期五个阶段后,没有一家银行表示对种子期企业有贷款意向,仅有 2 家银行对初创期企业有贷款意向。表 16.2 所示为交通银行苏州分行下属的科技支行具体的信贷投向结构。若假定种子期和初创期企业主要归属小微企业范畴,小微企业贷款余额占其总余额的比例为 16%;若以营业收入 0—300 万元作为微型企业的划分标准[①],则微型企业贷款余额占比仅为 1.2%。当然,微型企业单笔贷款规模小是形成其总量占比小的一个原因,但从客户数占比看,微型企业也仅占 16% 左右。而且,这里我们并没有足够的证据表明科技支行所支持的这些微型企业都属于创新企业。

表 16.2　交行苏州分行科技支行对科技型企业的贷款结构

企业类型	贷款余额 (亿元)	余额占比 (%)	户数 (户)	户数占比 (%)	户均贷款余额 (万元)
小微企业	11.85	16.3	153	50.7	774.54
0—300 万元	0.84	1.2	49	16.2	172.24
300 万—500 万元	1.50	2.1	33	10.9	453.24
500 万—1000 万元	3.31	4.6	39	12.9	848.46
1000 万元以上	6.20	8.5	32	10.6	1938.06
中型企业	60.82	83.7	149	49.3	2406.29
合计	72.67	100	302	100	4081.85

资料来源:调研资料。

另一方面,科技类贷款在各商业银行贷款总量中所占比重还十分有限,从期限结构上看,各商业银行为创新企业发放的贷款几乎全部集中于短期,这样的结构特征并不能完全发挥商业银行应有的能量。按照 2011 年浦东发展银行年报中的数据,在上海地区,为科技类中小企业发放的表内贷款尚不到其贷款发放总量的 1%。以林乐芬等(2012)调研的八家江苏省内银行来看,省农行、农发行和江苏银行的科技贷款占总贷款额比例在 5%—10% 之间,省建行、招商和浦发的这一比例在 5% 以下,仅有苏州交行的这一比例较高,达到 10% 以上[②]。

---

　　①　根据 2011 年 7 月 4 日由工业和信息化部、国家统计局、发展改革委、财政部联合研究制定并对外公布的《中小企业划型标准规定》,不同行业的中小微型企业在分类标准上有所差异,对于小型和微型企业的分类,就营业收入这一指标,占企业比例最大的工业、建筑业为 300 万元,其余除批发业和物业管理业,均低于 300 万元的划分标准。
　　②　根据本课题组调研,2011 年度交通银行苏州分行科技支行贷款余额占整个苏州分行贷款余额的 11.8%。

综上可见,虽说商业银行不向那些高风险的早期企业提供贷款支持符合其经营特征,但在支持科技创新的后端——产业创新阶段的企业方面,我国的商业银行仍然有值得改善之处。另外,商业银行如何通过更为灵活的机制间接参与到早期企业中仍然是我们需要重点关注的问题。这要求我们必须在正视科技创新风险的基础上,不仅选择适当的方式为商业银行分担业务中可能存在的风险,更要在收益上给予商业银行适当的激励。

(三) 商业银行参与科技创新的制度设计

根据前文的分析,要促使商业银行更全面地参与科技创新,关键要解决两个方面的问题,一是有效的风险管理和风险分散,二是合理的收益分享。这既依赖于商业银行自身的产品创新,也需要我们在制度环境建设上给予商业银行参与科技创新更多的激励与支持。

1. 利率市场化的趋势有利于商业银行更多参与科技创新

虽然各级政府和监管机构纷纷出台政策支持商业银行开展科技金融,但根据我们前面的分析,商业银行总体而言参与科技创新的程度不深,即使参与,也主要限于已进入产业创新阶段的企业。这和我国商业银行长期以来专注息差收入,钟情大企业、大项目有很大关系。近年来,我国利率市场化的步伐明显加快,这将有利于商业银行更快融入科技金融的发展环境。

从经营对象看,企业债券市场的迅速发展使那些资信水平极高的大企业或大项目有越来越多的机会借助金融市场获得更为廉价的资金,从而对商业银行的信贷业务产生冲击。图 16.7 是我国 2002—2012 年社会融资规模中各类融资方式的结构占比。2002 年以来,人民币和外币贷款累计占比从 95% 以上下落至 60% 左右,企业债券占比则从不到 2% 上升至超过 10%。在 2012 年 7 月的一个月中,企业债券的融资额占比甚至达到创纪录的 24%。这意味着从市场竞争的角度来看,商业银行必须抛弃仅钟情大企业或大项目的经营理念,这将从客观上推动商业银行更多涉足以中小微企业为主的科技创新领域。与此同时,在创新驱动上升为我国发展战略的背景下,经过孵化器发展出来的各类科技创新企业将极有可能成为未来经济中的主流高端客户,能否抓住这一未来的群体,将直接决定各个商业银行战略转型与发展战略目标的实现。纵观国内外优秀的科技创新企业,不论是谷歌、Facebook、苹果,还是百度、新浪、淘宝,他们在成立之初都是很不起眼的。但这些企业在激烈的市场竞争中,通过保持不断创新,借助金融的力量一步一步发展壮大,在完成自身既定目标的同时,也为曾经帮助自己的金融企业带来了巨大的收益。通过培养、扶持科技创新企业发展壮大,将有可能为商业银行带来巨大的长期收益。

此外,从经营内容看,利率市场化的大趋势要求商业银行不断更新其盈利模式。

（单位：%）

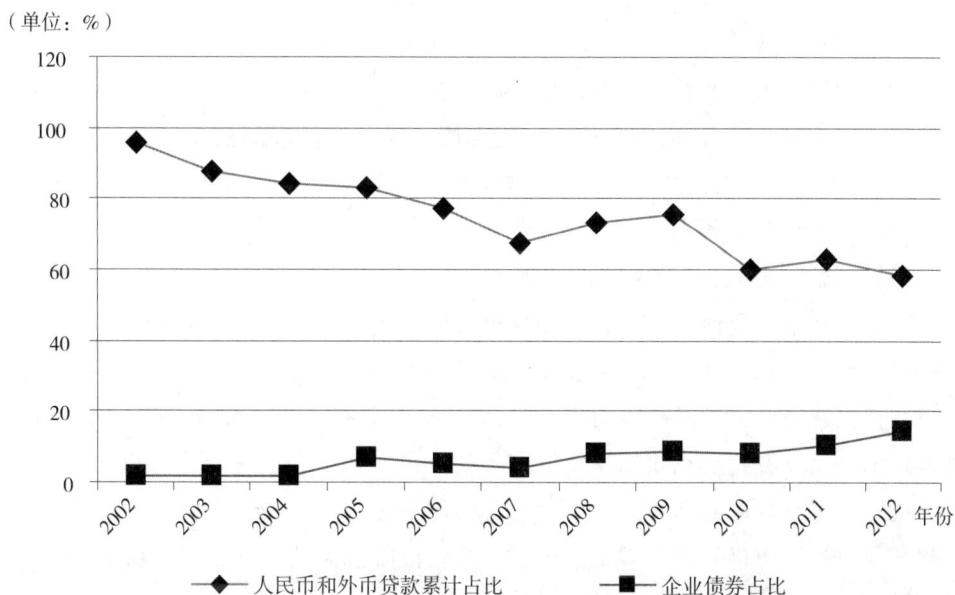

图 16.7　我国社会融资总规模的结构变化①

这一方面体现为商业银行进行差别定价，并通过多样化的金融工具实现差别定价的能力；另一方面体现为商业银行从其他非利差渠道获取收益的能力。对商业银行这两方面的能力要求与商业银行更好地参与科技创新所需具备的能力要求是统一的。

2. 优化商业银行支持科技创新的市场环境与政策环境

前面我们曾谈到，目前各级政府和监管部门对于商业银行参与科技创新的支持，更多体现在直接的资金和政策扶持，但这些行政性手段往往与市场的真实需要存在脱节，使实际效果大打折扣。授人以鱼不如授人以渔，我们认为，政府和监管部门应该将更多的精力放在建设更有利于商业银行参与科技创新的制度环境上。

（1）正视风险分担类政策的实际支持效果

目前政府对商业银行参与科技金融的支持主要体现为风险分担，通常来说人们认为，这类政府直接参与风险分担的办法见效快，企业和银行都乐于接受，十分有利于推动信贷资金进入创新经济领域。但若深入微观运行机制进行观察，政府此类支持方式对那些高风险的科技创新企业来说，实际效果尤其存疑。一方面，从长远来看，政府直接或间接为企业提供担保的形式，对商业银行提高风险控制能力并无实质性帮助，还有可能引发创新企业和放贷银行的道德风险。更为重要的是，目前政府主要通过"分担"的方式与商业银行共担风险。该模式从整体上降低了商业银行的风险，但在每一个具体项目上银行仍需承担一定的风险责任，而且在实际业务操作中，

---

① 数据来源于中国人民银行网站。

每个具体项目的风险又往往对应到某个具体的经办人员,对他们来说,1%的损失与100%的损失只是数量上的不同,从风险控制的角度,其必须付出的监控成本和承担的责任差别并不大。所有的这些都使得商业银行在操作程序上的各个环节都不会放松对风险的控制。而且,政府在给予信用支持的同时往往限制商业银行在贷款利率上进行上浮,这些因素使那些生产经营规模较小、盈利前景不确定的科技创新企业依然很难获得银行资金的支持。

(2)重视市场培育类政策的长期效应

培育有利于商业银行参与科技创新过程的市场环境,是更加着眼长期的政策取向。以知识产权质押这一具备创新意义的质押模式为例,2006年,当工商银行和交通银行首次在国内尝试发放该类贷款时,曾让众多握有专利权、商标权等知识产权的高科技中小企业看到了利用知识换取资本的可能。但在最初的两单业务开闸之后,这类贷款并没有如人们期待成为商业银行的常规性产品,发展至今日,知识产权质押贷款在商业银行中仍然并不常见。根据江苏省银监会提供的资料,在2008—2010年三年间,全省的知识产权质押贷款总额仅为9.1亿元。目前,该类质押贷款在国内发展遭遇的最大瓶颈在于知识产权市场的缺失。从国内的现实情况看,知识产权评估、转让标准和体系并未完全形成,银行对不同行业、不同性质知识产权的价值无法有效进行评估。同时,科技的更新换代使知识产权有快速折旧的风险,一旦企业出现风险,获得知识产权的商业银行无法将其合理变现。此外,知识产权作为抵押物在审核和估值过程中较为复杂的手续也限制了该类贷款的发展。为解决这些问题,2013年7月,银监会联合国家知识产权局等机构下发了《关于商业银行知识产权质押贷款业务的指导意见》,从充分发挥知识产权质押融资的积极作用、认真调查知识产权质押标的、合理确定知识产权质押贷款条件、建立健全知识产权质押评估管理、完善知识产权质押合同、改进知识产权质押登记制度、加强知识产权质押贷款后续管理、优化知识产权质押贷款业务政策环境八个方面对商业银行的知识产权质押贷款业务提出指导性意见,这将对我国商业银行的知识产权质押业务起到一定推动作用。但要从根本上解决这一问题,还是需要国内在知识产权保护以及知识产权交易市场的建设上有更多的突破。

(3)鼓励商业银行以间接方式参与科技创新

商业银行除了直接向科技创新企业发放贷款外,还可以通过诸多方式间接参与科技创新,最典型的方式有两种,一是与创业投资展开全方位的合作,二是直接支持各类创业平台的发展。

目前,国内的商业银行在与创业投资合作时主要采取以下几种合作方式:一种是开展综合性的金融服务,例如对创业投资资金进行托管,利用自身优势为创业投资提供资金募集等中介服务,为创业投资推荐优秀项目,帮助创业投资与当地政府进行沟通等。在这些综合金融服务的提供过程中,商业银行能够增加存款规模,并提高各类中间业务收入。另一种是更为深入的合作模式,即所谓的投贷联动。例如商业银行为获得创业投资的科技创新企业提供股权质押贷款,并与创业投资签订协议,一旦企业无法偿还,创业投资将会对质押在银行的企业股权进行回购。还有一种是商业银行通过各种方式直接参与到创业投资中,对其进行资金支持并与其共同分享收益,这种方式在国内受到各类监管政策的限制,开展较少。

商业银行支持各类创新平台也是一个十分重要的方向。这包括与各类的科技园区开展深度合作,或者直接向科技项目孵化器发放贷款,提高其支持创新企业的资金实力和管理能力。根据本研究对科技创新过程的讨论,新技术的孵化阶段是科技金融的支持重点,这其中既包括对被孵化项目的投资,也包括对孵化器的金融支持。从孵化器的发展需要来看,扩展孵化场地、人力资源投入、各种技术平台的打造都需要大量的资金投入。过去,这些资金通常由政府主导投入,这是由于我们常常把孵化器看成一种类似非营利性质的“公益”机构。事实上,不管是从国外的发展经验还是国内的现实来看,优秀的孵化器完全具备稳定的盈利能力并有可能成为商业银行的潜在优质客户。通常来说,孵化器的盈利来源主要来自两个方面,一是为相关企业提供场地、咨询和各类中介服务,收取服务费用;二是通过所孵化企业的分红或者股权增值盈利。在我国确立创新驱动发展战略的背景下,科技创新企业在整体上将拥有更好的发展前景和盈利空间,这必然也会给孵化器带来更多的盈利可能。正因为如此,国内由各类创业投资和其他民营资本投资兴办的孵化器越来越多。商业银行如能选择优秀的企业孵化器给予贷款支持,不仅能够帮助孵化器获得更快发展,商业银行也能从中获得合理收益,并有更多机会优先接触优秀的创新企业。

(4)允许部分商业银行尝试以全新模式参与科技创新

霍尔和勒纳(2009)总结了商业银行无法在高科技企业中发挥类似创业投资作用的三个原因:一是商业银行无法持有企业股权,二是商业银行不擅长对无抵押高风险的企业进行估值,三是商业银行无法像创业投资那样为监督企业的经营提供足够的激励。因此,要让商业银行的金融资源直接进入科技金融的重点支持领域——新技术孵化阶段,去支持那些早期的创新企业,必须要求在经营模式上有很大的突破。美国硅谷银行的成功经验在这方面给了我们很好的借鉴。

让商业银行参与高风险的早期阶段创新型企业而仅给予其一定的利息回报,从根本上看并不符合金融发展的基本规律。解决这一问题不仅需要允许银行差别定价,还应考虑适度引入更为灵活的混业经营机制。在创新性企业发展最为活跃的美国硅谷地区,硅谷银行的发展具有代表性。硅谷银行创立于1983年,注册资本仅为500万美元,日前发展为硅谷银行金融集团(SVB Financial Group),旗下拥有硅谷银行和SVB资本。其创立之初的目标就是为硅谷的科技型中小企业提供金融服务,像

Facebook、Twitter等明星企业都受到过它的帮助。其2011年年报显示的净利息收入和非利息收入分别达5.28亿美元和3.82亿美元,股东回报率为12%,近几年的坏账率则基本低于1%。高回报率和低损失率成为硅谷银行快速发展的条件。

硅谷银行的经营战略有以下四个特点:第一,为不同阶段的科技型中小企业提供不同类型的金融支持。具体来说,处于早期阶段的创新型企业,其产品通常处于研发阶段,资金投入得不到短期收益,同时其对金额的需求相对较小,硅谷银行主要为其提供中长期创业贷款,支持其完成产品研发和实现对外销售;对于产品已进入市场、初步形成产业化的产业创新阶段企业,硅谷银行主要为其提供流动资金贷款,维持其正常运转,并在其进一步成长为大型公司后,为其提供全方位的金融服务。第二,将股权融资和债权融资相结合。特别是在为初创型企业发放贷款时,硅谷银行通常会附加获得股权或认股权证的条件,这样,硅谷银行就可在企业获得成功时获得退出收益,其股东身份还便于其加强对公司的监管并为客户提供更多的服务。第三,和创业投资基金展开深度合作。硅谷银行不仅为创业投资提供基本的金融服务,还可为其提供贷款,甚至以有限合伙人的身份直接将资金投入创业投资。第四,建立严格的风险控制体系。硅谷银行通常选择已经获得创业投资支持的企业,并通过技术专利抵押等方式降低风险。另外,硅谷银行还将其创业投资业务与一般银行的信贷业务严格分离,以控制风险。

目前,国内商业银行与硅谷银行在经营中最大的区别就在于收益的获得方式。硅谷银行的收益不仅来自贷款利息,还有股权收益。而国内商业银行在支持科技创新型企业的过程中,利率不得随意上浮,同时分业经营的要求也禁止其直接持有企业的股权。这使得商业银行无法通过正当途径合理分享早期阶段科技创新企业获得成功后的巨大收益。目前,国内商业银行在与创业投资的合作中也有通过一些变通方式在收益中得到更多补偿的尝试。例如,在给企业发放贷款时附加认股权条件,并将获得的认股权交给有战略合作关系的创业投资,若能获得收益就与创业投资按协议进行分割。但这种迂回的方式不仅压缩了银行的收益空间,还属政策"灰色地带"。因此,要让银行的金融资源更多参与到科技创新中来,必须在上述领域展开制度层面的突破。从国内的具体情况来看,借鉴硅谷银行与SVB资本的模式,一方面将银行业务与投资业务严格分离,以控制风险,另一方面将收益集中在金融控股集团内部,是最可能实现的模式。目前,国内主要商业银行的综合化经营试点工作都在稳步推进。工、农、中、建、交等国内大型商业银行在香港都有自己的投资银行,并已纷纷在内地设立直投平台、直投基金、PE基金等。这些商业银行已经有条件通过采用"直投+贷款"的方式对早期阶段的创新型企业提供一整套的综合金融服务方案,更有效地平衡支持科技型企业的收益和风险。在操作层面,可以通过银行集团内的投资银行建立一个科技直投基金,专门用于科技型企业的直投项目。同时,需要在银行集团内部建立一个投资银行与商业银行之间的利益分配机制,让商业银行能够从投行项目的高回报中获取相应收益,从而在整体上平衡科技型企业的高风险。

之后,还可以考虑有选择地在一些银行试点放开对股权的持有限制,或者允许其作为有限合伙人直接成为创业投资的出资人,或者允许其为杠杆收购提供债权融资,使商业银行可以通过更多的途径参与科技金融,并获得更合理的收益分配。此外,通过资产证券化等手段与其他金融机构实现更为广泛的风险分散也是未来可尝试的一个发展方向。当然,商业银行还可以通过融资租赁、消费者信贷等方式,帮助创新性企业推广其创新产品,这将进一步丰富科技金融的内涵,使科技金融的触角由创新产业的生产环节延伸至消费环节。

综上所述,我国政府通过前期各项有力的扶持政策,一方面带动了各类科技金融形式的发展,另一方面推动了科技创新活动的繁荣。下一步要实现的是两者的有机结合,为科技金融的发展找到更好的实现形式。这意味着政府的关注重点应从原来通过直接资金支持推动科技金融的数量增长,转变为通过市场机制建设实现科技金融的质量提升,真正促进科技创新的发展。这将是一项系统性的工程,涉及银行业监管和经营方式的改革、金融市场运行机制的改革、知识产权市场的建立与完善等多方面内容。所有这些待解决的问题,最终都需要通过政府建立更为合理的制度,通过市场机制实现投资者与创新者之间的风险共担与收益共享,进而推动科技创新的全面发展。

(执笔:范从来　王宇伟)

第十七章 商业模式创新与科技创新的协同

党的十八大报告指出,加快新技术新产品新工艺研发应用,加强技术集成和商业模式创新。这实际上是提出了研究科技创新与商业模式创新的关系这一课题的使命。在新经济时代很多企业的成功都可以归因于企业商业模式创新。正如彼得·德鲁克(Peter Drucker,2006)所说:"当今企业之间的竞争,不是产品之间的竞争,而是商业模式之间的竞争。"①商业模式研究迅速升温的主要原因是现实经济中商业模式创新的层出不穷,以及采用恰当的商业模式对于企业发展和持续生存的重要性日益增强。商业模式创新的层出不穷是全球范围内创新型经济兴起在企业层面的重要表现。

一、商业模式及其创新的意义

商业模式(Business Model)一词在学术界由来已久,Bellman 和 Clark(1957)在《运营研究》杂志上发表的《论多阶段、多局中人商业博弈的构建》一文中最早使用了"商业模式"这个词汇。20 世纪 90 年代,网络和计算机技术在全球范围内的普及运用催生了电子商务模式的大量涌现和研究者的兴趣,进而引发企业界和学术界对商业模式的普遍关注。商业模式有诸多种类的概念,有从经济学角度解释的,也有从管理运营角度解释的。马哈德万(Mahadevan,2000)对商业模式概念有一个最简洁的概括:商业模式是企业与合伙人以及顾客之间价值流、收入流和物流的特定组合。迈克尔·拉帕(Michael Rappa,2004)对商业模式的界定最具体并易于把握:商业模式就其最基本的意义而言,就是做生意的方法,是一个公司赖以生存的模式,一种能够为企业带来收益的模式,商业模式规定了一个公司在其价值链中的相对位置,并指导其如何赚钱。奥斯特瓦德(Osterwalder 等,2005)则强调商业模式是一种建立在诸多构成要素及其关系之上、用来说明特定企业商业逻辑的概念性工具。商业模式用以说明企业如何通过创造顾客价值、建立内部结构,以及与伙伴形成网络关系来开拓市

---

① 彼得·德鲁克:《德鲁克日志》,上海译文出版社 2006 年版,第 192 页。

场、传递价值、创造关系资本、获得利润并维持现金流。

从新经济条件下科技创新与商业模式创新的关系视角研究商业模式的功能与内涵，商业模式是用以说明企业的资源配置、组织架构和利润来源的具体方法和途径的概念。通过商业模式创新，企业能够实现科学定位、扩大业务规模、掌控关键资源、发现衍生增值服务、形成可持续的现金流，在创造客户价值的同时，形成难以被竞争对手模仿和复制的核心竞争力。通过商业模式创新可以统摄和整合企业的所有者、投资者、资源供应商、销售渠道和客户关系等多方面资源，形成新的核心竞争优势和盈利模式。创新型经济的健康发展，关键是要探索一个不断适应新的商业生态的多方共赢的商业模式。

熊彼特在 20 世纪 30 年代提出的五个方面的创新都包含了商业模式创新的内容：(1)采用一种新的产品。这种产品可以是消费者还不熟悉的产品，或者是当前产品的一种新特性。(2)采用一种新的生产方法，也就是在有关的制造部门中尚未通过经验检定的方法，这种方法也可以存在于商业上处理一种产品的新的方式之中。(3)开辟一个新的市场，也就是有关国家的某一制造部门以前不曾进入的市场，不管这个市场以前是否存在过。很大程度上，制造一种新产品的同时也便开拓了一个新市场。(4)掠取或控制原材料或半制成品的一种新的供应来源，不管这种来源是已经存在的，还是第一次创造出来的。(5)实现任何一种工业的新的组织，比如造成一种垄断地位(例如通过"托拉斯化")，或打破一种垄断地位。只要有利于打破目前的市场竞争格局的变动都被称作创新。

根据创新概念的基本内涵，商业模式创新可以界定为：企业利用科技创新成果，适应市场环境，所作的市场关系、市场行为和相应的经营组织架构的调整，目标是使创新成果的市场价值最大化。商业模式的创新一般涉及以下几个方面：一是改变产品和服务的价值主张，即开发新的产品和服务或者延伸现有的产品和服务的价值主张。二是供应链的创新，这涉及供应链的各个环节的组合，以及与供应商关系的创新。三是目标顾客的创新，即发现新的市场①。由此看来，商业模式的创新主要涉及科技创新(产生新产品或者改进现有产品)、企业生产和组织方式的创新以及营销方式的创新。业绩良好的企业会兼顾这三个方面。

商业模式创新可以形成一种核心竞争力。比如，阿里巴巴在发展过程中不断进行商业模式的创新，推出了支付宝模式、云计算、阿里贷款等创新模式。苹果公司的商业模式可以说是集成创新模式：它没有自身的专有技术，但却通过各种技术的组合、优秀的外观功能设计、完善的服务和独特的营销渠道占有一席之地。苹果的产品具有体验性价值内容。

----

① 托尼·达维拉：《创新之道》，中国人民大学出版社 2007 年版，第 79 页。

二、科技创新促进商业模式创新

肇始于 20 世纪 80—90 年代的网络和计算机技术革命,引发了商业模式创新的频繁发生。网络技术改变了人们的交往方式和市场交易方式。移动计算技术将人们的沟通方式从邮政、书信、电报、电话等形式,变为全方位的瞬间沟通。网络的交互式、组群式沟通方法大大提高了企业和人们的沟通效率。市场交易不受空间和时间上的限制。市场交易的成本和时间大大地缩小。交易成本减少使得过去处于潜在的个性化需求逐步变成实际需求,这些实际需求的大量涌现就意味着新的商业机会的出现。在买方市场上,抓住商业机会就意味着成功。因此,嗅觉敏锐的学习型企业或知识型企业,提前采用网络和计算机技术,实施流程再造和跨行业、跨地区,甚至是跨国界资源整合,迅速捕捉商业机会。可见,当前频繁发生的商业模式创新是通讯和计算机技术革命的直接后果。企业的产品和服务正在快速地满足广大中小客户多样化的需求,过去潜在的需求被激发出来,新的需求不断地被创造出来。企业寻找交易伙伴、消费者寻找产品和服务的时间和成本的减少,使得新的盈利机会不断出现,新的市场、新的产品、新的服务被创造出来。察觉这些潜在需求的企业需要新的商业模式,去捕捉潜在的盈利机会。商业模式创新最早出现在电子商务或网络企业,说明了科技创新对商业模式创新的推动作用。

创新一种新技术需要同时创新商业模式。创新被看成是通过开发商业模式和技术来创造新价值的能力。创新成功的企业一般都能平衡好创新中的技术改造和商业模式的改造。成功的商业模式创新则将科技创新的成果推广,将科技创新的价值注入商品价值,占据市场份额,实现创新的内在价值。

科技创新不仅直接创造了新产品和财富,更改变了以往的营销方式,从而触发营销方式创新。营销方式的改变使得科技创新的成果以更加合适的方式呈现在最终消费者面前,两者相辅相成。营销方式这个词流行于 20 世纪 90 年代,也就是互联网技术兴起之后。互联网在传播信息、加强交流方面的强大推动力及其迅速引领人们生活方式的势头使得传统的营销方式不得不调整以便迎接互联网时代的到来。甚至出现了一个专门的词汇——互联网商业模式,它是指以互联网为媒介,整合传统商业类型,连接各种商业渠道,具有高创新、高价值、高盈利、高风险的全新商业运作和组织构架模式,包括传统的移动互联网商业模式和新型互联网商业模式。

互联网造成的营销方式改变,首先和最原始的形式便是宣传方式的改变。在互联网还没有进入千家万户之前,产品宣传和广告的主要方式集中在电视、报纸杂志、电台等传统新闻媒介中。而互联网的迅速兴起及其独特的个性化定位使其成为天然适合发布广告的一个平台。自互联网广告发布以来,其发展势头一直迅猛,大有超越传统媒介的势头。2011年美国互联网的广告收入达到317亿美元，第一次超越有线电视的广告收入，距离广播电视的广告收入也只有70亿美元的差距。而2012年，我国互联网搜索引擎巨头百度公司的广告收入额达到222.46亿元，同比增长率高达53.5%。而据央视内部人士透露，2012年央视的广告收入为269.76亿元，同比增长率低于15%。[①] 这一数字意味着2013年百度如果能够继续保持这种发展势头，将会超越传统的电视，成为第一传播媒体。

互联网造成的营销方式改变的更高级形式就是电子商务。相比传统的商品销售渠道（生产厂家—渠道商—零售商—消费者），电子商务通过B2C或者C2C能够实现销售渠道的扁平化（变为生产厂家—网络销售商—消费者，或者生产厂家—消费者）。因此，省去了渠道商或者零售商的流通环节，不仅加快了商品流通速度，而且降低了商品的销售费用。

网络技术所产生的"长尾效应"也说明了商业模式的创新。2004年美国《连线》杂志主编克里斯·安德森（Chris Anderson）提出长尾（Long Tail）理论。他发现，在音乐、歌曲、书籍等商品的网上销售中，由于仓储容量大和快递的便利，使得那些不太热门的商品也能创造出乎意料的营业额，甚至成为销售收入的主要部分。网络营销催生的长尾效应将改变以往的产业格局。企业原先的供应体系将越来越难以适应新技术变革所带来的交易需求的急剧变动。一种基于网络的崭新的供应体系和供应链浮出水面。这就是长尾效应所导致的商业模式的演化。

伴随着微博的崛起而产生的微博营销意味着营销方式又会经历一次新的创新。这种营销方式是指通过微博平台为商家、个人等创造价值而执行的一种营销方式。它更注重价值的传递、内容的互动、系统的布局、准确的定位，微博的火热发展也使得其营销效果尤为显著。微博营销涉及的范围包括认证、有效粉丝、话题、名博、开放平台、整体运营等，充分体现了WEB2.0的特点。

通过对互联网案例的分析，我们可以得出结论：任何一项科学技术的创新都是一次改变营销方式、进行营销创新的机会。营销方式的创新必须紧跟科技的创新，这就要求企业及时关注科技动向，以便与时俱进地调整自身的商业模式。

三、商业模式创新实现创新成果价值的最大化

根据劳特和阿米特（Zott和Amit，2010）的分析，商业模式调整的目标是企业的利益相关者的总价值增加，即按照公司原有产品和服务的方向，通过增大整个"价值蛋糕的尺寸"，为公司价值捕获奠定基础。商业模式不仅仅是企业运作中的一种方

---

① 资料来自新浪科技新闻：http://tech.sina.com.cn/i/2013-03-12/10108136880.shtml，2013.4.1。

式,还可以打造成为一种满足特定客户需求的工具。精心设计的商业模式具有不易被模仿,或者难以复制的特性。因为复制现存的商业模式往往会打乱以现有的顾客、供应商以及一些重要合作者组成的利益链条。

在网络技术引致交易费用急剧下降的背景下,企业原有的盈利模式和客户需求满足途径不再是最优的。商业模式创新频繁发生则正是为了应对这样的问题。商业模式创新通过变革原有的资源配置方式和企业组织模式,平衡客户利益和企业自身利益,捕捉市场条件变化情况下急剧增加的潜在利润。

商业模式创新对科技创新明显的促进作用在于实现创新成果价值的最大化。"成功的创新不仅要靠领先的技术,而且还要有出色的商业模式相辅"[①]。发现一个新市场需要以相应的商业模式去开拓和扩大,创新产品因商业模式的创新而为市场所接受并能扩大创新产品的市场。技术创新需要商业模式创新与之相匹配。比如,亨利·福特在密歇根设厂之初,正是汽车工业开始腾飞的时代,汽车的量产是科技水平进步的一大标志。而此时的商业模式却并没有太大的飞跃。此时,亨利·福特率先将行业每日工作 9 小时的制度废除,改为每天 8 小时工作制,一天三班倒。并且规定日最低工资为 5 美元,这个数字是行业平均水平的 2 倍。这种商业模式的改变不仅更为人性化,得到了工人们的一致好评,而且大大充实了福特汽车工厂的劳动力规模,使得福特汽车走向了繁荣发展的快车道。这种模式引得全行业纷纷效仿,提升了汽车行业的发展速度,为汽车行业的进一步科技创新打下了基础。可以预见,如果没有福特工厂的商业模式创新大大提高了汽车产量和市场对汽车的接受程度,汽车这一新产品也许需要相当长的一段时间才能得到普及,成为一个颇具规模的产业。

创新被看作是通过开发商业模式和技术来创造新价值的能力。创新成功的企业一般都能平衡好创新中的技术改造和商业模式的改造(托尼·达维拉,2007)。如果企业有了一个好的新产品,但是由于采用了不恰当的商业模式,很可能会使产品卖不出去。现实中存在一些厂商,其产品本身具有创新性和新颖性,可能明显领先于竞争对手,但是由于缺乏好的商业模式或者不注重选择合适的商业模式而在激烈的竞争中落败。比如个人电脑的操作系统软件市场就是一个典型的例子。史晋川、刘晓东(2005)分析了 PC 市场结构和商业模式的关系,他们认为,长期以来,个人电脑操作系统主要由 Windows 视窗系统、MAC 苹果系统以及开源的 Linux 系统三者组成。Windows 的市场份额长期稳定在 85% 左右,MAC 凭借和苹果电脑硬件的高度配合占据 5% 左右的市场份额,Linux 的市场份额很少超过 3%。从技术层面上讲,Windows 操作系统本身理念和架构比较落后,导致其在安全性、稳定性以及诸多其他方面不如 Linux,Linux 是一个开源的操作系统,基于 Linux 的所有软件使用者都能够获取源代

---

① 张意源:《乔布斯谈创新》,海天出版社 2011 年版,第 17 页。

码并进行改进和更新。因此，就产品本身而言，Windows落后于Linux。而微软公司之所以能够牢牢控制住市场，可以说商业模式功不可没。Linux因其开源的特性，降低了市场的进入壁垒，基于Linux的发行版系统数量较多，诸多的竞争虽然可以显著改善Linux产品，但是也使得Linux的推广方向不是集体瞄准Windows的软肋，而是"窝内斗"。而微软公司一方面改进Windows使其更加易用，与此同时也和个人电脑硬件厂商展开广泛合作，增加OEM授权数量。如此，便形成了微软几乎垄断操作系统市场的长期格局。

在现代经济中，"酒香不怕巷子深"的理念已经无法生存。科技创新成果不能脱离好的商业模式独立存在。在创新体系中存在一个科技创新和商业模式创新的协同问题，两者相辅相成。商业模式创新是科技创新价值市场实现的基本途径。成功的商业模式创新有助于创新成果价值充分的市场实现。其实，即使是在传统经济中，发明者想从他们的发明中获取收益，企业要想获得持续的竞争性优势，合理的商业模式和恰当的商业运作也是企业实现盈利的必要条件。托马斯·爱迪生拥有1000多个专利，因发明灯泡、电力系统、电影和留声机而获得崇高的个人声誉，但是商业上却很失败。原因就在于他没有合理的商业模式的支持。

四、实现科技创新价值的商业模式创新

从价值链的视角来看，商业模式创新就是对整个价值链实施延长、分拆、外包、出售和整合，优化企业整个价值链的各种价值活动，创造新的价值活动，并提高价值创造效率。实现从科技创新中获取最大价值是商业模式设计的关键。每一种新产品的开发都应该与一种商业模式结合起来，这种商业模式决定了产品进入市场和获取价值的具体方式。

技术创新并不能自动保证该创新在商业上或者经济上是有利的。企业创新的价值主张既涉及所要创新的新技术的市场价值预期，又要寻求让客户了解其创新产品和服务所拥有的特定价值的方式。因此，成功商业模式的创新的价值也体现在创新技术的商业化运营。

良好的商业模式能够将先进技术转化为商业成功，商业模式设计和实施以及细致的策略分析是技术创新获得商业成功的必要条件。否则，拥有创新成果（技术和产品）也会深陷财务和市场困境。百代唱片公司和施乐个人电脑公司就是这样的例子。即使其技术是先进的，如果发明家不能向消费者或发明的使用者提出一个引人注目的价值主张，不能设计出可获利的商业模式，并以合适的价格满足消费者对于高品质商品的需求，那他们终将失败。这说明商业模式设计与实施和技术革新一样对经济增长起着十分重要的作用。那些不能够与合适的商业模式相匹配的科技创新对

发明者本人,甚至对整个社会都无法产生应有的价值。

企业价值主张要依据企业自身的经营战略与核心能力,寻求一种新的要素配置方式来实现价值捕获。其价值捕获包括目标客户和发现价值需求两方面内容。消费者的价值需求既有显性的,也有隐性的、潜在的。所谓发现价值需求,就是对消费者的隐性的、潜在的需求进行细致的观察、询问和发掘,了解消费者真正的需求是什么,并在此基础上提出适宜的客户价值主张。在新经济时代,像苹果这样的公司是自己创造客户需求和价值主张,也就是,将原本并不存在的需求和价值全新地创造出来。价值主张创新的理念使得公司专注于自己的产品生产中对消费者真正有价值的活动。因此,价值主张创新是企业商业模式创新的"顶层设计"。新的价值主张意味着企业新的战略定位、新的核心能力配置和新的要素组织模式,意味着企业新的价值认同与客户分享,在创造客户价值的基础上寻求新的利润源泉。

一般来说,技术创新要想获取价值必须和商业模式创新协同。当然也有很多例外,比如说,生产过程中的小改进并不要求有商业模式的创新。企业通过降低价格、挖掘市场和扩大市场份额便可获得价值。因此,科技创新越激进,其收入结构模式越新颖,传统商业模式面临的挑战就越大。

概括起来创新企业依据其价值主张所要实施的商业模式创新主要包括以下几个方面:

(一) 通过技术和资产捆绑实现创新价值

现实中的诸多案例说明,技术创新并不一定会带来商业上的成功。没有成功商业化运作的技术创新可能会导致创新性企业的自我毁灭,也可能会导致熊彼特意义上的收益的创造性毁灭。斯蒂格利茨(Stiglitz,1998)的研究发现,由于知识产品的市场信息不完全,创新的知识和技术具有公共产品的特性,"其他人分享创新收益的边际成本为零"。因此,首先创新的生产者创新成本往往得不到应有的补偿,研究开发投入大且得不到及时回报,导致创新者缺乏创新的动力,由此他提出了激励创新的体制和机制安排问题。可以肯定,竞争机制的存在对企业来说无疑是推动创新的外在压力。强化竞争可以强化创新力,但是,竞争不能完全解决创新的动力。

现实经济中,当创新价值实现过程包括了无形资产时,资产定价和价值获取就变得十分困难。创新成果的成本有创新成本(信息成本)和复制成本(扩散成本)之分。创新成本明显大于复制成本。创新成果的复制几乎是没有成本的。因此,没有从事创新投入的其他厂商却可以从创新者的创新成果中得到收益,其结果是挫伤创新者的创新积极性。因此,创新动力就在于保证创新成本得到补偿并得到创新收益。需要补偿的创新成本不仅包括创新投入,还包括风险成本和机会成本。显然,创新动力就在于保障创新者的创新收益。其制度安排就是明确并保障创新技术的厂商拥有垄断收益权(专利之类的知识产权)。

从发明和创新中获取价值的最普遍的商业模式是将创新嵌入到产品中,而不是简单地去销售设计或知识产权。这种方法可以让那些在 R&D 上投资的企业在一定程度上克服市场制度对于他们知识产权保护的缺失。最新的手机、数码相机或汽车的出现并不是产品一个价、技术或知识产权一个价,而是技术和产品捆绑在一起的一个价。

捆绑销售已经成为新兴产业中垄断企业延伸其垄断势力的有效工具,也是科技企业家利用有效的机制设计出的应对市场失灵的商业模式。信息产品往往采取捆绑销售的手段,著名的案例是微软将其探索者(Explorer)与视窗(Windows)操作系统捆绑销售。为了避免发明市场中的市场失灵,科技企业家采取将发明和互补品融入产品之中的商业运作。有效的新技术市场的形成是一个长期的过程。科技企业家将互补品和服务捆绑销售不仅可以获取价值,也使得这种技术创新能够产生出来。

当然,垄断企业滥用其优势地位进行捆绑销售为我国《反不正当竞争法》和《反垄断法》所禁止。从经济学视角来看,捆绑销售的实质是一种价格歧视行为。捆绑销售类似二部定价:客户支付的基本品的价格即是二部定价中的固定部分;而支付的捆绑商品的价格相当于变动部分。

其实,捆绑作为一种商业模式并不总是必需的。当发明者拥有明确的专利权时,通过许可,甚至直接出售也可以获得价值实现。当知识产权得到保护,并且实施得力时,科技企业或者发明者可采用不同的价值获取模式。因此,商业模式设计需要知识产权律师和科技企业家二者的共同努力。

(二) 通过延长价值链实现创新价值

延长价值链的主要方式是横向一体化和纵向一体化①。

在技术创新体系中,企业实际上有购买新技术和自主研发新技术的选择:如果企业在市场导向下购买的新技术是有商业价值的技术,对企业来说,这是最小市场风险的新技术采用,但交易成本大,新技术提供者对购买者的要价高,企业为购买新技术所支付的成本也较高。针对这种成本,企业会以市场为导向转向依靠自身的研发力量进行自主研发。这种获取新技术的路径明显的商业利益是其交易成本低于购买新技术的费用。企业自主研发推动的科技创新往往意味着新的资源(新材料)、新的产品、新的服务的出现,超出企业原有的价值活动范围。

当企业的新资源(新材料)、新产品、新服务超出原有的价值活动范围时,企业可

① 此处通过对价值链实施延长、分割、重组等操作实现创新价值的思想受到高闯、关鑫《企业商业模式创新的实现方式和演进机理》启发,《中国工业经济》2006 年第 11 期。

以通过纵向一体化将价值链向两端延长。这包括:第一,通过收购和兼并实现产品和服务的多元化,衍生新的产品和服务种类,控制原材料来源等。企业可以将过去由其他企业经营的渠道价值活动和顾客价值活动整合进自身的价值活动,也就是将外部物流、代理商和零售商的业务吸纳到企业自身,直接向消费者提供公司产品。比如,生产消费品企业建立起自己的销售网络,向销售领域实行前向一体化。企业在掌控销售的过程中,可以实现对顾客需求的快速反应,提供更好的售后服务,获取更多的创新价值。企业也可以实行技术方面的前向一体化,比如,日本的京瓷公司本来是一家硅酸盐材料生产企业,为其他企业提供各种电子元件与瓷制零部件。在发展的过程中,京瓷公司向生产电话设备与数码相机等电器商品延伸,成了大型电子联合企业。第二,企业也可以将原本属于供应商的价值活动纳入企业内部,控制原材料的来源,节省交易成本和原料成本,将新材料创新价值收入囊中。

企业也可以通过横向一体化实现在同类价值活动上的规模经济和范围经济,降低产品成本,巩固市场地位,创造并捕获更多价值。延长价值链型商业模式创新,增加了企业价值活动的深度和广度,拓展了企业与利益相关者之间的合作关系,可以节省信息搜寻成本和签约成本,提高企业竞争优势和盈利能力。

(三) 通过分割重组价值链实现创新价值

网络的普及运用和商业竞争环境的改变使得企业将全部的价值活动分割、重组成为可能。企业把有限的资源集中在核心价值活动上,收缩价值链,并通过新的制度安排和组织再造协调企业利益相关者的关系,为自身和客户创造更大的价值。通过部分业务的外包,发包企业可以集中人力和资源做自己最擅长的业务,提高产品和服务品质及顾客满意度。到底是采用外包模式,还是内部商业化模式,应根据资产专用性程度和知识产权保护制度的情况来决定。只有一个企业拥有很强的知识产权权利时,企业才能选择外包模式。OEM(Original Equipments Manufacture)——贴牌生产也是一种常见的分割价值链型商业模式创新。企业只专注于品牌建设,或者是进入知识创新的基础环节,将制造环节、软件设计环节等价值活动外包给具有比较优势的其他公司。

企业的利益相关者之间相互关联、相互作用,组成一个包括价值创造、价值实现、价值分享的链条和关系结构,这就是所谓的价值网络。价值网络是重组价值链的一种形态。商业模式创新有助于形成价值网络的企业建立其竞争优势。戴尔公司没有对个人电脑的技术做任何的改进,但它整合了供应商和它自己的组织和分配系统,向最终用户提供无法抗拒的价值。价值网络包括两个重要因素:一是价值伙伴。创新型经济的商业模式需要企业外部的利益相关者参与进价值链,共同为客户创造价值。随着技术和环境的演化,参与者也可能变为价值链的主导者。二是合作机制,用于协调价值链参与者的行动和分配利益,尤其是协调企业内部价值活动和外部价值活动的一致性。当新的科技创新出现,或者经营环境发生大的变化时,价值链的参与者需要根据总体价值最大化的原则重新分解、重组价值活动,使各个环节之间保持高效的物质、信息和能量交流,保持良好的衔接和互动,在动态调整中实现柔性管理和敏捷反应。

价值网络的创新价值实现方式与依靠单一创新活动,或者单一要素的创新价值实现方式不同。构成价值网络的企业形成动态的、紧密联系的价值创造系统,企业之间的主导关系是合作而不是竞争,因此,可以实现优势互补,收益共享,抵御外界不确定性和冲击的能力显著提高。商业竞争已演化为价值网络与价值网络之间的竞争,网络成员的竞争力是构成价值网络竞争力的来源。

(四) 通过强化价值链的增值环节实现创新价值

美国硅谷的成功实践说明,企业虽然是技术创新的主体,但是企业本身的自主创新能力有限,只有在与大学及科研机构的合作创新中才能提高创新能力。企业进行的技术创新不只是限于新技术的推广和应用,而是参与到科学发现向新技术的转化过程中去,只有这样才能抢占新技术的先机。这是技术进步路径的革命性变化,体现知识创新(科学发现)和技术创新的密切衔接和融合。企业提前进入产学研合作创新阶段,甚至在新思想产生阶段就进入,为新思想孵化为新技术提供研发投入,是技术创新路径的创新。

当企业取得科技创新成果以后,可以不延长或收缩原有价值链,而是对价值链上的某些价值活动实施增强,使得所有价值活动更加协同一致,将技术创新与组织结构调整、文化理念进步、制度安排创新统一起来,形成难以被其他企业模仿的竞争优势。通过这种商业模式创新可以实现核心产品和服务的多元化,减少交易成本,将技术创新潜在的市场价值体现出来。

在新经济时代,社会分工日益细化,产品加工深度不断提高,价值链上可能的增值环节越来越多。科技进步和市场环境的变化使得价值链的某些环节的技术相对其他环节更加成熟、更加精湛,因而表现出比较优势。通过对这些优势环节的重新整合,可以形成具有核心竞争力的价值网络,保障科技创新成果的价值实现。

企业在整个价值链中的地位和作用对于企业价值获取至关重要。掌握了先进科技和关键资源的企业对价值链的价值创造贡献最大,因而分享的利润也最大。创建具有生机和活力的价值链,既需要对企业内部流程实施再造,也需要对企业外部资源和客户关系实施整合。相对于传统的经营模式,现代商业模式创新关注的是价值链整体价值的优化,是一种非线性盈利模式。

广义上说,所有的企业,或明或暗都会采用一种商业模式。商业模式表明一个企业在创造、传送和获取价值的过程中所采取的组织结构和与利益相关者的合作逻辑。商业模式使企业得以及时获取消费者需求和支付能力,响应顾客需求并向顾客传递价值。企业通过合理的商业化运作诱导顾客消费,建立合理的价值链将潜在收入转化为现实利润。换句话说,商业模式反映了科技企业家的某种猜想:顾客有何种需求,需求和支付有何种形式,企业如何才能做到最大限度满足顾客需求并最大限度获利。

现实中的科技创新价值实现的途径是纷繁复杂的,可以是以上两种、三种甚至更多种形式的混合。企业为了响应科技创新不断加快的脚步,在快速变幻的市场中保持竞争优势并把握商机,就必须随时依据形势的变化,对价值链实施延长、分割、重组,或者强化某个环节的价值活动,保持对客户需求的敏捷反应,和相对于竞争对手的比较优势。

案例:索尼在微单市场的价值实现

下面用数码成像领域的微型单镜无反电子取景相机(以下简称"微单")市场中索尼的商业模式为例来阐述通过商业模式创新的价值实现路径。

传统的数码相机,仅包含消费级的卡片机和专业级的单镜头反光数码相机(以下简称"单反")两种大类别。卡片机在业内并没有一个明确的概念,主要特点是外形小巧、重量较轻、携带方便,但是镜头、取景器、传感器、感光芯片等决定相片质量的核心部件或者直接省略,或者同单反相机相去甚远,比较适合对拍照质量要求不高但是又有拍照需求的一般消费者。单反相机的零件素质和结构大大好于卡片机,但是体积和重量也大大超出卡片机,单反相机因其无可挑剔的成像质量和可定制镜头受到专业的摄影爱好者的追捧。

无论是单反相机市场,还是卡片机市场,领军企业均为佳能、尼康等拥有技术优势的专业技术厂商。例如,最近数据显示,单反市场关注最高的品牌是佳能,关注比例为48.2%,占据了单反市场的半壁江山,其次是尼康,关注比例为47.0%,可以说佳能和尼康组成了单反市场的寡头。[①] 索尼、奥林巴斯等厂商尽管也有一定地位,但是短期之内很难挑战领导地位,尤其是在单反市场,技术积累和品牌的积淀相当重要,新厂商要进入几乎是不可能

---

① 数据资料来自于ZDC互联网消费调研中心报告:《2013年3月中国单反数码相机市场分析报告》。

的事情。

卡片机虽然便携但拍照质量不能令人满意，而单反相机虽然有优秀的成像质量但是却太笨重，那么有没有可能制造一种新型的相机产品，不仅拥有类似于卡片机的便携性，并且还能获得堪比单反的成像质量呢？索尼便以此为突破口，凭借其在音乐播放器、个人电脑等领域积攒的优秀工业设计能力，开创了APS—C(传感器的一种尺寸)规格的微单市场。通过对产品结构的解剖和分析，索尼认为，造成卡片机成像质量差的主要原因有两点，首先是图像传感器尺寸太小，其次就是镜头太差。而造成单反体积臃肿的主要原因在于其内置了反光镜、棱镜等光学取景结构。如果保留单反的图像传感器、镜头等主要构造，转而采用类似于卡片机的电子取景方式，那么就能在不大幅降低成像质量的情况下，维持同卡片机相仿的体积，从而取得一个在体积重量、成像质量上更好的均衡。

目前的微单市场是一个在卡片机市场和单反市场的夹缝中崛起的市场，并且在今后的几年内也将会是数码相机领域的首要增长点。根据传感器的尺寸不同，又可以进行细分。但是只有以索尼为代表的APS—C规格微单采用了和单反完全一样的传感器，索尼也因此占据了整个市场的半壁江山，最新的市场关注度为47.3%。由于能够敏锐地嗅到商机，索尼进入微单市场较早，其产品相比别的品牌产品，在对焦速度、成像质量、可定制性等方面都有领先优势。而传统的单反两巨头佳能和尼康在微单市场的关注度仅为7.1%和13.3%。① 索尼的这种"见缝插针"的商业模式使其在数码相机领域的地位从一开始的追随者变成了领导者。

索尼的这种商业模式创新具有典型性，它改变了产品和服务的价值主张，即开发新的产品和服务或者延伸现有的产品和服务的价值主张。索尼敏锐地注意到了消费者对成像质量要求越来越高却对单反相机的体积重量怨声载道的困境，通过重新设计产品结构，开拓了新的市场。通过这种商业模式的创新，创新价值得以从消费者身上得以实现，再次印证了商业模式创新的力量。

五、商业模式创新改变企业边界

信息技术革命引发科技企业商业模式变革的事实可以用科斯(coase)的交易成

---

① 数据资料来自于ZDC互联网消费调研中心报告:《2013年3月中国单电/微单数码相机相机市场分析报告》。

本理论加以说明：交易成本的快速变化导致市场和企业边界的变迁。市场是协调经济活动的一种组织形式，企业也是协调经济活动的一种组织形式，市场和企业是可以相互替代的。企业存在的基本理由在于企业内部组织的交易比通过市场进行同样的交易的费用要低。企业的规模不可能无限的扩大，同理市场的边界不可能无限制的缩小，企业的边界同时也确定了市场的边界。

随着世界变得"平坦"，过去常见的企业运营环节被肢解，重新分布于不同的企业之中，商业模式必须相应演化。托马斯·弗里德曼在《世界是平的》一书中指出了使世界平坦的十大因素：个人电脑的风行、网景和 IE 浏览器的出现，免费的工作流软件等等。它们的汇合已经创造了一个全新的平台，它是一个全球性的以网络为基础的竞争平台，全球范围内的通讯成本迅速下降，便捷程度飞速提高，信息传输量巨大。它的运作不再受到地理、空间和时间的限制。企业可以跨越时空隔阂，到全球寻找质优价廉的生产要素，提高生产效率。越来越多的工作被细分了，任何能被数字化的服务、呼叫中心、商务支持或知识工作都可以外包给世界上最廉价、最有效率的供应商。企业通过外包将自己不擅长的业务转移给其他公司去做，集中于本企业最擅长的业务，不仅可以节约成本，而且有利于形成或保持企业核心竞争力。

达夫特（Daft）指出，企业组织是一个具有层级结构和协同系统的目标导向的社会实体，并且是和环境保持交互作用的开放的系统。企业层级系统可以分为"内部子系统"和"跨越边界子系统"。大量关于企业组织设计的文献集中于内部设计问题，比如，集权、职员比例等。然而，有些学者已经观察到，企业组织在不断增加交易治理方面的尝试，采用新的组织结构以改变企业的边界（Foss，2002）。组织形式的文献逐步从关注内部设计转向组织模式和管理公司与环境之间的事务。这些研究有助于我们对管理者和企业家如何划定组织边界的认识。

创业企业是拥有潜在获利能力并能达到一定规模的年轻组织。这些企业的绩效严重依赖于跨越边界的组织安排。企业家的一个核心的设计任务就是制定企业与供应商、顾客和合伙人的新的商业交往的方式。诸如戴尔这样的电脑产业抢先采用非完整的、灵活的商业模式，使得生产和销售以新颖的方式组织，以转变获利方式。即使初创企业复制了现存组织的商业模式，它们也必须使这些商业模式的设计去适应它们独特的市场环境。计算机和通讯成本的大幅度降低，大大增加了跨越边界的组织形式设计的可能性。正如艾瑞兰德等（Ireland 等，2001）提到的，企业家往往在寻求通过打破其所在行业现存竞争规则来做交易的全新方式，这引发了新的商业模式的诞生。

移动通讯使得沟通成本大大降低，缓解了市场信息不对称和资产专用性，降低了市场进入门槛，催生了新兴产业，并使得传统产业的交易成本锐减。信息技术革命彻底变革了公司与供应商、顾客的接触方式，使得公司和产业内部，以及跨越公司和产业的组织方式及经济交换模式发生根本的改变。

　　通过引入创新性的跨越边界的组织设计,可以创造财富。创新性商业模式设计与企业绩效成正比。公司变革不仅能够通过重新组合它们自身控制的资源来实现,也能够通过影响合伙人、供应商和顾客的行为来实现。商业模式设计已经成为企业家的核心任务,也成为创新的一个源泉。

　　商业模式创新不仅改变了企业的规模,而且改变了企业的组织结构。不同的商业模式具有不同内部组织成本和市场交易成本。企业追求商业模式的创新,本质上是在权衡了不同的交易成本后,企业所选择的最有利于自身的组织规模和组织形式。相对于之前的商业模式,它是在市场交易条件或者产品生命周期发生改变的情况下,企业重新审视自身的产品(或服务)设计、研发、生产、销售以及增值服务流程,对比因受到条件改变而影响到的有关架构的内部组织成本和外部交易成本后,重新选择组织模块,重新设计组织形式和流程的一个综合过程。

（执笔:孙宁华　洪银兴　支纪元）

第十八章　知识产权保护对创新的
作用机理和效应

现在,我国很多产业领域还缺乏自主知识产权、核心技术受制于人。以资源和市场换技术的不可持续发展模式已经严重影响到我国的经济安全和国家安全。党的十八大报告强调,要坚持走中国特色自主创新道路,实施知识产权战略,加强知识产权保护,促进创新资源高效配置和综合集成,把全社会智慧和力量凝聚到创新发展上来。因此,理清知识产权保护对创新的作用机理,特别是对我国现阶段创新的影响机制和效应,是实施知识产权战略的基础性理论工作,对我国建设创新型国家具有重大现实意义。在这方面,至少需要弄清楚三个方面的问题:一是知识产权保护水平如何衡量,二是知识产权保护对技术创新有何种影响,三是中国是否已经跨越了知识产权保护水平的临界值,进入了以知识产权保护来促进技术创新发展的新阶段。本章将对以上问题展开研究,并在对研究结论做深入分析后给出政策建议。

一、知识产权保护对创新的激励作用

技术创新的产出首先体现为知识产权。知识产权是人类智力劳动产生的成果所有权,它是依照各国法律赋予符合条件的发明者、著作者或成果拥有者在一定期限内享有的独占权,包括工业产权和版权。

在 14 世纪之前,中国的科学技术曾执世界之牛耳[1],但几乎没有人从那些发明创造中获得商业利益。相反,瓦特从他改良的蒸汽机中获得了巨额收益[2],这种收益的法理依据便是知识产权保护制度。通过以工业创新为主要特征的产业革命,西方世界迅速崛起,称雄全球。

现在所说的知识产权包括专利权、商标权、版权等等,是权利人对其所创造的智

---

[1]　李约瑟在《中国科学技术史》(1954 年)提出一个被称为"李约瑟之谜"的疑问:中国为什么在 14 世纪以前能够在实用科学和技术方面走在世界的前面,但却为什么在 14 世纪以后西方走向实验科学之后而远远地落后于西方。

[2]　克里斯·弗里曼、罗克·苏特:《工业创新经济学》,华宏勋、华宏慈等译,北京大学出版社 2005 年版,第 45 页。

力劳动成果享有的排他性权利(Lewin,2007)。关于知识产权保护对创新的激励机制和作用机理,曾在理论界引发广泛争论。现在,几乎大部分学者都认同知识产权保护对创新的正面意义。

(一) 知识产权保护促进从模仿创新向自主创新的转变

创新存在沉没成本,且具有不确定性。对创新成果授予法定的排他性权利,是最有效的激励机制。如果没有这种激励机制,理性的生产者将会选择模仿而非创新。在封闭经济中,当所有人都选择模仿时,则创新枯竭,经济将因资本和劳动的边际报酬递减而陷入衰退。在开放经济中,缺乏创新激励的经济体只能模仿外部创新,长此以往,他们技术落后、贸易处在不利的地位,最终的结局仍然是陷入停滞①。传统经济学理论认为,当存在垄断价格时,会减少消费者剩余,造成福利损失。这也是理论界对知识产权制度的主要争议。但是,由专利等知识产权形成的垄断价格不同于通过控制供给量或者合谋而形成的垄断价格。后者是人为的"哄抬物价",前者是对沉没成本和所冒风险的补偿。由知识产权形成的垄断利润可激励更多创新,无论是增加产品多样性还是降低产品成本,都会带来消费者福利增加,更重要的是为经济长期增长提供内生动力。斯蒂格利茨②把专利垄断带来的高价格部分看作一种有益的征税,这种"税收"直接补贴给了创新者,产生激励效应。把新知识浓缩为一种可传递的信号,通过法律制度保护这些信号的收益权,使那些使用这些新知识盈利的公司必须支付费用,这本质上是对创新的一种"价格激励"。另外,模仿行为的发生需要有三个前提:模仿动机、模仿能力和突破法律制约的可能性。其中的法律制约主要是指知识产权制度。知识产权保护制度赋予了新知识的生产者以更可靠的利益预期,使创新者对创新失败的担忧在远期找到了平衡,同时,严格的知识产权制度将迫使模仿者加入创新的行列,这在长期对经济发展有利。

当一个国家的经济发展处在模仿阶段的时候,往往容易出现产品质量不佳的现象。这除了与生产技术水平不高有关外,更重要的原因是对商标、版权的保护力度较弱。恶意模仿使得"劣币驱逐良币",那些创新企业还没来得及建立起自己的品牌声誉,就因创新成本无法回收而退出市场。留在市场中的却是不注重创新、不注重品牌的模仿型企业。他们没有能力和动力去提高产品质量。因此,通过对版权、商标类知识产权的保护,提高企业维护自身声誉的意识和动力,在"声誉激励"机制作用下可形成企业追求产品质量的氛围,而不断提高质量的目标又需要通过创新来实现。于是,形成了"知识产权保护—声誉激励—追求产品质量—创新"的传导机制。

---

① 如陷入"中等收入陷阱"的拉美国家。
② 约瑟夫·E.斯蒂格利茨:《社会主义向何处去》,周立群等译,吉林人民出版社 2011 年版,第 167 页。

国际贸易条件的变化,以及日益收紧的资源环境约束,决定了我国的发展方式必须向技术推动的内生增长和自主创新转变。要在全社会形成自主创新的氛围,知识产权保护这一激励机制至关重要。一方面,通过完善知识产权制度逐步与国际接轨,可使我们更好地融入国际社会,推进国际化步伐;另一方面,有效的知识产权保护可使我们在新的全球化背景下,吸引更多的顶尖研发人才,利用全球创新资源,推进新型工业化(刘志彪,2013),建设创新型经济。最重要的是,知识产权保护形成了创新收益预期,可激发全社会创新活力。

(二) 知识产权保护推动产学研协同创新

知识产权制度有利于新知识的传播和扩散,它保护的是对新知识的收益、处置权,而非新知识本身。申请知识产权就是与社会达成一项交易,即发明人把自己的创新成果向社会公开;作为交换,代表公权力的法律赋予其收益权。从这个角度看,知识产权制度是在一定的约束条件下,通过市场交易的方式实现的一种均衡。同时,现代知识产权制度鼓励合作。在开放的背景下,知识和技术创新者、技术需求者通过协同的方式共享知识、信息、研发平台和试验生产线,提高了创新的质量和数量。根据吴延兵、米增渝(2011)的研究,协同创新的效率明显高于独立创新和模仿。原因是,模仿的成本低、产出快,但市场狭小、无自主权,且受专利限制。独立创新的固定成本和沉没成本高,规模不经济和不确定性,使企业资金利用效率和产出效率不高。协同创新通过合作获得外部创新资源,提高创新成功概率,分担创新风险,缩短创新时间,提高了经济效益。

从理论上说,当一项发明申请了专利,其他人只要购买这项专利便可获得相关知识,而不需要重复研发,这有利于创新资源的合理配置:为了拥有能够用以交易的知识产权,企业把资源集中到自己专长的领域进行创新并据以获取知识产权,避免了一些重复研发过程。另外,专利制度还有助于促进创新者之间的相互合作。无论是因为单靠一个企业自身力量无法完成技术创新,还是因为开发的新产品需要与其他企业的产品配合才能工作,总之,协同创新正在大量发生。例如,飞利浦公司认为,孤立创新的时代已经结束,没有任何一个公司能够凭一己之力找出所有问题的答案。这就是他们为什么要与研究机构、企业、大学、医院建立广泛研究网络,共同寻求技术突破的原因。IBM 于 2006 年调整了专利管理政策,设立开放协同研究(Open Collaborative Research,简称 OCR)项目,来支持与大学间的开放源代码软件研发。面对开放创新的趋势,微软也调整了自己的专利政策:协同是微软研发的基本组织架构,研发人员与学术研究者和科学家、与政府和业界合作伙伴、与遍布全球的微软其他商业部门一道,为提升技能水平而努力。

在产学研协同创新中,最核心的内容就是知识产权,因为这涉及创新收益的分配。没有清晰的知识产权界定,产学研的协同创新不具有可操作性,因为随之而来的纠纷将使产学研同盟很快瓦解。

在技术创新体系中,企业的创新行为表现为,或者在企业内部进行研发或者以购买和模仿的方式采用新技术。在产学研协同创新中,"学、研"部门把创新成果以知识产权的形式转让给能够实现其价值的"产"部门,其实质是促进技术创新所需各种生产要素的有效组合。专利的转让价格可看作"租"。简单地理解,创新成果就像一块土地①,"土地"所有者("学、研"部门)自己不耕种,而把它出租给别人("产"部门),只从中收取租金(专利费)。专利费这一租金的存在,使得"土地"可以获得更有效而充分的利用,同时激发"学、研"部门去发明更多的"土地"。当技术创新上升为科技创新后,在产学研合作创新的体系中,企业可能不只是采用新技术的主体,还会成为孵化高新技术的一个主体。此时,"产"部门与"学、研"部门共享租金索取权。

在现代经济实践中,创新中的合作不断增加,专利的市场交易也始终存在且日益重要。知识产权的作用没有因合作创新的增加而淡化,相反,清晰界定知识产权是协同创新的基本前提条件。

在创新者、机会、环境和资源这些创新要素中,创新者是最具能动性和最重要的部分。大量研究发现,强知识产权保护能否促进创新依赖于人力资本状况(Nunnenkamp 和 Spatz,2004;庄子银,2009)。公平的机会、良好的环境和丰富的资源,无不与知识产权保护情况密切相关。因此,知识产权保护有利于人才特别是创新人才的集聚,从而提升当地人力资本水平,间接促进创新。

科技型创新企业一般没有数额巨大的动产或不动产,它们的财富可能都存在于创业者和员工的头脑中,或者储存在一块硬盘上。由创新所形成的知识产权是他们的最大资产。因此,保护创新者的知识产权,就是保护他们的发展权。知识产权保护较好的地方,对他们更具有吸引力,也更容易发生创新。

二、知识产权保护水平的测度

知识产权保护制度内生于各国经济发展阶段。或者说,不同的经济发展阶段适用于不同的知识产权保护强度。发达国家占有技术优势,往往强调知识产权保护的重要性,而发展中国家技术相对落后,需要从发达国家引进、消化、吸收技术,往往反对过宽和过强的知识产权保护。中国作为自主创新能力较弱的发展中国家,在经济发展的初期以模仿创新为主,较弱的知识产权保护制度有利于以模仿为主的技术进步。随着我国相对技术水平不断提高,自主创新对技术进步的作用正逐渐凸显,强知

① 这里的"土地"会因更优质的"土地"产生而贬值或被完全替代,特殊之处在于,它可以被发明创造出来,且几乎不存在"拥挤效应"。

识产权保护将更有利于创新的发生。一般认为,存在一个知识产权保护的临界值,当经济发展超越了这一临界值,加强知识产权保护有利于促进创新。

根据克鲁格曼(1979)对"产品周期"的分析,创新国家在初始阶段出口使用新技术开发的新产品,当这项技术扩散到国外时,创新国家又开始进口该产品。因此,发达国家在一项新技术开发初期(参见图 18.1,t_0点)可能会执行更严格的知识产权保护政策,而在技术成熟期(参见图 18.1,t_1点)或许会有意无意地放松管制,此时技术会向作为跟随国家的发展中国家转移。接受技术转移的发展中国家对引进的新技术进行消化吸收,在此基础上再创新,并在知识创新的引领下,于 t_2 点实现自主创新,t_2 点即为知识产权保护的临界点。

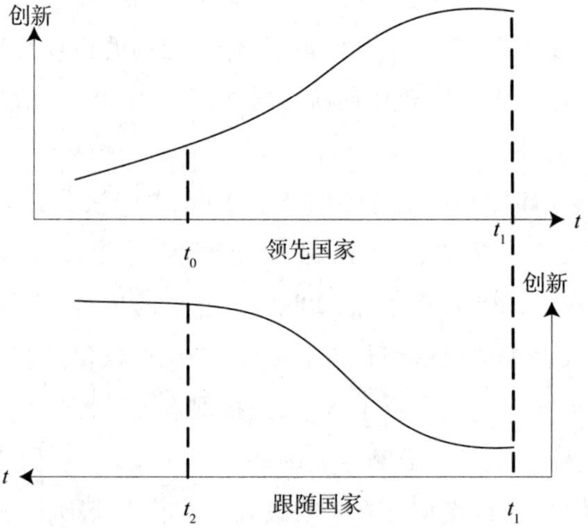

图 18.1 技术领先国家和跟随国家创新关系

对当前中国而言,加强知识产权保护能够显著促进技术创新吗?知识产权保护与研发物质资本和人力资本投入之间具有何种关系?中国是否已经跨越了知识产权保护水平的临界值?接下来将通过实证分析来回答这些问题,并对理论分析部分进行实证检验。

由于知识产权从属于制度的范畴,因而对知识产权保护水平的测度必须结合制度来分析。从构成要素来看,制度包括正式制度、非正式制度及其实施机制。正式制度主要包括产权制度和契约制度。毫无疑问,知识产权属于产权制度的范畴,且是一种特殊的产权,即权利的无形性和权利享有的法定时间性。知识产权还属于契约制度即技术合同的范畴。技术合同包括技术服务合同、技术开发合同和技术转让合同等。与普通的商品买卖合同相比,技术合同的内容更为复杂,比如对研发的内容有特定的目的性、研发交易完成的认定有很强的专业性、研发成果有很高的保密性等,因此这一类合同对契约制度环境要求更高,是一种契约密集型合同(Clague 等,1999)。

知识产权保护的实施机制包括司法和行政执法。前者即权利人在权利被侵害时向法院提起诉讼,由法院来裁决知识产权诉讼纠纷;后者即知识产权管理机构如国家知识产权局及其下属机构对知识产权侵权案件进行查处。在中国这样一个立法权高度统一的国家,各地区通行的产权制度和契约制度是相同的,区别只在于二者的实施机制不同。就知识产权保护来说,地区之间实施机制的差异体现为知识产权的司法和行政执法的过程和效率差异。

在知识产权的司法保护上,目前中国公开出版的统计资料只提供了国家层面的数据,因而难以度量中国各地区的知识产权司法保护水平。在知识产权的行政保护上,尽管2000年以来《中国知识产权年鉴》提供了地区知识产权纠纷立案数和结案数,据此能够计算出各地区知识产权纠纷结案率。但以该指标来衡量中国各地区的知识产权保护水平是值得商榷的:一是部分地区的结案率很高,高达100%甚至超过100%,使得地区之间的结案率无从比较。二是结案率并不能够反映知识产权纠纷裁决的质量。在中国,司法地方化或司法地方保护是一个较为普遍的现象,类似地,知识产权行政执法中的地方保护也不同程度地存在(李善同等,2004),在这个意义上,结案率这一指标仅具有数量效应而缺乏明确的质量效应。

现实中,与技术创新密切相关的技术交易市场是一个重要的要素市场。技术交易市场是实现科技资源市场化配置和技术成果产业化的平台,是协调技术供求双方均衡的场所。在知识经济时代,其重要性正在超越有形的要素市场。由于技术交易的对象是附加在技术之上的知识产权,因此,技术交易的实质就是知识产权的转移及其利益分配。技术交易市场能否正常运行,在根本上取决于地区知识产权保护水平的高低。当技术交易市场对卖方(买方)的权利保护较好、卖方(买方)能够在市场交易中获得不低于其投入的回报预期时,卖方(买方)才愿意在该市场同买方(卖方)交易。技术交易市场是一个集中体现买卖双方权利界定与保护的市场,交易双方的权利保障依赖于合同的实施机制。该实施机制包括双方出于信任的自我实施和发生合同纠纷后的第三方实施如司法裁决等。在非人格化交易为主体的技术市场上,第三方实施更为普遍。企业的技术创新成果既可以在本地交易,也可以在外地交易。在外地交易时发生的侵权纠纷能否得到公正裁决,在很大程度上反映了地区(外地)知识产权保护水平。之所以如此,是因为中国的民事诉讼在地域管辖上实行的是"原告就被告"原则,即当事人一方(原告)认为自己的合法权利被侵害时,应该在当事人另一方(被告)所在地法院提起诉讼。在司法地方化或司法地方保护背景下,知识产权侵权纠纷能否得到公正裁决,将会影响一个地区技术交易市场的运行。在本地企业与外地企业的技术交易中,只有当本地企业对外地司法机构保护知识产权的司法诉讼、裁决和执行有信心时,本地企业才愿意与外地企业发生跨地技术交易。同样的,当外地企业与本地企业发生技术交易时,外地企业是否对本地司法的公正性有信心,也将影响到本地技术市场交易的规模。因而,一个地区技术市场交易成交额的大小就能够在一定程度上刻画该地区的知识产权保护水平。

以技术市场交易成交额来度量地区知识产权保护水平时,我们并不需要知道技术交易合同的细节。因为技术市场成交额本身就包含了与知识产权保护有关的所有信息:该技术是否物有所值、买卖双方能否有效维护自身的合法权益、买卖双方对地区司法裁决的质量信任度等。这类似于哈耶克(2003)所说,"市场中的价格包含了与供求有关的所有信息。"因此,以该指标来度量知识产权保护水平的优势是显而易见的:第一,它是一个客观指标,消除了主观度量指标的因人而异问题;第二,它是一个综合性的指标,包含了与技术交易供求双方偏好、效用评价、地区技术交易市场环境等多方面的信息;第三,它是一个结果性指标,使得我们可以不去追溯影响知识产权保护水平的多样化且难以度量的成因,其结果导向性显而易见且便于操作。这一度量方法与 Ang 等(2008)在研究中国高新技术企业的投融资环境时对地区知识产权保护的度量是一致的。同时,为便于比较,本章最终以地区技术交易成交额占当地 GDP 比重来度量各地区知识产权保护水平,相关数据来源于历年《中国科技统计年鉴》和《中国统计年鉴》。

三、模型设定、估计方法与描述统计

(一) 模型设定与变量说明

影响技术创新的因素除了知识产权保护以外,还包括研发资本投入、研发人力资本投入等基本的创新要素。考虑到技术创新具有传承性、累积性和集聚性(董雪兵、史晋川,2006),即以前的创新能够为未来的创新奠定技术基础,本章将技术创新产出的滞后一期也作为解释变量,这样,基本计量方程设定为:

$$y_{it} = \gamma y_{i,t-1} + \beta_1 ipp_{it} + \beta_2 rd_{it} + \beta_3 hum_{it} + \alpha_i + \varepsilon_{it} \tag{18.1}$$

(18.1)式中,i 和 t 分别表示省份(包括省、自治区和直辖市,下同)和年度,y_{it}、$y_{i,t-1}$ 分别为 i 省第 t 年、第 $t-1$ 年的创新产出,ipp_{it} 为知识产权保护水平,是本章的核心解释变量,rd_{it} 为研发资本投入,hum_{it} 为研发人员投入,α_i 代表与各省份相关的、时间上恒定的未观测因素,比如各省的地理位置、资源禀赋、创新文化等,ε_{it} 为模型的随机扰动项。

知识产权保护影响创新的重要渠道是激励企业增加研发资本投入和科技人员投入。这就意味着知识产权保护不仅具有直接效应,还具有间接效应,后者体现为知识产权保护与研发资本投入、人力资本投入的交叉项。因而,(18.1)式可以扩展为:

$$y_{it} = \gamma y_{i,t-1} + \beta_1 ipp_{it} + \beta_2 rd_{it} + \beta_3 hum_{it} + \beta_4 ipp_{it} \times rd_{it} + \beta_5 ipp_{it} \times hum_{it} + \alpha_i + \varepsilon_{it}$$

$$\tag{18.2}$$

接下来对模型中的变量加以具体说明。y_{it} 为技术创新产出。技术创新的产出有多种形式,如专利申请量、专利授权量、新产品销售比重、高新技术产品出口比重等。由于从专利申请到专利授权之间的时间间隔较长、专利授权存在较大的不确定性,使得专利授权量并非是一个度量创新产出的有效指标。而地区新技术产品或高新技术产品销售比重数据难以完全获得。但企业或个人在申请专利时,需要支付专利申请费,专利申请费支出在一定程度上具有创新甄别效应,即只当专利申请有可能被批准时,专利申请人才愿意发生该项必要的费用支出,因而本章将采用专利申请量来刻画创新产出,该数据来源于历年《中国科技统计年鉴》。

rd_{it} 表示研发资本。根据新增长理论,知识商品可反复使用并具有累积性,这就意味着研发资本应该是一个存量而非流量,简单以当年研发支出来度量地区研发资本是不准确的。因此本章将借鉴资本存量测算中广泛采用的永续盘存法(PIM)来测算研发资本。采用 PIM 计算研发资本所需要的数据来源于历年《中国科技统计年鉴》、《中国统计年鉴》和《中国固定资产投资统计年鉴》等。

hum_{it} 表示研发人力资本。本章以各地区研究与发展人员全时当量来衡量。研发人员全时当量是指全时人员数加非全时人员按工作量折算为全时人员数的综合,它以研发人员的实际工时来度量,比采用研发人员数来度量研发人力资本更具客观性。该数据来源于《中国科技统计年鉴》。

由于《中国科技统计年鉴》只提供了计算研发资本存量所需要的 1997—2008 年数据,同时由于西藏的数据缺失较多,因此本章最终选取的是 1997—2008 年间除西藏外的其余 30 个省份的面板数据。此外,《中国科技统计年鉴》只提供了 1998—2008 年的研发人员全时当量数据,因而该数据的时限是 1998—2008 年,其他变量的数据时限均是 1997—2008 年。

(二)估计方法

1. 广义矩方法(GMM)

本章的计量方程(18.1)、方程(18.2)中不仅包含了被解释变量的滞后项,而且技术创新与知识产权保护、研发资本投入、研发人员投入等之间可能存在内生性问题,即技术创新本身也可能影响地区知识产权保护、研发资本投入、研发人员投入等,从而导致包含滞后项的解释变量与误差项之间的相关系数不为零。此时采用固定效应方法虽然可以消除解释变量与个体固定效应的相关性,但无法解决模型中的内生变量、前定变量与滞后项的相关性问题,因而强行采用固定效应模型估计可能会有偏差。而广义矩方法(GMM)尤其适用于这类变量具有内生性且截面数较大而时间序列较短的数据。

一阶差分广义矩估计法(DIF—GMM)以一阶差分变换来消除固定效应影响、以解释变量的水平滞后项作为差分项工具变量(Arellano 和 Bond,1991)。该方法的优点是不需要寻找另外的工具变量,缺点是只对差分方程进行估计会损失样本信息,以及由此带来的弱工具变量问题。而系统广义矩估计方法(SYS—GMM)(Blundell 和 Bond,1998)则较为有效地克服了这些不足。SYS—GMM 除了运用 DIF—GMM 的工具变量外,还以差分变量的滞后项作为水平方程相应变量的工具变量,从而提高工具变量的有效性。因而本章将采用 SYS—GMM 来进行估计。GMM 具有严格的适用条件,其中关键的是工具变量及其滞后阶数选取,这需要根据经济模型的逻辑和统计规则来选择。本章将被解释变量的滞后项设定为前定变量,知识产权保护水平、研发资本和研发人员投入等设定为内生变量,年份虚拟变量设定为外生变量,以之作为模型的工具变量。而对于滞后阶数,则从最近的滞后项开始,逐步试错满足 GMM 估计结果有效性四个要求的滞后阶数,最终选择以包含最近滞后项的回归作为计量结果:一是工具变量整体有效性的 Sargan 检验,以之来判断模型选用的工具变量是否存在过度识别约束,其原假设是所使用的工具变量与误差项不相关。二是模型的误差项是否存在一阶序列相关和二阶序列相关(AR(1),AR(2)),其原假设是模型的随机误差项一阶和二阶序列不相关。三是工具变量个数选取的拇指法则(Roodman,2009),即工具变量数不超过截面数。四是滞后项的系数应介于相应的混合回归模型和固定效应模型估计值之间,这是因为这两个估计会导致向上和向下偏误的滞后项系数。

2. 门槛回归方法(Threshold Regression)

由于知识产权保护与技术创新之间可能具有 U 型门槛效应(U-Shaped Threshold Effect),本章将进一步采用门槛回归方法来估计知识产权保护水平的门槛值或临界值,进而采用分组回归来估计临界值上下不同组别样本的变量间拟合关系。

运用门槛回归方法的关键是确定门槛值。本章采用汉森(Hansen,1999)发展的门槛面板数据模型,根据数据本身的特点来内生地划分知识产权保护水平的区间,以检测不同区间的知识产权保护水平对技术创新的影响差异。以单门槛为例,以(18.1)式为基础的两范围面板数据回归方程可写为:

$$y_{it} = \begin{cases} \gamma_1 y_{i,t-1} + \beta_{11} ipp_{it} + \beta_{12} rd_{it} + \beta_{13} hum_{it} + \alpha_i + \varepsilon_{it} & g_{it} < \lambda \\ \gamma_2 y_{i,t-1} + \beta_{21} ipp_{it} + \beta_{22} rd_{it} + \beta_{23} hum_{it} + \alpha_i + \varepsilon_{it} & g_{it} > \lambda \end{cases} \quad (18.3)$$

其中,g_{it} 为门槛变量,在本章中为知识产权保护水平(ipp_{it}),λ 为特定的门槛值。由于 Hansen(1999)提出的门槛面板数据估计方法仅适用于非动态面板数据,而(18.3)式为动态面板数据模型,因此,本章将采用 Tsung-Wu(2006)提出的门槛动态面板数据方法来估计门槛值。在门槛值估计中,首先需要通过最小化残差平方和来获得 λ 的估计值。其次,要对门槛值进行显著性、渐进性检验来判断该估计值的可靠性。在显著性检验中,由于检验统计量 F 不服从标准 χ^2 分布,汉森(1999)提出以自抽样检验(Bootstrap)来获得统计量服从大样本渐进分布的概率 p 值,来检验无门槛值的零假设是否成立。在渐进性检验中,则通过构造似然比统计量来确定门槛值的置信区间,以检验门槛值等于真实值的零假设是否成立。

(三) 描述统计和散点图

表 18.1 给出了各变量的描述性统计。为降低变量之间的异方差,本章将被解释变量 y_{it} 以及解释变量 ipp_{it}、rd_{it} 和 hum_{it} 分别取对数,因而,表 18.1 的描述性统计均是取对数后的结果(交叉项是变量相乘后取对数的结果)。

表 18.1　各变量的描述性统计

变量名	含 义	观察值	均值	标准差	最小值	最大值
$innovation$	创新	360	8.2194	1.3509	4.8203	11.7598
ipp	知识产权保护水平	360	-5.5792	1.1073	-9.8043	-2.3104
rd	研发资本存量	360	4.9020	1.3727	0.9080	7.8192
hum	研发人员全时当量	330	10.0761	1.1688	-6.4594	5.4958
$ipp \times rd$	知识产权保护水平与研发资本存量的交叉项	360	-0.6772	2.0486	-6.4594	5.4958
$ipp \times hum$	知识产权保护水平与研发人员全时当量的交叉项	330	4.5093	1.8897	-2.9876	9.8290

为初步判断知识产权保护与创新产出之间的关系,图 18.2 和图 18.3 分别给出了二者之间的线性和二次项关系散点图。图 18.2 表明二者之间具有线性正相关关系;图 18.3 表明二者之间可能还具有非线性的 U 型关系,从而要求采用门槛回归方法来内生的划分样本区间进行分组回归。

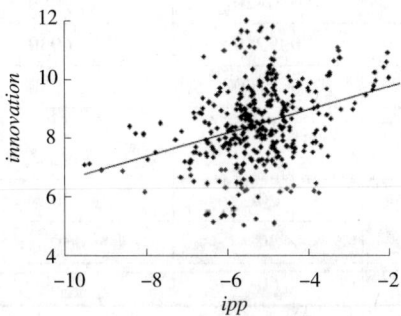

图 18.2　知识产权保护与技术
创新线性关系散点图

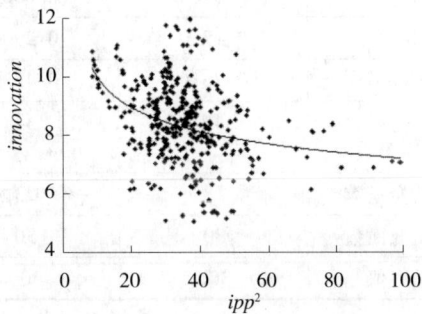

图 18.3　知识产权保护与技术创新之间
之间的二次项关系散点图

四、估计结果与分析

（一）基准计量结果及分析

方程(18.1)、方程(18.2)的回归结果分别见表18.2的第(1)、第(2)列。第(1)列的回归系数表明,知识产权保护水平(*ipp*)与技术创新之间具有强正相关性(1%的水平上显著),即加大知识产权保护力度有利于形成更多的创新。研发资本存量(*rd*)对创新也具有显著的正向影响。但令人意外的是,研发人力资本投入(*hum*)却对创新的影响为负数,即增加更多的研发人员投入,并不会带来相应的创新,研发人员投入的边际产出呈递减趋势。

表18.2 知识产权保护对技术创新的影响

解释变量	(1)	(2)	(3)	(4)
	0.9138*** (0.1881)	0.9145*** (0.0733)	0.5823*** (0.2015)	0.7024*** (0.0986)
ipp	0.1327*** (0.0377)	0.3515** (0.1430)	-0.6753* (0.8341)	0.1821** (0.0923)
rd	0.3779** (0.4635)	0.3956* (0.2001)	0.6024*** (0.1862)	0.6381*** (0.1325)
hum	-0.1591* (0.1484)	-0.3721** (0.1743)	0.0435 (0.1823)	0.4612 (0.0958)
ipp×rd		0.0459* (0.0228)		
ipp×hum		-0.0607** (0.0258)		
年度虚拟变量	控制	控制	控制	控制
AR(1)	0.0100	0.0000	0.0420	0.0060
AR(2)	0.1750	0.2900	0.9540	0.6930
Sargan-Test	0.7610	0.4230	0.6760	0.4230
工具变量滞后阶数	[45]	[34]	[12]	[23]
工具变量数	18	23	20	20
样本截面数	30	30	30	30
观察值	300	300	60	183

注:①***、**和*分别表示1%、5%和10%水平上显著。②系数下方括号内的数值为估计系数标准差。③误差项一阶序列相关和二阶序列相关检验值(AR(1)、AR(2)),以及工具变量的过度识别约束(Sargan-Test)均报告的是p值。④被解释变量滞后一期时损失了一部分观察值,导致每一回归中的观察值低于相应的样本数。

第(2)列的回归结果表明,知识产权保护水平(ipp)、研发资本存量(rd)对于技术创新的影响仍然显著为正。而研发人力资本投入(hum)对创新的影响与第(1)列相同,也为负数。方程(18.2)的重点是分析两个交叉项的影响。知识产权保护与研发资本存量的交叉项($ipp \times rd$)系数显著为正,这说明在知识产权保护水平一定时,增加研发资本投入有助于进一步促进创新,或者说减少研发资本投入则会进一步导致创新下降,即知识产权保护与研发资本存量之间是互补关系。但知识产权保护与研发人力资本投入交叉项($ipp \times hum$)的系数却显著为负,则表明在知识产权保护水平一定时,增加研发人力资本投入并不会带来创新增加,或者说减少研发人力资本投入并不会导致创新下降,知识产权保护与研发人力资本投入之间可能具有替代关系。交叉项$ipp \times rd$和$ipp \times hum$的系数分别与单个变量(rd, hum)的影响系数符号一致(分别为正和负),同时也说明在知识产权保护水平一定时,增加研发资本投入更有意义。之所以如此,可能是因为研发资本存量是扣除劳务费后的研发实际支出,这部分支出能够真正作用于创新;而研发人力资本投入只能衡量研发人员投入的量,并不能反映研发人员投入的质。

图18.2已经表明,知识产权保护与技术创新之间还可能呈非线性的U型关系。接下来运用门槛回归方法来进行门槛效应检验。由于本章主要关心知识产权保护变量对技术创新的影响,因此,门槛变量仅设定为ipp。我们对(18.3)式依次在不存在门槛、有一个门槛的假设下,采用自举法进行估计,计算结果拒绝了不存在门槛值的原假设,且有唯一的门槛值-5.9803(见表18.3)。

表18.3　门槛效果自抽样检验和门槛值

零假设	F统计量	Bootstrap P 值	检验结果	门槛值 λ
不存在门槛值	28.4538	0.0040***	拒绝原假设	-5.9803
一个门槛值	5.7356	0.1710	接受原假设	

注:***、**和*分别表示1%、5%和10%水平上显著。P值和临界值均为采用自抽样法反复抽样300次得到的结果。

以知识产权保护水平的门槛值为临界点可以将全部样本(360个)分为两组:低于门槛值的子样本组和高于门槛值的子样本组。二者分别包括107个和253个样本,分别占样本总量的29.72%和70.28%,前者主要集中在西部地区部分省份如广西、贵州、甘肃等地。然后将两组样本继续采用SYS—GMM进行回归,得到的结果见表18.2的第(3)、(4)列。第(3)列中的核心解释变量ipp对技术创新的影响在10%的水平上显著为负,这意味着在知识产权保护水平较低时,加强知识产权保护并不能够有效促进创新。之所以如此,可能是因为此时大部分企业尚处于模仿创新或技术积累阶段,加强知识产权保护加大了企业的创新成本,增加了技术创新的风险,即过紧的知识产权保护反而不利于创新。而在表18.2的第(4)列,核心解释变量 *ipp* 对技术创新的影响在5%的水平上显著为正,即在知识产权保护水平较高时,加强知识产权保护能加速技术创新。且第(1)列中的该系数介于第(3)、第(4)列的该系数之间。但应该指出的是,对低于门槛值的样本而言,低水平的知识产权保护仅是权宜之计,因为随着统一市场建设进程加快和知识产权保护一体化水平的逐步提高,知识产权保护洼地将难以长期存在,因此,西部地区要从根本上促进技术创新,必须走依靠知识产权保护之路;对于高于门槛值的样本来说,仍然具有很大的知识产权保护水平提高空间,需要进一步提高知识产权保护水平,以充分发挥其技术创新激励效应。而且还应当看到,由于70.28%的样本或大多数地区已经跨越了知识产权保护水平的临界值,因此,加强知识产权保护符合大多数样本或地区的利益。

(二) 稳健性检验

接下来进一步对上述回归进行稳健性检验。由于现有文献衡量知识产权保护水平的方法存在一定的局限性,本章的稳健性检验侧重于从创新产出上着手,寻找有关的替代变量来进行分析。

上述计量分析是以各地区专利申请数作为被解释变量。依创新程度不同,专利包括发明、实用新型和外观设计三种类型。因此,有必要以创新性为权重,将创新程度不同的三种专利整合为一个更能够客观反映各地区创新能力的加权专利数指标。近年来各地区为鼓励辖区企业申请专利而颁布的专利资助及奖励办法为我们的研究提供了有益的参考。一般来说,创新程度越高,地方政府对专利申请的资助力度也就越大,因而地方政府对专利申请的资助力度可以用来刻画申请专利的创新程度。本章选取较早颁布专利申请资助办法的上海市作为参考标准。2005年上海市颁布的《上海市专利费资助办法》规定,发明专利、实用新型专利和外观设计申请每件资助分别为人民币2000元、1000元和500元。即发明、实用新型和外观设计的创新程度之比可设定为:1:0.5:0.25。按照这一比率,本章重新计算了各地区的加权专利数,并以之作为被解释变量代入方程(18.1)、方程(18.2)进行回归,得到的结果见表18.4。

表18.4第(1)列的回归结果表明,所有的变量系数均通过了显著性检验,且知识产权保护水平(*ipp*)和研发资本投入(*rd*)对技术创新的正向影响仍然存在,研发人员投入(*hum*)对技术创新的影响仍然为负。第(2)列中交叉项 *ipp×rd* 和 *ipp×hum* 也通过了显著性检验,并且其系数符号仍然表明知识产权保护水平分别与研发资本存量和研发人力资本投入之间具有互补性和替代性。在知识产权保护与技术创新非线性关系检验中,同样采用门槛回归方法得到的知识产权保护水平的单一门槛值也为-5.9803。进一步将全部样本分为低于和高于门槛值的两组样本,回归结果表明,知识产权保护水平(*ipp*)在两列中分别显著为负和正,进一步证实了前述判断:当知

识产权保护水平低于临界值时,其不利于技术创新,反之,则有助于技术创新。

表18.4 知识产权保护影响技术创新的稳健性检验

	(1)	(2)	(3)	(4)
	0.9193*** (0.0447)	0.9081*** (0.0655)	0.6523*** (0.2531)	0.6452*** (0.1076)
ipp	0.0711** (0.0316)	0.4763*** (0.1504)	-0.3014* (0.1543)	0.3659* (0.2178)
rd	0.1620*** (0.0444)	0.5228** (0.1627)	0.4289** (0.1686)	0.4532*** (0.1232)
hum	-0.1583** (0.0574)	-0.5335*** (0.1895)	-0.0738 (0.1034)	0.0198 (0.0781)
ipp×rd		0.0548*** (0.0185)		
ipp×hum		-0.0766*** (0.0234)		
年度虚拟变量	控制	控制	控制	控制
AR(1)	0.0070	0.0010	0.0020	0.0020
AR(2)	0.1880	0.1710	0.5870	0.3760
Sargan-Test	0.2410	0.1170	0.2340	0.4820
工具变量滞后期	[45]	[34]	[23]	[23]
工具变量数	23	23	18	18
样本截面数	30	30	30	30
观察值	300	300	82	211

注:①***、**和*分别表示1%、5%和10%水平上显著。②系数下方括号内的数值为估计系数标准差。③误差项一阶序列相关和二阶序列相关检验值(AR(1)、AR(2)),以及工具变量的过度识别约束(Sargan-Test)均报告的是p值。④被解释变量滞后一期时损失了一部分观察值,因而低于相应的样本数。

对实证结果的分析及其政策启示:

第一,知识产权保护水平和研发资本投入对于技术创新具有积极的影响。在促进创新方面,知识产权保护水平与研发资本投入具有互补性。这给我们的启示是,即使在创新型经济中,投资还是必要的。只不过投资的方向应该是集中在研发资本方面。

第二,知识产权保护水平与人力资本投入具有替代性。由于本研究使用的人力资本指标只能衡量其数量,不能反映质量。这也恰好说明,只注重研发人力的投入对技术创新的经济意义不大。只有研发人才的质量才有意义。知识产权保护可集聚创新人才,那些真正看重知识产权保护环境而回来的创新人才往往是高质量的创新人才[①],才

---

① 不可否认,有一部分专门冲着补贴而来的所谓创新人才,对创新并无贡献。

会真正对提高创新水平具有积极意义。这一点对当前各地的人才引进政策具有启发意义。

第三,中国大部分地区已经跨越了知识产权保护水平的门槛值,加强知识产权保护并不会损害技术创新。这一结论为我国应该加强还是减弱知识产权保护强度的争论,提供了实证证据。要提升中国的自主创新能力,必须以实际行动来加强地区知识产权保护。

五、深度分析和政策建议

21世纪的竞争实际就是知识产权的竞争。从世界经济发展经验来看,真正的核心技术是买不来的,没有知识产权的技术总是受制于人。没有知识产权保护,自主创新永远无法实现。

越来越多的学者相信,从长期发展的视角来看,我们不应以技术上处于落后状态为由,对知识产权保护采取消极态度(邹薇,2002;董雪冰等,2012;张杰、芦哲,2012;张宗庆、郑江淮,2013)。当前,发展中国家的弱知识产权保护,已经成为发达国家人为阻碍技术输出的理直气壮的借口。更为重要的是,知识产权制度不完善导致本国企业重模仿、轻创新,核心技术易被外国企业抢先申请专利,以及顶尖人才的流失。数据显示,我国流失的顶尖人才居世界首位,科学和工程领域平均滞留率达87%[①],对建设创新型国家产生了严重不利影响。

本研究的实证结论表明,我国已经跨过了知识产权保护临界点,到了必须实施严格知识产权保护战略的阶段。事实上,我国发展的约束条件的确已经发生了变化(见图18.4),如果仍维持弱知识产权保护力度,将导致本国企业创新动力持续不足。

一个客观存在的事实是,发达国家已经占据了创新链条的顶端。它们可以依靠强大的资金实力、技术储备、知识存量和研发能力,在技术创新中"拔得头筹"。发达国家利用先发优势抢先对前沿技术申请专利,则在后续逐渐加强的知识产权保护制度环境中,我们即使想进行自主研发也会处处受到专利限制,创新速率也将大大降低。

总体来看,知识产权保护在同一国家的不同发展阶段、在不同发展阶段的国家中对创新具有不同的影响效应。这种影响效应的差异与经济和技术发展水平、企业规模和治理模式,以及其他社会基础条件相关。创新者劳动成果的收益权需要得到保护,这是鼓励创新的基本原则。在市场经济的背景下,要素合理参与利润分配,作为

---

① 数据来源:中央人才工作协调小组办公室,"我国流失顶尖人才数居世界首位"一文参见《人民日报》2013年6月6日第9版。

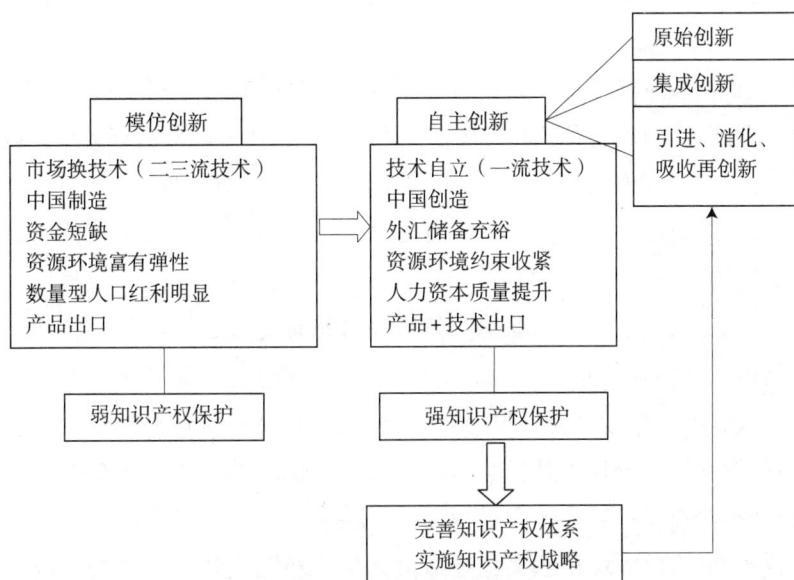

图 18.4　我国经济发展约束条件变化

重要生产要素的知识若不能形成产权,则无法获得收益。新经济中的创新活动不同于靠工匠或艺人的经验在劳动中偶然发现的时代,而是要依托于系统性的知识积累、人才储备、大型的机器设备的反复试验,成本大大提高。加之创新具有不确定性,存在沉没成本,企业之所以还愿意进行研发投入,根本的动力就是创新成功后可以获得垄断利润。因此,从创新激励的角度看,知识产权垄断是合理的。当然,知识产权制度设计对垄断的范围、垄断的时限都应进行相应的约束,以尽量规避负外部性。为了维护市场竞争的本质,法律不应当允许知识产权所有人因其合法的垄断地位而妨碍、限制或歪曲市场的有效竞争①。

我们可以把知识产权制度分为正式制度和非正式制度两大类。正式的知识产权制度即各国政府或国际组织颁布的法律法规;非正式的知识产权制度即人们对知识产权的价值认同、保护知识产权的社会氛围和文化传统等。正式知识产权制度容易形成,但执行成本较高。非正式知识产权制度的形成需要一个长期和渐进的过程,但交易成本较低。正式的知识产权制度是手段,非正式的知识产权制度才是目标。形成尊重知识产权的社会共识的非正式制度,需要通过正式制度来规制。从有利于促进创新的角度来看,目前我国知识产权制度还存在如下不足的地方。

第一,多头管理,执法成本较高。专利、版权、商标分属不同部门管辖,专利执法中因相互协调而带来的交易成本较高。专利执法难,一方面是当事人消极应对被侵

---

① 刘志彪:《现代产业经济学》,高等教育出版社 2003 年版,第 249 页。

权的事实,另一方面执法效率较低,专利保护制度得不到社会重视。影响自主创新氛围的形成。

第二,知识产权不能完全反映创新质量。虽然目前我国专利申请量增加很快①,但市场覆盖范围大、市场价值高的基础性创新少,高新技术领域的创新少。仅从专利上看,还以为我国创新能力提高很快,其实不然。一些地方政府,以专利来作为评判引进项目和人才的标准,却无法把适合自己的高质量创新项目和人才筛选出来。浪费了财力和物力。

第三,知识产权创造和应用的能力不够。当前的制度是重申请,轻应用。很多知识产权获得授权却躺在那里睡大觉,创新成果不能产业化,更别谈上升为行业标准了。知识产权制度本身很重要,促进知识产权创造和应用能力提升的配套制度也很重要。毕竟,取得知识产权不是目的,目的是激励创新行为,提高创新能力。

第四,知识产权保护存在地方保护主义。除了思想上重视不够、多头管理带来较高的交易成本之外,地方保护主义也是造成知识产权制度执行不力的重要原因。某些地区成为假冒伪劣产品和其他侵犯知识产权事件多发地,很重要的原因在于地方政府从地方保护主义出发,容许甚至庇护这种侵权行为。地方政府的这种态度,鼓励了模仿,打击了创新者的积极性。

第五,应对国际知识产权侵权调查能力较弱。我国产品屡屡遭到美国以侵犯知识产权为主要内容的"337调查"②,使我国出口企业遭受很大损失。出现这种局面的原因:一是我国某些企业不重视知识产权,确实发生了侵权事实;二是我们缺乏有效的应对机制;三是熟悉知识产权法律制度的国际人才比较稀缺。西方国家发起的针对我国企业和产品的侵权调查,一方面打击了我国企业的盈利能力,另一方面为他们找到了对我国限制技术出口的理由,进而通过技术封锁遏制我国企业向创新链高端攀升。

针对我国在知识产权制度方面存在的缺陷,结合本章研究结论,提出如下政策建议。

首先,在国家知识产权战略中,应该特别明确知识产权保护的重要性。对知识产权的侵权调查应归口一个单位专门负责。知识产权属于私权,只有被侵权者起诉,司法才能介入。而影响被侵权者是否起诉的重要因素是成本—收益。从提高全社会知

---

① 根据世界知识产权组织(WIPO)的数据,2011年中国以526412件专利申请量成为世界第一专利申请国,紧随其后的是美国(503582件)和日本(342610件)。http://www.wipo.int/ipstats/en/。

② 特别是对中兴和华为两家创新能力较强的中资企业,更是"关怀备至"。先是于2008年阻挠华为与贝恩资本联手洽购3Com,后于2011年反对华为竞购3Leaf Systems的专利资产。2012年8月,华为、中兴在美国遭遇以进口产品侵犯知识产权为主要内容的"337调查"。2012年10月8日,美国众议院联邦情报委员会发布报告,指控华为、中兴在美业务威胁美国国家安全。

识产权保护力度,促进由模仿向自主创新转变的角度来看,在制度设计上应该减少权利主张者的诉讼成本。

第二,加强知识产权的行政保护,打破地方保护主义。根据地区知识产权政策法规体系现状,有针对性地加强政策短板建设,制定一些保护知识产权的政策法规。特别是对那些侵权情况比较严重的地区,国家要加大监督力度。在提高知识产权行政执法案件的结案率和执行率的同时,要切实维护国家法律的统一性,维护行政执法的公正性,维护知识产权主体的合法权益。

第三,根据技术发展适时修订完善知识产权制度。要适应新经济发展和技术创新需求,拓宽知识产权司法保护领域。从传统的专利权保护拓展到基因专利、集成电路布图设计等全新的领域。要在提升知识产权案件的立案率和结案率基础上,提高司法审判的公正性,努力构建公正的地方司法环境。

第四,加强技术交易市场建设,提高知识产权的创造和应用能力。技术交易市场的发展需要政府的规范和扶持。在政府规范上,需要各级科技行政管理部门对技术市场实施有效的监督管理,完善技术合同登记制度,建立技术市场的社会信用体系和科技中介服务机构的信誉评价体系。在政策扶持上,需要大力培育和发展各类科技中介服务机构,引导科技中介服务机构向专业化、规模化和规范化方向发展。支持区域专业技术市场发展和服务体系建设等。

(执笔:胡凯　吴清　王辉龙)

第十九章 创新驱动的评价标准、激励机制和转化机制

创新驱动发展战略是我国经济发展方式转变的重要方向。为了实现这种转变，需要建设创新型国家、创新型城市和创新型区域。如何建设创新型国家、创新型城市和创新型区域？这是需要从理论和实践上进行研究的课题。十八大报告提出需要完善科技创新评价标准、激励机制、转化机制。这几个方面的研究成果可以说明创新型国家、创新型城市和创新型区域的基本特征。

一、创新型区域的评价标准

科技创新成为经济发展的主要动力是创新型国家的重要标志。如何评价一个国家或一个地区成为创新型国家或者创新型地区(省份或城市)，既有先进国家的国际标准，又有理论上的科学界定，还有我国的实际情况，需要综合起来，研究客观的评价标准。首先需要明确的是当今中国的科技和发展能力。过去每一场新科技革命都率先在西方发达国家发生，没有在我们这样的发展中国家产生，我国也没有能力直接承接新科技革命，因此只能实施跟随策略，通过学习和引进，在发达国家之后，发展高科技和新产业。现在，世界是平的，在全球化、信息化和网络化的条件下，经济全球化和科技全球化互动。正在发生的新科技和产业革命的机会对各个国家都是均等的。尤其是在我国成为世界第二大经济体后，有必要也有可能与发达国家站在同一个创新起跑线。这意味着我国建设创新型国家包括创新型区域的评价标准应该同发达国家的标准是一致的。

(一) 创新绩效的评价

之所以把产出方面的评价指标放在第一位，是因为创新产出的评价不仅是结果也是目标。

创新产出的基本评价指标是科技进步贡献率。这个概念的理论来源是索洛1957年创建的新古典经济增长方程。他发现，进入现代以来实际增长远大于资本和劳动投入所带来的增长，即经济增长中扣除劳动力、资本投入数量的增长因素之后，

所产生的余值是由"技术进步"带来的,即索洛余值。索洛研究发现:美国 1909—1949 年每小时劳动的产出增加有 80%归因于技术进步。仔细研究索洛模型发现,他所说的技术进步贡献率是在其全要素生产率的框架内产生的。全要素包括科技和组织管理的改进、规模经济效益及制度因素等。因此人们把它称为广义科技进步贡献率。

根据索洛模型,我们对科技进步贡献率这个指标要有全面的理解。首先,在这个指标中真正的科技进步作用只是其中的一部分,或者说是重要的一部分。在美国达到的 80%科技进步贡献率中并不都是单纯的科技进步带来的。其次,转向创新驱动不能仅仅限于科技进步,还要包括其他方面的创新,如制度创新、资源配置方式的创新、管理创新等。根据笔者的判断,现在流行的对有关国家科技进步对经济增长的贡献率的测算,基本上出自索洛模型的方法。如:美国、日本平均科技贡献率现已达到 80%左右,英国、法国、德国等西欧国家为 50%—60%,俄罗斯为 30%—50%。

根据已有的分析资料,我国目前的平均科技进步贡献率为 30%—40%,即使是创新能力处于全国前列的江苏也才 50%多一点。显然离创新型国家还有较长距离。

研究了科技进步贡献率的内涵,也就明确了创建创新型国家和发展创新型经济的目标。首先是按照提高全要素生产率的要求全面转变经济发展方式,全面提高各种投入要素的质量和效率。其次是以科技创新为核心引领其他各个方面的创新。围绕科技创新进行制度等方面的创新。

其实,科技进步贡献率只是一系列创新成果的综合反映。其中包括,创造出处于国际前沿的发明专利,并且创造一大批拥有自主知识产权的新技术、新产品;创造出体现文化传承和创新并产生重大影响的文化产品;构建具有较强自主创新能力的战略性新兴产业为主体的现代产业体系等。

(二) 创新投入的评价

在创新投入方面,对创新型国家进行评价的通用指标是研究和发展投入所占比重。

1990 年,为反映当时美国出现的新经济现象,罗默的新增长理论建立了一个由物质资本、劳动力、人力资本、研究与开发"四要素"所组成的"知识溢出模型"。即一是新古典经济学中的资本;二是劳动(非技术劳动);三是人力资本(以受教育的年限衡量);四是新思想(用专利来衡量)。与传统增长模型不同的地方主要是增加了第三和第四项。该模型把人力资本、研究与开发作为总量生产函数中的内生变量,使生产函数呈现规模报酬递增,从而合理解释了现代经济的持续增长。按此模型,评价科技进步就要突出人力资本和产生新思想的研究与开发。

按照新增长理论,加大研发投入的意义在于,投资投在科技创新上比直接投在生产上更有效益。由主要依靠物质资源投入转向创新驱动,只是指创新驱动可以替代和节省紧缺的能源土地环境之类的物质资源,但不能替代资金投入,恰恰是要加大对科技创新的投入,也要求资源向创新领域流动和集聚。其效应是物质资源被用于创新后,资源的效益更高。

根据上述模型,国际上判定高新技术企业的主要指标有两个:一是研究与发展费用在销售收入中所占比重,据估计高新技术企业的研发投入一般要达到销售收入的 6%—8%;二是研发人员占总员工的比重。后来,人们就把研究和发展费用在 GDP 中所占比重作为创新型国家的评价标准。据公布的数据,被称为创新型国家的 OECD 国家的研发费用一般要占其 GDP 的 2.3% 以上。我国据估算只达到 1.4% 左右,江苏 2003 年确定的全面小康指标也只是大于等于 1.5%。作为创新型省份,研发投入不但要达到一般创新型国家的水平,还要高于它。因此苏南基本实现现代化示范区规划提出了 2.8% 的目标。

就投资的功能来说,研究和发展费用不仅是投入问题,研发投入的一个重要功能是吸引和凝聚创新要素的集聚。创新要素主要涉及创新创业人才,其中人力资本投资成为创新投入的重点。依靠人力资本投资所集聚的高端创新创业人才的程度就成为创新投入的重要评价指标。

新增长理论的一个重要方面是卢卡斯的人力资本理论,该理论强调,人力资本是现代经济增长的决定因素和永久动力。在创新驱动中人力资本比物质资本更重要。人力资本投资的方向有两个方面:一是提高劳动者的整体素质,其主要评价标准为劳动年龄人口受教育的年限,尤其是接受过高等教育的劳动年龄人口比重。二是专业素质的提升,通过引进和培养所集聚的高端创新创业人才。波特的竞争优势理论强调,需要纠正长期占主导的低成本战略理论所强调的以低劳动力成本作为比较优势的观点。低价位的工资只能吸引低素质劳动力,只有高价位的工资才能吸引到高端人才,才能创新高科技和新产业,从而创造自己的竞争优势。技术创新的能力依赖于体现人力资本积累水平的企业家的创新素质和参与科技创新的科技人员的知识积累。

(三)产业竞争力评价

过去人们一般关注企业竞争力,相应地评价一个地区创新能力的重要指标是有多少高新技术企业。新科技革命以来的实践表明,产业竞争力比企业竞争力更重要。企业所处产业是否具有竞争力,直接决定企业竞争力。就如迈克尔·波特的分析,竞争力是以产业作为度量单位的,国家和地区竞争力通常针对特定产业或产业环节,而不是个别企业。产业竞争力是一个国家一个地区竞争优势所在。

何谓产业竞争力?过去强调的是资源禀赋的比较优势,因而谈不上产业创新。

现在转向创新驱动,产业竞争力有新的要求:第一要求高附加值(其前提是高科技含量),第二要求采用绿色技术。产业创新就成为科技创新的基本目标。因此定义的产业竞争力,就是产业创新与升级的能力。

正在兴起的科技革命的新趋势是,新的科学发现随之带来的是新产业革命。新科技同时催生生物技术产业、新材料产业、新能源产业、环保产业等新兴产业。这就是通常说的高科技产业化。建立在新科技革命基础上的产业创新意味着采用最新科技成果,其技术含量更高,附加值更高,也更为绿色。

在现阶段,竞争力主要体现在创新力,创新力的现实表现是创新产业。由于创新的新兴产业能够带动整个产业结构的优化升级。一个国家和地区在某一时期的竞争力和竞争优势,就看其有没有发展这个时代处于领先地位的新兴产业,形成具有自主创新能力的现代产业体系。依靠科技创新成果,在重点领域占领世界科技和产业的制高点。这是一个国家和地区的竞争力处于领先地位的标志,也可以说是当今时代科技创新的标志性成果。

二、科技成果转化机制

在科学新发现成为技术创新源头的背景下,科技成果转化平台和机制的建设就成为关键,也就成为转向创新驱动发展方式的重要评价标准。

作为创新型国家,国家创新体系建设最为重要。国家创新体系包括知识创新体系和技术创新体系。区域创新体系应该也涉及这两个方面,更为突出这两个体系的协同和互动。两者的协同机制就成为科技成果转化机制的基本内容,涉及包括企业、实验室、科学机构与消费者在内的不同行为者之间,在科学研究、工程实施、产品开发、生产制造和市场销售之间进行的合作和反馈。服从于提高国家自主创新能力和着眼于原始创新产生具有自主知识产权的创新成果考虑,技术创新体系固然需要企业作为创新主体,自主地进行技术和产品的研发,但不能仅限于此,必须跳出企业范围,科学发现和科学发现成果向产品和技术的转化过程将成为创新机制建设的重点。

根据弗里德曼《世界是平的》一书的分析,可以把美国成为创新型国家的经验概括为以下五点:一是拥有很多具备科研能力的大学,它们源源不断地提供实验结果、创新成果和科学突破。二是大学—企业科技中心可能涵盖很多学校和企业,最终将带动新产业的繁育、新产品的生产和新技术的运用。三是拥有全球监管最严格、效率也最高的资本市场,新产品和创新很容易得到风险资本的支持。四是社会的开放性,可以吸引众多的外国朋友。五是严格的知识产权保护制度。

基于以上分析,我国所要建立的科技成果转化机制主要有以下要求:

（一）创新投入的重点环节

以往的技术创新一般都在企业中进行，因此研发投入一般都投在企业中。在技术创新上升为科技创新的背景下，技术创新的源头更多来自科学的新发现成果，也就是来自知识创新的成果。相应地，创新路线图就涉及：由大学的知识创新，到孵化高新技术，再到企业将高新技术转化为现实生产力的创新阶段。自从20世纪后期产生新经济以来科技创新出现的新趋势，就是技术创新的先导环节和知识创新的后续环节均延伸到了孵化高新技术即科技创新的环节。这是科学知识转化为生产力的领域，也是技术创新和知识创新的交汇点。也正是这种创新的交汇产生了知识经济。其效应是越来越多的新技术、新产品和新企业在这个阶段产生。反映创新驱动要求的创新投资只有更多地投向孵化和研发环节，才能获得源源不断的新技术。与此相应，高新技术孵化器的数量和参与的人数就成为主要的评价指标。

（二）产学研协同创新平台和载体

过去就有大学的科研人员与企业家在技术创新上的合作。科研人员开发的新技术转让给企业，其也可能进入企业帮助解决技术难题。但这种合作只是项目合作，项目完成，如果没有新的项目，合作就结束了。现在基于科学新发现为导向的科技创新的要求，产学研之间不只是大学和科研院所作为技术供给方，企业作为技术需求方之间的关系。而是产学研各方共同建立研发新技术的平台和机制，共同参与研发新技术。在这个科技成果转化平台，企业和大学不仅建立了研发共同体，也建立了互利共赢的利益共同体。大学与企业共同构建协同创新的组织（平台），可能产生源源不断的创新成果。在此过程中，既有企业家提供的市场导向，又有科学家提供的科学导向，两个方面协同作用，这正是产学研协同创新的真谛。这些创新成果不仅有企业家所关注的商业和市场价值，也有科学家所关注的科技含量。

上述产学研协同创新平台，实际上是创新要素所要集聚的载体。人们一般以为企业成为技术创新的主体后，各种创新要素和资源应该向企业集聚。在缺乏作为创新源（科教和高端人才）的地方，可能是这样。而在拥有科教和人才资源的地区，技术创新的源泉在产学研协同创新平台，这意味着各种创新要素应该向产学研协同创新平台集聚。政府的引导性创新资金也应该重点投向产学研协同创新平台。

（三）科技与金融的深度融合

在科技成果转化、孵化新技术阶段的创新投入与在企业中进行的研发投入不同，该阶段靠近知识创新阶段，但远离市场。既然远离市场，市场信息明显不完全，有明显的不确定性：首先是新思想能否孵化为新技术有很大的不确定性，其次是孵化的新技术新产品能否被市场所接受也有很大的不确定性。因此研发投入基本上属于风险投资。因而推动科技成果转化的创新创业投资被称为风险投资。有风险就意味着可能存在风险厌恶,因此科技成果转化最为缺乏也最需要的就是金融支持。

如果说创新科技成果是科技成果转化的必要条件,那么金融支持就是其充分条件。针对孵化新技术阶段存在风险的特点,需要鼓励专业的创投公司进入提供创业投资。"相当多的且数目日益增加的个人和公司将其主要精力放在新企业的创建上。"①这可以说是现代经济充满创新活力的原因所在。与此相应,创投公司的集聚程度就成为创新型国家和区域的重要评价指标。与此同时,鼓励生产企业直接进行孵化新技术的创新投资也是重要途径。企业进行这种投资与自己的长期发展密切相关,在创新过程中企业可能理性地指导创新行为,可以通过不断的调整适应目的的手段,从而把不确定性降到最低。

需要指出,既然科技成果转化阶段存在风险,就需要在制度安排上克服风险厌恶,激励风险投资。为此,不但要减少不确定性,还要能够得到与风险程度相对应的收益。

首先是政府引导。由于科技成果转化阶段紧靠知识创新阶段,此阶段产生的创新成果具有明显的外溢性(社会性和公益性),并不只是具有私人属性。因此,政府参与这个阶段的投资就很有必要了。"当社会正在向新领域迈进的时候,风险投资十分重要。有些国家采用政府风险投资,也就是政府建立风险投资机制以弥补缺乏私有风险投资机构的不足。"②政府介入推动科技成果转化的创新投资,不是代替企业和私人投资,而是起引导作用。

其次是发展科技金融。无论是风险投资家还是一般的生产企业,进入孵化新技术阶段,其投入的资金不可能都是自有资金,大部分需要通过银行信贷。这就提出对金融的需求以及金融自身的创新要求。金融创新的一个重要方面是发展科技金融,推动科技创新与金融创新的深度结合,促进金融资本开展以科技创新成果孵化为新技术、创新科技企业为内容的金融活动。这样,商业性银行和金融机构也可能成为科技金融的主体。

三、激励创新的环境建设

转向创新驱动,环境建设非常重要。当年沿海发展开放型经济时着力打造"几通一平"的引进外资的环境。现在转向创新驱动,需要引进和集聚创新资源(创新要

---

① 富兰克·奈特:《风险、不确定性和利润》,中国人民大学出版社 2005 年版,第 187 页。
② 罗伯茨:《风险投资及运行机制》,北京大学出版社 2000 年版,第 247 页。

素），涉及创新人才、创新机构、创新投资、创新成果等。因此，激励创新的环境首先是引进和集聚创新资源的环境。创新环境和开放环境不完全相同。其中包括：为创新创业人才提供宜居、宜研、宜创业的环境，包含网络信息通道在内的基础设施，产学研合作创新平台的硬件，活跃的风险和创新投资以及创新文化等。

（一）激励创新的制度建设

已有的向市场经济体制的转型能够较好地解决提高效率的问题，但不能有效地推动自主创新，激励创新的市场经济体制建设涉及两个关系的处理。

首先是严格的知识产权保护制度，这涉及竞争和垄断的关系。单纯的竞争机制只是解决创新外在压力，不能解决创新的内在动力，更不能解决连续创新的动力。在保障必要的竞争机制的基础上确认一定程度的垄断及其垄断收益就可有效提供创新动力。创新企业在一段时间内垄断和独占创新收益，可以使创新者的创新成本得到充分的补偿。以专利等知识产权保护制度的垄断不仅可以克服对创新成果免费搭车的行为，还可增强创新动力。这意味着激励创新的环境建设最为重要的是提供法制特别是知识产权保护环境。不仅要有法可依，还要有法必依。当然，知识产权保护制度不只是保护，还要利用这种机制将得到保护的创新成果在更大范围扩散。

其次是政府要积极引导。经济体制改革的核心问题是处理好政府和市场的关系。创新制度的建设也是这样，既要尊重市场规律，又要更好地发挥政府作用。激励创新不需要政府的乱作用。其中包括，政府不能限制竞争保护落后，否则企业没有创新的压力；政府不能代替企业创新，应该尊重企业对新技术的市场选择；创新面向市场可以使创新成果具有商业价值政府的创新投入不能替代企业的投资主体地位，更不能挤出企业的创新投入。

创新不能没有政府的积极作用。原因是创新成果具有外溢性和公共性的特征，创新收益不只是归于某个企业。政府的作用除了上述提供自主创新的引导性和公益性投资外，更为重要的是提供激励创新的公共政策和环境。

一是对企业的技术创新与大学的知识创新两大创新系统进行集成。集成创新即创新系统中各个环节之间围绕某个创新目标的集合、协调和衔接，从而形成协同创新。政府对包括产学研在内的创新系统进行整体协调和集成的主要方式是建立大学科技园，搭建产学研合作创新平台。

二是为创新成果的采用提供必要的鼓励和强制措施。在一般情况下，创新的新技术和新产品在初始阶段遇到的普遍问题是成本太高，价格大都处于高位，在成本和价格上没有竞争力。如果没有政府的扶持，创新的技术甚至新兴产业常常是中途夭折。在此情况下，政府要对新产业技术研发给予必要的补偿和投入。对创新产品和技术，政府可通过采购的方式进行鼓励，也可对其消费者提供必要的补偿。考虑到企业采用新技术可能存在无法消化的沉没成本，政府也可为此提供一定的补偿。例如对一些原来使用化石能源现在转向使用清洁能源的企业所进行的技术装置设备的改造提供必要的补偿，同时对碳排放较大的企业征收碳排放费，这实际上是对采用清洁能源技术的一种强制。

三是推动创新成果及时地在全社会推广和扩散。知识和技术等创新要素不同于物质要素，其使用具有规模报酬递增的特点，因而创新不排斥新知识新技术的广泛采用。只有当全社会都能采用自主创新成果时才能谈得上经济发展方式的转变。这也是建设创新型国家的基本要求。一般说来，强化市场竞争机制，就可以推动创新成果的扩散。但只是存在竞争机制是不够的，创新成果的全社会扩散机制还涉及两个方面的建设：一方面，通过计算机和通信网络将新知识新技术数字化进行传播，从而形成"信息社会"；另一方面，通过促进公众接受多种知识和技能的训练掌握学习的能力，从而形成"学习型社会"。这两个社会的建设都需要政府的积极推动。

（二）尊重知识尊重创造的文化环境及相应的利益机制

创新者的成果价值得到承认并充分地实现其价值与文化环境相关。只有在尊重知识尊重创造的文化环境中创新成果的价值才能得到充分实现。依靠科技成果创业与一般的创业不同。后者创业主要靠资本（资金），是以资本（资金）招技术，是物质资本雇佣劳动。而前者创业主要靠知识和技术，是以知识和技术招资本（资金），物质资本被知识资本所雇佣。创业的主动因素是知识和技术，物质资本则作为风险投资，从属于知识资本。就像微软公司这样成功的科技企业首先归功于比尔·盖茨这样的科技企业家，而不是哪一位风险投资者。即使是在一般的企业中，只要是创新新技术和新产品，就不仅仅是劳动和资本的结合，它还是高科技的思想（知识）与资本的结合。拥有高科技思想的创业者是知识资本和人力资本人格化，即"知本家"。他们可能替代资本家成为财富创造的中心。对科技创业者的激励主要有两种方式：一种是在企业股权结构中安排科技股的股权激励，另一种是按其知识产权收益给予充分的报酬。

四、开放与创新的互动

根据路径依赖理论，转变发展方式与起始阶段的方式相关。以江苏为例，其起始阶段是开放型经济，因此其创新驱动方式一定离不开开放。

把创新驱动作为经济发展的一个阶段提出来的是研究国家竞争力的经济学家波特。创新驱动阶段是在资源驱动阶段和投资驱动阶段之后出现的。在这个阶段，创新取代要素投入成为经济增长的主要推动力。转向创新驱动阶段意味着经济增长方式的根本转变。

　　就江苏等沿海地区来说,经济发展先后经历了乡镇经济阶段和开放型经济阶段。这两个发展阶段基本上属于要素驱动,前者是农业剩余劳动力驱动,后者是外资驱动。两者都是依托资源禀赋的比较优势,廉价的劳动力和土地资源、宽松的环境约束先后成为发展乡镇企业和外商投资企业以及扩大出口的基础。现在不仅这两个优势基本不在,而且其对经济发展的负面效应也显示出来了。首先是依靠劳动力、土地和环境资源引进外资,核心技术和关键技术不在我国,中国制造部分处于价值链的低端环节,附加价值低。其次是宽松的环境约束作为驱动发展的一个要素导致环境和生态的严重破坏,已经成为经济增长的极限。所有这些表明建立在资源禀赋基础上的要素驱动发展方式走到了尽头,转向创新驱动刻不容缓。发展战略的这种转变体现为参与国际竞争由比较优势转向竞争优势。传统的贸易理论把成本和产品差异看成贸易条件,竞争优势理论则是强调依靠品质、特色和新产品创新创造新的竞争优势。所以"新的国家竞争优势理论必须把技术进步和创新列为思考的重点"①。

　　在已有的开放型经济基础上转变经济发展方式的主要路径是开放与创新结合,其必要性在于两个方面:第一,我国是在全球化、知识化、信息化、网络化条件下成为世界经济大国的,面临的创新机会与其他发达国家是相同的。只是开放,没有创新,开放的价值会明显下降。第二,实行社会主义制度的中国成为经济强国是西方发达国家所不愿意看到的。他们会在"中国威胁论"的幌子下竭力打压中国的经济发展。其对中国的高技术封锁和贸易摩擦会明显加大。这就逼着我国着力推进科技创新,提高自主创新能力,发展具有自主知识产权的技术和产业。

(一) 技术进步模式转变

　　开放与创新的结合首先涉及技术进步模式的转变。我国目前的技术进步模式主要还是通过利用外资所进行的加工代工型、技术模仿型。这种技术进步模式基本上属于国外新技术对我国的扩散,创新的源头在国外。采用的创新的技术,是国外已经成熟的技术。这种类型的技术进步是跟随型的,至多只是缩短国际差距,不可能进入世界前沿。创新是指新发明第一次引入商业中去的全过程。这意味着转变经济发展方式所要求的技术进步模式应该是自主创新型的。

(二) 开放式创新

　　自主创新型技术进步依靠的是原始创新的成果,形成具有自主知识产权的关键技术和核心技术。在这方面需要明确我国现阶段科学研究水平和高新技术产业化的

---

① 波特:《国家竞争优势》,华夏出版社 1996 年版,第 30 页。

国际差距。一方面,由于科学研究的信息和人才的流动,科学研究水平的国际差距明显小于高新技术产业的国际差距;另一方面,在信息化网络化的时代,对新技术的保护壁垒要强于新知识的保护壁垒,因此科学和知识的国际流动性比技术的流动性强。这就明确提出了依靠自身科学研究水平的提升并推动科技创新成果产业化的重要意义。依靠科学发现及其转化的新技术,可能在许多领域得到当今世界最新科学技术的推动,这就提出了开放式创新的问题。自主创新不等于封闭创新,绝不排斥利用和引进新知识和新技术。与其他国家主攻同一创新方向,吸收和引进别人的新发明、新技术,这些都属于开放式创新的内容。这种开放式创新既保持自己的自主知识产权,又尊重别人的知识产权,由此创新的成果既可以在技术上保持自己在创新领域的领先地位,同时也可避免重复研究并节省研发费用。

(三) 引进国际创新资源

创新没有国界。对创新驱动型经济来说,开放的目标是要获取国际创新资源。就引进外资来说,需要提升外商投资企业进入我国的环节,引导其在中国本土进行科技创新,从而提高进入中国产业链环节的科技含量,特别是要鼓励外资研发机构的进入。创新驱动的发展方式更多的是依托知识和人才等创新要素。过去发展的重点在增长,各种增长要素跟着资本走。现在发展的重点转向创新,各种创新要素跟着人才走。因此利用国际资源需要更多的由着力引进外资等物质资源转向着力引进人才之类的创新要素,尤其是从发达国家引进高端科技和创新管理人才。

(四) 开发区转变为科技园

开放与创新的互动必然涉及已有的开发区的转型升级。我国各地建设的各类开发区(经济技术开发区、工业园等)是开放型经济的产物,也是发展开放型经济的平台和载体。当时建设的开发区的基本目标是引进国外产业和外商投资企业。外资在开发区集聚产生了明显的发展效应:成为各个地区对外开放度最高的区域,也形成了当地新兴产业的集群。以创新为导向的开放型经济对各类开发区提出了转型升级的要求。开发区不仅可用于开放型经济同样也可用于发展创新型经济。特别是开发区本来就有开放的功能,将其向创新功能转型,其作用会更大。开发区转型升级的基本方向是由世界工厂向世界工厂的研发和孵化基地转型,由原来引进国外资源和国外产业的主要载体转变为发展创新型经济的引领区。这种开发区功能的转变改变了对开发区评价的标准。过去开发区的主要评价标准是引进了多少外资,产出了多少GDP。开发区成为高科技的孵化园后,就要由重点引进外资转向引进创新资源,既要主动接受高校和科研院所的辐射,又要积极地引进世界著名科技企业及其研发中心和风险投资进入,从而使开发区工业园成为大学科技园和高端人才的集聚区。对开发区的评价就要更多关注引进了多少大学的研发机构、高科技研发中心，孵化出了多少新技术、新产品。

　　总结以上分析，所谓创新型区域可以定义为：主要依靠科技、知识、人才、文化、体制等创新要素驱动发展的区域，形成激励创新的文化和制度，既具有较强的集聚创新要素能力，又能源源不断地产出创新成果，创新的战略性新兴产业成为区域主导产业，成为一定区域的创新中心。对周边科技创新具有辐射和引领作用。

（执笔：洪银兴）

第二十章　创新实践成果一:苏南现代化的创新驱动

我国一些经济发达地区如苏南地区在基本达到全面小康社会水平后率先启动了基本实现现代化的进程。现代化可以理解为目标,也可理解为进程。把现代化理解为发展进程,需要明确其核心驱动力。如果说,这些地区的全面小康社会建设主要是靠物质资源投入的话,现在推进现代化的基本动力就要转向创新驱动,其核心是科技创新。这既是现代化的一般规律,也是其自身发展的必然要求。转向创新驱动会牵动推动现代化相关的发展方式、战略和相应的制度的创新和根本性转型。

一、现代化的基本驱动力是创新

研究现代化与科技创新的关系要从现代化的内涵讨论起。我们这里讲的现代化,不是像有些学者所说的发达国家所走过的现代化道路,而是指当下的发展中国家追赶发达国家的进程。其中的一个重要原因是当下的发展中国家的现代化与当年的发达国家现代化有不同的背景,尤其是发展资源的供给背景。

罗斯托的经济成长阶段论界定:一个国家从贫穷走上富有,从传统走上现代,分为六个阶段:(1)传统社会。(2)为起飞创造条件的阶段。(3)起飞阶段。这是传统社会与现代社会的分水岭。(4)向成熟推进阶段。这是社会能有效地把现代技术应用到各个经济领域的阶段。(5)高额群众消费阶段。这是在工业高度发达的基础上汽车等耐用消费品广泛推广应用阶段。(6)追求生活质量阶段。在这个阶段以服务业为代表的提高居民生活质量的有关部门(文化、教育、卫生)成为主导部门。

一个国家要实现现代化必须经过起飞阶段。起飞可以说是一个社会在历史上的明确分界线。在实现起飞以后,就如罗斯托所说,创新过程不再是杂乱无章的,它成了这个社会的生活中有规则的、制度化的一部分。束缚经济增长的阻力最终被克服,增长成为正常的条件,经济进入自我持续增长的阶段。创新成为实现起飞后的现代化社会的一个重要标志。

如果要把我国当前的发展阶段与罗斯托的经济成长阶段进行比照,可以发现,我国的全面小康社会建设阶段就相当于罗斯托所讲的起飞阶段,推进现代化的前提是实现经济起飞。而起飞以后就进入现代化阶段,包括向成熟推进阶段、高额群众消费阶段和追求生活质量阶段。

根据罗斯托的分析,起飞阶段和起飞以后的现代化阶段,发展的动力是不一样的。经济起飞靠投资推动,较高比重的投资率成为实现起飞的三个条件之一,甚至有主要依靠资本投入的大推进理论。而在现代化阶段基本动力转向了创新驱动。这个理论界定同我国发展的现实是一致的。我国前一阶段包括苏南地区在内,推动全面小康社会建设的基本动力是投资推动,或者说是要素投入推动,而在当下的苏南在启动现代化建设时,原有的投资推动和要素投入推动进入了极限,发展动力不改变,现代化也就成为空话。

苏南和我国其他地区一样,长期依靠物质要素投入推动的经济增长方式,属于由投资带动的要素驱动阶段。这种增长方式不可避免而且正在遇到资源和环境不可持续供给的极限。因此,苏南地区现代化的动力转向创新驱动有自身的必要性:

首先是资源和环境供给不可持续发展问题已经非常突出。苏南是工业化最早的地区之一,这个地区本来就存在能源和市场两头在外的问题,这几年土地资源供给又到了极限,土地价格飙升,且环境资源供给也到了极限,环境污染,生态破坏已非常严重。在此背景下,不可能再靠过去的主要依靠资源投入的方式来推动现代化。这种发展的极限只可能靠创新、靠科技进步来突破。

其次是高产值低收益问题已经非常突出。苏南现有的发展水平基本上是靠工业支撑的,准确地说是靠工业创造的 GDP 支撑的。从发展乡镇企业到后来的开放型经济,苏南已成为外商直接投资的重要地区和全球制造业的生产基地。虽然其制造业产品大都是高技术产品,但处于苏南地区的生产环节基本上处于产业链中利用劳动和物质资源的环节,属于价值链的低端,也就是"微笑曲线"的下端,附加值低,由此产生经济体大而不富的状况。达到全面小康水平的苏南地区不可能只靠 GDP 来支撑现代化,而是要靠其中所包含的附加值(收益)的提升来支撑。这是人民富裕的源泉。而要提高附加值,可行的途径就是创新,产生具有自主知识产权的关键技术和核心技术。

以上两个方面说明苏南地区由全面小康社会建设转向现代化建设必须解决好驱动力问题,即由投资和要素驱动转向创新驱动。根据波特对经济发展不同阶段的界定,苏南地区的发展先后经过了依靠自然资源和丰富廉价劳动力的要素驱动阶段,以及主要由投资供给推动而不是由需求拉动的投资驱动阶段。现在产业国际竞争趋于白热化,苏南地区在启动现代化建设后,就必须转向创新驱动阶段。

所谓创新驱动,有不同的定义。波特的定义是:企业不仅要引进和运用国际先进技术,而且还要不断地对这些生产技术进行改进和创新。企业具有消化吸收和创新改造外国先进技术的能力是一国产业达到创新驱动阶段的关键。这个定义从企业角度说明了创新驱动的一个方面。完整的定义应该是指，利用知识、技术、企业组织制度和商业模式等创新要素对现有的资本、劳动力、物质资源等有形要素进行新组合，以创新的知识和技术改造物质资本、提高劳动者素质和科学管理。各种物质要素经过新知识和新发明的介入和组合提高了创新能力，就形成内生性增长。

人们在讨论现代化时较多关注所达到的发展水准，因而有一系列的现代化评价指标。实际上在现代化的启动阶段，更为重要的是在经济增长方式、质量和动力上进入现代增长阶段。

首先是经济增长质量的要求。世界银行 2000 年发布的题为《增长的质量》的报告，对仅仅依赖 GDP 增长作为衡量进步的标准提出质疑。报告提出的增长质量的具体要求是：将促进经济增长的政策与普及教育、加强环保、增加公民自由、强化反腐败措施相结合，使人民生活水平得到显著提高。报告强调：我们需要更多更好的"高质量"的增长，这对于国家抓住时机改善这一代人以及子孙后代的生活具有决定性的意义。这里所指出的经济增长质量的要求实际上就是现阶段推进现代化的要求。实现这个要求的基本路径就是转向创新驱动，实现经济发展方式的根本转变。

其次是经济增长方式的要求。诺贝尔经济学奖获得者西蒙·库兹涅茨在考察欧美发达国家近百年经济发展进程的基础上，明确指出，现代化即进入现代经济增长阶段。他给现代经济增长下的定义是："一个国家的经济增长，可以定义为向它的人民供应品种日益增加的经济商品的能力的长期上升。这个增长中的能力，基于改进技术，以及它要求的制度和意识形态的调整。"[1]其中所突出的经济增长的能力和改进技术现在看来就是创新，要创新就需要相应的制度创新和意识形态调整。

根据上述分析，苏南地区现代化的重要目标就是成为依靠创新驱动内生增长的先行区，成为具有全球创新资源配置能力的"中国创造"和"中国服务"的示范区。

二、创新驱动的核心是科技创新

作为发展驱动力的创新是多方面的，如科技创新、制度创新、文化创新等等。根据十八大精神，科技创新是提高社会生产力和综合国力的战略支撑，必须摆在国家发展全局的核心位置。同样，苏南地区率先基本实现现代化的创新驱动力最为重要的是科技创新。

过去常用的概念是技术创新，现在突出科技创新，这反映出创新成果主要指的是依靠科学发现产生的原始创新成果，反映了创新源头的改变。过去常用的技术创新相当多的是源于生产中经验的积累、技术的改进、企业内的新技术研发。即使是由科

---

[1]　库兹涅茨：《现代经济增长》，北京经济学院出版社 1986 年版，第 97 页。

学发现所推动的技术进步,也会间隔很长的时间,需要几十年甚至上百年才会应用到生产上。在 20 世纪后期产生新经济以来,科学上的重大发现到生产上的使用,转化为现实生产力的时间大大缩短。现在,一个科学发现到生产上应用(尤其是产业创新),几乎是同时进行的。这意味着利用当代最新的科学发现的成果迅速转化为新技术可以实现大的技术跨越。这种建立在科技创新基础上以科学发现为源头的科技进步模式,体现知识创新(科学发现)和技术创新的密切衔接和融合,这是技术进步路径的革命性变化。

库兹涅茨在描述现代经济增长特征时特别关注科技创新。正如他所说的:"知识和技术的创新是任何重大经济增长的前提。但是在现代的经济增长中,这种创新的频率显然快得多了,并且为速度更高的总体增长提供了基础。"[①]从现代化考虑,科技创新首先是科学技术的现代化。我国与发达国家最大的差距是科技水平的差距。提高科技现代化水平是我国进入现代经济增长阶段的关键,也是现代化的基础和推动力。科技现代化有两个层次:一是科学技术本身的现代化,二是生产和服务领域掌握现代科学技术。因此,跟踪世界高科技发展和高科技产业化是科学技术现代化不可分割的两个方面。苏南地区作为我国现代化的示范区无疑应该率先推进这两个方面的科技现代化进程。原因是这个地区既有一批研究型大学,有能力跟踪世界高科技发展,又有一批成为创新主体的企业,有能力推进高科技产业化。

从现代化角度界定的科技进步,突出的是科学的应用,也就是库兹涅茨所说的:"标志着现今这个经济时代的重大创新是科学被广泛运用于经济生产领域的问题。"[②]过去的几次重大科技革命都首先产生于发达国家,而由于发展水平等原因我国错过了前几次产业革命的机会。对发展中国家来说,面对先行国家创新的现代科学技术,其现代化的一个必要途径是分享和利用国际最新科学技术。就如库兹涅茨所说:"某个特定国家对现代经济增长的参与是一个学习和直接利用国际性技术和社会知识的问题。"[③]这么多年来苏南地区依靠开放型经济,引进和利用外资,学习和分享了国际先进技术,但这还只是跟随创新。通过开放的途径,学习和分享了国际先进技术,也发展起了国际先进产业,但只是成熟技术和产业,不可能进入世界前沿。

当下的背景是,世界是平的,经济全球化和科技全球化的互动,使新科技和产业革命的机会对各个国家都是均等的。在此背景下,发展中国家的现代化就不是一般所讲的技术进步,更不是只采用在发达国家已经过时或者成熟的技术。我国率先推进基本实现现代化的区域应直接瞄准国际最新技术,实现跨越式发展。例如,这次在新能源、生物医药、节能环保等领域的新科技和产业革命的机会,我们不能再错过。

① 库兹涅茨:《现代经济增长》,北京经济学院出版社 1989 年版,第 281 页。
② 库兹涅茨:《现代经济增长》,北京经济学院出版社 1989 年版,第 7 页。
③ 库兹涅茨:《现代经济增长》,北京经济学院出版社 1989 年版,第 255 页。

苏南地区的科技和产业基础较好,应率先推进科技现代化,与其他发达国家进入同一个科技和产业创新的起跑线。人家能够开发的新科技、新产业,我们同样也可以研究和开发。

科技创新产出主要表现在科技论文、发明专利和高技术产业三个方面。对苏南这样的创新驱动先行区来说,以下两个方面科技产出特别重要:

一是原创性创新成果及其转化。科技论文是知识创新的产出,其中相当多的成果可以成为原始创新的来源。发明专利是应用性研究的产出,是原创性创新成果。处于苏南地区的大学需要多出反映国际水平的科技论文和科技发明专利,其意义不仅可以提升自己的国际地位,也可以为科技创新提供原始创新的成果。不仅如此,原始创新的成果还需要更多地转化为现实生产力,形成有自主知识产权的新技术新产品。高技术的来源,有的是直接从国外引进的,有的是自主创新的,后者包括原创性成果和引进消化吸收再创新成果。高技术的来源由前者转向后者体现出"中国制造"转向"中国创造"。因此创新型国家和创新型区域特别关注拥有自主知识产权的新技术及以此为基础产生的新产品和新产业。这就要求科技创新的成果(科技论文和发明专利)更多地转化为现实生产力,推动科技创新成果的产业化,提高具有自主知识产权的技术、产品和品牌的市场份额。

二是产业创新。苏南地区长期以来一直是以其企业竞争力称雄全国,先是集体企业,后来是乡镇企业,接着是外商投资企业。现在,在经济全球化和新科技革命的背景下产业竞争力较企业竞争力显得更为重要。竞争力以产业为度量单位,国家竞争力通常针对特定产业,而不是个别企业。国家的竞争力在于其产业创新与升级的能力。这与新科技革命的特点相关。现代科技创新与产业创新几乎是同时进行的。科学的新发现直接推动技术进步就表现在,科学技术的新突破直接推动产业创新,如新材料产业、生物技术产业、新能源产业等,都是科技创新的直接成果。因此,一个国家和地区的竞争优势,最为重要的是发展该时代处于领先地位的新兴产业,特别是主导产业的更新,形成具有自主创新能力的现代产业体系。这也是苏南地区产业现代化的主要标志。具体地说,苏南地区依靠科技创新发展的现代产业主要涉及三个方面:一是发展知识密集的高科技产业。其中,战略性新兴产业,是新兴科技和新兴产业的深度融合,既代表着科技创新的方向,也代表着产业发展的方向。二是绿色产业。所有产业都需要得到创新的绿色技术的改造,实现低碳、低排放、低能源消耗。三是传统产业采用现代技术,或者进入新兴产业的产业链。

苏南地区作为工业化起步最早的地区,不仅工业比重而且其传统产业比重都是全国最高的地区之一。其现代化的进程从一定意义上说就是产业结构调整和升级的过程。在目前的条件下,调整产业结构不能走传统的发展道路,也不能采取传统的投资结构调节方式,只能采取创新驱动的方式,培育拥有可与世界级竞争对手较劲的竞争优势的产业。一方面,着力发展战略性新兴产业,并以此来带动产业结构的优化升级。调整的带动力在战略性新兴产业。战略性新兴产业的成长和发展依靠产业创新。另一方面,着力研发核心技术和关键技术,实现由"中国制造"向"中国创造"的转变,进入价值链的高端。

三、产学研协同创新及其模式

应该说,苏南地区企业的创新热情和创新能力一直都是很强的。在发展乡镇企业时期就曾利用"星期六工程师"方式推进企业的技术创新,后来引进和利用外资又引进了先进技术和先进产业。现在推进科技创新,苏南转向利用"星期六科学家"的方式推进科技创新,意味着其技术进步有了新的质的提升。

由于当今科技创新的源头主要在科学发现和知识创新,因此创新不能只是靠企业,需要大学和企业的协同,科学家和企业家的协同。这就提出产学研协同创新的要求。

一是原始创新的源头在大学和科学院。长期以来,我国不像其他国家那样,将研究所建在企业,而是设在大学和科学院。研究我国科技创新的国际差距发现,我国现阶段大学的科学研究水平的国际差距比科技产业的国际差距小,再加上科学和知识的国际流动性比技术的流动性强,因此推动大学和科学院参与高新技术研发,参与高新技术产业化,可以大大提高自主创新能力。大学和科研机构的知识创新成果成为技术创新的主要源泉,科学和技术创新互动结合,就可能在许多领域得到当今世界最新科学技术的推动。企业直接从研究型大学获取最新科学研究成果并产业化,就可缩小并在一些领域消除高科技产业的国际差距。实践中所有创新企业和创新项目几乎都同大学和科研机构有合作的背景。

二是高端创新创业人才是创新的第一要素。创新依托知识和人才等创新要素,尤其是掌握高技术的高端人才。现在高端创新人才一是在发达国家聚集,二是在大学聚集。这方面苏南有很多成功的例子:引进一个高端人才,带来一个高技术团队,产生一批创新成果,育出一个新兴产业。

问题是我国产学研长期脱节,大学的原始创新研究成果大部分不能转化为现实生产力,大学中聚集的创新人才不能充分发挥科技创新作用。这意味着我国转向创新驱动关键是解放这部分科技生产力。其主要路径就是推进由大学和企业共同参与的产学研结合。把研究机构办到企业可能是一种途径,但更有成效的是建立产学研紧密结合的协同创新机制。就像美国的硅谷紧靠斯坦福大学一样。知识的创造和知识向生产力转化协同,一方面要解决好大学和科学院研究课题的商业化价值问题,另一方面要解决好企业敢于对高科技的研究进行风险投资问题。

产学研合作创新模式涉及创新要素的供给状况。不同地区科教资源禀赋不同，因此就有不同的产学研合作模式。

目前国内成功的技术创新模式有深圳模式和中关村模式。深圳缺乏禀赋的科技资源，其创新模式的特点是依靠企业作为创新主体，把创新资源向企业集中，形成"四个90%"以上：90%以上的研发机构设立在企业，90%以上的研究开发人员集中在企业，90%以上的研发资金来源于企业，90%以上职务发明专利出自于企业。而中关村地区禀赋的科技资源极为丰富，其创新模式则是依托所在地高校和科学院高度集中的优势鼓励科技人员进行科技创业。

在苏南地区科技创新的禀赋要素主要有几个方面：一是南京加上毗邻的上海，拥有全国数量最多的大学和大学生，科教资源也极为丰富；二是苏南历来是科教人才辈出的地区，人力资本较为丰富；三是企业的创新主体地位突出，拥有一批敢于创新的企业家；三是地方财政资源较为丰富，地方政府的调控能力较强。很显然，苏南地区依托大学等禀赋的科教资源进行产学研协同创新的条件最为充分。由于科技创新的源头尤其是原始创新的源头在大学，于是就出现了产学研协同创新平台靠近研究性大学的趋势。苏南各地区已经和正在形成自己独具特色的创新模式，其共同点是政府推动建立各种类型的大学科技园。苏南各地拿出当年建立开发区引进外资的劲头和政策建立大学科技园，引进大学及其研究院建立产学研协同创新的平台和机制，具体地说主要有以下几种类型：

一是南京模式，其特点是禀赋的科教资源丰富，其产学研合作平台主要建在以大学为主体的国家大学科技园内。南京一个城市就有南大、东大、南理工和南工大四个大学科技园。同时还有大学校办科技企业直接转制而形成的民营企业，这类企业与其母体大学有着紧密的合作关系。近年来，南京又出台各种科技政策为聚集在大学中的创新人才进入其创新科技园从事科技创业提供各种鼓励和优惠。

二是苏锡常模式，较之南京，这里当地禀赋的科教资源相对缺乏，但地方政府的财力和作用强大，有条件以地方政府为主体吸引外地的科教资源。例如，常州市政府建设科教城，无锡建科教园，苏州建独墅湖大学园区，在这里吸引大学和科学院进入建立与当地合作的研究院。依托这些产学研协同创新平台，在大学科技园及其周边发展起了一批高科技企业。

三是昆山模式，这里同样是禀赋的科教资源相对缺乏，但经济开放度较高。外资和台资数量多，而且进入的外商投资企业的技术层次高。因此这里的创新模式，除了吸引国内大学进入外，特别重视并鼓励外资和台资企业在昆山建研发中心，使其在中国本土创新。如仁宝集团、捷安特、日本NSK等企业都先后在昆山建研发中心，同时研发产业创新项目，如高世代平面显示项目、液晶模组项目等。

在以上各种产学研合作创新模式中大学、企业和政府都发挥了主体作用：以企业为主体的创新主要在创新投入和市场导向方面起作用;以大学为主体的创新主要在出思想、参与研发和孵化新技术方面起作用;以政府为主体的创新主要在组织和集成,以及引导性创新投资方面起作用。这些主体在产学研合作创新中形成合力和互动,大大提高了自主创新能力。

现实中,科技创新和创新成果产业化可以在空间上分开。基于以上创新模式的比较,南京地区的科技创新资源丰富,但产业化的空间有限,因此这里的重点是科技创新,孵化新技术。而在苏锡常地区企业的创新意愿和能力强,有新产业发展的空间,因此这里的重点是创新的新技术产业化。但是,无论是科技创新还是创新成果产业化都需要建立有效的激励和评价科技创新的机制:

首先是激励政策的落脚点。人们一般认为,既然企业是创新主体,各种激励创新的政策应该落脚到企业。而以上各种模式的共同点是大学和企业共同进入的产学研协同创新平台,这是科技创新的真实的源头,因此激励科技创新的基本落脚点是产学研协同创新平台。只有依托这个平台才会产生源源不断的科技成果,孵化出源源不断的新技术新产品新产业。

其次是大学科技园的评价。现有的大学科技园大都是开发区转型的,或者说是各个地方政府以开发区的思路建的。但是必须明确两者功能的区别和由开发区向科技园转型的特点:第一,由引进国外资源和国外产业的主要载体转型为发展创新型经济的引领区。第二,由工业园转型为高科技产业园,从而由世界工厂向世界研发和孵化基地转型。第三,由主要吸引外资企业转向主要吸引创新机构,包括高校和科研院所及其研究院,世界著名科技企业及其研发机构,以及风险和创业投资机构。第四,由主要吸引外国资本转型为主要吸引创新要素尤其是高端创新创业人才。这样,对大学科技园的评价指标就不能是过去的评价开发区的 GDP 数量、税收数量和外资数量,而应该是创新成果的数量、获得的发明专利数、孵化的新技术和新企业的数量、聚集的创新要素的规模等。

四、区域创新能力的提升

创新成为现代化的主要驱动力后,现代化的进程就直接取决于创新能力。区域创新能力涉及区域创新创业的生态环境,包括人才环境、创新成果供给环境、创新文化环境和制度环境。区域创新的生态环境良好的表现是:区域创新体系高效运行,创新要素高度集聚,产学研协同创新平台广泛分布,创新活动极为活跃,创新成果源源不断,战略性新兴产业形成集群。概括起来,提升区域创新能力主要涉及以下几个方面:

（一）建设若干创新型城市

在区域经济中，城市是发展极，是发展的中心，也是区域科技创新的策源地。因此，区域创新能力提升的标志是，苏南各个城市成为创新资源集聚、辐射力强的创新型城市。所谓创新型城市，是指主要依靠科技、知识、人才、文化、体制等创新要素驱动发展、对周边科技创新具有较强辐射和引领作用的城市。这里需要明确，创新型城市需要充分的科教资源，但科教资源丰富的城市不一定是创新型城市，禀赋科教资源不丰富的城市也可能成为创新型城市。创新型城市建设的路径可从以下几个方面概括：

一是创新资源高度集聚。拥有很多具备科研能力的大学和研究机构，它们源源不断地提供实验结果、创新成果和科学突破。拥有一批科技企业家从而拥有一批创新型企业。拥有一批科技服务机构，包括金融服务、软件服务、文化创意、科技服务、科技中介，尤其是专事创业投资的风险投资机构高度集聚。

二是科技创新平台和载体高度集聚，包括大学科技园、产学研协同创新平台、孵化器，以及公共性、公益性科技服务平台。

三是具备激励创新的软硬件环境。包括：拥有智慧化的城市基础设施，拥有吸引高端创新创业人才的宜居宜研环境，以及拥有开放并激励创新的文化和制度。

四是培育科技企业家。在现实中，有些科教资源丰富的地区科技创新能力却不如科技资源相对缺乏的地区，其主要说明因素就是不同地区拥有科技企业家的差别。就如罗斯托的起飞理论所指出的，发展中国家实现经济起飞的两个先行资本之一就是企业家。就是说，经济起飞是由企业家推动的。而在现阶段，一个区域，一个企业，能否转向创新型经济，就看其是否拥有科技企业家。就如斯坦福大学旁边有硅谷，不等于说所有大学旁边都有硅谷。科技企业家向哪里集聚，那里就可能形成科技创新和科技创业的环境。

（二）高强度的创新投入

提升创新能力要求对研究开发活动有高强度的投入。不仅要有足够的经费投入还要有足够的从事研发的人力投入。只有这样才有高密度的研发活动。现在创新型国家的标准一般为 R&D 资金投入占 GDP 的比重为 2% 以上，而在苏南这样的区域这个比重应该更高。从提升创新能力考虑，研发投入不仅是数量问题，更为重要的是结构问题。

一方面，创新驱动以人才为依托，不仅需要提高劳动者素质，更需要高端创新创业人才。因此转向创新驱动，人力资本比物质资本更重要。增加人力资本供给有助于驱动创新。低成本战略理论强调发展中国家以低劳动力和土地成本作为比较优势。这种低成本比较优势在贸易领域可能是有效的,但在创新型经济中就不适用了。低价位的薪酬只能吸引低素质劳动力,只有高价位的薪酬才能吸引到高端人才,才能创新高科技和新产业,从而创造自己的竞争优势。

另一方面,由于现阶段的科技创新更多的是依靠科学新发现所转化的新技术,因此研发经费的投入需要更多地投向孵化和研发环节。孵化和研发新技术就成为创新投资的重点环节。以科学新发现为源头的创新路线图涉及:由大学的知识创新,到孵化高新技术,再到企业将高新技术转化为现实生产力的创新阶段。孵化高新技术即科技创新的中游环节,从产学研合作角度分析是关键性环节,它是连接知识创新和技术创新的桥梁和纽带。越来越多的新技术、新产品和新企业在这个阶段产生,就成为创新驱动经济发展的重要表现。为保证足够的研发投入,需要发展科技金融,推动科技与金融深度融合。

(三) 完善区域创新体系

我国的科技创新体系包括知识创新和技术创新两个方面。根据国家创新体系理论,提升创新能力的重要方面是建立知识创新体系和技术创新体系有效衔接和协同的机制。国家创新体系理论将企业、大学与国家科技政策之间的互动作为国家创新体系的核心,并将企业、研究型大学和政府实验室等促进知识创造与扩散的组织视为创新的主要来源。在国家创新体系中,企业是技术创新的主体,大学是知识创新中的主体。解决好两个创新体系和两个创新主体的有效衔接和协同,苏南地区就可能形成一个充满活力的创新体系。

针对知识创新和技术创新相脱节的现状,提升区域创新能力需要突出解决科技成果转化体系问题。其基本要求是:全区域范围内的企业普遍成为技术创新的主体,不仅是采用新技术主体,更是研发新技术的主体。全区域范围普遍建立研究型大学和企业共同建设的产学研协同创新平台。大学和企业,研发机构和大学实验室,科学家和企业家之间的交互和互动成为制度性常态。政产学研金共同建设的科技孵化器产生明显成效。一批达到规模的专业服务科技创新的风险投资公司活跃于各地。各级金融机构有足够大的资金投入科技创新领域。

提升区域创新能力的关键还是体制和机制创新,建设高效运转的创新体制和机制。一是政府创新,建立推动和激励知识创新、技术创新,以及两者有效衔接和协同的制度。二是政府引导,建立大学科技园和产学研协同创新平台和机制,建立顺畅的创新成果的转移和扩散机制,包括技术交易和流动的市场和平台。三是政府推动,形成创新文化和氛围。既包括尊重知识、尊重人才和尊重创造的文化,又包括鼓励创新允许失败的文化。达到这些要求,意味着苏南地区真正转向创新驱动发展方式并实施创新驱动战略,建立起了系统完备的激励创新制度。这样的区域就像美国的硅谷一样,科技创新和科技创业虽然也有风险,但成功的几率一定比其他地区高。其基本原因是这里存在的完善的创新体系和制度,产生一个新的创新思想就有相应的创新的要素和系统给予支持,使之无障碍地得以实现。

（四）开放式创新

苏南地区创新能力提升的另一个路径与自身的优势相关,即开放型经济的优势。自主创新不等于封闭创新。对引进的国外技术进行消化吸收再创新本身即属于自主创新的重要途径。除此以外,提升创新能力需要调整开放战略。其路径主要有以下几个方面:

首先,调整引进外资战略。苏南地区外商投资企业较为集中,在这里引进外资不再是追求数量,而是要提高进入的外资的技术和产业的先进性和高科技性。不仅如此,更要鼓励其在中国本土进行科技创新,创新核心技术和关键技术。这意味着外资进入环节向价值链的高端环节和研发环节延伸,由利用一般的劳动力和土地资源转向主要利用人力资本,不仅提高科技含量,也提高附加值。

其次,鼓励开放式创新。科技和产业的时代划分以许多国家所共有的创造发明为依据。所谓开放式创新,是指各个国家主攻相同方向的科技,所产生的新知识、新科技可以在世界范围内传播。在主攻同一创新方向过程中吸收和引进新发明、新技术,可降低研发成本,并进入世界前沿。苏南地区有一批外商投资企业已达到较高技术水平,鼓励外资研发机构的进入,并且鼓励苏南的大学、研发机构及企业与其合作创新,就可能创造出处于国际先进水平的新技术和新产业。

第三,注重引进国外智力。增长要素和创新要素有相同之处,但决定性要素不一样。过去增长以 GDP 为目标,要素跟着资本走,因此引进国际要素以引进外资为主。现在要提高创新能力,而各种创新要素跟着创新人才走。高端人才相当多地聚集在发达国家,利用开放型经济的基础,着力从发达国家引进高端科技人才,就能同时引来其他创新要素。

创新驱动的成效不仅明显加快经济和科技现代化进程,同时也会加快推进人的现代化进程。在主要依靠物质资源推动阶段,对人力资本要求不是很高。而在依靠创新驱动经济增长阶段,人力资本成为主要的创新要素,人力资本将成为投资重点,相应地会提高区域人口素质。产业结构的转型升级会明显减少对低素质劳动力的需求,受过高等教育的人口比重也会明显上升。高端人才的引进和培养,劳动者素质的提高,越来越成为创新驱动所关注的重点,这些正是人的现代化的必要途径。

（执笔：洪银兴）

第二十一章　创新实践成果二:关于创新型省份的内涵和评价

十八大明确 2020 年当我国全面建成小康社会时要进入创新型国家的行列。江苏提出建设创新型省份的目标就有率先建成创新型省份的要求。我国目前有创新型国家、创新型城市和创新型企业等概念。创新型省份是一个较新的概念,需要在与创新型国家的比照中清晰地识别其内涵和要求。

一、创新型省份的内涵

如何评价一个国家或一个地区成为创新型国家或者创新型地区(省份或城市),这里既有先进国家的国际标准,又有理论上的科学界定,还有我国的实际情况,需要综合起来,研究客观的评价标准。根据十八大精神,科技创新是提高社会生产力和综合国力的战略支撑,必须摆在国家发展全局的核心位置。科技进步对经济增长的贡献率大幅上升,是进入创新型国家行列的基本要求,也是创新型省份建设的应有之义。

创新型省份有区域特征,既不同于创新型城市,也不同于创新型企业。所谓创新型省份是指具有以下表征的行政区域:区域创新体系高效运行,创新要素高度集聚,产学研协同创新平台广泛分布,创新活动极为活跃,创新成果源源不断,战略性新兴产业形成集群。具有这些特征的省份的基础条件主要有以下三个方面:一是省内各地真正转向了创新驱动发展方式并实施创新驱动战略,建立起了系统完备的激励创新制度。二是区域内创新源丰富,或者是拥有丰富的禀赋科教资源,或者是在缺乏禀赋科教资源的地区有有效的机制和平台吸引到了丰富的科教资源。三是省内企业绝大多数成为技术创新的主体。

相比其他地区,成为创新型省份有三个成功率最高:一是创新型省份进行的科技创新成功的几率最高,产出一批进入国际前沿的基础研究和应用性研究成果。二是到创新型省份进行科技创业,成功的几率最高。三是科技创新的成果到创新型省份转化为现实的生产力,成功的几率最高。

创新型省份是行政区域,不完全是经济区域,而且具有较大尺度范围。在这个尺度范围内不同地区经济和科技发展水平不平衡。从创新系统的层次性看，创新型省份应属创新型国家之子系统。作为创新型省份应包含多个创新型城市和一大批创新型企业。但是创新型城市和创新型企业分布也不均匀。在此背景下，作为创新型省份共同点是全省各地都有明确的创新驱动发展的战略和政策，但不要求全省各地县县、乡乡都从事同样内容的创新和创业。各地会根据各自的创新能力和供求条件分别从事科技创新、科技创业和科技创新成果的产业化。

目前苏南作为国家确定的现代化示范区规划的重要方面是成为创新驱动先行区。南京是国家级科技创新试点城市，江苏拥有全国数量最多的大学，科教资源最为丰富。所有这些优势进一步扩大，有条件率先建成创新型省份。

二、从创新能力角度评价创新型省份

对创新型省份的评价，最为重要的是评价其创新能力。区域创新能力涉及区域创新创业的生态环境，包括人才环境、创新成果供给环境、创新文化环境和制度环境。突出表现在如下几个方面：

一是拥有若干个在省内分布较为均匀的创新型城市。这是创新型省份的带领者、火车头。区域经济中，城市是发展极，是发展的中心，也是区域科技创新的策源地。创新资源（包括人才和创新机构）一般都是集聚在城市，因此建成创新型省份首先要求建成几个创新型城市。在江苏，苏南苏中苏北都要建成若干个创新型城市。依靠创新型城市向周边辐射创新成果，就能带动全省建成创新型省份。所谓创新型城市，是指主要依靠科技、知识、人才、文化、体制等创新要素驱动发展，对周边科技创新具有较强辐射和引领作用的城市。这里需要明确，创新型城市需要充分的科教资源，但科教资源丰富的城市不一定是创新型城市（如香港），禀赋科教资源不丰富的城市也可能成为创新型城市（如深圳）。

二是创新资源高度集聚。拥有很多具备科研能力的大学和研究机构，它们源源不断地提供实验结果、创新成果和科学突破；拥有一批科技企业家从而拥有一批创新型企业；拥有一批科技服务机构，包括金融服务、软件服务、文化创意、科技服务、科技中介，尤其是专事创业投资的风险投资机构高度集聚。

三是具备激励创新和创业的软硬件环境。科技创新平台和载体高度集聚，包括大学科技园、产学研协同创新平台、孵化器，以及公共性、公益性科技服务平台；拥有智慧化的城市基础设施；拥有吸引高端创新创业人才的宜居宜研环境；拥有开放并激励创新的文化和制度。

这样，对创新能力的主要评价指标就涉及：创新机构（研发中心和创投公司）的集聚度（对江苏来说，还应包括外资在江苏的研发机构）、创新要素（人才、风投、科技金融和服务)的集聚度、科技孵化器的集聚度。

三、从创新投入角度评价创新型省份

一般说来,创新型国家的重要标志是国家在研究开发活动中投入的经费和人力规模大,强度高。创新型省份的主要标志是高强度的创新投入。提升创新能力不仅要求足够的经费投入还要有足够的从事研发的人力投入。只有这样才有高密度的研发活动。

一是创新型省份的 R&D 资金投入占 GDP 的比重要在 3% 以上。就创新型国家标准来说,以 2007 年为例,日本和美国的 R&D 投入分别占其 GDP 的 3.44% 和 2.68%,瑞典和芬兰也都超过了 3%。就江苏来说,作为创新型省份,研发投入的比重就应该高于创新型国家的平均水平(2%),应该以 3% 左右作为目标值。这里 3% 的研发投入,尽管需要政府投入,但更需要企业有足够研发投入,创新型企业一般都有占其销售额 8% 以上的研发投入。

二是研发人员和研发机构的数量和水平处于国家前列。创新型省份的一个重要特征是创新资源高度集聚。其中最为突出的是创新创业人才和创新机构。一个区域研究开发人员和机构的数量直接反映该区域的研发水平。以高技术从业人员的密度而论,硅谷居美国之首,2006 年硅谷总共有 225300 个高技术职位。每 1000 个在私营企业工作的人里有 285.9 人从事高科技业。创新型省份不只对研发人员的数量和水平提出要求(以每万人中研发人员数量为评价指标),同时也要对研发机构的数量和水平提出要求。例如,在硅谷有斯坦福、伯克利等世界一流大学,128 号公路有哈佛、麻省理工等世界一流大学。企业成为技术创新的主体的一个重要指标是企业中建立的研发机构的数量及其人数。

三是人力资本投入强度。从提升创新能力考虑,研发投入不仅是数量问题,更为重要的是投入结构问题。创新驱动以人才为依托,不仅需要提高劳动者素质,更需要高端创新创业人才。因此,转向创新驱动,人力资本比物质资本更重要。增加人力资本供给就能驱动创新。

四是科技与金融融合的深度。为保证足够的研发投入,不仅要求更多的风险性创业投资公司的介入,更多地需要金融的支持。这就要发展科技金融,推动科技与金融深度融合。通过科技和金融的深度融合,更多的金融资金进入科技创新环节,尤其是孵化新技术环节。在孵化新技术阶段集聚的金融资本数量越来越成为衡量一个地区是否成为创新型区域的重要标志。

四、从创新产出的角度评价创新型省份

创新型省份的一个重要特征是高密度的创新活动。创新活动不只是指企业内所进行的研发新技术新产品的活动，根据科技创新的路线图，科技创新活动包括多个层次。首先是大学的知识创新活动，除了其承担的重大课题研究外，科学家的国际流动、国际性科技信息交流、国际科技会议、学术研讨活动和各类科技讲座都很活跃。其次是技术创新活动，突出表现为科技成果向新技术的孵化和转化活动。与此相关的有，产学研的协同创新活动、科技咨询以及科技创业活动。再次是基层的创新活动，如大学生的创新活动、企业中工人的创新活动，甚至乡镇中的各种创新活动。同时，支撑上述各类科技创新活动的各种类型的人才培训也最为活跃。

基于上述活跃而且高密度的创新活动，创新型省份有高水平的创新产出。

科技进步对经济增长的贡献率大幅上升，是进入创新型国家行列的基本要求，同样也是成为创新型省份的基本要求。目前美国、日本平均科技贡献率已达到80%左右，英国、法国、德国等西欧国家为50%—60%。根据已有的分析资料，我国目前的平均科技进步贡献率为30%—40%，即使是创新能力处于全国前列的江苏也才50%多一点。显然离创新型国家还有较长距离。但是像江苏这样的科教资源最为丰富的省份所要明确的创新型省份的目标，按照目前的算法，科技进步贡献率目标可以定在60%以上。

科技进步贡献率是各类创新产出对经济增长作用的综合反映。创新产出主要表现在科技论文、发明专利和高技术产业产出三个方面。对创新型省份来说，以下三个方面产出特别重要：

一是原创性创新成果。科技论文是知识创新的产出，其中相当多的是原始创新的来源。发明专利是应用性研究的产出，是原创性创新成果。建设创新型省份不仅要求多出反映国际水平的科技论文，提供原始创新的成果，同时要产出更多的发明专利，提高发明专利在全国的份额。

二是高技术产品和产业。高技术产品和产业来源，有的是直接从国外引进的，有的是自主创新的，后者包括原创性成果和引进消化吸收再创新成果。高技术产品和产业的来源由前者转向后者体现"中国制造"转向"中国创造"。因此创新型国家和创新型省份特别关注拥有自主知识产权的新技术及以此为基础产生的新产品和新产业。这就要求科技创新的成果(科技论文和发明专利)更多地转化为现实生产力，推动科技创新成果的产业化，提高高技术产业在全国乃至世界市场的份额，尤其是具有自主知识产权的技术、产品和品牌的份额，有若干个高技术产业处于世界领先水平。这样，科技创新成果的转化率就成为创新型省份的重要评价指标。

三是绿色产出。所有产业都得到创新的绿色技术的改造，实现低碳、低排放、低能源消耗。环境和生态得到根本性改善，依靠科技创新，创新型省份同样也是生态文明省份。

概括起来，创新型省份会源源不断地产生拥有自主知识产权并达到国际水平的科技创新成果。主要表现为：

——知识创新部门创造出一批达到国际水平的科研成果，并且有一批成果成为原始创新的源。

——创造出一批达到国内一流国际领先的发明专利，江苏的发明专利数居全国前列。

——全省范围各个产业和企业都有自主知识产权的核心技术和关键技术；产生一批有自主品牌的竞争力强的创新型企业。培育出若干个类似华为、中兴的有国际影响力的有自主知识产权技术和品牌的创新型企业。

——在全省范围形成多个知识密集并且绿色的高新技术产业集群。区域创新力的现实表现是创新产业。由于创新的新兴产业能够带动整个产业结构的优化升级，一个国家和地区在某一时期的竞争力和竞争优势，就看其有没有发展这个时代处于领先地位的新兴产业，形成具有自主创新能力的现代产业体系。依靠科技创新成果，在重点领域占领世界科技和产业的制高点，这是一个国家和地区的竞争力处于领先地位的标志，也可以说是创新型省份的标志性成果。

五、从体制和机制角度评价创新型省份

科技创新的体制机制与国家创新体系相关。国家创新体系理论将企业、大学与国家科技政策之间的互动作为国家创新体系的核心，其研究的重点是知识的创造对国家创新体系的影响并将企业、研究型大学和政府实验室等促进知识创造与扩散的组织视为创新的主要来源。

我国的科技创新体系包括知识创新体系和技术创新体系两个方面。企业是技术创新的主体，大学是知识创新的主体，作为创新型省份需要解决好两个创新体系和两个创新主体的有效衔接和协同。这是建设高效运转的创新体制和机制的关键。

首先是创新体制和环境的建设。政府在其中的作用在于：一是政府创新，建立推动和激励知识创新、技术创新，以及两者有效衔接和协同的制度。二是政府引导，建立大学科技园和产学研协同创新平台和机制，建立顺畅的创新成果的转移和扩散机制，包括技术交易和流动的市场和平台。三是政府推动，形成创新文化和氛围。既包括尊重知识、尊重人才和尊重创造的文化，又包括鼓励创新允许失败的文化。这样，创新型省份就可以建立起一个良好的创新环境和体制。主要表现为：

——全省范围实施创新驱动的发展战略,经济发展方式基本转向主要依靠科技进步,劳动者素质提高和管理创新。

——全省范围制定并实施系统完备的激励产学研各个主体创新的政策措施,包括产学研各方互利共赢的创新收益分配体制。

——全省范围形成激励创新的公共服务环境和充分竞争的市场制度。

——全省范围制定并有效执行的知识产权保护制度。

——全省范围建立智慧化国际性的信息网络通道。

——全省范围创新要素尤其是高端创新创业人才高度集聚。

——拥有吸引高端创新创业人才的宜居宜研环境。

其次是创新体系和机制建设。现阶段的科技创新更多地依靠科学新发现所转化的新技术。在以科学新发现为源头的创新路线图中,孵化高新技术是产学研合作的关键性环节,它是连接知识创新和技术创新的桥梁和纽带。越来越多的新技术、新产品和新企业在这个阶段产生,就成为创新驱动经济发展的重要表现。问题是我国产学研长期脱节,大学的原始创新研究成果大部分不能转化为现实生产力,大学中聚集的创新人才不能充分发挥科技创新作用。这意味着我国转向创新驱动关键是解放这部分科技生产力。其主要路径就是推进由大学和企业共同参与的产学研结合,建立产学研紧密结合的协同创新机制。基于这些认识,创新型省份需要建立起一个充满活力的创新体系,尤其是科技成果转化体系。主要表现为:

——全省范围内的企业普遍成为技术创新的主体,不仅是采用新技术的主体,更是研发新技术的主体。涌现出一大批创新型企业和创新企业家。

——在全省范围普遍建立国家级和省级大学科技园,吸引省内外研究型大学进入建立大学研究院。

——在全省范围普遍建立研究型大学和企业共同建设的产学研协同创新平台。大学和企业,研发机构和大学实验室,科学家和企业家之间的交互和互动成为制度性常态。政产学研金共同建设的科技孵化器产生明显成效。

——在全省范围内科技与金融深度融合。一批达到规模的专业服务科技创新的风险投资公司活跃于全省各地。各级金融机构有足够大的资金投入科技创新领域。

——拥有一批科技创新平台和载体,包括产学研协同创新平台、孵化器,以及公共性、公益性科技服务平台。

——各种创新要素向产学研协同创新平台集聚。孵化和研发新技术就成为创新投资的重点环节。政府的引导性创新资金也重点投向产学研协同创新平台。

——拥有一批科技服务机构,包括:金融服务、软件服务、文化创意、科技服务、科技中介。

最后是开放式创新平台建设。江苏有开放型经济的优势。自主创新不等于封闭创新。对引进的国外技术进行消化吸收再创新本身即属于自主创新的重要途径。除此以外,提升创新能力需要调整开放战略。所谓开放式创新,是指各个国家主攻相同方向的科技,所产生的新知识、新科技可以在世界范围内传播。在主攻同一创新方向过程中吸收和引进新发明、新技术,可降低研发成本,并进入世界前沿。开放式创新平台建设主要有以下几个方面:

——引进外资不再是追求数量,而是进入的外资的技术和产业的先进性和高科技性。外资进入环节向价值链的高端环节和研发环节延伸,由利用一般的劳动力和土地资源转向主要利用人力资本,不仅提高科技含量,也提高附加值。

——科技和产业的时代划分以许多国家所共有的创造发明为依据。鼓励外资研发机构的进入。鼓励大学、研发机构及企业与高技术外资合作创新,创造出处于国际先进水平的新技术和新产业。

——在要素驱动增长阶段,要素跟着资本走,因此引进国际要素以引进外资为主。现在要创新驱动。各种创新要素跟着创新人才走。高端人才相当多地聚集在发达国家,利用开放型经济的基础,着力从发达国家引进高端科技人才,就能同时引来其他创新要素。

(执笔:洪银兴)

第二十二章　创新实践成果三:原创型高科技企业创新与成长的个案解析

——以江苏南大光电材料股份有限公司为例

经过三十年的高速增长,中国经济已经走入了环境难以承受、市场难以为继的境地。转变经济增长方式、调整经济结构,走"高科技"、"低消耗"、"低环境负荷"的发展道路,成为中国(以及全球)经济发展的必然选择。

作为一个发展中国家,中国在科学技术研究方面的经费投入是有限的,但作为常规的科技体系的建设,中央及各级政府一直保持着连续的年度投入。除此之外,作为国家科技发展战略,在过去三十年中,中央政府还特别安排了若干重大科技攻关计划,如"863 计划"、"973 计划"、《国家中长期科学和技术发展规划纲要(2006—2020)》等。

近二十年来,LED(Light Emitting Diode,发光二极管)光电行业在全球范围得到了较大的发展。LED 被专家称为自"钻木取火"和"白炽灯"之后人类的第三次照明革命,其产品具有寿命长、能耗低、亮度高和健康性诸多优点。有关资料显示,相同亮度下 LED 照明灯耗电仅为白炽灯的 1/8,节能灯的 1/2,寿命延长至白炽灯的 100 倍(可达 10 万小时),且光源中不含对人体有害的红外线和紫外线。

LED 不仅符合新的经济发展价值取向,而且应用领域广泛。除了直接应用于照明和新一代太阳能电池等民用领域外,在国防军工领域(如卫星、雷达的生产制造)也有着广泛的应用前景。我国的"863 计划"安排了 LED 的攻关项目,南京大学化学系课题组作为"候补"梯队,承担了 LED 关键原料"MO 源"的研究,并在其后十几年的努力中,打破了欧美厂商的垄断,形成了产业化的成果。

作为新光源,LED 的产业链可以大致分为上、中、下游三段。上游是外延片生长,在 LED 产业链中技术难度最大、附加值最高。目前的主流技术——MOCVD 技术(化学气相沉积)是将 MO 源和特种气体(如高纯氨)在 MOCVD 设备中反应,从而在衬底材料表面生成化合物半导体薄膜。核心原材料是 MO 源、特种气体、衬底材料以及 MOCVD 设备,其中 MO 源和衬底材料已实现国产化,特种气体和 MOCVD 设备则依赖进口。中游是芯片加工,有一定技术壁垒。下游是芯片封装及应用环节,技术含量较低,属于劳动密集型行业。

近年来,中国的 LED 产业发展迅猛,行业的年均增长率达 30%,目前国内的相关企业已达 2000 多家,封装产品产量占全球 70% 左右。由全国 LED 显示应用行业协会网站(http://www.leds.org.cn)的数据显示,在已有的国内企业中,上游的衬底材料、外延片、芯片的研发生产单位 100 多家,封装企业 600 多家,其中有一定规模的封装企业约 100 家。

江苏南大光电材料股份公司作为国内唯一掌握 MO 源的核心技术,并实现产业化生产的企业,在行业内处于技术"源头",并且达到国际先进水平,同时又挤入了主要国际供应商行列。因此对南大光电的分析具有重要意义。

回顾二十多年的历程,更让我们发现,20 世纪 80 年代"863 计划"确定的 LED 项目,相对于我国当时的科研能力和工业化基础,其研究有着"科学发现"的性质,属于"知识创新"类的科研活动。其后的实践,为我国进一步推动"产学研"结合、发挥综合型大学的科研实力、努力形成与社会主义市场经济体系相适应的科研创新体系,提供了良好的研究素材。

本案的研究希望厘清这样一些问题,(1)在高科技领域里,以"举国制"的方式有选择地跟踪世界前沿技术,这是中国一大体制特色。但集中的财力投入,其组织过程、方式方法是否还有较大改进的空间?(2)政府支持的科学技术研究成果,如何较快地产业化?较好地过渡到现实的经济体系中去?(3)在现实的操作系统中,客观存在着政府科研引导资金(基金)和市场化的风险投资资金(基金),如何利用好、衔接好这两类资金,以提高国家经济的整体科研技术水平?

一、项目背景与"863 计划"选择

(一)技术渊源与行业状况

1. 技术渊源与运用

1968 年,美国 Rockwell 公司提出了 MOCVD 工艺。与其他薄膜制备技术①相比,MOCVD 技术具有薄膜化学组分与结构均匀、容易调控、沉积速率高和有利于大面积工业化生产等特点,由此奠定了高性能薄膜材料的大规模生产基础。

MOCVD 工艺所得的外延产品是制备激光器、探测器、太阳能电池、超级计算机、卫星、雷达等光电领域不可缺少的器材。

在 MOCVD 技术中,上游的生产设备和原料就是 MOCVD 母床、MO 源。MO 源(高纯金属有机化合物)是 MOCVD 工艺外延半导体化合物的关键原材料,构成了

---

① 主要包括溶胶—凝胶法(Sol-Gel)、磁控溅射、脉冲激光沉积(PLD)和分子束外延(MBE)法。

LED 产业链的高端必需原材料。早期常用的 MOCVD 采用气态 MO 源,该方法存在一些生产障碍(主要问题是稳定地重复输送气态源物质到反应室,即多源输送的复杂性)。后期的发展,衍生出固态和液态 MO 源生产方法(南大课题组选择的是液态生产法)。

2. 行业基本状况

在 MOCVD 工艺中,技术含量最高的就是上游的外延片生长和芯片制造,该部分占整个产业利润的 70%;该阶段生产的关键设备 MOCVD 母床和 MO 源市场均处于寡头垄断状态,该系统占整个外延片成本的 40%—50%。

MOCVD 母床制造,目前主要为国外两家企业所垄断,即 AIXTRON 公司(德国)和 VEECO 公司(美国),两家公司的母床市场占有率达 92%。

直至 2012 年,上游外延片和芯片制造的国内企业,其生产能力受到 MOCVD 母床供给的约束。国内高校和科研院所现正努力开发自主知识产权的母床生产技术。

近年来,全球 MO 源的商业化批量供应商,由 5 家缩减为 4 家。它们分别是 Dow 公司(美国)、Akzo Nobel 公司(荷兰)和 SAFC Hitech 公司(美国),以及江苏南大光电材料股份有限公司。

世界市场 MO 源售价由于品种不同而有差异,其中主要的几种 MO 源售价在 1.5 万—10 万美元/公斤之间。具体的生产方法,企业之间都处于严格的保密状态。

(二)"863"立项,主体选择与技术创新

1. 课题设立

1984 年,南京大学"MO 源"课题小组成立,最初的实验室是 20 平方米的地下室,课题组组员仅有"三个半"人。

"七五"计划开始,新材料领域专家将"MO 源"的研发生产作为"863"项目课题。具体由大连光明研究院(为主)和南京大学"MO 源"课题组(为辅)承担。

大连光明研究院,是国内军工领域光电行业的老牌研究院,在卫星、雷达材料的研究生产上具有优势,在后期的 MO 源生产研制中,光明院首先完成了红外探测器所需的二甲基镉和二乙基碲的研制任务。

南京大学 MO 源课题组,相对实力较弱,因此最初的 MO 源项目没有考虑南京大学立项。后在课题组负责人的执着申请之下,"863"项目专家同意在南京大学化学系也设立 MO 源研发项目,但仅拨付启动资金 50 万。

2. 技术路径创新

MO 源的生产涉及产品制备、提纯、分析检测和 MO 源瓶装等众多难题。其中核心技术就是产品提纯。合格的商用 MO 源品级要求一般都在 6.0N(99.9999%)以上,否则难以用于生产。"七五"期间完成的 MO 源,在纯度上仅为 5.0N(99.999%),

远不能满足 MO 源的商用需求。针对上述问题,光明院和南大光电选择了不同的技术战略及路径。

在具体的技术路径选择中,光明院采用了分子蒸馏提纯法(较为常规的方法),原理是在常温低压下对 5.0N 的液态源进行分子蒸馏,操作简单,不易引入杂质,产品损耗少。

相比较,南大光电选择了路径创造型的加合物提纯法(难度较大的新方法)。原理是根据 MO 源与配体 MBDA 生成配合物,而杂质不与 MBDA 生成配合物,再将配合物分离,重新生成纯净的 MO 源。

从初期的研发成果看,光明院取得了一定的优势,在二甲基镉和二乙基碲的研制中领先。但在后期的研究和产品检验中,光明院的产品纯度存在缺陷,仅达到 5.8N(99.9998%)。而南大光电通过持续攻关,在 MBDA 和 Diphos 的基础上,合成了新配体,包括 5 个含有二甲苯基磷结构的含磷配体化合物,此外还进行了其他的相关研究,最终采用该法提纯 MO 源,获得了 6.0N 级的 MO 源。并在该领域获得了核心技术,达到国际领先地位。

需要补充的是,该方法所涉及的液态 MO 源 MOCVD 技术,先体制备方便,且利用率高。在下游产业的运用中,能够进一步简化操作,且可控性好。

3. 动态资源配置和持续投入

在"九五"计划的"863"成果检验中,南大课题组凭借高纯度的 MO 源实现了国内在 MOCVD 技术上的突破,掌握了核心技术。但从技术应用而言,南大课题组还没有解决分析检测和灌装难题,以及更进一步的批量生产的工艺要求。

在随后的"863"项目二期安排上,项目专家组将 MO 源项目的后续重点放在南大课题组,在经费拨付比例上,南大课题组超过了大连光明院。这一安排,有效地激励了该项目的后续科研,形成可持续的良性循环。

政府在后期继续增加的投入,保障了南大课题组在 MO 源其他难点攻关上的资金。以检测为例,1997 年,国家"863"专家委员会决定在南京大学设立 MO 源研究开发的国家基地——"国家'863'计划新材料 MO 源研究开发中心",并专门拨款 200 万元人民币,购置 MO 源专用分析设备——等离子体光谱—质谱(ICP—MS)仪。

在南大课题组成立之后的二十多年中,国家通过不同渠道累计拨付相关款项 2000 多万,其大部分用于购置实验设备和原料。其中,三甲基钾的研发直接耗资 250 万,三甲基铟的研发直接耗资 180 万。

二、技术、市场与企业成长

南大课题组的产业化并非一帆风顺,在市场化运作中,2000—2006 年,南大光电

公司一直处于亏损状态,并且在 2005 年企业一度面临破产。幸运的是,南大光电有着一定的技术基础以及南京大学的理解和支持,并且在最危难的时刻,作为主要技术持有者(课题组负责人)的坚持,使得企业度过了最艰难的时期。

(一) 技术判断、市场认同

1. 企业设立与技术状态

在科研实力的支撑与良好的市场预期下,2000 年,南大课题组开始酝酿成立公司,继续将此科研成果推向市场的运作。在分别考察了南京和苏州两地之后,鉴于苏州新加坡工业园区的优惠政策(企业设立三年内,免交厂房租金),以及在相关服务领域(软环境上)的优厚待遇,课题组最终选择了苏州市新加坡工业园区作为合作伙伴。

2000 年 12 月,江苏南大光电材料有限公司成立,注册资本 2500 万。其中,苏州工业园区国有控股(合计)61.37%,南京大学占股 30%。

至此,南大光电公司初步掌握了 MO 源的商业生产技术。2003 年,公司荣获"江苏省高新技术产业"的称号,高纯金属有机化合物(MO 源)获得科学技术部火炬高技术产业开发中心颁发的"国家级火炬计划项目证书";该项目被国家计委列为"高技术产业化示范工程——光电子专项项目(MO 源)",MO 源产品被列为"国家重点新产品"。

2. 技术的产业化之难

企业设立之初,南大光电就遇到产业化难题:一是南大光电的主要产品(如三甲基镓)在生产中有较严重的环境污染,原先实验室研发的合解法,在生产中难以通过;二是 MO 源产品是高危化学品,遇水、空气就会发生爆炸,同时粉尘也会极大地影响产品纯度。

3. 市场销售、资金周转之难

更难的是,企业创立之初,销售渠道就是代理公司,南大光电的主打产品(三甲基镓)销售业绩很不理想。同时,国外厂商压低价格,希望在短期内拉断南大光电的资金链。

2005 年 7 月,企业面临银行短期贷款(400 万)的还款压力;如果不能按期还款,不仅后续融资困难,且首先直面的就是企业无法继续运转下去,结果可能就是破产。

市场的压力是巨大的,同时,作为高科技企业,还要承受着研发成本及研发队伍信心的压力。

在 2005 年的困难期间,一家颇有实力的境外公司,有意接手南大光电,为了低价获得企业,伙同南大光电的销售代理公司,不惜以拖欠销售款方式,希望拖垮南大光电公司;同时,以相当高年薪和优越的工作条件,希望聘请公司主要负责人(主要技术持有者），从而彻底击垮作为竞争对手的南大光电公司。

4. 行业及市场情况

通过市场调研，南大光电发现：一方面，作为当时公司的主要产品，三甲基镓的盈利水平事实上并不高，而利润比较高的是三甲基铟（当时还不能生产）；另一方面，主要产品二乙基锌的销售也遇到了问题，国外厂商将三甲基铟和二乙基锌捆绑销售。

当时，南大光电的市场形势是，已有的两款主打产品，三甲基镓销售不利，盈利被打压；二乙基锌的销售又完全被压制。

（二）关键时期的努力

高科技企业初期所遭遇的问题有一定的相似性，但不同的企业，解决问题的思路不同、方法手段不同，结果也就大不相同。关键还是要看实施怎样的战略。

应该选择怎样的"路径"来解决问题呢？南大光电依靠本身拥有的核心技术实力、主要管理者（兼科技骨干）的执着精神，以及地方政府（苏州工业园区）和南京大学的必要帮助，终于渡过了最危险的阶段。

1. 原创技术产业优势

对于南大光电，三甲基镓是企业的重点产品，如果不能解决环保的技术难题，企业就没有进一步发展的机会。因此，第一个技术突破的选择，就是三甲基镓的生产环保问题。在核心技术团队的攻关下，合金法的产业化工艺设计方案出炉，南大光电迈过了第一个技术难关。

面对行业内原有厂商合力绞杀的局面，南大光电意识到，主打产品（三甲基镓）的现有技术，难以同国外厂商竞争。但出路在哪里？继续原有的产品技术研发及市场销售努力，还是加大研发三甲基铟的力度，这确实是一个艰难的抉择。

通过对产品技术重要性和相对地位的分析，公司最终选择了主攻"三甲基铟"的战略。在这一战略选择之后，南大光电在企业主要管理者（原课题组组长）的带领下，调整原有的技术人员分工，将主要科技实力转移到三甲基铟的攻关上。仅一年之后（2006年），三甲基铟顺利上市，彻底打破了国外厂商产品捆绑的竞争策略；该产品的上市，一方面成为企业最为盈利的产品，另一方面也打开了二乙基锌的销售空间。

2. 重塑经营体系

在2005年的危机期间，为渡过南大光电的"生死关"，公司出售房产（获得300万），抵押部分生产原材料（获得100万）。2005年7月，还完银行贷款后，南大光电公司账上仅剩10万元。

随后，企业进行了一系列的经营管理体系的改革：

（1）改变代销模式

南大光电在从代销公司收回60万欠款之后，开始拓展自己的销售渠道。经过市场的洗礼,管理者深深地感到,只有"技术"是不够的,企业还需抓住另一头——"销售"! 只有这样,企业才真正有能力参与行业竞争,有机会获得行业地位。

对于高科技企业,自己开拓市场也是异常艰辛的。2005 年的起步阶段(1 月到 8 月),南大光电的销售收入仅为 300 万,而销售费用竟接近 120 万,销售费用率约 40%。

（2）狠抓生产管理

在解决环保问题的同时,南大光电进一步加强生产工艺管理,制定了一整套的安全生产流程和控制管理机制,建设了国际一流的超净生产车间。

2007 年,南大光电公司通过了挪威船级社认证,为获得国际 LED 知名厂商的订单打下了坚实的质量管理基础。

3. 政府部门的支持

2005 年的危机时期,南大光电不仅面临 400 万的还贷压力,还有拖欠园区 12 万的房租和水电费用。园区管委会在此关键时刻,与南大光电公司达成协议,免掉了拖欠的房租和水电费。

对南大光电而言,政府的这一举动,是将"压死骆驼的最后一根稻草"变成了"企业命运攸关时刻的雪中送炭"。除了实际的资金减压之外,其对企业的精神支持更是难以估量的。

经过不懈的技术研发和市场努力,至 2009 年,南大光电公司已经形成了相当的技术能力和产品系列,突破了国外行业顶级公司的"围追堵截",比较稳定地站在了MO 源全球供应商的行列。

（三）技术与资本的结合,重组与上市

技术的产业化过程,就是技术与资本的结合过程。在实践中,随着时间的推移和外界形势的变化,原本一致的各方,可能对技术、企业组织的判断变得不一致了,进一步产生资本的退出和进入,形成了企业资本结构的调整和重组。

1. 利益与风险,国有股的决策机制

南大光电公司设立时(2000 年),作为现金出资方,苏州工业园区的国有股份(合计)占有 61.37%,其中,苏州工业园区投资公司占有 53.24%,处于绝对控股地位;以技术为出资内容的南京大学占有 30% 股份。根据当时的体制、技术前景及市场预期,这一企业股权结构安排是合理的。但日后的发展,还是遇到了很大的麻烦。

2005 年下半年,南大光电平均每月亏损 40 万。作为企业绝对控股股东的苏州工业园区,园区国有股权的管理者们面临着一个艰难的选择:从技术实力和市场趋势看,南大光电似乎还是有着良好的发展前景的,但技术什么时候能突破? 亏损还要继续多长时间? 若市场机遇来了,企业又是否能够抓住? 这里,还是有着很大的不确定

性。更关键的是,目前遭遇的困难,已经极大地威胁到国有资产"保值增值"的目标。

对南大光电,是不是继续坚持下去?尽管南大光电的核心管理者(亦是技术核心者)表示了坚定的信念,但国有股东决策体系内部的认识矛盾,最终还是决定退出,并于 2006 年(以注册资本 0.6 倍的价格)转让全部国有股份。

由于经营状态已经十分不稳,此时控股股东的退出,对于公司几乎是"灭顶之灾"。

事后证明,2005—2006 年度,是南大光电最困难的时期,但也是企业实现"质的飞跃"的转折时期。虽然从财务上看,2006 年度南大光电依然亏损(年度亏损 300 万),但这一期间,南大光电实现了三甲基铟的上市、完成了若干产品的产能扩张,更重要的是公司产品的国内市场占有率已近 70%。

2. 私人资本的介入

理论上讲,政府的资金投入,应该集中于基础性研究以及共性技术类的应用研究。在科学技术的研究中,政府的资金应该投入的是早期的研发项目和阶段,这在市场化体制下已是共识。本案中,早期的研发资金来源于国家的科研项目,使得其可以延续并开花结果。但随着产业化的要求,特别是围绕着商业目的的企业化运作,作为控制股东,国有资本的目标及决策机制,"天然"地暴露出选择困境。

企业的市场化运作必然存在风险,对于地方政府主导的投资资金,可以承受风险的资金量、拖延的时间等,都是有限的(相对于中央政府)。本案中,企业(及项目研发)在持续了五年之后,市场风险依然存在,并且陷入企业危机的境况,地方政府的国有资本选择退出是有其内在逻辑的。

国有资本的退出,对公司信心的打击是巨大的。痛定思痛,作为原项目负责人,公司的核心管理者提出了新股东标准:第一,大股东是民营企业,具有较强的风险共担意识和风险承受能力;第二,大股东应具有一定的实力,主营业务收入要过亿元,进一步为企业的发展提供强有力的资本保障;第三,本身是化工类企业,在企业经营管理中,避免不同行业间的误解。

2006 年,国有股股东将所有股权转让给了私人资本性质的"私募股权基金"。这一转让,为南大光电带来了一些新的管理理念,以及新的动力和压力。比如,坚持管理(技术)核心团队必须持股,更加注重市场,并推动公司走股票发行及上市的道路。

3. 资本市场的上市,企业发展规划

2012 年 8 月,公司成功登陆中国证券市场的深圳(创业板)市场。股票发行价格为每股 66 元,对外发行 1257 万股,募集资金 8.2962 亿元。

南大光电的进一步发展规划,重点在三个方面展开:

第一,确定追求"规模经济"的生产经营战略。就现有的成熟产品系列,扩大产能,形成规模优势,力争尽快在国际市场占有率达到 30%。

第二,确立"技术领先"的技术发展战略。进一步强化研发的力量,加强研发中心的"硬件"、"软件"建设。一方面,在现有产品的技术层面,丰富产品系列,保持技术、工艺的领先地位;另一方面,在更高的层次,跟踪国际 LED、新一代太阳能电池、相变存储器、集成电路等领域的最新技术发展动向,技术上及时跟进,随时准备切入新兴应用领域。

第三,确立行业的"影响"和"引导"战略。建立良好的行业上下游关系,力求在产业链中占有较强的行业地位。强化与"外延片"生产厂商在生产、技术方面的密切合作,特别是与国际顶级层面企业的合作,可以起到巩固市场地位的效果。同时,加强与上游企业、配套企业的联系,选择适当时机,参股、控股相关企业,以保证原材料供应和产品质量。

三、思考与初步结论

本案是自改革开放以来,中国国家科技战略实施过程中,微观层面的一个典型案例。面对体制与社会的转型,即使是国家战略做了起步的安排,大量后续的微观操作过程中,仍然需要适时地转换"机制"、切换"轨道"。

(一) 本案引起的思考

首先,"原创性"的科研安排,传统的"大机构"与后起的"小机构"之间,并不一定存在优劣势的差别。相反,给不同的"原创思路"以机会,形成一定的竞争是重要的。

"MO源"的立项之初,南京大学不在专家组的视野范围之内。但在南京大学课题组的争取下,主管部门及专家组给了机会,不同的科研思路得以展开推进,最终"修成正果"。这反映了"原创性技术"的研发,只要具备一定的科研基础和能力,不同机构的起点是没有实质性差别的。

相反,传统领先的研发机构,倒是可能落入原有思路的"路径依赖",不断地形成"沉没成本",以至于在科研思维路线上"积重难返"。

其次,"举国制"选择关乎国家战略的基础性科研项目,一般多属"原创性"项目。现实中,这些项目的起步和展开,只能依赖于国家队的"大院、大所、大学",特别是应该发挥综合性大学的研究功能。

南京大学"MO源"课题组的成果充分体现了这一结论。南京大学的化学专业历史悠久、专业分工细致、专业交叉与交流深入丰富,长期承担着大量的不同层次、不同目标的科研课题,有着一批基础研究能力扎实的专业研究队伍。

客观地说,在基础学科较为发达的综合大学背景下形成的课题组群体,对"原创性"课题的理解深度,对科研路径选择的思想宽度,较之于一般的研究机构往往是更胜一筹。

再次,"基础性"、"原创性"科研项目,多依赖于"大院、大所、大学"完成,但研究成果鉴定结束,进一步希望其融入国民经济体系,则"体制渠道"不畅。

南京大学"MO源"课题组是幸运的。第一阶段,中央政府提供的研究资金,完成了技术层面的成果要求;第二阶段,地方政府(苏州工业园区)又接续提供了产业化的资金;第三阶段,就在"山穷水尽"之时,民间资本的风险投资又使其延续。"苦尽甘来",终于撞开了市场的大门。

但在现实中,有太多的科研成果被"束之高阁",从中央到地方,既缺乏动力又没有压力,科研资金的运用检查、效果考核,基本上也是"走走过场"而已。"出资人"与"资金使用人"的想法差距太大,现实的体制,缺少科研成果转化的"动力机制"。

最后,中国的资本市场,给予了高科技企业充分的肯定;但随之,资本力量又会对企业形成新的压力、提出更高的要求。很多上市企业,似乎并没有充分的思想准备……

资本市场给了南大光电当年的最高发行价,公司获得了充裕的资金,但市场是有约束的,市场期待着公司有更大的发展。

虽然,我们在已有的披露文件中可见,对于风险及其应对,南大光电做了充分的分析和安排。但我们仍然感到,公司在"生产经营"、"技术竞争"和"企业组织管理"三个方面存在着不小的压力。

在生产经营方面。即使是进入"寡头垄断"阶段,但可以说,市场竞争是表面平静、暗流涌动。南大光电的竞争对手都是国际顶级公司,这些公司在应对国际市场波动、运用市场营销手段等方面,其能力都将高于南大光电,只要一出现市场机会,这些公司就会毫不犹豫地利用各种手段,打压甚至挤垮竞争对手。

在技术竞争领域。就现有的产品看,南大光电在"技术路线"、"工艺成熟度"等方面,能够占有"顶级技术"的一席之地。但在产品的进一步研发、产品系列的综合配套,以及更宽领域的延拓开发等方面,以南大光电现有的技术团队,与竞争对手相比,没有显见的优势。另一方面,核心技术的泄密、核心技术人员的流失,在当今的市场竞争中,也是常见的现象。堵住这方面的漏洞,公司有着大量的工作要做。

在企业组织方面。从已披露的文件可以看出,伴随着技术进步和企业成长,南大光电在管理方面已经做了相当的努力。但是,其一,相对于资本市场的要求,在企业治理、规范化运作等方面,任何刚上市的企业,无论是思想观念的认同还是具体管理规章的落实,都还会有大量的工作要做。其二,公司的控制股东属于私募股权类投资机构,管理(技术)团队持股的累积量又不到10%,股权结构的现状,使公司存在着不稳定性。其三,由于公司创始人(核心技术者)、现任董事长的年事已高,其退居二

线、确立新的管理核心和管理架构以及过渡方案，也需要提上议事日程。这些企业组织体系中迫切需要解决的问题，对于企业的长治久安、持续发展，是至关重要的。

（二）初步的结论

第一，以"举国制"的方式有选择地跟踪国际先进的技术体系，作为发展中的大国科技战略和策略，显然是一种合理的、现实的选择。

中国的近三十年实践，取得了一些成果，伴随着经济体制的转型，一批科研型的企业应运而生，成为中国进一步发展的技术支撑体系。

但体制转型带来的摩擦，技术成果转化不畅的现象还比较多见。整个社会期待着更多的科技转换型企业的诞生、茁壮成长。

第二，"原创性"技术的产业化过程，为什么更容易出现"摩擦"和"梗阻"？除了体制因素之外，我们还能有什么解决思路？

一方面，目前中国体制下的"大院、大所"，特别是"研究型大学"的"价值取向"，决定了科研人员的"行为轨迹"。研究至上，完成技术目标即可，关键是获得成果鉴定，更高的目标是学术性的科研大奖。因此，大学里的"动机—目标—决策机制"，决定了大多数科研人员还是不愿投入商业运用的开发阶段。

另一方面，不同政府层级的科技战略规划，在具体的目标、完成时间、经济社会效果的选择上也是不同的，这些不同政府层级的"动机—目标—决策机制"体系，使得现实始终不能"如愿"。

鉴于上述原因，我们需要在研究型大学内部作出一些体制微调，给予"高技术产业化"一定的"价值取向"空间，并且落实相关制度和措施。同时，我们更需要在全社会达成共识，即推动"高技术产业化"是防止经济空心化、增强国家竞争力、保持全社会长期稳定发展的基础性保障工作。

第三，企业要想站稳产业链的高端，唯一的办法就是获取关键的核心技术。高端核心技术的产业化过程是"痛苦"的，对"核心管理（技术）者"要有足够的耐心和宽容。

技术制胜是企业竞争的法宝，南大光电的成功，其最重要的一点就是在 MO 源的生产上拥有深厚的技术支撑。当然，这一切取决于国家科技研究体系的铺垫、现实团队的不懈努力，以及民间资本的适时介入。

企业的成功离不开核心管理者的努力，特别是原创性技术引致的高科技企业，往往更是"技术与管理集于一身"，这样的企业对团队及其核心者的要求更高，更需要考验核心管理者的品质和意志力。高技术的产业化过程，往往伴随着痛苦的煎熬，因此，需要相关各方给予足够的耐心和宽容。

第四，中国的科技体系的研发资金来源是多层次的，"中央政府资金"、"地方政府资金"、"私人性质资金",其资金的目的不同,管理模式也不相同。

中国的科技体系的研发资金大体上可以分为"中央政府资金"、"地方政府资金"、"私人性质资金",由于资金性质、目的不同,使用和管理模式也不同。从目标选择上看,在"国家总体战略"和"资金短期收益"的两个维度方向,中央政府资金选择的是国家战略取向,私人资金(资本)选择的是短期利益收获,地方政府资金会在这两个维度之间,根据自身的资金宽松状态及偏好作出选择。

对于一个确定的项目,问题的关键是,如何较平滑地实现不同投资主体的"接续"? 实践提醒我们,高技术的产业化成功的标志是市场的接受,迎接资本市场的检验并主动地融入它,是每一项具体技术可持续发展的重要途径。

第五,资本市场是重要的,但也是苛刻的。成熟的资本市场体系,特别是现实中私人性质的风险投资基金、股权投资基金等,对于高科技企业的发展尤其重要。

南大光电的案例尤其说明了这一点。

私人资本总是谨慎的,私募股权类资金的进入,是市场化商业社会对公司的第一次确认。从体制和机制上看,私人资本为企业带来了激励,也为企业带来新理念、新思路,以及经营活动的新资源,同时,企业受到的压力也是巨大的。

公司上市,作为社会资本的进入形式,是市场化商业社会对公司的第二次确认。股票市场为企业带来了充足的资本(资金)以及社会影响力,为企业的发展提供了制度性的保障,但对企业的运作和业绩也提出了新的、更高的要求。

(执笔:姜宁)

附录一 国外创新型国家案例

一、美国:成熟和完备的国家创新体系

富有创新的文化传统,适应自由市场经济的政治体制,各种规范的法规、科技政策的保证,以总统为首的科技领导机构,研发和教育的高投入,以及能包容多元文化、鼓励自由思考、独自创新的社会环境系统,使美国成为一个创新型科技强国,形成了当今世界最为全面的国家创新体系。

(一) 美国的传统优势

根据麦迪逊等人整理的数据可知,美国的人均收入水平从 19 世纪末赶超英国后就一直处于世界第一的位置。大部分学者认为美国的优势来源于资源的供给和有效的国内需求(Wright,1990)。美国在石油化工行业领先地位最初是来自国内丰富的石油资源,其在机器工具制造业的优势则是源于它最早采用了大规模生产技术。这也同时证明了美国本土劳动力的稀缺及其强大的国内市场。反之,规模生产、长距离、便宜的土地以及城市密度低也解释了美国早在 20 世纪 20 年代就能在汽车制造业和使用方面取得领先地位。相应地,巨大的汽车市场也使得人们对汽油的需求大量增加,进而促进了石油和石化产业的发展。

(二) 重视本国国民教育和研究型大学

美国在产业研发与大学研究的紧密结合方面的优势毋庸置疑。1910—1940 年的一系列中央和地方政策使美国成为第一个普及中学教育的国家,也使美国的大学入学率达到了战后最高水平。美国拥有世界上最发达的高等教育,在世界大学前100 强排名当中,美国的大学要占到一半以上,即使是经济衰退时期,美国各所私立和公立大学仍然是最成功的出口行业,可以从美国相对于其他国家的领先优势以及对世界各地学生的吸引力上体现出来。大学研究所、政府资助的公共研究机构以及行业的私人科研机构之间有效紧密的结合,对美国取得信息技术方面的领先地位起到了至关重要的作用。硅谷坐落在斯坦福大学旁边,而另一个计算机软件、硬件公司以及生物技术公司的汇集地就位于波士顿地区麻省理工学院和哈佛大学旁边,这些

现象并不是巧合。

美国教育优势的另一个很重要的方面是它很早就发展了商学院并且几乎在这方面的教育形成了垄断,在融资和整体战略管理的教育上有很大的优势,并在20世纪七八十年代逐渐显露,促进了风险资本的应用以及新兴网络公司的发展;在美国有着比其他地方要多的MBA,他们具有良好的金融方面的知识、创新精神和风险承受能力。另外,美国的商学院使得美国的投资银行、会计师事务所和管理咨询公司在国际上处于领先地位。

(三) 政府资助军用和民用研究

研究表明,美国战后在制药和生物医药方面取得的领先地位和国家的公共卫生政策有很大关系。国防研究的需要和政府的扶持政策帮助美国在半导体、计算机软件硬件开发、生物技术和因特网等领域取得领先地位。而政府的反垄断政策则是美国的软件产业得以脱离硬件产业而独立发展的原因。

对于高等教育和基础研究的支持上,美国所采用的方法与欧洲各国如法国、德国和英国有很大不同。首先,美国的私立大学与公立大学的混合机制促进了大学之间的竞争,并且给予那些顶级的私立大学充足的财政预算自由,使它们能够提供高薪水、建造先进的实验室以及保证高质量的教学,这些又反过来吸引许多世界各地的高水平的教师和学生。其次,美国中央政府所支持的研究项目都要经过严格的审核,政府的支持倾向于那些拥有真正实力和精力充沛的年轻研究学者,并不倡导精英主义或者继续支持那些已经没有什么新创意的著名教授。而在欧洲大部分学校和研究机构都倾向于公平分配的统一的预算办法,对于学术的激励还不足,也很少对研究项目进行严格的审核。

(四) 健全的科技立法体系

美国拥有健全的科技立法体系,尽可能地为企业和个人营造创新的政策环境,大力推动美国产业的技术创新和科研成果的产业化。美国是世界上实行知识产权制度最早的国家之一,已基本建立起一套完整的知识产权法律体系。美国通过对其知识产权在全球范围内实施保护,为企业和个人营造了创新的环境,并维护了本国的利益。美国半导体行业以及计算机软件行业的领先地位就归功于对知识产权和许可协议的重视和规范化(Bresnahan 和 Melerba,1999;Mowery,1999)。同时,建立企业技术创新退税政策;实施一系列政府—企业伙伴关系计划和鼓励出口贸易,推动中小企业的技术创新;通过立法推动联邦技术转让,促进科研成果向产业界的转化。

(五) 完善的资本市场

在20世纪80年代,美国资本市场似乎是造成美国产业弱势的原因之一。因为人们只关注短期的利润最大化,而当时的日本由于能够从银行获得低息贷款从而在半导体行业暂时处于领先地位。但是美国的资本市场在日后逐渐显示出了其优势。证券法长期以来都要求公司信息公开以及允许股票分析师能够了解其公司内部消息,这些规定培育出了一个巨大并且充满活力的公共投资市场,这一市场和后来兴起的风险资本市场在20世纪90年代中期因特网发展初期为许多新兴网络公司提供了大量的资金支持。勒纳(Lerner)指出了促进这一风险资本市场形成的政策上的重要变化,即允许社会保障基金对风险资本公司进行投资。

在美国创新型国家建设的过程中,军事R&D及其溢出机制极为重要,其大量私营企业的R&D经费由政府提供,而且主要用于军事技术的研发,并由几个大公司完成(苔莎·莫里斯-铃木,1994;理查德·R.纳尔森,1996)。美国通过不断完善政府和国会的科技创新组织,形成了高效运行的科技创新宏观管理机制,具体内容可见附表1。除此之外,美国还有健全的国家科学院系统,由美国国家科学院、美国国家工程院、美国国家医学院及美国国家研究理事会组成。容易忽视但值得一提的是美国的非营利机构,它们是企业和高校等常规创新主体的重要补充力量。例如:为各类科研机构提供项目资助的洛克菲勒基金会、福特基金会、卡内基基金会、比尔与美琳达·盖茨基金会;为政界、军界和工商界提供咨询服务的兰德公司;承接政府和企业委托项目的巴特尔研究所,以及像"美国科学促进会"等众多的社团组织。这些非营利机构每年投入和使用的科研经费并不大,但它们在促进科技信息交流、搜集和传递科技情报、联络科技人员和普及科技知识等方面,是任何其他机构所无法取代的(章亮等,2010)。

附表 1　美国科技创新组织

机构名称	组织内容及主要任务
国家科学技术委员会	1.总统担任主席,主要成员包括副总统、总统科技事务助理、国务卿及各部长; 2.确立国家科技发展目标;制定、协调科技政策
总统科技顾问委员会	1.主要成员为非政府机构的专家、学者; 2.从民间角度对国家科技委的政策进行评述,并提供反馈意见,促使这些计划更加合理可行
白宫科技政策办公室	1.主要成员由总统任命,并由参议院批准; 2.为总统及其他国家领导人提供科技政策咨询; 3.负责协调政府各部门制定和实施科技政策; 4.确定和落实科技预算,加强各级、各类科技创新主体的合作关系
预算管理局	与白宫科技政策办公室一起制定每年的科技创新活动预算
国家科学基金会	1.美国政府机构中唯一专职从事科技管理的部门; 2.促进科技进步,增强创新能力,资助基础科学研究; 3.每年从大学和其他科研机构申报课题中,遴选出2万余个项目给予经费资助

续表

机构名称	组织内容及主要任务
国会科技机构	1. 参议院下设航空、通信、消费者事务与涉外商务及旅游、海洋和渔业、科技与空间、陆运与海运等六个分委会； 2. 众议院下设基础研究、航天航空、能源与环境、技术和标准四个分委会
政府设立的科研机构	1. 由各部门的研究院、实验室组成。例如，国防部的国防先进研究项目局，卫生部的国立卫生研究院，能源部的劳伦斯伯克利国家实验室、洛斯阿拉莫斯国家实验室、阿贡国家实验室和布鲁克海文国家实验室等； 2. 根据本部门主要职责，提出相关研发创新计划，争取国家科研项目经费

资料来源：由章亮等（2010）整理而成。

二、日本：从模仿跟踪到创新立国

日本在短短一百多年的时间里从一个落后的东亚小国发展成为世界领先的经济科技强国，究其原因，是能够根据本国国情，成功地选择了先模仿后独创、先低科技后高科技的发展战略。日本科技创新的主要特点如下：（1）研发投入大。据文部省近年发表的白皮书，日本每年用于研究开发的总经费约 16.5 万亿日元，仅次于美国，超过英、法、德三国之和。（2）企业研发能力强。私人部门对研发持续不断地进行高投资，企业成为大部分研究经费的提供者和使用者。（3）政府发挥重要的指导作用。日本政府通过制定长期规划、积极的投资与教育政策等，在推动企业增强创新能力方面发挥了重要作用。尤其在完善国家创新体系、科研基础设施建设、组织产官学合作、促进国际科技交流与合作等方面，政府发挥了主导性作用。

长期以来，日本一直坚持走以引进和消化欧美技术为主的模仿型"技术立国"之路，20 世纪 90 年代中期以后开始向注重基础研究和独创性自主技术开发的"科学技术创新立国"战略转变（斋藤优，1986）。从历史上看，第二次世界大战结束前，日本已基本完成了机械化、电气化和燃料石油化的技术革命，并发展成为一个产业门类齐全、具有近代科技及教育水平的工业化强国。这段时期，日本实施了一系列科技政策：引进外国专门人才和技术；加强本国人才培养，建立从初等到高等的教育体系；成立负责科技发展的政府组织机构；颁布专利法，引进国际技术标准体系，制定科技奖励政策；成立了一大批具有现代化设备的专门从事科学研究的机构和学术协会。第二次世界大战后，日本成功地实现了经济的高速增长和产业结构的高级化，跻身于发达国家行列。此间，日本的科技发展经历了四个阶段，即 20 世纪 50 年代前的经济恢复阶段，大力引进国外先进技术，而国内的科技资源大多被用于消化引进技术，并向民间大企业倾斜；20 世纪 60 年代的经济高增长期，各大企业兴起了设立"中央研究所"的热潮,政府同时制定了各种科技政策,支持企业的创新活动:20 世纪 70 年代的低增长转型期,科技政策取向多样化、体系化,并在科技体制方面发展了"研究组合"等产学官合作的组织形式;20 世纪 80 年代后的创新型国家时期,基于人口的老龄化、产业的空洞化、赶超战略效力的衰退以及改善国家形象的需要等原因,日本的通产省和科学技术厅提出了"科学技术立国"的口号,高新技术进入世界最前列,创新型国家形成。

日本战后技术政策的实施一直是多机构混合起作用的,且不同时期政策重点不同。20 世纪 50 年代,通产省主要依赖传统产业政策工具(低息贷款、信用担保、适当免税等)协调与鼓励私营企业发展的积极性;60 年代通产省通过独立的产业规划,对研究与创新的支持更牢固地嵌入更广泛的产业政策体系中。20 世纪 70 年代后,通产省开始对社会创新网络的各个节点进行更为积极的干预,同时对一系列委员会提出的未来希望技术进行巨大资助,如超大规模集成电路项目便由通产省"国家研究和发展项目"1976 年建立和资助。20 世纪 50 年代后期日本国会批准成立"科学技术厅",该机构负责推进日本自身的大规模创新。1959 年,政府继续努力于推进并协调技术政策,建立了小型智囊团"科学技术委员会",它负责协调有研究兴趣的独立部门之间的行为,并且为未来发展制订长期计划(苔莎·莫里斯-铃木,1994)。

2001 年,日本在科学技术组织结构方面发生了重要变化,当年的行政改革中产生了科学技术政策委员会,作为内阁政府两个主要委员会中的一个,由首相直接领导,监管所有的科技政策。同时,以前的教育、文化部和科学技术振兴机构合并为一个部——文部科学省(MEXT),权力覆盖从小学到博士后的科学教育的全部领域,并涵盖从基础科学到高校——工业合作的整个创新周期主要部分的行政责任。然而全面负责科学技术的实施和推广的是科技厅,其具体职能部门设置以及功能可见附表 2。可以看出,日本的文部科学省使教育和文化为科技创新提供更好的动力源泉,科技厅能够在实践中推广、引领科技新发展,而科学技术政策委员会则为科技系统的有效运转提供有力的监管,防止科技系统运转的失灵(苔莎·莫里斯-铃木,1994)。

附表 2　日本科技厅部门设置与主要工作

部门名称	长官官房	科技政策局	科技振兴局	研究开发局	原子力(核能)局	原子力安全局
主要职能	政策制定与部门协调	科技推广	推进基础研究、完善研发制度和环境	重大、先导性技术开发(如宇宙开发、脑科学研究)	核能开发与利用	确保核技术安全利用

资料来源:由冯涛(2000)整理而成。

三、德 国

德国在科技创新体系中职能机构的特色主要体现在科技行政管理部门、科技行政关联机构与公共科研机构三个方面。德国的科技发展行政管理职能基本按照基础研究和应用研究的界限集中于少数几个部门,其他部门虽然也存在科研活动,但规模较小,大都只是为了满足本部门工作要求,在科技发展中的作用相对有限(陈强、鲍悦华,2011)。德国联邦教育与研究部(BMBF)是负责科研与教育活动的主要部门,BMBF下属的德国研究共同体(DFG)是联邦政府促进德国高校和基础研究活动的主要机构,对所有科学领域研究活动提供资助,并协调大型公共研究协会的研究。联邦经济与技术部(BMWI)的科技发展职责范围涵盖能源、航空、交通等领域,并通过德国联邦工业研究协会(AIF)促进中小企业的发展。德国围绕科技政策制定、实施、评价全过程,普遍建立起了较为完善的科技行政关联机构体系。

附表3　德国科技行政关联机构设置

政策制定机构		跨部委政策制定、实施部门		政策评价机构
劝告机构	支援机构(分析、调研)	协调机构	负责部门	基于评价的劝告机构
德国科学委员会(WR)	弗朗霍夫学会系统与创新研究院(Fraunhofer ISI)	科学联席会(GWK)、德国科学委员会(WR)	联邦教育与研究部(BMBF)、联邦经济与技术部(BMWI)	德国科学委员会(WR)

资料来源:由平泽冷等(1998)整理而成。

其中,德国科学委员会(WR)同时承担着科技政策咨询建议、评价和协调等多重职能。它主要关注科研机构和国家创新体系这两大领域的发展,通过对科研机构的绩效评估和对一些专业领域、学科的评价,为联邦高校和国家科研活动的发展提供建议。作为协调机构,WR还同时协调着科技政策制定者—科技界和联邦—州政府这双重关系。另外,公共科研机构在德国创新体系中发挥着不可替代的作用。在德国存在着大量自治的公共研究机构,它们是受政府机构资助的不完全公共组织,通常以集团化的形式存在,集团中存在着位于政府与这些研究机构之间的中间组织,即"学会",代表了德国科学研究的核心力量。通常学会间也有良好的分工,分别从事不同使命与性质的研究任务,主要包括从事国际顶尖基础研究的马普学会(MPG),从事能源、环境、健康、材料结构等领域重大问题研究的赫姆霍兹学会(HGF),从事应用和战略研究的弗朗霍夫学会(FHG),以及从事人文与社会科学、空间科学与生命科学、环境科学研究的莱布尼兹学会(WGL)。每年,德国政府除了资助高等教育部门外,有很大一部分研发经费都投入了这些公共科研机构(陈强、鲍悦华,2011)。

附录二 创新型城市案例

一、美国硅谷

硅谷是高科技公司云集的美国加州圣塔克拉拉谷的别称,位于加利福尼亚州北部,旧金山湾区南部,一般包含圣塔克拉拉县和东旧金山湾区的费利蒙市。严格来说,硅谷并非城市,不属于创新型城市的研究范畴,但它出现在众多创新型城市研究文献中,受到学者的广泛关注,其形成模式也不断被东亚等新兴国家作为建设创新型城市的样本,模仿借鉴,印度班加罗尔以及下文提到的韩国大田都是仿照硅谷模式兴建起来的。此外,硅谷从工业园区逐渐推动临近城市,乃至整个区域的繁荣,也代表了现今新兴国家创新型城市的主流模式。

硅谷所在的旧金山湾区最初是美国海军的研发基地。第二次世界大战后,随着美国回流学生的增多,为满足财务需求,同时给毕业生提供就业机会,斯坦福大学采纳特曼教授的建议开辟工业园,允许高技术公司租用其地作为办公用地,并鼓励学生在当地发展风险投资事业。从而拉开了硅谷兴起的序幕。

硅谷的发展始于斯坦福研究园的成立。1951年,特曼教授成立斯坦福研究园区,这是第一个位于大学附近的高科技工业园区。园区里一些较小的工业建筑以低租金租给一些小的科技公司。最开始的几年里只有几家公司安家于此,随后,依靠斯坦福大学最新的技术以及出租的土地,越来越多的公司来到硅谷。土地租金以及与公司的合作成为斯坦福大学的经济来源,使得斯坦福大学不断地兴旺发达。逐渐形成了依托于斯坦福大学的公司聚集地,并吸引更多怀揣企业家梦想的高科技人才来此创业。

1956年,晶体管的发明人威廉·肖克利在斯坦福大学南边的山景城创立肖克利半导体实验室。1957年,肖克利决定停止对硅晶体管的研究。当时公司的八位工程师出走成立了仙童半导体公司,称为"八叛逆"。"八叛逆"里的诺伊斯和摩尔后来创办了英特尔公司。在仙童工作过的人中,斯波克后来成为国民半导体公司的CEO,另一位桑德斯则创办了AMD公司。1972年第一家风险资本在紧挨斯坦福的Sand Hill路落户,自此,风险资本极大促进了硅谷的成长。1980年苹果公司的上市吸引了更多风险资本来到硅谷。经过几十年的实践、摸索和调整,硅谷形成了创办新型高科技企业有效和基本固定的创业模式,它的成长历程一般经历创建、成长、获利三个阶段。风险资金来源于不同渠道,风险投资家只是资金的管理者。在硅谷,80%以上的风险基金来源于私人的独立基金,主要来源有富有的个人资本、机构投资者资金、私募证券基金和共同基金。其组织形式为小企业投资公司、合作制的风险投资公司、股份制的风险投资公司以及大集团内部的风险投资公司或大公司内部的风险投资部。在这种"技术+企业家+资金"的模式下,硅谷不断地扩大发展,成为全世界高新技术发源地和中心。

硅谷之所以取得成功,得益于以下因素:

第一,重视科技,发展高新技术产业集群。硅谷的成功得益于其成功的产业集群,由于集群具有地域化聚集、专业化分工、社会化协作的特点,增强了其产业竞争力。硅谷地区以高校及创新企业为主体,各创新要素的参与、协作,使得硅谷成为一个创新整体,克服单独个体智力与资金的限制,整合多种知识技术资源和技能,产业链和创新配套条件得到优化,降低技术和市场风险与不确定性,增大创新投入意愿,增大创新成功的努力和探索,使硅谷保持了创新的活力。

第二,创新主体相互作用,形成完善的创新网络。从创新个人来看,硅谷有大批劳动力、科技开发人员、经营管理人员和市场销售人员,活跃于企业之中,推动企业技术创新,并在地区整体优势中占有核心地位。从机构和技术能力来看,硅谷有大量的机械和原材料辅助生产部门和机构、强有力的金融机构、专门传播最新开发技术知识的机构,以及分析最新市场动态的咨询机构等等,这些构成了地区知识技术能力的强大支撑,是硅谷地区创新整体优势的坚实基础。从规范、模式和制度文化来看,硅谷有分权和积极介入、利用外部知识技术资源的组织模式,乐于助人的氛围,技术合作联合的传统,这些构成了地区创新整体优势的长久保证。从知识技术运行网络来看,硅谷有以地区网络为基础的工业体系,能促进各个专业制造商集体学习和灵活调整一系列相关的技术,这些构成了硅谷地区整体创新优势得以形成和维持的最重要依托。

第三,充满活力的人力资本机制。硅谷是美国高科技人才的集中地,更是美国信息产业人才的集中地,在硅谷,集结着美国各地和世界各国的科技人员达100万以上,美国科学院院士在硅谷任职的就有近千人,获诺贝尔奖的科学家就达30多人。

硅谷人才流动分为正式的和非正式的渠道,正式渠道是职业介绍所,硅谷不仅有为一般劳动者提供服务的临时职业机构,而且还有专门招聘高级专业技术人才和高级经理人员的猎头公司;非正式渠道是酒吧、咖啡馆、俱乐部、健身房、展示会等聚会场所,它们不仅是硅谷人们交流信息的场所,也是非正式的招聘中心。人力资本参与收入分配,员工持股和股票期权是硅谷的制度创新,是硅谷技术创新和经济增长的推动力。

第四,闻名世界的风险投资机制。硅谷拥有世界上最完备的风险投资机制,有上千家风险投资公司和 2000 多家中介服务机构,风险资金来源于富有的个人资本、机构投资者资金、私募证券基金和共同基金等多种渠道,其组织形式为小企业投资公司、合作制的风险投资公司、股份制的风险投资公司以及大集团内部的风险投资公司或大公司内部的风险投资部。风险投资是硅谷科技创新和产业化的前提。经过几十年的实践、摸索和调整,硅谷形成了创办新型高科技企业有效和基本固定的模式,一般经历创建、成长、获利三个阶段。据美国风险投资协会的一项调查表明,受风险资本支持的企业在创造工作机会、开发新产品和取得技术突破上明显高于一般大公司,不仅如此,这些公司的成长推动着硅谷经济的发展,增强了其在世界上的竞争力。以斯坦福大学为首的科研院所与充裕的风险资本的结合,创造和刺激了硅谷高新技术产业的蓬勃发展。

第五,高品质的生活环境。硅谷气候宜人,因属温带海洋性气候,夏天不热但干燥少雨,冬天不冷,潮湿多雨,全年平均温度 13℃—24℃,全年日照 300 多天。污染少,美丽绵长的海岸线、森林和 300 多平方公里的国家公园,这些都是吸引许多人留在硅谷创业发展的重要原因。从城市规划和建设的角度来看,硅谷地区社区设计注重特色,包括历史的、传统的和现代的三种类型,极富吸引力;硅谷地区的交通体系完善发达,各种交通形式俱全,包括公交、快速铁路、通勤铁路、轻轨、轮渡等,与整个湾区成为有机一体;硅谷地区的生活配套设施十分完善,教育、医疗、体育、文化都十分发达,优良的教育质量对于吸引和留住高素质人才起到了非常大的作用;生态环境优美,西邻太平洋,东靠众多国家级旅游胜地,城市内部不仅保证较高的绿化率,城市周边的开阔空间也得到很好的保护,这对保护生态多样性和优良的空间景观起到了重要作用。

第六,政府在硅谷兴起中所起的作用。硅谷的成功是一个典型的由市场主导建立创新型城市的案例,从硅谷的生存与发展历史看,与美国政府没有任何直接的关系,美国政府在硅谷的形成和发展中,只是起到一个间接扶持和引导的作用。同样,对于硅谷风险投资的形成与发展,美国政府采取的也只是起到间接扶植和引导的作用。

美国本身是一个市场发育非常健全、市场机制相当完善、市场经济非常发达的国家。由于市场体系的完善,法律法规的健全,市场上资金充裕,专业化服务随手可得,使得硅谷的创新动力长盛不衰。美国政府通过健全服务与监管体系,来规范风险投资的规则,优化风险投资的环境,形成风险投资社会化和市场化,提高风险投资能力。同时,美国政府通过立法,制定政策和发展计划实施了间接扶持政策。美国政府实施的小企业投资法、小企业研究计划、知识产权保护等政策,给予风险投资的发展极大支持;一系列鼓励对科技型小企业的长期风险投资的优惠政策,直接刺激了社会风险投资供给规模;设立纳斯达克股票市场为美国硅谷创业公司上市创造了上市融资的有利条件,为美国硅谷的风险投资提供了退出渠道;成立了国家风险投资协会,制定了有关法规,除了加强行业管理,规范风险投资行为外,还为交流投资信息、进行人员培训、组织联合投资、改善投资环境、拓宽资金来源和投资渠道等提供多方位的服务。

二、英国伦敦

作为一个典型的创新型城市,伦敦发展的突出特点在于其发达的文化创意产业。在建设创新型城市之前,伦敦已经具有高度发达的工业制造能力及金融网络。伦敦城是英国的金融和商业中心,世界上最大的金融和贸易中心之一,同时是世界最大的国际外汇市场和欧洲美元市场。英国中央银行——英格兰银行以及13家清算银行和60多家商业银行也均设在这里。伦敦城还是世界上最大的国际保险中心,伦敦股票交易所为世界四大股票交易所之一。此外,伦敦城还有众多的商品交易所,从事黄金、白银、有色金属、羊毛、橡胶、咖啡、可可、棉花、油料、木材、食糖、茶叶和古玩等贵重或大宗的世界性商品买卖。伦敦对于创新型城市的建设体现了高度发达传统经济向创意产业的转型。

伦敦是世界著名的商业金融中心,欧洲500强企业中,有超过100家的企业总部在伦敦。伦敦的生命科学产业、医药产业、创意产业等在国际上具有较强的竞争力。伦敦也是全球高等教育中心。三分之一的英国高等教育机构在伦敦,40所大学与学院,55所继续教育学院,9所研究与技术所。此外,还有数百个智囊团、研究和科学机构、教授团体。规模庞大的高等教育为伦敦经济的发展带来了巨大活力。高校学生每年在伦敦消费80亿英镑的产品和服务,来自海外的伦敦高校的留学生和游客每年为英国贡献7.5亿英镑,伦敦高校每年从英国国内和海外赢取的科研经费超过6亿英镑。伦敦的高等教育贡献了英国GDP的1%、伦敦的4%。但是,伦敦在研究与发展投入较少,企业研发投入占GDP的比重只有英国平均水平1.2%的一半左右,企业、政府和高校的总研发投入占GDP的1.4%,低于英国1.8%的平均水平。专利申请量也低于英国平均水平。从1998年至2000年,只有18%的伦敦公司引入新产品。此外,伦敦的知识转移机制缺乏成效,只有少量的伦敦公司参与促进大学、毕业生与企业合作的教学公司计划。

英国政府自1994年就开始重视文化创意产业的发展,将其列为国策之一,并通过成立文化创意产业出口推广咨询小组和创意产业工作小组,促进英国创意产业的发展。伦敦对创新型城市的建设非常重视,在出台"伦敦创新知识转移战略""伦敦创新框架"的基础上,2003年,伦敦市公布了《伦敦:文化资本,市长文化战略草案》。提出文化发展战略是维护和增强伦敦作为世界卓越的创意和文化中心的主要途径以及把伦敦建设成世界级的文化中心的目标。同时,通过设立专门评估创意产业的委员会以及实施"创意伦敦评估"项目,进一步促进伦敦创意产业的发展。

作为创意伦敦计划的一部分,2005年3月,伦敦市发展局设立了"创意之都基金",为伦敦创意产业中有才华的企业家或商人提供原始资本投入和商业支持以激发他们的创意潜力,基金原资产净值达500万英镑,加上私人投资相配套,其资产达到了1亿英镑。伦敦市还通过采取对创意产业从业人员进行技能培训,给予企业财政支持、知识产权保护、文化出口鼓励等措施来促进伦敦文化创意产业的发展。

目前,伦敦创意产业的艺术基础设施占全国的40%,集中了全国90%的音乐商业活动、70%的影视活动以及85%的时装设计师等。创意产业成为伦敦的主要的经济支柱之一,产出和就业量仅次于金融服务业,是增长最快的产业。在创新型城市构建过程中,伦敦尤为重视以音乐、电影、娱乐软件、广告和时尚设计等为代表的文艺创意产业的发展。

伦敦建设创新型城市的成功经验主要有以下几点:

第一,政府主导下制定完善的创新战略与举措,创新型城市建设有条不紊。伦敦为建设创新型城市,首先明确了城市发展目标,凭借城市拥有的丰富文化内涵与创造力,定位于文艺创意产业的发展。围绕这一目标,制定出台了全面详细的规划,并在2003年3月20日,出台了一项旨在把伦敦建设为世界知识经济领头羊的《伦敦创新战略与行动纲要(2003—2006)》,确立了把伦敦建设成为世界领先的知识经济型城市,为此还明确了三大战略和重点举措。通过政府主动引导,提升创新理念,培育创新人员,并针对主要地区和产业部门制定创新计划。在政府的推动下,鼓励帮助中小企业实现创新融资,在全社会打造浓厚的创新氛围。

第二,积极发挥"第三部门"的作用,构造创新体系。文化创意产业之所以在伦敦市得到蓬勃发展,除了伦敦市政府对创意产业的高度重视外,相关机构提供的具体支持服务也起到了重要作用。这些机构被统称为称为"第三部门",主要由伦敦市发展局、英国当代艺术中心、SomethingElse公司、国王学院等机构组成。它们建立起了学校—研究所—企业之间的有效创新平台和运行机制来加强区域创新体系建设,不仅促进文化创意稳定发展,还要复制成功经验,不断扩散其区域、本国及国际的影响力,对文化创意产业的发展与推广起到了积极的推动作用。

第三,原有金融及工业基础为创新型城市提供了物质保障。伦敦作为世界经济、金融、贸易中心,经济高度繁荣,资本充分流动,为创意产业融资提供了便利条件。伦敦无论是在城市环境、交通、基础设施建设,还是公共服务方面,都十分完善,也为创新网络的形成提供了完美的社会资本。另外,伦敦凭借其历史光环,吸引了一大批新兴国家模仿学习,在借鉴其经济发展经验的同时,也为伦敦引领文化潮流做了广告。

第四,集聚全民力量,培养市民的创新理念与灵感。伦敦市积极营造创新文化氛围,通过教育培训推介支持公民的创意生活,不仅给广大市民提供接触文化创新的机会,而且也为文化创意产业的发展提供良好的外部环境。同时,伦敦市积极开展各类民间的国际合作与交流,通过加强与其他国家在文化领域的交流与合作,促进相互间的进步,实现全民创新理念的普及与传播。

三、中国深圳

2006年年初,深圳市出台了1号文件,在全国率先提出建设创新型城市的目标,把自主创新作为深圳未来五年城市发展的主导战略,以"一个目标,四个战略,五大高地"为建设架构,从人才、资金、合作、文化等九大方面对创新型城市建设的具体做法进行了谋划。

2010年深圳实现高新技术产品产值1.29万亿元,研发投入占GDP比重达到3.81%,超过经济合作与发展组织国家的平均水平,每万人拥有发明专利超过了50万件,居全国第一,PCT国际专利申请量占全国的40.3%,连续9年位居国内大中城市首位。高新技术产业已成为深圳首屈一指的支柱型产业。

深圳建设创新型城市的经验是:

第一,重视创新人才,弥补创新要素短板。深圳经过30年的发展,已经初步具备了自主创新能力,市场功能相对成熟,市场观念深入人心。从产业创新上看,经过20世纪90年代的产业结构调整,深圳形成了计算机产业链、通信设备制造产业链、数字电视产业链以及生物医药产业链四个明显的产业链,提出了"产业第一,企业为大"的理念,企业的自主创新能力更强,产学研合作模式也相对成熟。在制度创新与技术创新方面基本满足了创新型城市的要求。但由于特定的历史原因,深圳缺乏与创新型城市相适应的大学和科研机构的支撑,人才培养能力不足,成为制约其发展的短板。

在提出建设创新型城市的同时,深圳政府首要关注了人才问题,一方面设立产业发展和创新型人才奖,对在深圳市作出突出贡献的创新型人才给予奖励,鼓励高等院校、科研机构和公共研发平台面向海内外招聘具有跨学科知识的自主创新领军式人才,积极引进外来人才。另一方面,深圳积极培养创新型人才,通过带薪培训和学术休假制度,鼓励民办培训机构参与政府主导的技能人才培训,对产业发展紧缺人才的培训费用,由政府、企业、个人共担。深圳还充分利用虚拟大学园的师资力量,例如清华研究院通过开展短期培训、继续教育、论坛讲座等多种形式的培训,为孵化企业培训了大量的人才。

第二,与其他城市相比,深圳市科研机构主要集中在企业,具有发展产学研合作的先天优势;在政府的大力支持下,企业参与的积极性高、回报高,形成了一套成熟的、具有深圳特色的产学研合作模式。同时,深圳市科技中介体系能够充分发挥市场机制的优点和吸引企业、民间行业协会的广泛参与,积极探索建立新的科技中介服务机构、同业协会,健全科技中介服务体系,走在了全国城市科技中介创新的行列。

在建设创新型城市过程中,深圳市充分发挥其市场优势及企业优势,形成了以企业为主体的自主创新体系:小企业是原始创新的主体和源泉;大企业是集成创新的主要力量,也是自主创新活动的组织者和引领者;企业家是创新活动的核心。截至2007年年底,形成了以华为、中兴、创维等为龙头企业及两三万中小民营科技企业组成的大、中、小三个层次的创新企业梯队和良好的企业生态,造就了如今深圳"四个90%"的局面:90%以上的研发机构设在企业,90%以上的研究开发人员集中在企业,90%以上的研发资金来源于企业,90%以上的职务发明专利出自企业,这个比例在全国城市中最高。深圳在国内首次制定了企业技术秘密保护条例。为打造自主产权高地提出三大战略:积极实施专利战略、制定实施标准化战略以及大力实施名牌战略。2007年,深圳市政府在全国率先推出深圳知识产权指标体系,从全社会、全方位、全过程的角度衡量深圳市知识产权事业的发展状况。2007年深圳有4件商标被认定为中国驰名商标,22个产品被新评为中国名牌产品,企业作为专利申请主体的地位更加突出。据统计,在2008年中国企业三种专利申请总量排名和发明专利申请单项排名中,深圳企业均占据半壁江山。在三种专利申请总量中,华为技术有限公司、中兴通讯、鸿富锦、比亚迪、深圳华为通信技术有限公司分列十强的前五名。前十强企业专利申请总量为18719件,其中深圳企业申请13511件,占十强总量的72.12%。在发明专利前十强排名中,深圳企业占据六席。前十强企业共申请发明专利14960件,其中深圳企业申请12239件,占发明专利前十强的81.18%。

第三,深圳毗邻香港这个国际重要经济中心城市,是中国内地与世界交往的主要门户之一。深圳注重国际技术经济交流合作,积极打造自主创新的国际交流平台,形成了两大国际化展会——高交会和文博会。这两大展会,已经成为深圳在科技创新领域加强国际合作与交流,提高城市竞争力的重要平台。另一方面,深圳大力吸引鼓励外资企业在深圳设立各种形式的研发机构,例如中国意大利商会、加拿大高新技术协会等20多家海外科技服务机构、技术转移机构。深圳还启动深港创新圈,通过汇聚两地城市的创新资源、产业链,引领深港地区及珠三角地区的自主创新能力。2007年4月,国家科技部、广东省政府和深圳市政府签订《共建国家创新型城市的框架协议》。2007年6月,深圳市成为国家知识产权示范城市创建市。2007年10月,原信产部、广东省政府和深圳市政府签订《共建电子信息产业自主创新示范市的框架协议》。2008年2月,国家发改委授予深圳综合性国家高技术产业基地称号。2008年6月,国家发改委正式批复深圳创建国家创新型城市的总体规划,成为国内首个开展国家创新型城市建设试点工作的城市。

　　建设创新型城市，政府要有建设重点，有所取舍。对于那些能够长期推动城市发展的支柱产业应该集中创新要素和创新资源大力发展，政府的鼓励和扶持政策应立足于提高支柱产业的含金量。深圳市政府在确定发展高新技术产业作为本市的支柱产业后，政策大幅倾斜，使得一些简单加工型企业主动向东莞、中山等地转移。通过这种政策性的倾斜与引导，深圳成功走出了一条基于高新技术支柱产业建设创新型城市的路子，城市科技创新能力和产业竞争力得以大幅提升。

附录三 创新型企业案例

一、韩国三星

韩国企业三星电子(Samsung)创立于 1969 年,涉及半导体、移动电话、显示器、笔记本、电视机、电冰箱、空调、数码摄像机以及 IT 产品等多个领域。在 2005 年,"世界财富 500 强企业"评选中,三星电子以 719 亿美元的销售额全球排名第 39 位。到了 2012 年,三星电子销售额更是达到了 1869 亿美元,在全球企业中排名第 20 位。更加令人钦羡的是,在 2011 年,三星一举超越苹果,成为全球最大的手机生产商。不仅仅在销售额上,在技术上,三星也已成为世界顶尖级的技术创新公司,它在众多领域保持着领先地位。就连三星的竞争者苹果,也必须从三星购买电子元件。

作为电子行业中的后起之秀,三星在很大程度上得益于该公司成功的技术学习战略。技术学习实际上是一个连续性的累积过程,将其清晰地分成几个阶段并非易事。但是若以几个标志性事件为分界点,则可将这一过程大致的划分为模仿、吸收、改良、创新等四个阶段。可以发现每前进一个阶段,技术与组织都经历一次飞跃,这正是技术能力积累的真谛所在(安同良,2004)。

(一) 技术模仿阶段(20 世纪 70 年代前半期)

20 世纪 60 年代末期,为了进军电子工业,三星制定了从日本企业引入技术的方针,整个 70 年代前半期,三星都致力于模仿合资企业的先进技术。期间,它所采取的具体措施有:

第一,直接派员工到日本工厂研修,掌握隐性知识。许多技术具有隐性特征,无法通过编码来传播。如果不充分理解技术的系统性和隐含性,就无法实施成功的技术转移。为了真正学到技术,三星数次派出技术研修团到合资方的日本企业进行实地参观学习。

第二,推行垂直系列化和零部件国产化。三星在刚刚涉足电子工业的时候,就制定了"构筑从原材料到产成品企业内部生产的垂直系列化生产体制"的基本方针,将资源集中配置于电视、冰箱等家电生产领域,最终得以实现赶超战略。

第三,在生产初期即实施出口战略,这使企业早一步认识到质量的重要性。为了达到出口国家的质量标准,三星很早就打造了世界级的质量控制和成本控制体系。

(二) 技术吸收阶段(20世纪70年代后期)

经过技术模仿阶段,三星的技术能力已经有了一定程度的提高,并已拥有一定数量的技术人才。在吸收阶段,企业重点发挥技术的应用能力。具体地说,三星重点做好以下两点:

第一,选择性的技术导入与自主开发。三星电子在导入黑白电视技术时,采取整套技术导入的方式,几乎所有技术资源都依赖合资方。在引入彩色电视技术的时候,三星采用分离技术导入的方式,即只引入RCA技术,其余采用自主开发方式,这种自主开发能力的培养是在黑白电视生产阶段开始蓄积的。

第二,原材料核心部件的国产化。其标志性事件是阴极管的自主生产。电视制造中最重要的部件是电子枪,其核心部件是阴极管。由于阴极管是日本企业的核心技术,难以获取,所以三星电管采用"迂回战术"——先开发初级管再挑战高级管,4年后终于取得了成功。

(三) 技术改良阶段的技术学习(20世纪80年代)

20世纪70年代是三星的技术吸收阶段,除了部分零部件的国产化批量生产之外,三星的技术能力还未达到很高的水平,出口也以贴牌出口(OEM)为主流。为了构筑高超的技术能力,自主品牌的开发不可或缺。这一切都是在技术改良阶段实现的。

第一,提高质量与生产率。从1988年11月起,三星在整个集团内开展经营合理化运动,进行TPI(Total Productivity Innovation),致力于大幅度提升产品质量和劳动生产率。TPI是提升设备生产率的重要武器。

第二,自主品牌培育。从贴牌出口到以自有品牌出口,三星花费许多时间和精力。其中三星电管在1979年就成功开发12英寸黑白电视,并贴牌出口,直至1985年才得以使用自主品牌进行出口。

第三,着手开始正规的、系统性的研究与开发工作(R&D)。三星电子与三星电管于1980年、1983年分别设立了综合研究所(R&D实验室),开始进行体系性的研发工作,并取得了丰硕的成果。例如,三星电管的综合研究所对彩色阴极射线管的质量稳定性进行重点攻关,并最终成功打入日本市场。可以说,在这一阶段,三星电子完成了两个任务——培育自主品牌和确立自主生产技术。这恰是改良阶段应该完成的任务。

(四) 新阶段的技术学习(20世纪90年代)

通过改良阶段的技术学习,三星的四家企业成功完成了电视大型化的研发工作,

20世纪90年代以后,几乎与世界其他先进企业同步投入了新概念电视的开发工作。在这一阶段,公司的具体举措有:

第一,研发工作从产品中心向技术中心的转变,实行综合研究所与事业部研究所的职能分离。从而建成了广泛的企业内部实验室网络。

第二,新概念电视的开发。1993年3月,三星集团的四家企业签订合同组成"开发力量小组"(taskforceteam)。四家企业共同参加从产品概念设计到原材料产品开发的全部过程,开发出画面更大的彩电,其规格在当时是独一无二的。之后,三星又向"纯平显像管"发起了冲击,力争打破索尼的垄断。

第三,数字化电视市场的早期投入。当时的日本企业拘泥于高清晰度电视,对数字化电视的开发并不热衷。韩国企业则抢占先机与美国企业共同采用数字化标准,在该领域的海外市场开拓方面取得了领先地位。积极地搜寻有关市场需求和技术动向的知识情报,并据此预见未来技术的变化方向,以调整战略资源的配置。事实证明,三星集团已经具备了这种路径导航能力(path-navigating capability),这也是革新阶段的特征。

第四,高端品牌形象的重塑。1993—1994年,韩国彩色电视的生产量连续两年超过日本,位居世界第一。但在消费者心目中,三星的品牌认知度仍然较低。在这一阶段,三星将重点逐渐转至品牌形象塑造上来。经过不懈努力,终于在消费者心目中,把"三星"与高端产品的形象连接起来(2012年,三星品牌价值达到329亿美元,居世界第9)。

二、中国华为

华为技术有限公司,在成立之初的1988年,是一个注册资金仅有两万元的高科技民营企业。经过二十多年的艰苦奋斗,目前已发展成一家具有高科技含量和国际竞争力的世界级企业,2013年,在美国《财富》杂志每年评选的"世界500强"企业中排名351位,产品几乎覆盖了国内电信设备的主要领域,并占领了国际市场。美国《商业周刊》评论道:"位于深圳的华为已经成为世界最强大的通信设备商之一,它凭借专利与创新,成为中国新式企业的标志。"

在创业早期,华为不过是一家电信设备代理商,靠买卖价格差获取利润。1992年,华为作出了一个大胆的决定,把全部资金投入数字交换机的自主研发上。从事代理业务风险相对较小,但利润微薄。只有通过自主创新,才能获得更高的收益率,才能在国际电信设备行业占有一席之地。华为通过销售代理业务熟悉了电信设备市场,并积累了进一步发展的资金,为从销售代理转入自主创新创造了必要的经济条件。同时,巨大的市场为自主创新创造了充分的市场条件。国民经济的快速发展和人民生活水平的迅速提高带来了电信行业的旺盛需求,电信市场蓬勃发展,电信设备有着很高的利润率。可以说华为选择了一个适当的时机进入了电信设备市场。在转型的当年,华为就成功地开发了第一台小型交换机,并于 1994 年彻底放弃了代理业务。随着自主研发战略的实施,华为取得了可观的经济效益。1994 年,公司销售额首次突破亿元大关,利润也达到了千万元以上。

华为进入程控交换机市场之初,在国内市场上面对的是占有很大市场份额的国际电信巨头。为了扩大自己的市场份额,华为采取了"以农村包围城市的战略",先攻占农村,以及东北、西北、西南经济相对落后的省市,采用低价位的营销方法,然后步步为营,占领城市。电信设备制造是对售后服务要求很高的行业。当时,国际电信企业巨头的分支机构最多只设立到省会城市以及沿海大城市,对于广大农村市场无暇顾及,为农村市场服务正是华为这样的本土企业的优势所在。另外,农村市场购买力有限,即使国外产品大幅降价,也与农村市场的要求有一定的距离,因此,国际电信巨头基本放弃了农村市场。"以农村包围城市的战略"使华为避免了被国际电信巨头扼杀,更让华为度过了死亡风险极高的创业期,进入快速发展的轨道,培养了一支精良的营销队伍和研发团队,积蓄了打城市战的资本。1999 年,华为销售额首次突破百亿。已经在国内市场站稳脚跟的华为,先后在印度班加罗尔和美国达拉斯设立了研发中心,以跟踪世界先进技术走向。这一年,华为海外销售额仅 0.53 亿美元,但华为已经开始建立庞大的营销和服务网络。这意味着,华为为进军国际市场做好了准备。

20 世纪 90 年代末期,华为确定了全球化战略。华为走出国门时,选择了市场规模相对较大的南斯拉夫、俄罗斯、巴西、南非、埃塞俄比亚等国家,实施了艰难的、国际版的"农村包围城市"战略。以华为进入俄罗斯市场为例。早在 20 世纪 90 年代中期,华为就开始在俄罗斯探索国际化战略。尽管华为作出了周密的计划,但直到1999 年,华为在俄罗斯市场还是一无所获。特别是,1998 年俄罗斯发生了金融危机,整个电信业几乎都陷于停滞,华为的市场机遇变得更为有限。经过一段时间以后,俄罗斯经济开始缓慢复苏,华为立即投入人力,组建当地的营销队伍和网络,与一批运营商建立相互信任的关系,形成了一批客户群。经过 8 年的努力,从第一张只有 12美元的订单开始,到签订第一张上千万美元的订单,华为最终成为俄罗斯市场的主导电信品牌。这也是华为在国外从屡败屡战到零的突破的一个缩影。2000 年之后,华为开始在其他地区全面拓展,开辟了包括泰国、新加坡、马来西亚等在内的东南亚市场以及中东、非洲等区域市场。

此后,华为进入欧美市场,开始在期待已久的发达国家市场上有所动作。为了推进华为品牌的国际化,华为每年都要参加几十个国际顶级的展览会,在国际媒体上发出声音。为开拓海外市场,华为首先用价格来撬动市场。例如,华为在美国打出的广告就是"唯一不同的是价格",给了竞争对手很大的压力。在全球电信业普遍低迷,电信投资缩减的大环境下,各国运营商都纷纷将眼光投向了价格更低、质量更好的产品,以降低巨大的投资成本和风险,因此华为的产品越来越受到青睐。而做国际市场仅仅依靠价廉还是不够的,因为国际竞争对手可能规模更大,在价格上也更有回旋余地。华为充分发挥了人力成本低,研发资金投入效率要高于发达国家的竞争对手的优势,在产品低价的同时还保持了较高的质量。以芯片设计为例,国际芯片需要200美元一片,而华为自己设计、到美国加工生产,只要十多美元一片。自行设计芯片一方面保持了技术领先,同时也大大降低了产品成本。

经过十多年的海外拓展,华为全球化进程效果显著,不仅在发展中国家巩固了市场地位,而且在发达国家取得了突破,改变了全球竞争的格局。华为的海外销售收入从2002年开始稳步提高,到2005年超过国内销售收入,实现了企业的国际化转变。2008年海外销售收入达139.8亿美元,占公司总销售额的比例达到75%。

为配合市场国际化的进展,华为不断推进研发的全球化。针对研发投入、研发理念、技术选择、研发组织等各个环节进行了制度创新,从而为华为实施研发全球化战略提供了保障。华为在选择了自主创新战略之后,持续加大科技资源的投入,长期坚持不少于销售收入10.5%的研发投入,这一强度远远超出我国大中型工业企业不足1%的平均研发投入水平。即使在2006年,华为的下一代网络(NGN)亏损超过10亿、第三代移动通信(3G)亏损超过40亿的情况下,华为还坚持将研发投入的10%用于预研,对新技术、新领域进行持续不断的研究和跟踪,这在我国现阶段的企业研发投入中也是不多见的。

华为坚持市场需求决定研发导向,依靠"狼性",即敏锐的嗅觉来把握市场需求并迅速推出产品,强调以市场和客户需求作为产品开发的驱动力。例如,华为在进军荷兰市场时,与荷兰移动运营商Telefort公司合作成立了一个移动创新中心,从事研究在荷兰市场适合发展哪些移动服务项目。并在此基础上,提出了分布式基地的解决方案,使得Telefort公司拥有的90%以上的站点都能得到充分利用。华为的这一方案节省了1/3的成本,彻底打消了Telefort公司的顾虑,并于2004年年底与对方签下了超过2亿欧元的合同。

在自主研发方面,华为采取了开放的合作创新战略:一方面通过战略合作,与西方同行或者供应商建立联合实验室(主要包括英特尔、微软、高通、摩托罗拉等西方企业巨头),使得华为能够同步应用世界最先进的研究成果,确保华为的产品能够与世界潮流同步。另一方面,华为根据世界各地的研究资源和研发优势在全球建立研发机构。例如,瑞典是通信企业巨头爱立信公司的故乡,聚集着大量通信人才,特别是移动通信的技术人才,华为看重这一点,在瑞典投资建立研究所,以保障华为在第三代移动通信技术领域与世界同步;美国硅谷是世界信息技术的发动机,华为在美国设立的研究所可以保证华为在信息技术领域与世界先进水平同步;印度是世界上软件外包业务的冠军,拥有大量高素质、低成本的信息技术与软件人才,华为的印度研究所可以充分利用国际分工,降低研发成本,提高研发的效率,更重要的是能够提高华为研发团队的国际化水平;俄罗斯的无线射频技术,是华为在俄罗斯设立研究所的原因。

2008年年底,华为全体员工有9万多名,其中,43%从事研发工作,并且和世界诸多一流公司进行合作和建立联合实验室。华为国内外的研究所通过网络可以进行联合设计,有效地利用了研发资源并大大提高了产品开发的效率。全球知名行业研究机构In-Stat发布的市场研究报告《全球最新一代基站(LGBS)市场:引领多模网络融合》显示,2008年,华为在宽带码多分址(WCDMA)、全球移动通信系统(GSM)、码分多址(CDMA)等领域的新增市场占有份额全面领先。华为宽带码多分址高速下行分组接入技术(WCDMA/HSPA)的新增合同数达到42个,以占业界总新增合同数的40.4%,排名第一,这意味着华为持续保持了其在该领域的领先优势;GSM新增出货量占业界GSM总出货量的24.4%,排名第二;CDMA20001xEV-DO商用客户累计达110个,排名第一。截至2008年年底,华为已在全球累计获得128个WCDMA/HSPA商用合同,建设全球近50%的WCDMA/HSPA商用网络。华为在移动宽带领域的领先技术优势将有助于其在未来的移动市场中继续保持优势地位。世界知识产权组织最新公布的数据显示,2008年,华为凭借递交的1737件专利合作条约(PCT)申请首次占据PCT全球专利申请公司(人)第一位。华为的这一技术创新路径告诉我们,要在世界竞争中占据一席之地,必须依靠自主创新。而我国要真正地实现自主创新战略,也需要一批像华为这样具有较强创新能力的企业。

华为在成长过程中,充分整合了全球的创新资源,在国内广泛开展产学研合作,充分利用大学、院所的科研优势;在国外设立了多个研发中心,充分利用他国的科技和人力资源。通过利用创新资源,使华为能够快速地掌握世界领先的核心和关键技术,并始终保持在通信行业的技术领先地位。我国的企业在开展自主创新过程中,也必须具备这种创新的全球视野,将全球的创新资源为我所用。较强的自主研发能力是整合全球创新资源的基础。整合全球创新资源是华为能够快速发展的重要原因,但是,华为并不因为能够利用全球创新资源而放弃了自主研发的努力,相反,华为创新过程中形成的自身较强研发能力才是其能够有效整合全球创新资源的基础和关键。全球创新资源整合不只是技术上的合作,同时考验着企业在营销、管理、生产、创新等多方面的综合能力与实力。从某种意义上说,如果一个企业不具备自主研发的能力,整合就会成为一纸空谈。

(执笔:安同良)

参考文献

一、英文部分

[1] Acs, Z., D. Audretsch, and M. Feldman, 1992, "Real Effects of Academic Research: Comment", *American Economic Review*, Vol.82, pp.363-367.

[2] Agrawal, A., 2001, "University-to-Industry Knowledge Transfer: Literature Review and Unanswered Questions", *International Journal of Management Review*, Vol.3 (4), pp.285-302.

[3] Anand, B. N., and A. Galetovic, 2004, "How Market Smarts Can Protect Property Rights", *Harvard Bus. Rev.* Vol.82(4), pp.72-79.

[4] Anderson, Chris, 2006, *The Long Tail: Why the Future of Business is Selling Less of More*, New York, NY: Hyperion, pp.17-31.

[5] Anton, J. J., and D. A. Yao, 1994, "Expropriation and Inventions: Appropriable Rents in the Absence of Property Rights", *American Economic Review*, Vol. 3(84), pp.190-209.

[6] Anton, J. J., and D. A. Yao, 2002, "The Sale of Ideas: Strategic Disclosure, Property Rights, and Contracting", *Rev. Economy Stud.*, Vol.69(3), pp.513-531.

[7] Arrow, K. J., 1962, "Economic Welfare and the Allocation of Resources for Invention", In: Nelson, R.R. Ed., *The Rate and Direction of Inventive Activity*, Princeton Univ. Press, New York, pp.227-235.

[8] Barzel, Y., 1968, "Optimal Timing of Innovations", *Review of Economics and Statistics*, August, pp. 348-355.

[9] Bekkers, R., V. Gilsing, and M. Steens, 2006, "Determining Factors of the Effectiveness of IP-Based Spin-offs: Comparing the Netherlands and the US", *Journal of Technology Transfer*, Vol.31(5), pp.545-566.

[10] Belderbos, R., M.Carree, B.Lokshin and R.Veugelers, 2004, "Heterogeneity in R&D Cooperation Strategies", *International Journal of Industrial Organization*, Vol.22, pp.1237-1263.

[11] Bender, G., 2003, "Research on the Importance of Low-tech Industries in High-tech Countries",Paper for PILOT News Letter,pp.39-51.

[12] Bergmann, R., and G. Friedl, 2008, "Controlling Innovative Projects with Moral Hazard and Asymmetric Information",*Research Policy*, Vol.37(9),pp.1504-1514.

[13] Bessen, J., and E. Maskin, 2000, "Sequential Innovation, Patents, and Imitation",Harvard University and Massachusetts Institute of Technology, Working Paper Department of Economics No. 00 -01,pp.201-209.

[14] Bianchi, P., and S. Labory, 2006, "From 'Old' Industrial Policy to New Industrial Development Policies", in: Bianchi, P., and S.Labory, (eds.), *International Handbook on Industrial Policy*, Edward Elgar Publishing Limited,pp.163-172.

[15] Birkinshaw, J., and T. Sheehan, 2002, "Managing the Knowledge Life Cycle",*Management Review*, Vol.4,pp.75-83.

[16] Black, B., and R.Gilson 1998, "Venture Capital and the Structure of Capital Markets: Banks versus Stock Markets",*Journal of Financial Economics*, Vol. 47, pp. 243-277.

[17] Borensztein, E., J. D. Gregorio, and J. W. Lee, 1998, "How does Foreign Direct Investment Affect Economic Growth?" *Journal of International Economics*, Vol.45, pp.115-135.

[18] Brocas, I., 2004, "Optimal Regulation of Cooperative R&D under Incomplete Information",*Journal of Industrial Economics*, Vol.52(1),pp.81-119.

[19] Buratti, N., and L. Penco, 2001, "Assisted Technology Transfer to SMEs: Lessons from An Exemplary Case",*Technovation*, Vol.21(3),pp.35-43.

[20] Chen, L., 2009, "Learning through Informal Local and Global Linkages: The Case of Taiwan's Machine Tool Industry",*Research Policy*, Vol.38(3),pp.77-83.

[21] Chesbrough, H. W., 2003 ,"*Open Innovation: The New Imperative for Creating and Profiting from Technology*", Boston: Harvard Business School Press,pp.38-44.

[22] Christensen, C.M., 2001, "The Past and Future of Competitive Advantage", *MIT Sloan Management Review*, Vol.42,pp.105-109.

[23] Christian Reiner, 2010, "Selling the Ivory Tower and Regional Development: Technology Transfer Offices as Mediators of University-Industry Linkages", Work Paper, No.2010-05,pp.183-191.

[24] Christopher May, 2007 , "The Hypocrisy of Forgetfulness: The Contemporary Significance of Early Innovations in Intellectual Property", *Review of International Political Economy* Vol.14(1),February,pp.1-25.

[25]Clarysse, B., M. Wright, A. Lockett, P. Mustar, and M. Knockaert, 2007, "Academic Spin-offs Formal Technology Transfer and Capital Raising", *Industrial and Corporate Change*, Vol.16(4),pp.609-640.

[26]Cohen, W.M., R.R. Nelson, and J. P. Walsh, 2002, "Links and Impacts: The Influence of Public Research on Industrial R&D", *Management Science*, Vol.48(1), pp.1-23.

[27]Cohen, W.M., and D.A. Levinthal, 1989, "Innovation and Learning: Two Faces of R&D", *Economic Journal*, Vol.99,pp.569-596.

[28]Cohendet, P., and F. Meyer-Krahmer, 2001, "The Theoretical and Policy Implications of Knowledge Codification", *Research Policy*, Vol.30(9),pp.1563-1591.

[29]Cohendet, P., and W. E. Steinmueller, 2000, "The Codification of Knowledge:A Conceptual and Empirical Exploration", *Industrial and Corporate Change*, Vol.9(2),pp.195-209.

[30]Colyvas, J., M. Crow, A. Gelijns, R. Mazzoleni, R. R. Nelson, and N. Rosenberg , 2002, "How do University Inventions Get into Practice?" *Management Science*, Vol.48(1),pp.61-72.

[31]Cooke, P., 1998, "Introduction: Origins of the Concept", in Braczyk, H., P. Cook, and M. Heidenreich (eds,) *Regional Innovation System*, London and Bristol P.A. UCL Press,pp.19-31.

[32]Corstrn, H., 1987, "Technology Transfer from Universities to Smal and Medium-sized Enterprises: An Empirical Survey from the Standpoint of Such Enterprises", *Technovation*, Vol.6(1),pp.57-68.

[33]David, P. A., and J. S. Metcalfe, 2010, "Only Connect: Academic-Business Research Collaborations and the Formation of Ecologies of Innovation", in: Viale, R., and H. Etzkowitz, (eds.), *The Capitalization of Knowledge*, Edward Elgar Publishing Limited,pp.61-64.

[34]Debackere, K., and R. Veugelers, 2005, "The Role of Academic Technology Transfer Organizations in Improving Industry Science Links", *Research Policy*, Vol.34,pp. 321-342.

[35]Dixit, A.K., and J. E. Stiglitz, 1977, "Monopolistic Competition and Optimum Product Diversity", *American Economic Review*, Vol.67, pp.297-308.

[36]Dodgson, M., and J. Staggs, 2012, "Government Policy, University Strategy and the Academic Entrepreneur: The Case of Queensland's Smart State Institutes" , *Cambridge Journal of Economics*, Vol.3,pp.1-19.

[37] Eades, J. S. , R. Goodman, and Y. Hada, 2005, *The "Big Bang" in Japanese Higher Education: The 2004 Reforms and the Dynamics of Change*, Trans Pacific Press, Melbourne.pp.99-103.

[38] Eisenberg, R., 1996, "Public Research and Private Development: Patents and Technology Transfer in Federally Funded Research", *Virginia Law Review*, Vol.82, pp. 16-63.

[39] Eldred, E. W., and M. E. McGrath, 1997, "Commercializing New Technology", *Research Technology Management*, Vol.3, pp.41-47.

[40] Etzkowitza, H., and L. Leydesdorffb, 2000, "The Dynamics of Innovation: From National Systems and 'Mode 2' to A Triple Helix of University-Industry-Government Relations", *Research Policy*. Vol.29(2) February, pp.109-123.

[41] Fagerberg, J., D. C. Mowery, and R. R. Nelson, 2004, *The Oxford Handbook of Innovation*, Oxford University Press.pp.210-221.

[42] Feldman, M. P., 1999, "The New Economics of Innovation, Spillovers and Agglomeration: A Review of Empirical Studies", *Economics of Innovation and New Technology*, Vol.8, pp.5-25.

[43] Feldman, M. P., and D. B. Audretsch, 1999, "Innovation in Cities: Science-based Diversity, Specialization and Localized Competition", *European Economic Review*, Vol.43, pp.409-429.

[44] Ferrantino, M. J., 1993, "The Effeet of Intelleetual Property Rights on Intemational Trade and Investment", *Weltwirtsehaftliches Aichiv*, Vol.129(2), pp.30-33.

[45] Foss, N. J., 2002, "Introduction: New Organizational Forms – Critical Perspectives", *International Journal of the Economics of Business*, Vol.9, pp.1-8.

[46] Freeman, C., 1987, *Technology Policy and Economic Performance: Lessons from Japan*, London: Pinter Press, pp.77-81.

[47] Fujita, M., and J. Thisse, 2002, *Economics of Agglomeration*, Cambridge University Press, pp.192-200.

[48] Furman, J.L., M. Porter, and S. Stern, 2002, "The Determinants of National Innovative Capacity", *Research Policy*, Vol.31, pp.899-933.

[49] Gallini, N., and S. Scotchmer, 2001, "Intellectual Property : When is It the Best Incentive System?" University of California Berkeley, Economics Department Working Paper, No. E012303, http://socrates.berkeley.edu/~scotch/G_and_S.pdf.

[50] Gans, J. S., and S. Stern, 2003, "The Product Market and the Market for 'Ideas': Commercialization Strategies for Technology Entrepreneurs", *Research Policy*,

Vol.32(2), February, pp.333-350.

[51]Gehrig, T., 1998, "Cities and Geography of Financial Centres", C. E. P. R. Discussion Papers, No. 1894.pp.71-81.

[52]Geisler, E., 1995, "Industry-University Technology Cooperation: A Theory of Inter-organizational Relationships", *Technology Analysis& Strategic Management*, Vol.7 (2),pp.34-52.

[53] Gibbons, M., 1994, *The New Production of Knowledge: The Dynamics of Science and Research in Contemporary Societies*, London: SAGE Publication Ltd. pp. 21-29.

[54] Goddard, J., D. Robertson, and P. Vallance, 2012, "Universities, Technology and Innovation Centres and Regional Development: The Case of the North-East of England", *Cambridge Journal of Economics*, Vol.4,pp.1-19.

[55]Green, J., and Scotchmer, S., 1995, "On the Division of Profit in Sequential Innovation", *Rand Journal of Economics*, Vol.26, pp.20-33.

[56] Griliches, Z., 1979, "Issues in Assessing the Contribution of R&D to Productivity Growth", *Bell Journal of Economics*, Vol.10,pp.92-116.

[57]Griliches, Z., 1990, "Patent Statistics as Economic Indicators: A Survey", *Journal of Economic Literature*, Vol.92,pp.630-653.

[58]Grossman, G. M., and E. Helpman, 1991, "Endogenous Product Cycles", *Economic Journal*, Vol.101,pp.1214-1229.

[59]Hall, B. H., and J. Lerner, 2009, "The Financing of R&D and Innovation", NBER Working Paper, No.15325, September. pp.213-224.

[60]Hall, B. H., and R. M. Ziedonis, 2001, "The Patent Paradox Revisited: An Empirical Study of Patenting in the Semiconductor Industry: 1979-1995", *Rand Journal of Economics* Vol.32(2),pp.101-28.

[61]Hall, B.H., 2010, "Open Innovation and Intellectual Property Rights—The Two-edged Sword", Working Paper, University of California at Berkeley, USA, and University of Maastricht, the Netherlands, http://elsa. berkeley. edu/~ bhall/papers/ BHH09_IPR_openinnovation.pdf.

[62]Hansen, P. A., and G. Serin,1997, "Will Low Technology Products Disappear the Hidden Innovation Processes in Low Technology Industries", *Technological Forecasting and Social Change*, Vol.55,pp.179-191.

[63] Hansen, B. E., 1999, "Threshold Effects in Non-Dynamic Panels: Estimation, Testing and Inference", *Journal of Economics*, Vol.93,pp.345-368.

［64］Harada, N., and H. Mitsuhashi, 2008, "Academic Spin-offs in Japan: Institutional Revolution and Early Outcomes",Work Paper.NO.00-04.

［65］Hartmut, H-K, D. Jacobson, S. Laestadius, and K. Smith, 2003, "Low-tech Industries and the Knowledge Economy:State of the Art and Research Challenges",Paper for the PILOT.NO.04-11.

［66］Hartmut, H-K, 2008, "Low-Tech Innovations", *Industry &Innovation*, Vol.15 (1),pp.245-257.

［67］Hazlett, J. A., and E. G. Carayannis , 1998, "Business-University Virtual Teaming for Strategic Planning", *Technological Forecasting and Social Change*, Vol.57 (3),pp.261-265.

［68］Heidenreich, M., 2005, "The Renewal of Regional Capabilities Experimental Regionalism in Germany",*Research Policy*, Vol.34(5),pp.93-102.

［69］Heller,M. A., and R. S. Eisenberg, 1998, "Can Patents Deter Innovation? The Anticommons in Biomedical Research", *Science*, Vol.280, pp.698-701.

［70］Hellman, T., and M. Puri, 2000, "The Interaction between Product Market and Financing Strategy: The Role of Venture Capital",*Review of Financial Studies*, Vol. 13, pp.959-984.

［71］Hellman, T., and M. Puri, 2002, "Venture Capital and The Professionalization of Start-up Firms: Empirical Evidence",*Journal of Finance*, Vol. 57, pp.169-197.

［72］Hettinger, E. C., 1997, "Justifying Intellectual Property", in Moore, A. D. (ed.), *Intellectual Property: Moral, Legal and Intellectual Dilemmas*, Rowan & Littlefield, Maryland, pp.17-38.

［73］Hippel, E. V., 1988,*The Sources of Innovation*, New York: Oxford University Press.pp.302-311.

［74］Hirukawa,M., and M. Ueda, 2011, "Venture Capital and Innovation: Which is First?"*Pacific Economic Review*, Vol.16(4), pp. 421-465.

［75］Hite, J. M., and W. S. Hesterly, 2001, "The Evolution of Firm Networks: From Emergence to Early Growth of the Firm", *Strategic Management Journal*, Vol.22, pp.275-286.

［76］Hughes, A., 2006, "University-Industry Linkages and UK Science and Innovation Policy", Centre for Business Research, University of Cambridge Working Paper, No. 326.

［77］Hughes, J., 1988, "The Philosophy of Intellectual Property", *The Georgetown*

Law Journal, Vol.77(2),pp.287-366.

[78] Ireland, R.D., M.A. Hitt, M. Camp, and D.L. Sexton, 2001, "Integrating Entrepreneurship and Strategic Management Actions to Create Firm Wealth", *Academy of Management Executive*, Vol.15,pp.49-63.

[79] Jaffe, A. B.,1989 ,"Real Effects of Academic Research", *American Economic Review*, Vol.79,pp.957-970.

[80] Jeffrey, L., B-S Teng, 2003, "Transferring R&D Knowledge: The Key Factors Affecting Knowledge Transfer Success", *Journal of Engineering and Technology Management*, Vol.11(3),pp.22-37.

[81] Jensen, M. B., B. Johnson, E. Lorenz, and B. A. Lundvall, 2007, "Forms of Knowledge and Modes of Innovation", *Research Policy*, Vol.36,pp.680-693.

[82] Jiang, N., Y. He, and S-H Wei, 2011, "R&D Activities, Indigenous Spillovers and Innovation of High-tech Industry in the Chinese Yangtze River Delta", *Studies in Regional Science*,Vol.3,pp.167-174.

[83] Kaplan, S., and P. Stromberg, 2001, "Financial Contracting Theory Meets the Real World: An Empirical Analysis of Venture Capital Contracts", *Review of Economic Studies*, Vol.70(2), pp.281-315.

[84] Klofsten, M., and D. Jones-Evans, 2000, "Comparing Academic Entrepreneurship in Europe: The Case of Sweden and Ireland", *Small Business Economics*, Vol.14,pp.299-309.

[85] Kogut, B.,and U. Zander, 1993, "Knowledge of the Firm and the Evolutionary Theory of the Multinational Corporation", *Internat. Bus. Stud.*, Vol.24(4),pp.625-645.

[86] Krugman, P., 1990, "Increasing Returns and Economic Geography", National Bureau of Economic Research,Vol.11,pp.107-121.

[87] Lach, S., and M. Schankerman, 2003, "Incentives and Invention in Universities", The Hebrew University and NBER Working Paper,No.213.

[88] Laestadius,S.,1998, "Technology Level, Knowledge Formation and Industrial Competence in Paper Manufacturing", in: Eliasson, G., and C. Green (eds.), *The Micro Foundation of Economic Growth*, University of Michigan Press,pp.371-392.

[89] Lai, E. L-C, 1998, "International Intellectual Property Rights Protection and the Rate of Product Innovation", *Journal of Development Economics*, Vol. 55,pp.133-153.

[90] Lam, A., 2005, "Work Roles and Careers of R&D Scientists in Network Organizations", *Industrial Relations*, Vol.44,pp.242-275.

[91] Lanciano-Morandat, C., and E. Verdier, 2010, "Multi-level Perspectives: A

Comparative Analysis of National R&D Policies", in: Viale, R., and H. Etzkowitz, (eds.) , *The Capitalization of Knowledge*, Edward Elgar Publishing Limited, pp.99-107.

[92] Large, D., and S. Muegge, 2008, "Charting How Venture Capitalists Add Nonfinancial Value to a Venture ", *Venture Capital: International Journal of Entrepreneurial Finance*, Vol.10, 99.21-53.

[93] Laursena, K., and A. Salterb, 2004, "Searching High and Low: What Types of Firms Use Universities as a Source of Innovation?" *Research Policy*, Vol.7, pp.1-15.

[94] Lee, J-D, and P. Chansoo, 2006, "Research and Development Linkages in a National Innovation System: Factors Affecting Success and Failure in Korea ", *Technovation*, Vol.26, pp.1045-1054.

[95] Lee, Y-S, 1996, "Technology Transfer and the Research University: A Research for the Boundary of University-Industry Collaboration", *Research Policy*, Vol. 25, pp.72-85.

[96] Lehman, J. A., 2006, "Intellectual Property Rights and Chinese Tradition Section: Philosophical Foundations", *Journal of Business Ethics*, Vol.69, pp.1-9.

[97] Levin, R. C., A. K. Klevorick, R. R. Nelson, and S. G. Winter, 1987, "Appropriating the Returns from Industrial Research and Development", *Brookings Papers on Economic Activity*, Vol.3, pp.783-820.

[98] Lewin, P., 2007, "Creativity or Coercion: Alternative Perspectives on Rights to Intellectual Property", *Journal of Business Ethics*, Vol. 71(4), April, pp.441-455.

[99] Leyden, P., N. Link, and S. Siegel, 2008, "A Theoretical and Empirical Analysis of the Decision to Locate on A University Research Park", *IEEE Transactions on Engineering Management*, Vol.55(1), pp.23-8.

[100] Li, X-C, P. He, and Y. Zhou, 2010, "Minimum Wage on Migrant Workers and Its Employment Effect", *Studies in Regional Science*, Vol.4, pp.106-113.

[101] Link, A. N., and J. T. Scott, 2005, "Opening the Ivory Tower's Door: An Analysis of the Determinants of the Formation of U.S. University Spin-off Companies", *Research Policy*, Vol.7(34), pp.1106-1112.

[102] Link, A. N., and J. T. Scott, 2006, "U.S. University Research Parks", *Journal of Productivity Analysis*, Vol.25.pp.43-55.

[103] Link, A. N., and J. T. Scott, 2011, *Research, Science, and Technology Parks: Vehicles for Technology Transfer*, The Chicago Handbook of University Technology Transfer University of Chicago Press, pp.331-347.

[104] Liu, R-X and T-L An, 2012, "The Transition of Growth Drivers and

Derivative Effects of Final Demand on China's Economic Expansion", *China Economist*, Vol. 7(1), pp.91-102.

[105]Liu, X., and S. White, 2001, "Comparing Innovation Systems: A Framework and Application to China's Transitional Context", *Research Policy*, Vol. 30 (7), pp. 1091-1114.

[106] Liu, X., and T. Buck, 2007, "Innovation Performance and Channels for International Technology Spillovers: Evidence from Chinese High-tech Industries", *Research Policy*, Vol.36, pp.1329-1354.

[107] Luis, D. B., A. H. Casimiro, M. Margarita, and G. P. Jacinto, 2006, "Ananalysis of Productive Efficiency and Innovation Activity Using DEA: An Application to Spains Wood-based Industry", *Forest Policy and Economics*, Vol.8, pp.762- 773.

[108]Lundvall, B-A, 1992, *National System of Innovation: Towards a Theory of Innovation and InteractiveLearning*, London: Pinter Press, pp.311-323.

[109]Machlup, F., 1958, "An Economic Review of the Patent System", Study of the Subcommittee on Patents, Trademarks, and Copyrights of the Committee on the Judiciary, U.S. Senate, 85th Congress, Washington, DC Government Printing Office.

[110]Macho-Stadler, I., and D. Pérez-Castrillo, 2010, "Incentives in University Technology Transfers", *International Journal of Industrial Organization*, Vol.28(4), pp. 362-367.

[111]Macho-Stadler, I., D. PÉrez-Castrillo, and R Veugcleis, 2007, "Licensing of University Inventions: The Role of a Technology Transfer Office", *International Journal of Industrial Organization*, Vol.25, pp.483-510.

[112]Mahadevan, B., 2000, "Business Models for Internet-based E-commerce: An Anatomy", *California Management Review*, Vol.42(4), pp.550-561.

[113] Mansfield, E., 1986, "Patents and Innovation: An Empirical Study", *Management Science*, Vol.32, pp.173-181.

[114]Marsili, O., 2001, *The Anatomy and Evolution of Industries: Technological Change and Industrial Dynamics*, Edward Elgar, Cheltenham, UK and Northampton, MA, USA.

[115]Maskell, P., 1996, "Localised Low-tech Learning in the Furniture Industry", Danish Research Unit for Industrial Dynamics (DRUID) Working Paper, No.96-11.

[116]Matkin, G. W., 1990 *Technology Transfer and the University*, Macmillan, New York, pp.201-220.

[117]Mazzolent, R., and R. R. Nelson, 1998, "The Benefits and Costs of Strong

Patent Protection: A Contribution to the Current Debate", *Research Policy*, Vol.27(3), pp.273–284.

[118] Mendelson, H., 2000, "Organizational Architecture and Success in the Information Technology Industry", *Management Science*, Vol.46, pp.513–529.

[119] Meyer-Krahmer, F., and U. Schmoch, 1998, "Science-based Technologies: University-industry Interactions in Four Fields", *Research Policy*, Vol.27, pp.835–851.

[120] Morrison, R. W., and Hall, D. T., 2001, "A Proposed Model of Individual Adaptability", Unpublished Technical Report, San Diego, CA.

[121] Mowery, 2011, "Learning from One Another? International Policy 'Emulation' and University-Industry Technology Transfer", *Industrial and Corporate Change*, Vol.20(6), pp.1827–1853.

[122] Nelson, R. R., 2001, "Incorporating Fairness into Game Theory and Economics: Comment", *American Economic Review*, Vol.91, pp.1180–1183.

[123] Nelson, R. R., 1993, *National Innovation Systems: A Comparative Analysis*, New York: Oxford University Press, pp.405–417.

[124] Nordhaus, W. D., 1969, *Invention, Growth, and Welfare: A Theoretical Treatment of Technological Change*, MIT Press, Cambridge, MA, pp.92–103.

[125] Nunnenkamp, P., and J. Spatz, 2004, "Intellectual Property Rights and Foreign Direct Investment : A Disaggregated Analysis", *Review of World Economics*, Vol. 140 (3), pp.124–137.

[126] Orlando, M. J. , 2004, "Measuring Spillovers from Industrial R&D: On the Importance of Geographic and Technological Proximity", *The RAND Journal of Economics*, Vol.35, pp.777–786.

[127] Osterwalder, A., Y. Pigneur, and C. L. Tucci, 2005, "Clarifying Business Models: Origins, Present, and Future of the Concept", *Communications of the Information Systems*, Vol.15(5), pp.199–251.

[128] Parker, D. S., and D. Zilherman, 1993, "University Technology Transfer: Impacts on Local and US Economies", *Contemporary Policy*, Vol.2, pp.87–96.

[129] Pavitt, K., 1984, "Sectoral Patterns of Technical Change: Towards a Taxonomy and A Theory", *Research Policy*, Vol.13(6), pp.117–129.

[130] Peneder, M., 2010, "The Impact of Venture Capital on Innovation Behavior and Firm Growth", WIFO Working Papers, No.363, April.

[131] Pi, J-C, 2012, "Choice of Multi-mask Delegation Modes in Relation-Based Societies", *Economics Computation and Econmics Cybernetics Studies and Research*, Vol.

46,pp.92-101.

［132］Pi, J-C, 2012, "Relational and Professional Delegation in Chinese Family Firms",*Actual Problems of Economics*, No.8.

［133］Pi, J-C, and Y. Zhou, 2012, "Public Infrastructure Provision and Skilled-Unskilled Wage Inequality in Developing Countries",*Labour Economics*, No.19.

［134］Pitelis, C. N., 2006, "Industrial Policy: Perspectives, Experience, Issues", in: Bianchi, P., and S.Labory, (eds,), *International Handbook on Industrial Policy*, Edward Elgar Publishing Limited,pp.234-251.

［135］Porteous, D. J., 1995, *The Geography of Finance: Spatial Dimensions of Intermediary Behavior*,Avebury, England,pp.331-345.

［136］Porter, E., 1990, *The Competitiveness Advantage of Nations*,New York: Free Press,pp.441-457.

［137］Rappa, M.,2004, "The Unity Business Models and the Future of Computing Services",*IBM Systems Journal*, Vol.1,March,pp.65-99.

［138］Roberts, E. B., and D. Emalonet, 1996, "Policies and Structures for Spinning off New Companies form Research and Development Organization", *R&D Management*, Vol.26,pp.17-48.

［139］Rogers, E. M., S. Takegami, and Y. Jing, 2001, "Lessons Learned about Technology Transfer",*Technovation*, Vol.21(3),pp.253-261.

［140］Romer, P., 1991, "Endogenous Technological Change",National Bureau of Economic Research, Working Paper,No.02-07.

［141］Rothaermel, F. T., and A. M. Hess, 2007 ,"Building Dynamic Capabilities: Innovation Driven by Individual-firm Network Level Effects", *Organization Science*, Vol. 6,pp.898-899.

［142］Sahlman, W.A., 1990, "The Structure and Governance of Venture-Capital Organizations",*Journal of Financial Economics*, Vol.27, pp.473-521.

［143］Santamaría, L., M. J. Nieto, and A. Barge-Gil, 2009, "Beyond Formal R&D: Taking Advantage of Other Sources of Innovation in Low and Medium-technology Industries",*Research Policy*, Vol.38(3),pp.92-107.

［144］Santoro, M. D., 2000, "Success Breeds Success: The Linkage between Relationship Intensity and Tangible Outcomes in Industry-university Collaborative Ventures",*The Journal of High Technology Management Research*, Vol.5(2),pp.56-71.

［145］Santoro, M. D., and A. K. Chakrabarti, 2002, "Firm Size and Technology Centrality in Industry-University Interactions",*Research Policy*, Vol.31,pp.1163-1180.

[146] Santoro, M. D., 2006, "Bierly Facilitators of Knowledge Transfer in University-industry Collaborations: A Knowledge-based Perspective", *Transaction on Engineering Management*, Vol.4, pp.495-499.

[147] Saxenian, A., 1994, *Regional Advantage: Culture and Competition in Silicon Valley and Route* 128, Cambridge: Harvard University Press, pp.23-41.

[148] Schartinger, D., C. Rammera, M. M. Fischer, and J. Fröhlich, 2002, "Knowledge Interactions Between Universities and Industry in Austria: Sectoral Patterns and Determinants", *Research Policy*, Vol.31, pp.303-328.

[149] Shane, S., and T. Stuart, 2002, "Organizational Endowments and the Performance of University Start-Ups", *Management Science*, Vol.48(1), pp.154-170.

[150] Sherwood, A. L., and J. G. Covin, 2008, "Knowledge Acquisition in University-Industry Alliance: An Empirical Investigation from a Learning Theory Perspective", *Journal of Product Innovation Management*, Vol.2, pp.162-266.

[151] Siegel, D., 1999, *Skill-Biased Technological Change: Evidence from a Firm-Level Survey*, Kalamazoo, MI: Upjohn Institute Press, pp.23-25.

[152] Sternberg, R. G., 1996, "Government R&D Expenditure and Space: Empirical Evidence from Five Industrialized Countries", *Research Policy*, Vol.25, pp. 741-758.

[153] Taplin, I.M., and J. Winterton, 1995, "New Clothes from Old Technologies: Restructuring and Flexibility in the US and UK Clothing Industries", *Industrial and Corporate Change*, Vol. 4, No. 3, pp. 615-638.

[154] Tartari, V., and S. Breschi, 2012, "Set them Free: Scientists' Evaluations of the Benefits and Costs of University-Industry Research Collaboration", *Industrial and Corporate Change*, Vol.3, pp.1-31.

[155] Teece, D. J., 2010, "Business Models, Business Strategy and Innovation", *Long Range Planning*, Vol.43(4), pp.172-194.

[156] Trott, P., M. Cordey, and F. Seaton, 1995, "Inward Technology Transfer as an Interactive Process", *Technovation*, Vol.15(1), pp.25-43.

[157] Ueda, M. and M. Hirukawa, 2008, "Venture Capital and Industrial 'Innovation'", Working Paper, No.07-03.

[158] Ueda, M., 2004, "Banks versus Venture Capital: Project Evaluation, Screening, and Expropriation", *Journal of Finance*, Vol.59(2), pp.601-621.

[159] Venkatraman, N., 1994, "IT-Enabled Business Transformation: From Automation to Business Scope Redefinition", *Sloan Management Review*, Vol.35(2), pp.

73-87.

[160]Weinberg, A. M., 1968, "Reflections on Big Science", *Aemerican Journal of Physics*, Vol.37(2), pp.23-35.

[161]Wesley, M. C., 2010, "Fifty Years of Empirical Studies of Innovative Activity and Performance", in: *Handbook of the Economics of Innovation*, edited by Bronwyn H. Hall and Nathan Rosenberg, North-Holland, pp.461-482.

[162] Yung, B., 2009, "Reflecting on the Common Discourse on Piracy and Intellectual Property Rights: A Divergent Perspective", *Journal of Business Ethics*, Vol. 87, pp.45-57.

[163]Zhao, M-Y, 2006, "Conducting R&D in Countries with Weak Intellectual Property Rights Protection", *Management Science*, Vol.52(8), Aug., pp.1185-1199.

[164]Zott, C., and R.Amit, 2007, "Business Model Design and the Performance of Entrepreneurial Firms", *Organization Science*, Vol.18, pp.181-199.

[165]Zott, C., and R.Amit, 2010, "Business Model Design: An Activity System Perspective", *Long Range Planning*, Vol.43, pp.216-226.

[166]Zucker, L.G., M. R. Darby, and J. S. Armstrong, 2002, "Commercializing Knowledge: University Science, Knowledge Capture, and Firm Performance in Biotechnology", *Management Science*, Vol.48(1), pp.138-153.

二、中文部分

[1]OECD:《以知识为基础的经济》,机械工业出版社 1997 年版。

[2]安同良、刘伟伟、田莉娜:《中国长江三角洲地区技术转移的渠道分析》,《南京大学学报》2011 年第 4 期。

[3]安同良、王文翌、王磊:《中国自主创新研究文献综述》,《学海》2012 年第 2 期。

[4]安同良:《企业技术能力发展论》,人民出版社 2004 年版。

[5]詹·法格博格、戴维·莫利、理查德·纳尔逊主编:《牛津创新手册》,知识产权出版社 2009 年版。

[6]彼得·德鲁克:《德鲁克日志》,上海译文出版社 2006 年版。

[7]波特:《国家竞争优势》,华夏出版社 2006 年版。

[8]曹燕萍、胡谦、梁胜男:《产学研合作创新:困境与出路——基于财税政策视角下的分析》,《湖南大学学报(社会科学版)》2010 年第 4 期。

[9]陈安国等:《论研究型大学的技术转移模式与制度安排》,《科技管理》2003 年第 9 期。

[10]陈劲:《新形势下产学研战略联盟创新与发展研究》,中国人民大学出版社2009年版。

[11]陈明、郑旭、王颖颖:《关于产学研合作中政府作用的几点思考》,《科技管理研究》2011年第12期。

[12]崔旭、邢莉:《我国产学研合作模式与制约因素研究——基于政府、企业、高校三方视角》,《科技管理研究》2010年第6期。

[13]丹尼·罗德里克:《相同的经济学,不同的政策处方:全球化、制度建设和经济增长》,中信出版社2009年版。

[14]董雪冰等:《转型期知识产权保护的增长效应研究》,《经济研究》2012年第8期。

[15]段晓艳、宗晓华:《实现大学科技创新的商业价值——明尼苏达大学技术商业化运行机制与启示》,《河北科技大学学报(社会科学版)》2012年第3期。

[16]范从来、杨继军:《中国特色社会主义现代化:学术源起、实践探索与理论反思》,《经济学家》2013年第2期。

[17]方建中:《高新园区:江苏新兴产业发展的创新载体》,《群众》2011年第1期。

[18]付俊超、杨雪、刘国鹏、鲍杰:《产学研合作运行机制与绩效评价研究》,中国地质大学出版社2011年版。

[19]富兰克·奈特:《风险、不确定性和利润》,中国人民大学出版社2005年版。

[20]高波、陈健、邹琳华:《区域房价差异、劳动力流动与产业升级》,《经济研究》2012年第1期。

[21]高波、李祥:《浙粤地方政府的制度创新、行政效率与企业家精神》,《广东社会科学》2011年第6期。

[22]耿强、付文林、刘荃:《全球化、普利普斯曲线平坦化及其政策的含义》,《学海》2011年第2期。

[23]耿强、江飞涛、傅坦:《政策性补贴、产能过剩与中国的经济波动——引入产能利用率RBC模型的实证检验》,《中国工业经济》2011年第5期。

[24]顾松年:《创新驱动科学转型五题——论抓创新与转方式、促转型的相互联系》,《现代经济探讨》2012年第1期。

[25]顾元媛:《寻租行为与R&D补贴效率损失》,《经济科学》2011年第5期。

[26]顾元媛、沈坤荣:《地方政府行为与企业研发投入——基于中国省际面板数据的实证分析》,《中国工业经济》2012年第10期。

[27]郭熙保、王翊:《现代经济增长理论的演进历程》,《当代财经》2001年第4期。

[28]国家统计局社会和科技统计司:《2007 年全国工业企业创新调查统计资料》,中国统计出版社 2008 年版。

[29]海因茨·阿恩特:《经济发展思想史》,商务印书馆 1999 年版。

[30]韩霞:《高科技产业公共政策研究》,社会科学文献出版社 2009 年版。

[31]何暑子、范从来:《汇率冲击与贸易部门和非贸易部门的均衡发展》,《国际金融研究》2012 年第 12 期。

[32]何暑子、范从来:《人民币升值对出口企业研发活动的影响》,《经济管理》2012 年第 5 期。

[33]何爽、谢富纪:《我国产学研合作的现状与问题分析及相应政策研究》,《科技管理研究》2010 年第 12 期。

[34]何郁冰:《产学研协同创新的理论模式》,《科学学研究》2012 年第 2 期。

[35]何嫄、刘小静、魏守华:《FDI 的水平与垂直溢出效应》,《技术经济》2011 年第 5 期。

[36]洪银兴:《产业创新与新增长周期》,《经济学动态》2009 年第 10 期。

[37]洪银兴:《成为世界经济大国后的经济发展方式转型》,《当代经济研究》2010 年第 12 期。

[38]洪银兴:《江苏:发展创新型经济促转型升级》,《中国高新技术企业》2010 年第 4 期。

[39]洪银兴:《向创新型经济转型》,《江南论坛》2010 年第 1 期。

[40]洪银兴:《以创新支持开放模式转换——再论由比较优势转向竞争优势》,《经济学动态》2010 年第 11 期。

[41]洪银兴:《科技创新路线图与创新型经济各个阶段的主体》,《南京大学学报》(哲学·人文科学·社会科学)2010 年第 2 期。

[42]洪银兴:《自主创新投入的动力和协调机制研究》,《中国工业经济》2010 年第 8 期。

[43]洪银兴:《创新型经济:经济发展的新阶段》,经济科学出版社 2010 年版。

[44]洪银兴:《关于创新驱动和创新型经济的几个重要概念》,《群众》2011 年第 8 期。

[45]洪银兴:《科技创新与创新型经济》,《管理世界》2011 年第 7 期。

[46]洪银兴:《科技金融及其培育》,《经济学家》2011 年第 6 期。

[47]洪银兴:《科技创新中的企业家及其创新行为》,《中国工业经济》2012 年第 6 期。

[48]洪银兴:《论创新驱动经济发展战略》,《经济学家》2013 年第 1 期。

[49]洪银兴、范燕青:《科教资源相对缺乏地区创新型经济发展模式研究——常

州创新型经济发展的启示》,《江苏社会科学》2011 年第 3 期。

[50]洪银兴、吴俊:《长三角区域的多中心化趋势和一体化的新路径》,《学术月刊》2012 年第 5 期。

[51]洪银兴:《关于创新驱动和协同创新的若干重要概念》,《经济理论与经济管理》2013 年第 5 期。

[52]胡凯、吴清、胡毓敏:《知识产权保护的技术创新效应——基于技术交易市场视角和省级面板数据的实证分析》,《财经研究》2012 年第 8 期。

[53]黄波、孟卫东、李宇雨:《基于双边激励的产学研合作最优利益分配方式》,《管理科学学报》2011 年第 7 期。

[54]黄婷婷、鲁虹:《基于多 Agent 模型的产学研合作机制研究》,《中国软科学》2009 年第 2 期。

[55]季小立、洪银兴:《后金融危机阶段人才集聚启动创新型经济的机理》,《学术界》2012 年第 10 期。

[56]江静、刘志彪:《服务产业转移缩小了地区收入差距吗》,《经济理论与经济管理》2012 年第 9 期。

[57]江静、巫强:《工业化进程中的中国产业组织结构优化调整路径研究》,《南京社会科学》2012 年第 8 期。

[58]姜宁、奚晨弗、董成:《区域合作、竞争对创新绩效的促进作用分析——基于高技术产业的实证研究》,《商业经济与管理》2012 年第 5 期。

[59]金仁秀:《从模仿到创新:韩国技术学习的动力》,新华出版社 1998 年版。

[60]卡斯特尔、霍尔:《世界的高技术园区:21 世纪产业综合体的形成》,北京理工大学出版社 1998 年版。

[61]克里斯·弗里曼、罗克·苏特:《工业创新经济学》,北京大学出版社 2005 年版。

[62]寇宗来:《专利保护宽度和累积创新竞赛中的信息披露》,《经济学(季刊)》2004 年第 2 期。

[63]库兹涅茨:《现代经济增长》,北京经济学院出版社 1989 年版。

[64]李洁、朱佩枫、熊季霞:《江苏省产学研合作政策体系现状及政策创新研究》,《科技管理研究》2011 年第 17 期。

[65]李世超、蔺楠:《我国产学研合作政策的变迁分析与思考》,《科学学与科学技术管理》2011 年第 11 期。

[66]李心宇、安同良:《中国中低技术产业上市公司多元化与经营绩效的实证分析》,《管理学家》2012 年第 2 期。

[67]李焱焱、叶冰、杜鹃、肖引、桑建平:《产学研合作模式分类及其选择思路》,

《科技进步与对策》2004 年第 10 期。

[68]林乐芬、张昆、丁鹏:《银行科技金融创新现状分析》,《学海》2012 年第 1 期。

[69]刘瑞翔、安同良:《中国经济增长的动力来源与转换展望——基于最终需求角度的分析》,《经济研究》2011 年第 7 期。

[70]刘瑞翔、安同良:《资源环境约束下中国经济增长绩效变化趋势与因素分析——基于一种新型生产率指数构建与分解方法的研究》,《经济研究》2012 年第 11 期。

[71]刘志彪:《战略理念与实现机制:中国的第二波经济全球化》,《学术月刊》2013 年第 1 期。

[72]龙翠红、洪银兴:《城市发展模式转型过程中的"民工荒"问题研究》,《经济问题探索》2012 年第 2 期。

[73]龙翠红、洪银兴:《经济发展方式转型与大国成长》,《学术界》2012 年第 1 期。

[74]龙翠红、洪银兴:《农村人力资本外溢与中国城乡居民收入差距关系的实证分析》,《经济经纬》2012 年第 3 期。

[75]罗伯茨:《风险投资及运行机制》,廖理:《探求智慧之旅》,北京大学出版社 2000 年版。

[76]罗伯特·A.伯格曼、莫德斯托·A.麦迪奎、史蒂文·C.惠尔赖特:《技术与创新的战略管理》,机械工业出版社 2003 年版。

[77]罗珉、曾涛、周思伟:《企业商业模式创新:基于租金理论的解释》,《中国工业经济》2005 年第 7 期。

[78]罗焰、黎明:《地方院校产学研合作模式及运行机制研究》,四川出版集团巴蜀书社 2009 年版。

[79]吕炜:《论风险投资机制的技术创新原理》,《经济研究》2002 年第 2 期。

[80]马亚男:《大学—企业基于知识共享的合作创新激励机制设计研究》,《管理工程学报》2008 年第 4 期。

[81]迈克尔．吉本斯等:《知识生产的新模式》,北京大学出版社 2011 年版。

[82]满海雁、陈明:《论政府在"政产学研金介"战略联盟中的角色定位与功效发挥》,《科技管理研究》2011 年第 11 期。

[83]美国商务部报告:《浮现中的数字经济》,中国人民大学出版社 1998 年版。

[84]南大光电材料股份有限公司网站,www.natachem.com。

[85]倪鹏飞:《中国城市竞争力报告》(2012),社会科学文献出版社 2012 年版。

[86]皮建才:《中国区域经济协调发展的内在机制》,《经济学家》2011 年第

12 期。

[87]皮建才:《经济全球化背景下的地方政府行为和国内市场分割》,《经济管理》2012 年第 10 期。

[88]皮建才:《中国区域经济协调发展的组织经济学考察》,《财经研究》2012 年第 12 期。

[89]皮建才:《中国式分权下的地方官员治理研究》,《经济研究》2012 年第 10 期。

[90]皮建才:《中国转型时期外资进入模式的组织经济学考察》,《中南财经政法大学学报》2012 年第 4 期。

[91]皮建才、周愚:《城乡分割与融合的人力资本效应研究》,《经济评论》2013 年第 2 期。

[92]千慧雄:《"重技术引进,轻消化吸收"问题研究——基于中国高技术产业的面板数据分析》,《经济理论与经济管理》2011 年第 9 期。

[93]千慧雄:《技术引进促进自主创新的条件性研究》,《中国经济问题》2011 年第 5 期。

[94]千慧雄、卜茂亮:《异质性条件下产品创新的最优市场结构研究》,《经济评论》2011 年第 3 期。

[95]任保平、张如意:《区域创新体系建设中产学研合作模式的选择》,《学习与探索》2011 年第 1 期。

[96]沈坤荣、刘东皇:《是何因素制约着中国居民消费》,《经济学家》2012 年第 1 期。

[97]沈坤荣、周卫民:《中国经济增长中的管理要素:理论梳理和实证分析》,《科研管理》2012 年第 5 期。

[98]沈于、安同良:《再集成:一种"模块化陷阱"——基于演化视角的分析》,《中国工业经济》2012 年第 2 期。

[99]史晋川、刘晓东:《网络外部性、商业模式与 PC 市场结构》,《经济研究》2005 年第 3 期。

[100]世界银行:《东亚奇迹——经济增长与公共政策》,中国财政经济出版社1995 年版。

[101]宋健、陈士俊:《国外产学研政策的经验及启示》,《现代管理科学》2008 年第 7 期。

[102]隋立祖、周敏、寇宗来:《"逐利"与"求名":产学研合作中的目标差异和利润分成》,《世界经济文汇》2011 年第 1 期。

[103]孙祥桢:《MO 源的研究与开发》,《材料导报》2001 年第 2 期。

［104］谭洪波、郑江淮:《国外服务业贸易与 FDI 演进:文献综述及引申》,《改革》2012 年第 8 期。

［105］谭洪波、郑江淮:《中国经济高速增长与服务业滞后并存之谜——基于部门全要素生产率的研究》,《中国工业经济》2012 年第 9 期。

［106］托马斯·弗里德曼:《世界是平的》,湖南科学技术出版社 2008 年版。

［107］托尼·达维拉:《创新之道》,中国人民大学出版社 2007 年版。

［108］汪丁丁:《知识表达、知识互补性、知识产权均衡》,《经济研究》2002 年第 10 期。

［109］汪海粟、韩刚:《知识产权保护与技术创新关联研究述评》,《经济社会体制比较》2007 年第 4 期。

［110］王安宇:《合作研发组织学——组织模式、治理机制与公共政策》,立信会计出版社 2007 年版。

［111］王华:《更严厉的知识产权保护制度有利于技术创新吗?》,《经济研究》2011 年第 2 期。

［112］王雷:《长三角本土代工企业竞争战略演变驱动力及实现路径—— 基于全球价值链的视角》,《中央财经大学学报》2012 年第 11 期。

［113］王磊、安同良:《中国传统产业自主创新模式研究》,《现代经济探讨》2013 年第 3 期。

［114］王磊、阚益:《中低技术产业自主创新文献综述》,《华东经济管理》2013 年第 8 期。

［115］王文岩:《我国政府科研经费运作机制初探》,中国经济出版社 2005 年版。

［116］王文岩、孙福全、申强:《产学研合作模式的分类、特征及选择》,《中国科技论坛》2008 年第 5 期。

［117］王宇伟、范从来:《发展战略性新兴产业的金融支持》,《现代经济探讨》2011 年第 4 期。

［118］王宇伟、范从来:《科技金融的实现方式选择》,《南京社会科学》2012 年第 10 期。

［119］维娜·艾莉:《知识的进化》,珠海出版社 1998 年版。

［120］魏守华、姜宁、吴贵生:《本土技术溢出与国际技术溢出效应:来自中国高技术产业创新的检验》,《财经研究》2010 年第 4 期。

［121］魏守华、刘小静、程穆:《长三角由全球制造中心向创新中心转变的机制分析》,《上海经济研究》2013 年第 4 期。

［122］魏守华、土英茹、汤丹宁:《产学研合作对中国高技术产业创新绩效的影响》,《经济管理》2013 年第 5 期。

[123]魏守华、杨乐:《城市创新能力与经济效率:基于54个主要城市面板数据经验分析》,《科技与经济》2012年第6期。

[124]吴敏、杜洪旭、夏云飞、莫小波:《关于我国创新中介的发展前瞻探索》,《经济体制改革》2003年第4期。

[125]谢科范、张诗雨、刘骅:《重点城市创新能力比较分析》,《管理世界》2009年第1期。

[126]薛卫、易难、雷家骕:《企业与大学研发合作的治理模式选择——一个理论框架》,《科技进步与对策》2009年第14期。

[127]杨以文、郑江淮、黄永春:《需求规模、渠道控制与战略性新兴产业发展——基于长三角企业调研数据的实证分析》,《南方经济》2012年第7期。

[128]杨以文、郑江淮、任志成:《产学研合作、自主创新与战略性新兴产业发展——基于长三角企业调研数据的分析》,《经济与管理研究》2012年第10期。

[129]易先忠等:《自主创新、国外模仿与后发国知识产权保护》,《世界经济》2007年第3期。

[130]约瑟夫·斯蒂格利茨:《社会主义向何处去》,吉林人民出版社1998年版。

[131]约瑟夫·熊彼特:《经济发展理论》,何畏等译,商务印书馆1990年版。

[132]詹美求、潘杰义:《校企合作创新利益分配问题的博弈分析》,《科研管理》2008年第1期。

[133]张聪群:《论产业集群的本质、特征及其结构》,《学习与探索》2007年第4期。

[134]张东生、刘健钧:《创业投资基金运作机制的制度经济学分析》,《经济研究》2007年第4期。

[135]张杰、芦哲:《知识产权保护、研发投入与企业利润》,《中国人民大学学报》2012年第5期。

[136]张意源:《乔布斯谈创新》,海天出版社2011年版。

[137]张宗庆、郑江淮:《技术无限供给条件下企业创新行为》,《管理世界》2013年第1期。

[138]赵红军:《李约瑟之谜:经济学家应接受旧解还是新解?》,《经济学(季刊)》2009年第4期。

[139]赵华:《日本发展创新型经济的政策体系与效果分析》,《中华外国经济学说研究会第19次年会暨外国经济学说与国内外经济发展新格局(会议文集)》2011年第11期。

[140]郑逢波:《合作创新激励问题研究》,经济科学出版社2008年版。

[141]周茜、葛扬:《科技创新演化与创新经济发展》,《科技进步与对策》2012年

第 20 期。

　　[142]朱恪孝、姚聪莉:《西部产学研合作模式的选择研究》,科学出版社 2011 年版。

　　[143]庄子银:《创新、模仿、知识产权和全球经济增长》,武汉大学出版社 2010 年版。

　　[144]宗晓华、陈静漪:《为公共利益而转移技术——加州大学技术转移的政策演进与组织运行分析》,《清华大学教育研究》2012 年第 2 期。

　　[145]宗晓华、唐阳:《大学—产业知识转移政策及其有效实施条件——基于美、日、中三版〈拜杜法案〉的比较分析》,《科技与经济》2012 年第 1 期。

　　[146]邹薇:《知识产权保护的经济学分析》,《世界经济》2002 年第 2 期。

后 记

本书是国家社会科学基金重大招标课题的最终成果。

2010 年 7 月，我们申报的《基于自主创新能力增进的产学研合作创新研究》项目获得国家社会科学基金的资助。当时申报的首席专家除了我和安同良教授外还有时任江苏省科技厅厅长的朱克江博士，他对课题的设计作出了重大贡献。

课题组在 2011 年 1 月正式启动本课题的研究。经过三年多的调研、访谈、研讨及写作，课题圆满完成，并于 2014 年顺利通过国家社科基金规划办组织的结项评审。

在课题研究的过程中，正值十八大明确提出创新驱动发展战略，同时明确产学研协同创新。这同本课题的设计方向是一致的。根据十八大精神，课题研究进一步聚焦在实施创新驱动发展战略和产学研协同创新上。课题组围绕这个中心议题在《经济研究》、《管理世界》、英文 SSCI 等国内外一流专业刊物上发表了五十多篇学术论文。2013 年年初苏南现代化示范区建设被批准为国家战略，本课题组承担了其中的创新驱动示范区规划研究。同时，本课题组又承担江苏省政府委托的建设创新型省份的规划研究。这就使本课题的研究接上了"地气"，学术成果有了较强的社会影响和应用性。我所提出的发展创新型经济的战略、思路被江苏省委、省政府采纳。这些应用性研究推动我们对此问题的理论研究进一步联系实际。

本课题的最终成果获得结项评审通过后，便按正式出版物的规范编辑成书，将各个子课题按逻辑分章。第一章为我写的本课题成果的总报告，作为本书的总论。其他各章的作者：第二章，安同良；第三章，洪银兴；第四章，洪银兴；第五章，洪银兴；第六章，葛扬、管陵；第七章，葛扬、管陵；第八章，郑江淮、李强；第九章，宗晓华、洪银兴；第十章，洪银兴；第十一章，杨以文、郑江淮、任志成；第十二章，魏守华、王英茹、汤丹宁；第十三章，安同良、王磊；第十四章，皮建才；第十五章，洪银兴；第十六章，范从来、王宇伟；第十七章，孙宁华、洪银兴、支纪元；第十八章，胡凯、吴清、王辉龙；第十九章，洪银兴；第二十章，洪银兴;第二十一章,洪银兴;第二十二章,姜宁;附录一、二、三作者均为安同良。全书由我统稿。安同良协助我做了课题研究和本书编辑的协调工作。

感谢人民出版社经济与管理编辑部副主任郑海燕女士对本书的精心编辑。

洪银兴

2014 年 10 月于南京大学

策划编辑：郑海燕

封面设计：吴燕妮

责任校对：吕　飞

图书在版编目（CIP）数据

产学研协同创新研究/洪银兴 等 著. -北京：人民出版社,2015.2

ISBN 978 - 7 - 01 - 014187 - 9

Ⅰ.①产…　Ⅱ.①洪…　Ⅲ.①产学研一体化-研究-中国　Ⅳ.①G640

中国版本图书馆 CIP 数据核字（2014）第 270598 号

产学研协同创新研究

CHANXUEYAN XIETONG CHUANGXIN YANJIU

洪银兴 等 著

人民出版社 出版发行

（100706　北京市东城区隆福寺街 99 号）

北京中科印刷有限公司印刷　新华书店经销

2015 年 2 月第 1 版　2015 年 2 月北京第 1 次印刷

开本：710 毫米×1000 毫米 1/16　印张：24.75

字数：398 千字

ISBN 978 - 7 - 01 - 014187 - 9　定价：68.00 元

邮购地址 100706　北京市东城区隆福寺街 99 号

人民东方图书销售中心　电话（010）65250042　65289539